화엄경청량소
華嚴經淸凉疏

화엄경청량소

제19권

제6 타화자재천궁법회 ④

[제26 십지품 · 정종분 ⑨ ⑩]

제4 염혜지 - 제5 난승지

청량징관 저
석반산 역주

일러두기

1. 본 화엄경소초의 번역에 사용된 원본은 봉은사에 소장된 목판 80권 『화엄경소초회본』이다.

2. 교정본은 민국(民國) 31년(1942) 대만의 화엄소초편인회(華嚴疏鈔編印會)에서 합본으로 교간(校刊)한 『화엄경소초 10권』을 사용하였다. 그리고 원본현토는 화엄학 연구소의 원조각성 강백의 현토본을 참고하였다.

3. 대장경 속에 경전과 합본으로 수록된 것은 없고, 다만 大正大藏經 권35에 『화엄경소 60권』이 있으며 권36에 『화엄경수소연의초(華嚴經隨疏演義鈔) 90권』이 있지만 경의 본문과의 손쉬운 대조를 위해 회본(會本)을 기본으로 하였으며, 일일이 찾아서 대장경과 대조하지는 못하였다.

4. 교재본이라 한 것은 민족사에서 1997년에 발간한 『현토과목 화엄경』(전 4권)을 지칭하며, 원문 인용은 이 본을 기본으로 하였다.

5. 본 『청량소』 전권에서는 소(疏)의 전문을 해석하였고, 초문(鈔文)은 너무 번다하고 중복되는 부분을 필자가 임의로 생략하였다.

6. 본문의 이해를 돕기 위하여 도표로 작성한 것은 전강 스승이신 봉선사 능엄학림의 월운강백께 허락을 얻어 『화엄경과도(華嚴經科圖)』를 준용(準用)한 것이다.

7. 목차(目次)는 『화엄경소초』의 과목을 사용하였고 『화엄경과도』를 준용하였다. 과목에 이어지는 ( ) 안에는 간편한 대조를 위하여 목판본의 페이지를 표시하였다. 예) 一. 一) (一) 1 1) (1) 가. 가) (가) ㄱ. ㄱ) (ㄱ) a. a) (a) ㊀ ① ㉮ ㉠ ⓐ ㉯ ㉲ Ⓐ ㋎ ① ㉮ ㉠ ⓐ Ⓐ ㋎ ① ㉮ ㉠ ⓐ Ⓐ

8. 목차는 되도록 현대적 번역어로 제목을 삼으려 하였고, 제목에 이어 표기된 아라비아 숫자는 문단의 개수이다.

9. 경과 소문(疏文)은 조금 띄워서 차별화하였고 소문(疏文) 앞에는 ■ 표시를, 초문(鈔文) 앞에는 ● 로 표시하여 번역문을 수록하였다. ❖ 표시는 역자의 견해를 밝힌 부분이다.

10. 경구(經句)의 번역문은 한글대장경과 민족사 간(刊)『화엄경 전10권』을 참고하였고, 소(疏) 문장의 번역은 직역을 원칙으로 하였고, 인용문은 주로 한글대장경의 번역을 따르고자 노력하였다.

11. 본 청량소 번역에 참고한 주요 도서는 다음과 같다.

   (1) 한글대장경『화엄경1, 2, 3』『보살본업경』『대승입능가경』『대반열반경』『보살영락경』; 동국역경원 刊

   (2) 한글대장경『성유식론』『십지경론』『아비달마잡집론』『유가사지론』『대지도론』『섭대승론』『섭대승론석』『대승기신론소별기』『현양성교론』『신화엄경론』; 동국역경원 刊

   (3)『대정신수대장경』; 大正一切經刊行會 刊

(4) 현토과목 『화엄경』; 민족사 刊

(5) 『망월대사전』; 세계성전간행협회 刊, 『불교학대사전』; 홍법원 刊, 『중국불교인명사전』; 明復 編, 『인도불교고유명사사전』; 法藏館 刊

(6) 『신완역 주역』; 명문당 刊, 『장자』; 신원문화사 刊, 『노자도덕경』; 교림 刊, 『논어』; 전통문화연구회 編

12. 주)의 교정본 양식

(1) 소초회본; 대만교정본[華嚴疏鈔編印會]

(2) 宋元明淸南續金纂本 등; 소초회본의 출전 소개 양식

『화엄경청량소』 제19권 차례

大方廣佛華嚴經疏鈔 제36권의 ① 號字卷
제26. 십지법문을 설하는 품[十地品] ⑨

제4절. 불꽃 같은 지혜의 지 7. …………………………………… 14
1. 오게 된 뜻 …………………………………………………… 15
2. 명칭 해석 …………………………………………………… 18
3. 장애를 단절하다 …………………………………………… 22
4. 진여를 증득하다 …………………………………………… 26
5. 행법을 성취하다 …………………………………………… 27
6. 과덕을 얻다 ………………………………………………… 28
7. 경문 해석 3. ………………………………………………… 28
  1) 찬탄하며 청법하는 부분 ………………………………… 28
  2) 바로 설법하는 부분 2. …………………………………… 31
    (1) 제4지의 행상을 밝히다 4. …………………………… 31
      가) 청정으로 다스려서 수행을 증장하는 원인이 되는 부분 3. …… 35
        (가) 앞을 결론 맺고 뒤를 표방하다 …………………… 35
        (나) 질문을 통해 개별 명칭을 나열하다 ……………… 38
        (다) 행법을 결론하여 지위에 들어가다 ……………… 46
      나) 청정에 관한 부분 4. ………………………………… 47
        ㄱ. 스스로 머물 곳인 필경의 지혜 …………………… 53
        ㄴ. 삼보의 필경의 지혜 ………………………………… 55
        ㄷ. 밝은 진여의 지혜 …………………………………… 55

ㄹ. 분별하여 설법하는 지혜··56
다) 다스려서 수행을 증장하는 부분 2. ····································63
ㄱ. 번뇌를 막는 행법 2. ···65
ㄱ) 보리의 부분법으로 해석하지 않는 이유····························65
ㄴ) 경문을 따라 네 문으로 구별하여 해석하다 7. ·················65
a) 뒤바뀐 도를 다스림은 사념처 2. ·······································83
① 신념처를 따로 관하다 ···120
② 나머지 세 가지 념처를 유례하여 밝히다 ·························131
b) 게으름을 단절하는 도는 네 가지 바른 정진 ···················136
c) 신통을 이끌어 내는 것은 네 가지 신통한 선정···············153
d) 현관의 방편이 되는 도는 다섯 가지 근본 행법···············167
e) 현관을 가까이하는 도는 다섯 가지 힘 ·····························175
f) 현관도의 자체의 도는 칠각지 ··179
g) 현관 뒤에 일으키는 도는 팔정도 ······································189
ㄴ. 소승을 막는 행법 ··199
라) 저 결과의 부분 2. ···201
ㄱ. 장애를 여읜 결과 2. ···204
ㄱ) 번뇌에 오염된 데서 원리과가 생겨나다···························204
ㄴ) 업에 오염된 데서 완전히 여읜 결과가 생겨나다 ···········210
ㄴ. 공덕을 성취한 결과 4. ···211
(ㄱ) 뛰어난 공덕에서 더없는 마음의 욕구를 일으킨 결과··········214
(ㄴ) 설법주에게 보답하려는 마음을 일으킨 결과·················219
(ㄷ) 저 방편의 행법 중에 부지런히 정진하려 한 결과 ···········228
(ㄹ) 더없는 욕구의 근본인 마음으로 경계를 만족하는 결과 ······234
(2) 제4지의 과덕 3. ··239
가) 조화롭고 부드러운 결과 4. ···240

차례 9

(가) 조화롭고 부드러운 행법 3. ································240
　(나) 교도의 지혜가 청정하다 ····································244
　(다) 제4지의 행상을 구분하다 ··································247
　(라) 제4지의 행상을 총합하여 결론하다 ·····················247
나) 보답으로 거둔 결과 ···247
다) 서원과 지혜의 결과 ···249
3) 거듭 노래하는 부분 3. ···250
가) 제4지의 행상을 노래하다 ·····································251
나) 제4지의 과덕을 노래하다 ·····································255
다) 명칭으로 결론함을 노래하다 ·································257

大方廣佛華嚴經疏鈔 제36권의 ②　巨字卷
제26. 십지법문을 설하는 품[十地品] ⑩

　제5절. 가장 뛰어난 지 7. ··260
　1. 오게 된 뜻 ··260
　2. 명칭 해석 ··264
　3. 장애를 단절하다 ···269
　4. 진여를 증득하다 ···271
　5. 행법을 성취하다 ···272
　6. 과덕을 얻다 ···273
　7. 경문 해석 3. ··273
　1) 찬탄하며 청법하는 부분 ·······································274
　2) 바로 설법하는 부분 2. ···279
　가. 제5지의 행상을 밝히다 3. ···································279

가) 뛰어나다는 거만함을 다스리다 2. ··· 279
ㄱ. 다른 지에 대한 거만함을 다스리다 ··· 283
ㄴ. 자기 지에 대한 거만함을 다스리다 ··· 298
나) 머물지 않는 도의 행법이 뛰어나다 2. ·· 307
ㄱ. 알아야 할 법에서 지혜가 청정한 뛰어남 ··································· 309
ㄴ. 중생을 이익되게 함에 부지런한 방편이 뛰어나다 2. ················ 328
(a) 대비의 관법 ··· 337
(b) 대자의 관법 2. ··· 348
㉠ 경계를 만나면 대자를 일으키다 ·································· 348
㉡ 서원의 이익에 대한 설명 ·· 352
다) 저 결과가 뛰어나다 4. ·· 355
ㄱ. 공덕을 포섭함이 뛰어나다 ·· 358
ㄴ. 수행이 뛰어나다 ··· 362
ㄷ. 중생을 교화함이 뛰어나다 ·· 365
ㄹ. 세간에 수순하는 지혜를 일으킴이 뛰어나다 5. ·························· 372

a. 음성의 학문 372   b. 인명의 학문 376
c. 의약에 관한 학문 381   d. 공예와 미술에 관한 학문 384
e. 내전에 관한 학문 394

나. 제5지의 과덕을 밝히다 3. ··· 398
(가) 부드럽고 조화로운 결과 ·· 399
(나) 보답으로 거둔 결과 ··· 404
(다) 서원과 지혜의 결과 ··· 405
3) 거듭 노래하는 부분 3. ··· 405
가. 제5지의 행상을 노래 ··· 406
나. 제5지의 과덕을 노래 ··· 413
다. 결론적인 말씀을 노래하다 ·· 415

大方廣佛華嚴經 제36권
大方廣佛華嚴經疏鈔 제36권의 ① 號字卷

제26 十地品 ⑨

정종분 Ⅳ. 제4. 염혜지(焰慧地)

제4 염혜지는 '불꽃 같은 지혜의 지'이니 열심히 정진바라밀을 닦으면 지혜가 불꽃처럼 환하여진다는 뜻이다. 여기서는 사념처(四念處)로부터 37보리분법(菩提分法)을 차례로 닦아 팔정도(八正道)에까지 이르게 한 것을 여래의 가문에 태어난다는 말로 상징하고 있다.

염혜지에 처음 올라 세력이 늘어　　始登焰地增勢力하여
여래 가문 태어나 퇴전하지 않고　　生如來家永不退하며
삼보를 믿는 마음 안 무너져서　　於佛法僧信不壞하며
무상하고 나지 않는 법을 보며　　觀法無常無有起하며

이 보살이 수야마천왕이 되어　　住此多作焰天王하여
모든 법에 자재하여 대중이 존중　　於法自在衆所尊이라
중생의 나쁜 소견 없애 주고　　普化群生除惡見하고
부처 지혜 구하여 선업 닦으며　　專求佛智修善業이로다

> 大方廣佛華嚴經 제36권
> 大方廣佛華嚴經疏鈔 제36권의 ① 號字卷

제26. 십지법문을 설하는 품[十地品] ⑨

제4절. 불꽃 같은 지혜의 지[焰慧地] 7.

❖ 제6회 십지품 제4 焰慧地 (科圖 26-46; 號字卷)

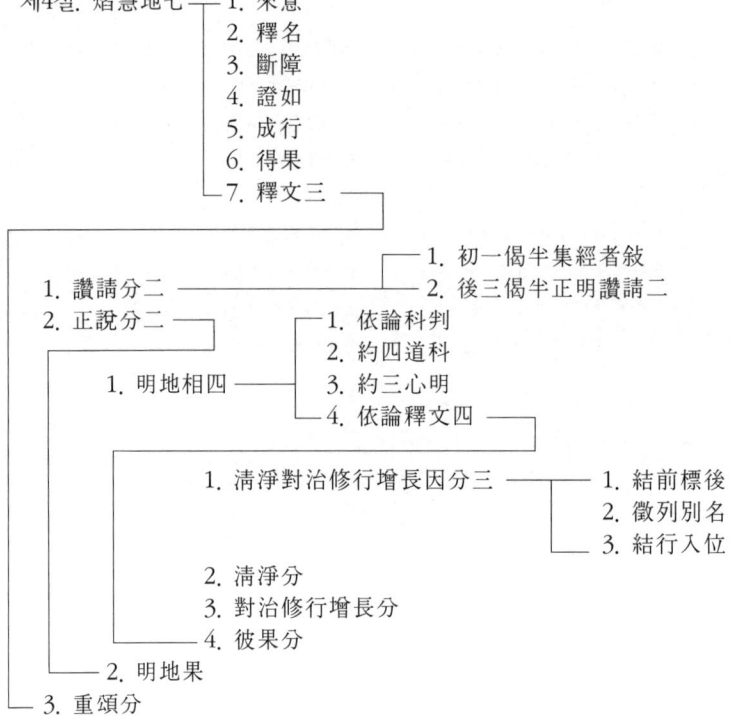

1. 오게 된 뜻[來意] 2.

1) 삼학의 지위에 의지한 해석[依三學位] 2.
(1) 유가사지론을 인용한 해석[引瑜伽釋] (第四 1上5)

[疏] 第四, 焰慧地니 所以來者는 瑜伽七十八에 引解深密하야 明四種淸淨이 能攝諸地하니 前三은 卽意樂와 戒와 定이 增上인 三淸淨이 訖이오 此下第四는 訖於佛地는 明慧增上이니 故次來也니라
- 제4절 불꽃 같은 지혜의 지(地)이다. 1. 오게 된 의미는 『유가사지론』 제78권에서 『해심밀경』을 인용하여 네 가지 청정이 능히 여러 지(地)를 포섭함에 대해 밝혔다. 앞의 세 지[초지, 2지, 3지]는 곧 의요와 계율과 선정이 뛰어난 세 가지 청정함에 대해 모두 설명하였고, 여기부터는 넷째로 부처님의 경지는 지혜가 뛰어남에 대해 모두 설명하였으므로 다음으로 오게 된 것이다.

(2) 대지도론을 인용한 해석[引智論釋] 2.
가. 뒤와 상대하여 온 뜻을 밝히다[對後辨來] (又慧 1上8)
나. 앞과 상대하여 온 뜻을 밝히다[對前辨來] (又前)

[疏] 又慧有多種하니 四地에 正明覺分相應인 增上慧住일새 故次來也니라 又前地에 雖得世定總持나 而未能得菩提分法하야 捨於定愛와 及與法愛하니 今修證彼行일새 故次來也니라
- 또 지혜에 여러 종류가 있으니 제4지에는 각분(覺分)과 상응하는 증상혜주(增上慧住)에 대해 밝혔으므로 다음으로 온 것이다. 또 앞의 제

3지에서 비록 세간적인 선정과 총지를 얻었지만 아직 보리의 부분법을 얻지 못하여 선정에 대한 애착이나 법에 대한 애착을 버렸으니, 지금은 저 행법을 닦아 증득하려고 다음에 오게 된 것이다.

2) 그 의탁한 지위에 의지한 해석[依其寄位] (若依 1上10)

[疏] 若依本論인대 前三은 寄世間이오 今此는 出世이니 次第故來라 若近望前地하면 因前定聞하야 發此證智일새 故次來也라 故로 論에 云, 依彼淨三昧聞持하야 如實智淨으로 顯示故라하니라

■ 만일 본 논경을 의지한다면 앞의 세 지(地)는 세간을 의탁한 내용이고, 지금 4지는 출세간의 순서이므로 오게 되었다. 만일 가깝게는 앞 지위와 대조하면 앞의 선정과 문지(聞持)다라니로 인하여 이 증지를 내기 때문에 다음에 오게 되었다. 그러므로 논경에서는, "저 청정한 삼매와 문지(聞持)다라니를 의지하여 실다운 지혜가 깨끗함을 드러내 보이는 까닭이다"라고 하였다.

[鈔] 第四焰慧地라 所以來下는 疏文分二니 一, 依三學이오 二, 若依本論下는 依寄位라 前中에 二니 先은 總이오 後는 別이라 先은 總引瑜伽가 引解深密者는 意欲雙明하야 具經論故라 經當第四波羅密品[1]이니 觀自在가 問言호대 佛說十地와 佛地는 幾淸淨攝이며 幾分所攝이닛고 佛言하사대 善男子야 當知諸地가 四種淸淨과 十一分攝이니라 云何名爲四種淸淨이 能攝諸地오 謂增上意樂淸淨은 攝於初地[2]오 增上戒淸淨은 攝第二地오 增上心淸淨은 攝第三地오 增上慧淸淨은

---

1) 인용문은 『解深密經』 제4권 地波羅蜜多品 제7의 내용이다. (대정장 권16 p. 703b14-)
2) 於初地는 南續金本作初地淸淨.

攝於後後地니 轉勝妙故라 當知能攝이 從第四地하야 乃至佛地라하니라 釋曰, 上言十一分者는 卽十地와 及佛地니라

又慧有多種下는 第二, 別明이라 又分爲二니 先은 對後辨來오 後, 又前地下는 對前辨來라 捨於定愛者는 前有八定일새 故有定愛오 有聞持일새 故有法愛라 言今修證彼者는 證彼菩提分法이니라

● 제4절 불꽃 같은 지혜의 지(地)이다. (1) 所以來 아래는 소의 문장을 둘로 나누리니 1) 삼학을 의지한 해석이요, 2) 若依本論 아래는 의탁한 지위에 의지한 해석이다. 1) 중에 둘이니 (1) 총상이요, (2) 별상이다. (1) 총합하여 『유가론』이 『해심밀경』을 인용한 것은 함께 밝히려고 경과 논서를 구비하려는 뜻이다. 경이란 『해심밀경』의 바라밀품 제4에 해당하나니, "관자재보살이 묻기를 '부처님께서 십지와 부처님의 경지를 말씀하셨으니 얼마의 청정이 섭속되며 몇 부분에 섭속됩니까?' 부처님께서 말씀하셨다. '선남자여, 마땅히 알라. 여러 지(地)가 네 가지 청정과 11부분에 섭속된다. 무엇을 네 가지 청정이 여러 지(地)를 포섭한다고 이름하는가? 말하자면 뛰어난 의요가 청정함은 초지에 포섭되고, 증상계(增上戒)가 청정함은 제2지에 포섭되며, 증상심주(增上心住)가 청정함은 제3지에 포섭되고, 증상혜(增上慧)가 청정함은 뒤 지(地)에 포섭되나니 점점 뛰어나고 미묘한 까닭이다. 마땅히 알라. 제4지부터 불지(佛地)까지를 능히 포섭한다.'" 해석하자면 위에서 말한 11부분이란 곧 열 개의 지(地)와 불지(佛地)를 말한다.

(2) 又慧有多種 아래는 개별로 밝힘이다. 이를 또 둘로 나누리니 가. 뒤를 상대하여 오게 된 이유[來意]를 밝힘이요, 나. 又前地 아래는 앞을 상대하여 온 뜻을 밝힘이다. '선정에 대한 애착[定愛]을 버린다'는 것은 앞에서 여덟 가지 선정이 있으므로 선정에 대한 애착이

있으며, 문지(聞持)가 있으므로 법에 대한 애착이 있다. 지금 '저 행법을 닦아 증득한다'고 말한 것은 저 보리의 부분법을 증득하는 것을 가리킨다.

2. 명칭 해석[釋名] 3.

1) 지(地)에 들어감에 의지한 해석[約入地釋] (言焰 2上3)

[疏] 言焰慧者는 法喩를 雙擧라 亦有三義하니 一은 約初入地釋이니 初入證智가 能燒前地의 解法慢薪故라 本分에 云, 不忘煩惱薪을 智火能燒故라하니라

- 2. '불꽃 같은 지혜'라고 말한 것은 법과 비유를 동시에 거론한 개념이다. 또한 세 가지 이치가 있으니 가. 지(地)에 들어감에 의지한 해석이다. 처음으로 증지(證智)에 들어가 능히 앞 지(地)의 '법을 알았다는 거만한 번뇌[解法慢薪]'를 태워 버리기 때문이다. 논경의 본분에서는, "망실하지 않는 번뇌의 섶을 지혜의 불로 잘 태우기 때문이다"라고 하였다.

2) 십지의 중간에 의지한 해석[約地中釋] 4.
(1) 논서를 인용하여 바로 해석하다[引論正釋] (二約 2上5)
(2) 지문으로 위를 성립하다[以文成上] (由住)
(3) 반대로 앞의 뜻을 성립하다[反成前義] (若唯)

[疏] 二는 約地中釋이니 成唯識에 云, 安住最勝菩提分法하야 燒煩惱薪

하야 慧焰增故라하니라 由住第四地竟하야 方修菩提分法이 明是地中이니라 若唯取此하야 而爲慧者인대 未修道品은 應非焰地니라
- 2) 십지의 중간에 의지한 해석이다.『성유식론』에서는, "가장 뛰어난 보리의 부분법에 안주하여 번뇌의 섶을 태워 버리는 지혜의 불꽃이 증성하기 때문이다"라고 하였다. 제4지에 안주해 마침으로 인해 비로서 보리의 부분법을 닦는 것이 십지의 중간임을 밝혔다. 만일 오로지 이것만 성취하여 지혜로 삼는다면 보리의 부분법[助道]을 닦지 않은 때를 '불꽃 같은 지혜의 지'라고 하지 못하리라.

(4) 비방과 힐난에 통틀어 해명하다[通釋妨難] 2.
가. 바로 비방과 힐난에 대해 해명하다[正通妨難] (以此 2上8)
나. 여러 가지 해석을 내보이다[出多釋文] (攝論)

[疏] 以此地는 正明菩提分法이니 中該初後라 諸論에 多依此釋이니라 攝論에 云, 由諸菩提分法이 焚燒一切障故니 障卽二障이라하며 莊嚴論에 云, 以菩提分慧로 爲焰自性하고 以惑智二障으로 爲薪自性이라 此地菩薩이 能起焰慧하야 燒二障薪일새 名焰慧地라하며 瑜伽七十八에 引深密經이 大同此說하니 彼에 云, 所得菩提分法이 能燒煩惱라 智火如焰이라하니라 金光明經과 顯揚論도 不殊此意니라
- 이 지(地)는 바로 보리의 부분법에 대해 밝혔으니 중간에서 처음과 나중을 포괄하고 있다. 여러 논서에서 일반적으로 이런 설명을 따르고 있다.『섭대승론』에 이르되, "여러 보리의 부분법이 온갖 장애를 태워 버림으로 인한 까닭이니, 여기서 장애는 곧 두 가지의 장애를 말한다."『대승장엄론』에서는, "보리의 부분적인 지혜로 불꽃의 체성을 삼

고, 번뇌장과 소지장의 두 가지로 번뇌의 체성을 삼는다. 이 지의 보살이 능히 불꽃 같은 지혜를 일으켜서 두 가지 장애의 섶을 태워 버리므로 불꽃 같은 지혜의 지(地)라 이름한다"고 하였다.『유가사지론』제78권에는『해심밀경』을 인용하여 설명한 것이 크게는 이것과 같다. 저 논서에서는, "얻은 바 보리의 부분법이 능히 번뇌를 태워 버리는 것을 '지혜의 불이 불꽃과 같다'고 말하였다."『금광명경』이나『현양성교론』에도 이런 설명과 다르지 않다.

3) 지(地)를 만족함에 의지한 해석[約地滿釋] (三約 2下4)

[疏] 三은 約地滿이니 從證智摩尼하야 放阿含光일새 故名爲焰이라 下論에 具之니라

■ 3) 지(地)를 만족함에 의지한 해석이다. 증지(證智)의 마니보주로부터 아함(阿含)의 광명을 뿜어내므로 불꽃이라 이름하였으니 아래 논경에 구비되어 있다.

[鈔] 二, 約地中下는 此釋有四하니 一, 引論正釋이라 然唯識文이 卽攝論意라 次下에 正引이니 卽攝論第七意라 世親이 釋云호대 由此地中에 安住最勝菩提分法일새 由住此故로 能燒一切根本煩惱와 及隨煩惱하야 皆爲灰燼이라하니라 然以菩提分으로 而爲慧者는 非皆是慧오 慧之焰故니 從喩爲名也니라 二, 由住第四下는 以文으로 成上約地中義라 三, 若唯下는 反成前義오 四, 以此下는 釋妨難이니 難云호대 若許此第一釋者인대 何以諸論에 多依第二오 故爲此通이라 通意는 可知니라 於中에 文二니 先, 正通이오 後, 攝論云下는 出多釋文이라

略擧五釋이니 一, 攝論은 卽上第七論이오 二, 莊嚴論은 當第十三이오 三, 引瑜伽論은 亦卽第四니 文多同前이라 四, 引金光明은 卽第三經에 云, 能燒煩惱하야 以智慧光으로 增長光明故니 是修行道品依處라 是故로 四地를 名爲焰慧라하니라 五, 引顯揚은 亦當第三이니 論에 云,[3] 焰慧地者는 謂諸菩薩이 住此地中하야 先善[4]修治第三地故로 超過一切聲聞緣覺地하야 證得極淸淨緣諸覺分이 能[5]取法境微妙慧蘊으로 能現前하야 燒一切煩惱하나니 是故로 此地를 名爲焰慧라하니라 然上五釋이 義皆相成이니 故로 疏에 總云不殊此意니라
三, 約地滿等者는 前約證智爲焰이오 此約敎智爲焰이니라

● 2) 約地中 아래는 네 가지 해석이 있으니 (1) 논서를 인용하여 바로 해석함이다. 하지만 유식론의 문장이 곧 섭론의 주장과 같다. 다음에 바로 인용하니『섭대승론』제7권의 내용이다. "세친보살이 해석하기를, 이 지(地) 중에서 가장 뛰어난 보리분법에 안주함으로 인하여 여기에 머물기 때문에 모든 근본번뇌와 그에 수반되는 번뇌를 태워서 모두 없애 버리는 까닭이다"라고 하였다. 그런데 '보리분법으로 지혜를 삼는다'는 것은 모두가 이런 지혜인 것은 아니고 지혜의 불꽃인 까닭이니 비유를 따라 이름하였다. (2) 由住第四 아래는 지문으로 위의 지(地) 중에 의지한 이치를 성립함이다. (3) 若唯 아래는 반대로 앞의 이치를 성립함이다. (4) 以此 아래는 비방과 힐난을 해명함이다. 힐난하되 "만일 가.의 해석[約入地釋]을 허용한다면 어째서 여러 논서에서 2)의 해석[約地中釋]을 많이 의지하는가?" 그래서 이렇게 해명하나니 해명한 의미는 알 수 있으리라. 그중에 문장이 둘이니 가. 바로

---

[3] 인용문은『顯揚聖敎論』제3권의 내용이다.(대정장 권31 p. 491 c‐)
[4] 善은 南續本作普라 하나 誤植이며 論原金本作善.
[5] 能은 南續金本作別이라 하나 誤植이다.

해명함이요, 나. 攝論云 아래는 여러 가지 해석을 내보임이다. 대략 다섯 가지 해석을 거론하였으니 가)『섭대승론』은 제7권이요, 나)『대승장엄론』은 제13권에 해당하고 다)『유가론』도 제4권이니 지문은 앞과 거의 같다. 라)『금광명경』은 제3권을 인용하였다. 경문에 말하였다. "번뇌를 잘 태워 지혜의 광명으로 불꽃을 더한 까닭이니 보리분법을 수행하는 의지처로 삼는다. 이런 까닭에 제4지를 '불꽃같은 지혜의 지'라고 이름한다." 마)『현양론』도 역시 제3권을 인용하였다. 논에 이르되, "불꽃 같은 지혜의 지(地)이니 말하자면 보살들이 이 지(地) 중에 머물러 먼저 제3지를 잘 닦고 다스렸기 때문에, 일체 성문과 연각의 경지를 뛰어넘어 아주 깨끗하게 모든 보리분법에 반연하여 능히 법의 대상인 미묘한 지혜 무더기를 증득하고 능히 현전에서 온갖 번뇌를 불태워 버린다. 이런 까닭으로 이 지(地)를 불꽃 같은 지혜의 지라고 이름한다"라고 하였다. 이렇게 위의 다섯 가지 해석이 이치로는 모두 서로 성립되므로 소의 총상에서 "이런 의미와 다르지 않다"고 하였다.

3) 約地滿 등에서 앞은 증지를 의지하여 불꽃이라 하였고, 여기서는 교도의 지혜를 의지하여 불꽃이라 하였다.

3. 장애를 단절하다[斷障] 4.

1) 유식론을 거론하다[擧唯識論] (然所 3下3)
2) 겸하여 본 논경을 거두어 보다[兼收本論] (亦攝)

[疏] 然이나 所燒煩惱는 卽所離微細煩惱現行障이니 謂所知障中의 俱生

一分이라 亦攝定愛와 法愛니라
- 그러나 태울 대상인 번뇌는 곧 여읠 대상인 미세한 번뇌가 현행하는 장애이다. 말하자면 소지장(所知障) 중의 구생(俱生)번뇌의 일부분이다. 또한 선정에 대한 애착[定愛]과 법에 대한 애착[法愛]이 거기에 속한다.

3) 바로 단절의 이치를 밝히다[正明斷義] (菩提)
4) 두 가지 어리석음에 대해 따로 설명하다[別說二愚] (由斯)

[疏] 菩提分法이 特違於彼일새 故能燒之니라 由斯四地에 說斷二愚와 及彼麤重하니 一, 等至愛愚니 味八定故오 二, 法愛愚니 卽解法慢이라 今得無漏定과 及無漏敎일새 故違於彼니라
- 보리분법이 특히 저것에 거스르기 때문에 능히 태워 버린다. 이런 제4지로 인하여 두 가지 어리석음과 그 추중번뇌를 단절한다고 말한다. (1) 등지(等至)의 선정을 애착하는 어리석음이니 여덟 가지 선정을 탐착하는 까닭이요, (2) 법에 대해 애착하는 어리석음이니 곧 법을 알았다는 거만함이다. 지금은 무루의 선정과 무루의 교법을 얻었으므로 저에 거스르는 것이다.

[鈔] 然所燒下는 三, 明所斷障이라 疏文有四하니 一, 擧唯識이오 二, 亦攝法愛定愛하야 兼收本論이오 三, 菩提分下는 正明斷義오 四, 由斯四地下는 別說二愚라 然이나 唯識에는 一分之下에 更有論云호대 第六識이 俱身見等攝인 最下品故며 不作意緣故며 遠隨現行故로 名微細[6]라하니라 釋曰, 第六識言은 揀第七識이니 第七識俱는 以微

細故로 此地에 未斷이라 今言微細는 望前地說에 有三義故로 立微
細名이니 一, 第六識中에 分別身見을 名爲上品이니 唯不善故라 獨
頭貪等을 名爲中品이니 通善不善이라 此唯無記일새 故名下品이라
二, 不作意緣故니 卽任運生義라 三, 遠隨現行故니 從無始來로 隨
逐於身故라 有上三義일새 故名微細니라 論에 云, 彼障四地菩提分
法이니 入四地時에 便能永斷이라하니라 釋曰, 以有身見일새 不能觀
身爲不淨等이니라 問이라 上言所知障中俱生一分하니 那名煩惱오
答이라 此所知障은 昔時에 多分이 與煩惱障으로 同一體起일새 立煩
惱名이라 由菩提分하야 正斷所知일새 彼之身見이 亦不行故라 前之
三地는 何不爾耶아 以相同世間이니 今此는 出世일새 方能離之니라

- 3. 然所燒 아래는 단절할 대상인 장애를 밝힘이다. 소의 문장을 넷
으로 나누리니 1) 유식론을 거론함이요, 2) 법에 대한 애착과 선정에
대한 애착을 포섭하고 겸하여 본 논경을 거두어 봄이요, 3) 菩提分
아래는 바로 단절의 이치를 밝힘이다. 4) 由斯四地 아래는 두 가지
어리석음에 대해 따로 설명함이다. 하지만 『성유식론』에는 일부분 아
래에 다시 논하되, "(제4는 미세한 번뇌가 현행하는 장애이다. 소지장 중에서 선
천적으로 일어나는 것의 일부분이), 제6식과 함께하는 아견(我見) 등에 포함
되는 것을 말한다. 최하품이기 때문이고, 작의(作意)하지 않고서[任運
起] 반연하기 때문이며, 아득한 옛적부터 따라서 현행하기 때문에 '미
세하다'고 이름한다." 해석하자면 제6식이란 말은 제7식과 구분하기
위함이다. 제7식과 함께하는 것은 미세한 까닭이니 이 제4지에서는
단절하지 못한다. 지금 '미세하다'고 말한 것은 앞의 3지의 설명과 대

---

6) 인용문은 『成唯識論』 제9권의 내용이다. 論云, "四微細煩惱現行障. 謂所知障中俱生一分. 第六識俱身見等
攝. 最下品故. 不作意緣故. 遠隨現行故. 說名微細."[제4는 미세한 번뇌가 현행하는 장애이다. 소지장 중에서
선천적으로 일어나는 것의 일부분이, 제6식과 함께하는 我見 등에 포함되는 것을 말한다. 최하품이기 때문이고,
作意하지 않고서[任運起] 반연하기 때문이며, 아득한 옛적부터 따라서 현행하기 때문에 미세하다고 이름한다.]

조하면 세 가지 이치가 있기 때문에 미세하다는 명칭을 세운 것이다. 1) 제6식 중에 신견(身見)이라고 분별하는 것을 상품이라 하였으니, 오로지 불선법(不善法)뿐인 까닭이다. 탐심만 홀로 대두하는 것을 중품이라 하였으니 선법(善法)과 불선법(不善法)에 통하는 까닭이다. 이것[6식과 함께 생겨난 身見]만이 오직 무기(無記)이므로 하품이라 이름한다. 2) 생각을 지어 반연하지 않는 까닭이니 곧 마음대로 생겨나는 이치이다. 3) 현행에 수반되는 것을 멀리하기 때문이니 아득한 옛적부터 몸을 따라 행한 까닭이다. 위의 세 가지 이치가 있으므로 '미세하다'고 하였다. 논경에 이르되, "저것이 제4지의 보리분법을 장애하나니 제4지에 들어갈 무렵에 문득 능히 영원히 단절한다"고 하였다. 해석하자면 신견(身見)이 있으므로 능히 몸을 부정하다고 관찰하지 못하는 등이다. 묻는다. '위에서 소지장 중에 구생번뇌의 일부분이라고 말하였는데 어째서 번뇌라 하였는가?' 답한다. '이 소지장은 예전에 여러 부분이 번뇌장과 동일한 체성에서 일어났으므로 번뇌라는 명칭을 세운 것이다. 보리분법으로 인하여 바로 소지장을 단절하므로 그것의 신견(身見)도 현행하지 못하는 까닭이다.' '앞의 세 지는 어째서 그렇지 않았는가?' 답한다. '양상으로 세간과 같기 때문이니 지금 여기는 출세간이므로 바야흐로 능히 여읠 수 있다.'

亦攝定愛下는 二, 出本論名이니 名離解法慢障이라 略云解法이나 實亦有定이니 本分中에 說이니라 亦唯識文이니 論에[7] 云, 身見等言은 亦攝無始所知障과 攝定愛와 法愛라 彼定法愛는 三地에 尙增이어니와 入四地時에사 方能永害라 由斯로 四地에 說斷二愚와 及彼麤重이니

---

7) 인용문은 역시 제9권의 문장이다.(대정장 권31 p.53a19-)

一, 等至愛愚니 卽是此中의 定愛俱者오 二, 法愛愚니 卽是此中의
法愛俱者라 所知障攝인 二愚를 斷故로 煩惱二愛가 亦永不行이니라
今得無漏定者는 卽彼疏釋이라 愚는 卽所知오 愛는 卽煩惱니 故說
俱斷이니라

● 2) 亦攝定愛 아래는 본 논경의 명칭을 내보임이니 '법을 알았다는 거
만한 장애[解法慢障]'를 여의었다고 이름한다. '법을 이해함'이라고 줄
여서 말하기도 하지만 실제로는 선정도 있나니 본문에 설명한 적이
있다. 유식론도 마찬가지이니『성유식론』에, "아견(我見) 등이라는 말
에는 역시 아득한 옛적부터의 소지장에 포섭되는, 선정에 대한 애착
과 법에 대한 애착도 포함한다. 그 선정에 대한 애착과 법에 대한 애
착은 3지에서는 아직 증성하고, 제4지에 들어갈 때에 바야흐로 영원
히 단멸할 수 있다. 보리분법이 특히 그것에 거스르기 때문이다. 그
러므로 '제4지에서 두 가지 어리석음과 그것의 추중을 단멸한다'고
말한다. (1) 삼매를 애착하는 어리석음이니, 곧 이 중에서 선정에 대
한 애착과 함께하는 것이다. (2) 법을 애착하는 어리석음이니, 곧 이
중에서 법에 대한 애착과 함께하는 것이다. 소지장(所知障)에 포섭되
는 두 가지 어리석음이 단멸되기 때문에, 번뇌의 두 가지 애착도 역시
영원히 작용하지 않는다"라고 하였다. 지금 얻은 무루의 선정은 곧
저 소에서 해석한 내용이다. 어리석음은 소지장을, 애착은 번뇌장을
가리키나니 그래서 '함께 단절한다'고 설명하였다.

4. 진여를 증득하다[證如] (由此 4下9)

[疏] 由此하야 證得無攝受眞如라 謂此眞如는 無所繫屬이니 非我執等의

所依取故라

- 4. 이로 인하여 섭수함이 없는 진여[無攝受眞如]를 증득하게 된다. 말하자면 이 진여는 얽히거나 섭속된 것이 없으니 〈나〉라는 고집[我執] 등이 의지하여 취할 대상이 아닌 까닭이다.

5. 행법을 성취하다[成行] (得此 5上4)

[疏] 得此眞如에 寧有定法之愛리오 便能成菩提分行과 及不住道行하야 精進不退니라

- 5. 이 섭수함이 없는 진여[無攝受眞如]를 증득하였으니 어찌 선정에 대한 애착[定愛]이나 법에 대한 애착[法愛]이 있겠는가? 문득 보리분법의 행법과 도에 머물지 않는 행법을 잘 성취하여 물러남이 없이 부지런히 정진하게 된다.

[鈔] 由此證得下는 四, 所證如니 亦前唯識에 引攝論文이라 世親이 釋云호대 於此如中에 無計我所하며 無攝我所하니 如北洲人이 無繫屬故라하니 應說此如는 非我執과 我慢과 我愛와 無明邊見과 我所見等의 所依取故니라 從得此眞如下는 是今疏結成이니라

- 4. 由此證得 아래는 증득할 대상인 진여를 밝힘이니, 역시 앞의 유식론에서 인용한 섭론의 문장이다. 세친보살이 해석하되, "이 진여 중에 〈내 것〉이라는 생각이 없고 〈내 것〉에 섭속되는 것도 없나니, 마치 북구로주의 사람에게 얽히거나 섭속됨이 없는 것과 같기 때문이다. 제대로 말하자면, 이 진여는 〈나〉에 대한 고집과 아만과 나에 대한 애착과 무명의 변견(邊見)과 〈내 것〉이라는 견해 등이 의지하

여 취할 대상이 아닌 까닭이다. 得此眞如부터 아래는 지금 소가의 결론이다.

6. 과덕을 얻다[得果] (由達 5上7)

[疏] 由達無攝受眞如하야 便得攝生之果니라
- 6. 섭수함이 없는 진여를 통달함으로 말미암아 문득 중생을 섭수하는 결과를 얻게 된다.

[鈔] 由達無下는 六, 得果者는 不爲我攝하야사 方能攝生이니라
- 6. 由達無 아래는 과덕을 얻음이니 나에게 섭속된 것으로 여기지 않아야 비로소 중생을 섭수할 수 있다.

7. 경문 해석[釋文] 3.

1) 찬탄하며 청법하는 부분[讚請分] 2.
(1) 두 개 반의 게송은 경전 편집자의 말씀[初二偈半集經者敍]

(次正 5下4)

佛子聞此廣大行의
心皆勇悅大歡喜하여
이렇게 광대하고 즐거운 행과
묘하고 수승한 법 불자가 듣고

可樂深妙殊勝地[8]하고
普散衆華供養佛이로다

---

8) 地는 明宮福卍綱續金本作法, 麗合平綱作地; 合注云地 北藏作法.

용맹한 마음으로 크게 환희해
여러 꽃을 흘어서 부처님 공양.

演說如是妙法時에　　　　大地海水皆震動하니
一切天女咸歡喜하여　　　悉吐妙音同讚歎하며
이와 같은 묘한 법 연설할 적에
대지와 바닷물이 다 진동하고
수많은 천녀들이 모두 즐거워
아름다운 음성으로 찬탄하오며

自在天王大欣慶하여　　　雨摩尼寶供養佛하고
자재천궁 임금도 기뻐 뛰면서
마니주를 공양하고 찬탄하는 말.

[疏] 次, 正釋文이라 文亦三分이니 一, 讚請이오 二, 正說이오 三, 重頌이라 今初六偈를 分二니 初二偈半은 集經者敍述이라 地海動者는 表無明厚地가 大愛海水를 可傾竭故니라

■ 7. 바로 경문을 해석함이다. 경문을 역시 셋으로 나누리니 1) 찬탄하며 청법하는 부분이요, 2) 바로 설법하는 부분이요, 3) 거듭 노래하는 부분이다. 지금은 1)의 여섯 게송을 둘로 나누리니 (1) 두 개 반의 게송은 경전 편집자의 말씀이다. '대지와 바닷물이 진동한다'는 것은 무명으로 두텁던 대지가 큰 애착의 바닷물을 고갈시킬 수 있음을 나타내는 말이다.

(2) 바로 찬탄하며 청법함에 대해 밝히다[正明讚請] 2.
가. 두 개 반의 게송은 천왕들의 청법[初二偈半天王請] (後三 6上3)

讚言佛爲我出興하사　　　演說第一功德行이로다
부처님 나를 위해 출현하시어
제일가는 공덕행을 연설하시니

如是智者諸地義가　　　於百千劫甚難得이어늘
我今忽然而得聞　　　　菩薩勝行妙法音이로다
지혜 있는 이들의 여러 지의 뜻
백천 겁에 듣기가 어렵삽거늘
보살의 거룩한 행 미묘한 법문
내가 이제 뜻밖에 들었나이다.

願更演說聰慧者의　　　後地決定無遺道하사
利益一切諸天人하소서　此諸佛子皆樂聞하나이다
바라건대 총명한 이 다음 지의
결정한 뜻 빠짐없이 연설하시어
천상 인간 중생들에 이익 주소서.
불자들이 듣기를 원하옵니다.

[疏] 後, 三偈半은 正明讚請이라 於中에 初二偈半은 天王請이오
■ (2) 세 개 반의 게송은 바로 찬탄하며 청법함이다. 그중에 가. 두 개 반의 게송은 천왕들의 청법이요,

나. 상수대중의 청법[後一偈上首請] (後一 6上3)

勇猛大心解脫月이　　　　　請金剛藏言佛子여
從此轉入第四地하는　　　　所有行相願宣說하소서
용맹하고 거룩한 해탈월보살
금강장보살에게 간청하는 말
여기서 제4지에 들어가려면
그 행상 어떠한지 말씀하소서.

[疏] 後一은 衆首請이니라
■ 나. 한 게송은 상수대중의 청법이다.

2) 바로 설법하는 부분[正說分] 2.

(1) 제4지의 행상을 밝히다[明地相] 4.
가. 논경에 의지하여 과목 나누다[依論科判] (第二 6上8)

爾時에 金剛藏菩薩이 告解脫月菩薩言하시되 佛子여 菩薩摩訶薩이 第三地가 善淸淨已에 欲入第四焰慧地인댄 當修行十法明門이니라
이때 금강장보살이 해탈월보살에게 말하였다. "불자여, 보살마하살이 제3지를 이미 청정하게 닦고 제4 염혜지에 들어가면 '법에 밝은 문' 열 가지를 수행하여야 하느니라.

[疏] 第二, 正說分中에 二니 初, 明地相이오 後, 明地果라 前中에 論爲四分이니 一, 淸淨對治修行增長因分이니 謂淸淨等은 是次二分이오 今趣地方便이 爲彼之因이라 二, 佛子菩薩住此焰慧下는 淸淨分이니 是初入地出障行故라 三, 佛子菩薩住此第四下는 對治修行增長分이니 卽正住地行과 道品等行에 能有所除일새 故云對治오 進習上上을 名修行增長이라 四, 佛子至所有身見下는 彼果分이니 此卽地滿이니 是中二分之果니라

■ 2) 바로 설법하는 부분 중에 둘이니 (1) 제4지의 행상을 밝힘이요, (2) 제4지의 과덕을 밝힘이다. (1) 중에 네 부분으로 논하리니 가) 청정으로 다스려서 수행을 증장하는 원인이 되는 부분이다. 청정 등이란 다음의 두 부분이요, 지금 십지에 취향하는 방편이 그것의 원인이 된다. 나) 佛子菩薩住此焰慧 아래는 청정에 관한 부분이니, 처음 제4지에 들어가 장애에서 뛰어나는 행법인 까닭이다. 다) 佛子菩薩住此第四 아래는 다스려서 수행을 증장하는 부분이다. 곧 바로 제4지에 안주하는 행법과 보리분법 등의 행법이니 능히 제거할 대상이 있으므로 '상대하여 다스린다'고 하였다. 정진하고 익혀서 위로 오르는 것을 '수행을 증장시킨다'고 말한다. 라) 佛子至所有身見 아래는 그 결과의 부분이니, 이는 바로 지(地)가 만족함이니 여기서는 두 부분의 결과가 있다.

[鈔] 第二正說이라 前中에 論文分爲四下는 疏文分四니 一, 依論科오 二, 依四道科오 三, 依三心科오 四, 依論釋文이라 初一은 可知로다

● 2) 바로 설법하는 부분이다. (1) 제4지의 행상을 밝힘 중에 論爲四分 아래는 소의 문장을 넷으로 나누었으니 가. 논경에 의지한 과목이

요, 나. 네 가지 도(道)에 의지한 과목이요, 다. 세 가지 마음에 의지한 과목이요, 라. 논경을 의지해 경문을 해석함이다. 가.는 알 수 있으리라.

나. 네 가지 도(道)에 의지한 과목[約四道科] (又此 6下5)
다. 세 가지 마음에 의지한 과목[約三心科] (又四)

[疏] 又此四分하면 即加行과 無間과 解脫과 勝進인 四道니라 又四中에 初一은 入心이오 後三은 住心이오 出心은 在調柔果라 住心中에 三分이 攝前三位니 初, 淸淨分은 即攝生貴住오 次, 攝至一切處廻向이오 後, 攝無盡行이니 至文當知니라

■ 나. 또 이것을 넷으로 나눈다면 가) 가행도(加行道)와 나) 무간도(無間道)와 다) 해탈도(解脫道)와 라) 승진도(勝進道)의 네 가지 도(道)이다. 다. 또 네 가지 도 중에 가) 하나는 들어가는 마음[入心]이요, 나) 뒤의 셋[無間道, 解脫道, 勝進道]은 머무는 마음[住心]이요, 다) 나가는 마음[出心]은 조유과(調柔果)에 있다. 나) 머무는 마음 중에 세 부분이 앞의 세 지위[三賢位]를 포섭한다. (가) 청정분(淸淨分)은 곧 제4. 생귀주(生貴住)를 포섭하고 (나) 대치수행증장분(對治修行增長分)은 제4. 지일체처회향(至一切處廻向)을 포섭하고 (다) 피과분(彼果分)은 제4. 무진행(無盡行)을 포섭하나니 문장에 가면 알게 되리라.

[鈔] 又此四分者는 第二, 四道科니 如雜集第九說이니라 俱舍賢聖品에 云,9) 應知一切道에 略說唯有四니 謂加行과 無間과 解脫과 勝進道

---

9) 인용문은 『俱舍論』제25권 分別賢聖品 제6의 ④의 내용이다. (대정장 권29 p. 132a-)

라하니라 釋曰, 加行道者는 謂引無間道前之加行也요 無間道者는 謂斷惑道也오 解脫道者는 無間道後를 名解脫道니 謂已解脫所應斷障의 最初所生이라 勝進道者는 除前三外에 所餘諸道가 漸勝進故니 即解脫道後의 所起諸道也라 是涅槃路일새 故名爲道라하니라 釋曰, 所起諸道者는 準雜集인대 即爲斷餘品煩惱의 所有加行無間이라 更有異釋이나 大意는 皆同하니라 又四中下는 三, 依三心科니 具如初地니라

● '또 이것을 넷으로 나눈다'는 것은 나. 네 가지 도(道)에 의지한 과목이니 『잡집론』 제9권의 설명과 같다. 『구사론』 현성품(賢聖品)에 말하였다. "온갖 도(道)를 간략하게 말한다면 오직 넷만이 있음을 알아야 하나니 가행도와 무간도와 해탈도와 승진도이네." 해석하자면 가행도(加行道)란 무간도의 앞에서 이끌어 올 가행을 말하고, 무간도(無間道)란 단절해야 할 번뇌의 길이요, 해탈도(解脫道)란 무간도 다음을 지칭하는 말이니, 반드시 단절해야 할 장애에서 해탈한 뒤에 가장 먼저 생겨난 것을 말한다. 승진도(勝進道)란 앞의 셋을 제외한 나머지 여러 도가 점차 뛰어나게 진행되는 까닭이니 곧 해탈도 다음에 일으키는 여러 도를 말한다. 이것은 열반으로 가는 길이므로 '도(道)'라고 이름하였다. 해석하자면 일으킬 대상의 여러 도는 『잡집론』에 준한다면 곧 나머지 품류의 번뇌가 간직한 가행도와 무간도이다. 다시 다른 해석이 있지만 큰 의미는 거의 같다.

다. 又四中 아래는 세 가지 마음에 의지한 과목이니 초지(初地)에 갖추어 해석한 내용과 같다.

라. 논경을 의지해 경문을 해석하다[依論釋文] 3.

가) 청정으로 다스려서 수행을 증장하는 원인이 되는 부분
　　[淸淨對治修行增長因分] 3.

(가) 앞을 결론 맺고 뒤를 표방하다[結前標後] 5.
ㄱ. 열 가지 법에 밝은 문[十法明門] (今初 7上8)
ㄴ. 논경을 인용하여 증명하다[引論證義] (故論)

[疏] 今初因分에 文이 三이니 初, 結前標後요 次, 何等下는 徵列別名이오 三, 菩薩以此下는 結行入位라 今初, 十法明門者는 門은 卽通入之義라 故로 論經에 名入이라하니라

■ 지금은 가) (청정으로 다스려서 수행을 증장하는) 원인이 되는 부분에 소의 문장이 셋이니 (가) 앞을 결론 맺고 뒤를 표방함이요, (나) 何等 아래는 질문을 통해 개별 명칭을 나열함이요, (다) 菩薩以此 아래는 행법을 결론 맺고 지위에 들어감이다. 지금은 (가)의 ㄱ. 열 가지 법에 밝은 문에서 문(門)이란 '통하여 들어간다'는 뜻이다. ㄴ. 그러므로 논경에서 '들어간다'고 이름하였다.

ㄷ. 밝은 문[明門]을 함께 해석하다[雙釋明門] (明爲)
ㄹ. 논경을 거론하여 거듭 해석하다[重擧論釋] (故論)

[疏] 明은 爲能入之門이오 法은 爲所入之處라 故로 論에 云, 得證地智光明하야 依彼智明하야 入如來所說法中이라하니라

■ ㄷ. 밝음[明]이란 들어가는 주체이고, 법(法)이란 들어갈 대상의 처소이다. ㄹ. 그래서 논경에 이르되, "십지의 지혜의 광명을 증득하고 저

지혜의 광명에 의지하여 부처님이 말씀하신 법으로 들어간다"고 하였다.

ㅁ. 소가의 논경 해석[疏家論釋] 5.
ㄱ) 소가의 해석[疏釋] (言證 7下2)
ㄴ) 사례를 인용하다[引例] (亦猶)

[疏] 言證地智者는 卽四地證智也라 光明者는 卽三地慧光이니 謂三地中에 得此四地의 證智前相이라 故로 倂擧二處之智하야 以釋於明이니라 亦猶地前明得定也라

■ ㅁ. '십지의 지혜를 증득했다'고 말한 것은 곧 제4지의 증지(證智)를 말한다. 광명이란 곧 제3지의 지혜 광명을 말한다. 말하자면 제3지에서 이 제4지의 증지(證智)의 전 단계의 양상을 얻게 된다. 그러므로 두 곳의 지혜를 함께 거론하여 광명을 해석한 것이다. 또는 십지 이전의 명득정(明得定)과 같다.

ㄷ) 인용하여 증명하다[引證] (故前)
ㄹ) 소설법(所說法)이란 말을 해석하다[釋所說法] (言所)

[疏] 故로 前地論에 云, 彼慧는 此中에 名光明이 卽其義也니라 言所說法者는 前求多聞하야 從佛聞說衆生法界等의 十種之法이라

■ 그러므로 앞의 『십지경론』에서 '저 지혜를 여기서는 광명이라 칭한다'는 것이 그 뜻이다. '부처님이 말씀하신 법'이라 말한 것은 앞에서 다문(多聞)을 구하여 부처님으로부터 중생계와 법계 등에 관한 열 가지

법문을 듣는 것을 말한다.

ㅁ) 아래 구절과 회통하여 해석하다[通釋下句] (便以)

[疏] 便以智光으로 游入하야 數數游入하니 游入이 卽是修行이라 修行은 卽下觀察이니 觀察이 增上極圓滿故로 方得證入四地니라
- 문득 지혜 광명으로 흘러 들어가서 자주자주 흘러가게 되나니 '흘러 들어감[遊入]'이 곧 수행이요, 수행이 곧 아래의 관찰을 가리킨다. 관찰함이 더욱 늘어나 지극히 원만해지기 때문에 비로소 제4지를 증득하여 들어가게 된다.

[鈔] 今初因分者는 第四, 釋文이니 卽第一淸淨對治修行增長因分이라 以是次二分因故로 唯牒一因字耳니라 今初十法明門下는 疏文有五하니 一, 單釋門이오 二, 論經名入者는 引證이니 論經에 云, 當以十法明으로 入四地故라하니라 三, 明爲下는 雙釋明門이오 四, 故論云下는 擧論釋이오 五, 言證地智者下는 疏釋論이라 於中에 五니 初, 正釋證地智光明이오 二, 亦猶下는 引例釋이오 三, 故前地下는 引證釋이오 四, 言所說下는 釋下句中의 所說法言이오 五, 便以下는 通釋下句니 依彼智明하야 入如來所說法中이라 論經에 云, 思惟는 是今經의 觀察耳니라
- 지금은 가) '원인이 되는 부분'이란 라. 논경을 의지하여 경문을 해석함이니 바로 가) 청정하게 다스려서 수행을 증장하게 하는 원인이 되는 부분을 말한다. 이것이 다음 두 부분의 원인이 되므로 오로지 하나에만 인 자(因字)를 붙였을 뿐이다. 지금은 十法明門 아래는 소의

문장에 다섯이 있으니 ㄱ. 단순하게 해석하는 부분이요, ㄴ. '논경에서 들어감이라 이름한 것'은 인용하여 증명함이니, 논경에서 "마땅히 열 가지 법에 밝음으로 제4지에 들어가는 까닭이다"라고 하였다. ㄷ. 明爲 아래는 밝음과 문을 함께 해석함이요, ㄹ. 故論云 아래는 논경을 거론하여 해석함이요, ㅁ. 言證地智者 아래는 소가가 논경을 해석함이다. 그중에 또 다섯이니 ㄱ) 십지의 지혜 광명을 증득함에 대해 바로 해석함이요, ㄴ) 亦猶 아래는 사례를 인용하여 해석함이요, ㄷ) 故前地 아래는 인용하여 증명함이요, ㄹ) 言所說 아래는 아래 구절의 소설법(所說法)이란 말을 해석한 내용이요, ㅁ) 便以 아래는 아래 구절을 회통하여 해석한 내용이니, 저 지혜광명을 의지하여 부처님이 말씀하신 법으로 들어간다는 뜻이다. 논경의 '사유(思惟)'는 본경의 '관찰(觀察)'을 가리킨다.

(나) 질문을 통해 개별 명칭을 나열하다[徵列別名] 3.
ㄱ. 총상과 별상으로 해석하다[總別釋] (二徵 8上7)

何等爲十고 所謂觀察衆生界와 觀察法界와 觀察世界와 觀察虛空界와 觀察識界와 觀察欲界와 觀察色界와 觀察無色界와 觀察廣心信解界와 觀察大心信解界니
무엇이 열 가지인가? 이른바 중생계를 관찰하고, 법계를 관찰하고, 세계를 관찰하고, 허공계를 관찰하고, 식계를 관찰하고, 욕계를 관찰하고, 색계를 관찰하고, 무색계를 관찰하고, 넓은 마음으로 믿고 아는 계를 관찰하고 큰마음으로 믿고 아는 계를 관찰하는 것이니,

[疏] 二, 徵列中에 有十種差別觀察이라 此十을 略以三重으로 釋之니 一은 初句爲總이니 本爲衆生故라 餘九는 爲別이니 皆衆生事故라
- (나) 질문을 통해 개별 명칭을 나열함 중에 열 가지 차별된 관찰이 있다. 이 열 가지를 대략 세 겹으로 해석하였으니 ㄱ. 총상과 별상으로 해석함에서 ㄱ) 첫 구절은 총상이니 본래 중생을 위하는 까닭이요, ㄴ) 나머지 아홉 구절은 별상이니 모두 중생에 관련된 현상인 까닭이다.

ㄴ. 잡염법과 청정법으로 해석하다[染淨釋] (二前 8上9)

[疏] 二, 前八은 爲染이오 後二는 爲淨이라
- ㄴ. 앞의 여덟 구절은 잡염법이고, 뒤의 두 구절은 청정법이다.

ㄷ. 의지하는 주체와 대상으로 해석하다[能所釋] 2.
ㄱ) 과목 나누기[分科] (三前 8上9)

[疏] 三, 前五는 推能依하야 至所依요 後五는 依所依하야 立能依라
- ㄷ. 의지하는 주체와 대상으로 해석함 중에 (ㄱ) 앞의 다섯 가지(차별된 관찰)는 의지하는 주체를 의지할 대상에까지 미룸이요, (ㄴ) 뒤의 다섯 가지(차별된 관찰)는 의지할 대상에 입각하여 의지하는 주체를 건립함이다.

[鈔] 略以三重釋之者는 一은 總別釋이오 二는 染淨釋이오 三은 能所依釋이니 依第三釋文[10]이라

---

10) 上二十六字는 南金本無, 此下에 南續金本有三前五下 三能所依釋.

● '대략 세 겹으로 해석한다'는 것은 ㄱ. 총상과 별상으로 해석함이요, ㄴ. 잡염법과 청정법으로 해석함이요, ㄷ. 의지하는 주체와 대상으로 해석함이다. 여기서는 ㄷ.의 해석을 의지한다.

ㄴ) 과목에 따라 해석하다[隨釋] 2.
(ㄱ) 다섯 가지는 의지하는 주체를 의지할 대상에까지 미루다
[前五推能依至所依] (前中 8下1)

[疏] 前中에 一은 觀衆生假名差別이라 假有三種이니 一, 因成假요 二, 相續假요 三, 相待假라 假爲空詮일새 故로 先觀之니라 因成이 有二하니 一, 五蘊和合이니 假名某甲이라하면 則入衆生空이오 二는 陰亦因緣而有니 則入法空이라 二空所顯은 卽是眞如니 不壞假名이오 空有不二는 卽是中道라 言相續者는 由前陰滅하야 後陰續生이라 念念相續이 假而非實이니 亦入二空眞實이라 言相待者는 待非衆生하야 以說衆生이라 入實도 亦然이라 此一은 推假入實이라 餘九도 例知라 故로 論에 但顯差別之相하니라 二, 法界者는 論當第三이니 是依正之因이라 卽染法界니 此從別義요 若淨法界인대 通爲十依니 則十與法界로 究竟無別이라 三, 世界者는 彼假名衆生의 所住依報라 四, 依正所依虛空이니 瑜伽에 名爲平等勝義[11]라 卽是理空이니 皆無盡故라 五,

---

11) 인용문은『瑜伽師地論』제48권의 持隨法瑜伽處住品 제4의 내용이다. 論云, "云何菩薩覺分相應增上慧住. 謂諸菩薩先於增上心住. 以求多聞增上力故. 已得十法明入. 由此十法明入. 成上品故極圓滿故. 超過增上心住入初增上慧住. 如是十法明入文詞. 如契經說. 應知其相. 謂若彼假說. 若於中假設. 若由此假設. 若平等勝義. 若染惱故淸淨故成樂成淨. 若由繫縛煩惱所染. 若由無上淸淨所淨. 當知是名十法明入略所說義. 是諸菩薩住此住中. 如契經說. 不壞壴樂而爲上首. 所有十種能成熟智. 智成熟法. 皆悉成就. 長如來家得彼體法. 觀一切菩提增上力故. 修四念住而爲上首. 三十七種菩提分法. 如契經說. 由於此法方便攝受勤修習故. 最極微細薩迦耶見執著一切蘊界處等一切動亂. 皆得畢竟不現行斷. 由彼斷故一切如來所呵毁業皆不現行. 一切如來所讚美業如實隨轉. 旣如是已其心轉復滋潤. 柔和有所堪能. 其心轉復種種行相皆善淸淨."(대정장 권30 p.558-)

染淨所依니 是本識界라

■ (ㄱ) 앞의 다섯 구절[(1) 觀察衆生界 (2) 觀察法界 (3) 觀察世界 (4) 觀察虛空界 (5) 觀察識界]에서 (1) 중생이란 거짓 이름의 차별된 양상임을 관찰하는 것이다. 거짓에 세 종류가 있으니 ① 원인으로 이룩된 거짓이요, ② 서로 연결된 거짓이요, ③ 서로 기다리는 거짓이다. 거짓은 헛된 표현이므로 먼저 관찰하게 된다. '원인으로 이룸'이 둘이 있으니, 첫째는 오온이 화합된 것이다. 거짓으로 아무개라 하면 곧 중생이 <공>함에 들어가는 것이요, 둘째는 오온도 역시 원인과 간접원인으로 생긴 것이니, 법이 <공>함에 들어가는 것이다. 두 가지 <공>함에서 드러난 것은 곧 진여[眞諦]이니 무너뜨릴 수 없는 거짓 이름[俗諦]이요, 공(空)과 유(有)가 둘이 아닌 것은 곧 중도[中諦]이다. '서로 연결되었다[相續]'는 것은 앞의 쌓임[陰]이 없어짐으로 인하여 뒤의 쌓임이 연결되어 생겨나는 것이다. 생각 생각에 서로 연결된 것이 거짓이어서 진실이 아니이니 또한 두 가지 <공>의 진실함에 들어간다. '서로 기다린다[相待]'는 것은 중생 아님을 기다려서 중생에 대해 말하나니 진실에 들어감도 마찬가지이다. 이 하나는 거짓을 미루어 진실에 들어가는 것이니 나머지 아홉 구절도 그처럼 알아야 하리라. 그러므로 논경에서 단지 차별된 양상만 밝혔다. (2) 법계란 논경의 셋째에 해당하나니 의보(依報)와 정보(正報)의 원인이 된다. 곧 잡염의 법계를 가리키나니 이는 개별적인 이치에 따른 부분이며, 만일 청정한 법계에 입각한다면 통틀어 열 가지 의보가 되나니 열 가지 의보와 법계는 마침내 차별이 없게 될 것이다. (3) 세계(世界)란 저 거짓으로 이름한 중생계의 머무는 의보가 된다. (4) 의보와 정보가 의지할 대상인 '허공계'이니 『유가론』에서는 '평등한 승의(勝義)의 세계'라 칭하였다. 이는 곧

이치적인 허공계이니 모두 끝이 없기 때문이다. (5) 잡염의 법계와 청정한 법계가 의지할 대상이니 근본적인 '인식의 세계'를 말한다.

[鈔] 因成有二者는 謂人法二空이라 從二空所顯下는 會其三觀이라 言卽是眞如者는 自有二意하니 一者, 順法相宗의 二空非眞如故요 二, 成三諦는 假名爲有諦요 二空은 爲無諦요 眞如는 爲中道第一義諦[12]니 有三諦三觀矣라 又空有不二는 總爲空觀이오 不壞假名은 卽是假觀이오 合上空假하야 以爲中道라 下觀二假도 例此成觀이니 故로 相續[13]에 結云, 亦入二空眞實이라하니 二空眞實은 卽是眞如異名이라 相待假後의 結例도 可知니라

● '원인으로 이룸에 둘이 있다'는 것은 인공(人空)과 법공(法空)을 말한다. 二空所顯부터 아래는 그 삼관(三觀)으로 회통한 내용이다. '곧 진여이다'라 말한 것에 두 가지 의미가 있으니 1) 법상종에서 두 가지 〈공〉은 진여가 아님에 따르는 까닭이요, 2) 삼제(三諦)를 성립하면 거짓 이름은 유제(有諦)이고, 인공(人空)과 법공(法空)은 무제(無諦)이고, 진여(眞如)는 중도의 제일의제(第一義諦)가 되나니 삼제(三諦)와 삼관(三觀)이 성립된다. 또 '공과 유가 둘이 아니다[空有不二]'라는 말은 총합하여 공관(空觀)이 되고 무너뜨릴 수 없는 거짓 이름은 곧 가관(假觀)이 되고, 위의 공관과 가관을 합하여 중도관(中道觀)이 되고, 아래에서 두 가지 거짓 이름도 이런 사례로 관찰함을 이루게 된다. 그래서 서로 연결하면 결론 내리기를, "또한 두 가지 〈공〉의 진실함에 들어간다"고 하였다. 두 가지 〈공〉의 진실함이란 곧 진여의 또 다른 명칭이다. 相待假 뒤의 사례를 결론한 내용은 알 수 있으리라.

---

12) 諦下에 南續金本有已字.
13) 續下에 南續金本有後字.

(ㄴ) 다섯 가지 차별된 관찰은 의지할 대상에 입각하여 의지하는 주체를 건립하다[後五依所依立能依] 2.
a. 총합하여 설명하다[總明] (後五 9上10)

[疏] 後五는 依此所依하야 立後能依라 故此識界는 前後로 兩向이니 向前에 爲依正依요 向後에 爲染淨依라

■ (ㄴ) 뒤의 다섯 가지 차별된 관찰[(6)觀察欲界 (7)觀察色界 (8)觀察無色界 (9)觀察廣心信解界 (10)觀察大心信解界]은 이런 의지할 대상에 입각하여 뒤의 의지하는 주체를 건립함이다. 그러므로 이런 인식의 세계는 앞뒤로 서로 향하게 된다. 앞으로 향하면 의보와 정보의 의지처가 되고, 뒤로 향하면 잡염와 청정의 의지처가 된다.

[鈔] 後五依此下는 於中에 有[14]二하니 先, 總明이오 後, 初三句下는 別釋이라 今初에 此識이 亦通二宗하니 若生滅識生인대 染淨依他가 亦依心有니 卽法相宗이오 若眞妄和合識인대 亦生染淨이니 卽法性宗이니 並如前說이니라

● (ㄴ) 後五依此 아래는 (의지할 대상에 입각하여 의지하는 주체를 건립함) 중에 둘이 있으니 a. 총합하여 설명함이요, b. 初三句 아래는 개별로 설명함이다. 지금은 a. 총합하여 설명함에서 이 의식의 세계가 또한 두 가지 종에 통한다. 만일 생멸하는 인식에 의지한 잡염과 청정의 의타성(依他性)이 또한 마음에 의지하여 생겨나나니 곧 법상종(法相宗)의 종지요, 만일 진망화합식(眞妄和合識)에 의지한다면 역시 잡염과 청정이 생겨나는 것이니 곧 법성종(法性宗)의 종지가 되나니 아울러 앞의 설

---

14) 上三字는 南金本作文.

명과 같다.

b. 개별로 설명하다[別顯] 2.
a) 잡염분[染分]의 의타성에 대한 설명[明染分依他] (初三 9下5)

[疏] 初三句는 由煩惱使染하야 成染分依他니 有三界差別이라 着欲이며 着受며 及着想故니 三界가 唯心故라
- ㈠ 처음 세 구절[6. 觀察欲界 7. 〃色界 8. 〃無色界]은 번뇌가 물들게 함으로 인하여 잡염분의 의타성[7식]을 이루나니 삼계가 다르게 된다. 탐욕에 염착하거나 감각[受]에 염착하거나 생각에 염착하는 까닭이니 삼계(三界)가 오로지 마음뿐인 까닭이다.

b) 청정분[淨分]의 의타성에 대한 설명[明淨分依他] 3.
(a) 논경에 의지한 설명[依論釋] (後二 9下6)

[疏] 後二, 廣大信解로 成淨分依他라 論經에 前은 是勝心信解依니 煩惱不染이 與聲聞으로 同가 後는 大心信解依니 不捨衆生이니 不同聲聞이어니와
- b) 뒤의 두 구절[9. 觀察廣心信解界 10. 〃大心信解界]은 넓고 큰 믿음과 이해로 청정분의 의타성을 이루게 된다. 논경에서 앞은 뛰어난 마음의 믿음과 이해의 의지처이니, 번뇌에 더럽혀지지 않는 것은 성문과 같고, 뒤는 큰마음의 믿음과 이해의 의지처이다. 중생을 버리지 않는 것은 성문과 같지 않다.

[鈔] 着欲等者는 由着欲故로 有於欲界하고 由着受故로 有於色界[15]하니 四禪[16]이 不出於四受故라 又着正受故라 由着想故로 有無色界의 空想과 識想과 無所有想이라 非想非非想中에 雖欲絶想이나 亦不出想이라 三界唯心은 總結上文이니 如下六地니라

● '탐욕에 염착하거나' 등이란 탐욕에 염착함으로 인하여 욕계가 있고 감수에 염착함으로 인하여 색계가 있다. 말하자면 사선천이 네 가지 느낌[四受]을 벗어나지 않기 때문이다. 또 선정[正受]을 집착하는 까닭이다. 생각에 염착함으로 인하여 무색계의 공무변처의 생각과 식무변처의 생각과 무소유처의 생각이 남아 있다. 비상비비상천(非想非非想天) 가운데에서 비록 생각을 끊으려 하지만 생각에서 벗어나지 못한다. '삼계가 오로지 마음뿐이다'란 것은 총합적으로 위의 문장을 결론한 내용이니 아래 제6지의 내용[17]과 같다.

(b) 본경에 의지한 설명[依今經辨] (今經 10上3)

[疏] 今經에는 卽前云廣은 則明護陿하고 兼濟之心이오 後是大心은 卽是護小하야 求大菩提니 則二心이 俱異二乘이라 前은 觀衆生을 同體大悲요 後는 觀衆生이 具佛知見하야 誓令同得이라

■ 본경에는 앞에서 '넓다'고 한 것은 좁음을 막고[遮護] 겸하여 구제하려는 마음임을 밝혔고, 뒤에서 '큰마음'이란 곧 소승을 막아서 대보리를 구하려는 것이니 두 마음[廣心, 大心]이 모두 이승과 구별되는 내용이다. 앞은 중생을 동체대비(同體大悲)의 마음으로 관찰함이요, 뒤는

---

15) 界下에 南續金本有謂字.
16) 禪下에 南金本有天字, 續本有大字.
17) 제6지의 열 개 관법 가운데 ② 一心所攝門 중의 ㉠ 攝末歸本門의 경문에 云, "佛子야 此菩薩摩訶薩이 復作是 念호대 三界所有가 唯是一心이라" 한 것을 말한다. (闕字卷; 第二, 78下5)

중생에게 부처님의 지견(知見)을 갖춘 것으로 관찰하여 맹세코 함께 얻으려 하는 것이다.

(c) 세계란 글자를 회통한 설명[通釋界字] (又皆 10上5)

[疏] 又皆言界者는 通事理也니 事卽曲盡差別이오 理則一一入實이라 卽淨法界니 故로 皆爲明門이니라
■ 또 모두에 '세계'라고 말한 것은 현상과 이치에 통하나니 현상적으로는 자세하게 모두 다른 것이요, 이치로는 낱낱이 진실에 들어간다는 뜻이니 곧 청정한 법계를 뜻한다. 그래서 모두 '밝은 문[明門]'이 되었다.

[鈔] 後二廣大下는 於中에 三이니 初, 依論釋이오 二, 今經下는 按今經釋이오 三, 又皆言下는 通釋界字니라
● 後二廣大 아래는 b)(정분(淨分)의 의타성) 중에 셋이니 (a) 논경에 의지한 설명이요, (b) 今經 아래는 본경을 참고한 설명이요, (c) 又皆言 아래는 세계란 글자를 회통한 설명이다.

(다) 행법을 결론하여 지위에 들어가다[結行入位] (三結 10上9)

菩薩이 以此十法明門으로 得入第四焰慧地니라
보살이 법에 밝은 열 가지 문으로 제4 염혜지에 들어가느니라."

[疏] 三, 結行入位니 觀察이 圓滿하야 與十理冥하면 則入四地라 故로 瑜

伽四十八에 云, 先於增上心住에 以求多聞增上力故로 已得十法明入하고 由此十法明入하야 成上品故며 極圓滿故로 入初增上慧住라 하니라

■ (다) 행법을 결론하여 지위에 들어감이니 관찰이 원만해져서 열 가지 이치와 그윽이 계합하면 제4지에 들어가게 된다. 그래서 『유가사지론』 제48권에서는, "먼저 증상심주(增上心住)에서 다문(多聞)의 증상력(增上力)을 구하는 까닭에 열 가지 법의 명입(明入)을 얻고, 이런 열 가지 법의 명입(明入)으로 인하여 상품을 성취하기 때문이며 지극히 원만해지므로 증상혜주(增上慧住)에 처음으로 들어가게 된다"고 하였다.

나) 청정에 관한 부분[淸淨分] 3.

(가) 바로 밝히다[正明] 3.
ㄱ. 본경을 참고하여 과목 나누다[按經科釋] (大文 10下5)

佛子여 菩薩이 住此焰慧地에 則能以十種智로 成熟法故로 得彼內法하여 生如來家하나니라
"불자여, 보살이 이 염혜지에 머물면, 능히 열 가지 지혜로써 성숙시킨 법을 말미암아 내법을 얻고 여래의 가문에 나느니라.

[疏] 大文第二는 淸淨分이니 卽攝生貴住이라 故로 前文에 云, 於諸佛聖教中에 生이라하니라 云何淸淨고 於如來家에 轉有勢力故라 文中에 三이니 初, 總明이오 次, 何等下는 徵釋이오 三은 是爲十者는 總結이

라 初中에 文有三句하니 末句生家가 是總相이오 初句十智가 爲能生因이오 次句內法이 爲所生家라 由以十智로 觀察下諸行等의 十法하야 得成熟故라 成熟은 則除滅三地의 解法智障하고 攝四地出世勝智하야 契於法體니 故云得彼內法이라 內法者는 顯非外相이니 此法은 卽如來所說敎化之法이니 名如來家라 此地에 寄出世之首일새 故名爲生이니라

■ 큰 문단으로 나) 청정에 관한 부분이니 곧 (十住位의 제4) 생귀주(生貴住)를 포괄한다. 그래서 앞의 경문에서 "부처님의 성스러운 교법으로부터 태어난다"고 하였다. 무엇이 청정한가? 여래의 가문에 점점 세력이 생기는 까닭이다. 경문에 셋이니 (가) 총합적인 설명이요, (나) 何等 아래는 묻고 해석함이요, (다) 是爲十이란 총합하여 결론함이다. (가) 중에 세 구절이 있으니 끝 구절의 '여래의 가문에 태어남'이 총상이요, 첫 구절의 '열 가지 지혜'가 능히 태어나는 원인이요, 다음 구절의 '내법(內法)'이 태어날 가문이 된다. 열 가지 지혜로 아래의 여러 행법 등의 열 가지 법을 관찰함으로 인하여 성숙되는 까닭이다. 성숙하게 되면 제3지의 '법을 알았다고 거만한 장애'를 없애고, 제4지의 출세간적인 뛰어난 지혜를 포괄하여 법의 체성에 계합하게 되나니, 그러므로 '저 내법(內法)을 얻는다'고 하였다. 내법(內法)이란 외부적인 양상이 아님을 밝힌 것이요, 이 법은 바로 부처님께서 말씀하신 중생을 교화하는 법이므로 '여래의 가문'이라고 이름하였다. 이 지(地)는 출세간에 의탁한 처음이므로 '태어난다'고 하였다.

[鈔] 第二淸淨分이라 初中文有三句下는 疏文有三[18]이니 初는 按經釋이오

---

18) 上十一字는 南金本作初總明三이라 하다.

二는 辨家不同이오 三은 會論釋이라 今初[19]에 初句十智爲能生者는 卽下所列之十句也니 智因所觀으로 而成十智니라 言得內法者는 疏釋以證性故라 亦是如來敎化之法이니 故名爲內라 何時에 得耶아 論에 云, 此法은 明入이 同時得故니 應知라하니라 若爾인대 何異前分이완대 而云前分이 爲此因耶아 答이라 因分觀十하야 未得上品에 猶在三地요 得上品竟에 卽入四地니 與此로 同時니라 若遠公云인대 十智와 十入이 名異體一일새 故卽同時라하고 而自問云호대 兩法이 相似하면 可得言同이어니와 明과 智가 體一이어늘 何得言同고 彼自釋云호대 此雖體一이나 隨門有別하니 是故로 說同이니라 云何門別고 前就衆生世界等十하야 以彰法明이요 今此는 乃就三寶等하야 以說法智니 故云別也라하니라 復應難云호대 所觀이 旣異인대 何名體一고 故應如前鈔家之釋이니라 復應問云호대 前觀十明하야 得入四地어니와 此前에 未觀十智어늘 云何言生고 故應答言호대 有二義故니 一, 前以能化로 觀於所化요 今以所化로 成能化法이니 爲分能所라 所觀이 少殊나 能所相成일새 故得一時라 二者, 前十明門은 了相會性이오 今此十智는 雖擧十相이나 意在一[20]性이니 故云內法이라 性相이 少異나 分之成二요 性相이 不離일새 故得一時니라

問이라 何以將此敎化之法하야 爲如來家오 論에 云, 如來自身의 所有諸法이니 以是法故로 顯示如來라하니라 釋曰, 若無此法이면 不名如來니 故此十法이 佛所安住일새 名之爲家니라

● 나) 청정에 관한 부분이다. (가) 중에 文有三句 아래는 소의 문장에 셋이 있으니 ㄱ. 본경을 참고한 해석이요, ㄴ. 가문이 다름을 밝힘이요, ㄷ. 논경과 회통한 해석이다. 지금은 ㄱ.에 '첫 구절의 열 가지 지

---

19) 上十一字는 南金本無, 此下에 甲續本有按經釋이라 하다.
20) 一은 甲南續本作十이라 하나 誤植이다.

혜가 능히 태어나는 원인'이란 아래에 열거한 열 구절이니 지혜는 관찰할 대상으로 인하여 열 가지 지혜가 성취된다. '내법(內法)을 얻는다'는 말은 소가가 체성을 증명한 까닭이라고 해석하였다. 또한 부처님께서 교화하시는 법이니 그래서 '내(內)'라 하였다. 어느 때에 얻는가? 논경에서는, "이때 법의 명(明)과 입(入)을 동시에 얻는 까닭임을 마땅히 알라"고 하였다. "만일 그렇다면 앞부분과 무엇이 달라서 앞부분이 이 부분의 원인이 되는가?" 답한다. "원인이 되는 부분에서 열 가지 법을 관찰하여 상품을 얻기 전에는 아직도 제3지에 있는 것이 되고, 상품을 얻은 후에 바로 제4지에 들어가나니 이와 함께 동시인 것이다. 만일 혜원법사의 말에 의지하면 열 가지 지혜와 열 가지 입(入)이 명칭은 다르지만 체성은 동일하므로 곧 '동시'라 하였다." 또 스스로 질문하되, "두 법이 비슷하다면 '같다'고 말할 수 있겠지만 밝음과 지혜가 체성이 동일한데 어째서 같다고 말하는가?" 저에 스스로 해석하되, "이것은 비록 체성이 동일하지만 문에 따라 다른 점이 있으니 이런 까닭에 같다고 말한다." "어째서 문이 다른가?" "앞에서는 중생과 세계 등의 열 가지에 입각하여 법의 밝음에 대해 밝혔고, 지금 여기서는 삼보(三寶) 등에 입각하여 법의 지혜를 말하였으니 그래서 다르다고 하였다." 다시 힐난에 응답하되, "관찰의 대상이 이미 다른데 어째서 명칭과 체성이 동일한가? 그래서 앞의 초가(鈔家)의 해석과 같다고 응답한다." 다시 응당히 묻되, "앞에서 열 가지 법의 밝음을 관찰하여 4지에 들어갔지만 이전에 아직 열 가지 지혜를 관찰하지 않았는데 어떻게 '태어난다'고 말하는가?" 응하여 답하되, "두 가지 이치가 있기 때문이니 1) 앞은 교화하는 주체로 교화할 대상을 관찰하였고, 지금은 교화할 대상으로 교화하는 주체의 법을 이룬 것이니 주체와 대상으로 나뉘게 되었다. 관찰이 대상과는 조금 다르지만 주체와 대상이 서로 성립하게 하므로 일시에 얻은 것이다. 2) 앞의 열 가지 지혜의 밝음은 양상을 요달하여 체성을 알게 된 것이고, 지금 이 열 가지 지혜는 비록 열 가지 양상을 거론하였지만 의미는 열 가지 체성에 있으니, 그래서 '내법(內法)'이라 하였다. 체성과 양상이 조금 다르지만 나누어 둘이 된 것이요, 체성과 양상은 떨어질 수 없으므로 '일시(一時)'라고 하였다."

묻는다. "무엇 때문에 이런 교화의 법을 가지고 여래의 가문을 삼았는가?" 논경에 이르되, "부처님 자신이 가지신 여러 법이니 이런 법으로 인하여 여래임을 보여 준다고 하였다." 해석하자면 만일 이런 법이 없으면 '여래(如來)'라고 이름하지 못하나니, 그러므로 이 열 가지 법이 부처님께서 안주하실 대상이므로 '가문'이라 칭하였다.

ㄴ. 가문이 다름을 밝히다[辨家不同] (然如 12上4)

[疏] 然이나 如來家가 略有三種하니 一, 菩提心家니 初住에 卽生이오 二, 大敎家니 四住卽生이오 三, 法界家니 初地에 證故로 生이라 今此는 攝四住故로 以智契敎法하야 合於法界요 具下十義일새 故名爲生이니라

- 하지만 여래의 가문에 대략 세 종류가 있으니 (1) 보리심의 가문[菩提心家]이니 제1. 초발심주(初發心住)에 태어나고, (2) 큰 교법의 가문[大敎家]이니 제4. 생귀주(生貴住)에 태어나며, (3) 법계의 가문[法界家]이니 제1. 환희지(歡喜地)에 증득하여 태어나게 된다. 지금 여기서는 제4. 생귀주를 포괄하므로 지혜로 교도의 법에 계합하여 법계에 합

하는 것이요, 아래 열 가지 이치를 구비하는 연고로 '태어난다'고 말한다.

[鈔] 然如來家下는 二, 辨家不同이라 準下林神인대 八地에 亦生이니 生無生忍家라 故로 如來를 亦名究竟生家일새 故云略耳니라

- ㄴ. 然如來家 아래는 가문이 다름을 밝힘이다. 아래의 숲을 주관하는 신[主林神]에 준해 보면 제8. 부동지(不動地)에도 태어나나니 '무생법인의 가문[無生忍家]'에 태어남을 뜻한다. 그러므로 여래를 또한 마지막에 태어나는 가문이라 하기도 하는 까닭에 '대략'이라 하였다.

ㄷ. 두 논서를 회통한 해석[會二論釋] (若瑜 12上9)

[疏] 若瑜伽인대 但云長如來家21)라하고 論經에는 亦但云於如來家에 轉有勢力이라하니 意明初地에 已生家요 二와 三地에 起修方便일새 早有勢力이라 今依三地多22)聞하야 成出世智일새 故云轉有라 此中智契는 卽無行無生行慧光이니라

- 『유가사지론』제48권에서는 단지 '여래의 집에 어른이 된다'고만 말하였고, 논경에서도 단지 '여래의 가문에서 점점 세력을 키운다'고만 하였으니, 의미로 설명하면, 초지에 이미 가문에 태어났고, 2지와 3지에 방편을 닦기 시작하였으니 일찍이 세력이 생긴 것이다. 지금은 3지의 다문에 의지하여 출세간의 지혜를 성취하므로 '점점 키운다[轉

---

21) 인용문은『瑜伽師地論』제48권의 持隨法瑜伽處 住品 제4의 내용이다. (대정장 권30 p.558 a~) [— 무너지지 않은 의요[不壞意樂]를 우두머리로 삼아 그에 소속된 열 가지는 능히 지혜를 성숙시키고 지혜는 법을 성숙시키며, 모두 다 성숙시켜서) 여래의 집에 어른이 되고 그의 바탕 되는 법[體法]을 얻는다. 온갖 종류의 보리살타를 자세히 살피는 뛰어난 힘 때문에 四念住를 우두머리로 삼는 37가지 보리의 부분법을 닦는다.]
22) 多는 南續金本作之.

有'고 하였다. 이 가운데 지혜로 계합하는 것은 곧 '행함이 없고 생겨남도 없는 행의 지혜 광명[無生無生行慧光]'을 뜻한다.

[鈔] 若瑜伽下는 三, 會論釋이니 二論이 意同이라 言此中智契下는 顯所證體하야 成上內法이니 卽前地의 五方便中[23]의 第三方便也니라

- ㄷ. 若瑜伽 아래는 두 논서를 회통한 해석이니 두 논서의 의미가 같다. 此中智契 아래는 증득할 대상의 체성을 밝혀 위의 내법(內法)을 이룬 것이니, 앞 지의 다섯 가지 방편[24] 가운데 셋째 증상방편(增上方便)에 해당한다.

(나) 묻고 해석하다[徵釋] 4.
ㄱ. 스스로 머물 곳인 필경의 지혜[自住處畢竟智] (二徵 12下9)

何等爲十고 所謂深心不退故며 於三寶中에 生淨信하여 畢竟不壞故며 觀諸行生滅故며 觀諸法自性無生故며 觀世間成壞故며 觀因業有生故며 觀生死涅槃故며 觀衆生國土業故며 觀前際後際故며 觀無所有盡故니

무엇을 열이라 하는가? 이른바 (1) 깊은 마음이 물러나지 않는 연고며, (2) 삼보에 깨끗한 신심을 내어 끝까지 무너지지 않는 연고며, (3) 모든 행법이 생멸함을 관찰하는 연고며, (4) 모든 법의 성품이 나지 아니함을 관찰하는 연고며, (5) 세간이 이루어지고 망가짐을 관찰하는 연고며, (6) 업

---

23) 地下에 南續金本有中字; 便下中字는 南續金本作內.
24) 다섯 가지 방편이란 1. 觀方便 2. 得方便 3. 增上方便 4. 不退轉方便 5. 盡至方便을 말한다. (崑字下권 39下8-)

으로 인하여 생이 있음을 관찰하는 연고며, (7) 생사와 열반을 관찰하는 연고며, (8) 중생의 국토에 대한 업을 관찰하는 연고며, (9) 지나간 세월과 오는 세월을 관찰하는 연고며, (10) 아무 것도 다할 것이 없음을 관찰하는 연고이니,

[疏] 二, 徵列中에 列有十句하니 論攝爲四라 初句는 自住處畢竟智니 謂大乘이 是菩薩自所住處요 深心相應이 爲住오 畢竟이 卽是不退라

- (나) 묻고 해석함 중에 나열하면 열 구절이니 논경에는 넷으로 묶었다. ㄱ. 첫 구절은 스스로 머물 곳인 필경의 지혜이다. 말하자면 대승법은 보살이 스스로 머물 곳이요, 깊은 마음으로 상응함을 '머문다'고 하고, 필경이 그대로 '물러나지 않음[不退]'을 뜻한다.

[鈔] 謂大乘等者는 釋上名也라 然이나 論主[25]는 一時列四名하야 已屬經竟하고 重復料揀解釋이라 今初云自住處畢竟智는 卽初列名이오 謂大乘下는 是復[26]重釋이니 論에 具云호대 菩薩의 自住處者는 謂大乘法中故라하니라

- 謂大乘 등이란 위의 명칭을 해석한 내용이다. 하지만 논주는 한꺼번에 네 가지 명칭을 나열하여 본경에 섭속시키고 나서 다시 거듭 구분하여 해석하였다. 지금 첫 구절에서 '스스로 머물 곳인 필경의 지혜'라고 한 것은 ㄱ) 명칭을 나열함이요, ㄴ) 謂大乘 아래는 거듭 해석함이다. 논경을 구비하여 말하면 보살이 스스로 머물 곳은 대승법이기 때문이다.

---

25) 論은 南續本作上, 金本作上論.
26) 復는 南續金本作後.

ㄴ. 삼보의 필경의 지혜[三寶畢竟智] (二同 13上5)

[疏] 二는 同敬三寶畢竟智니 謂證三寶同體하야 成不壞信故라 上二는 約行德差別이니 初는 自分이오 後는 勝進故라
- ㄴ. 둘째 구절은 함께 삼보를 공경하는 필경의 지혜이다. 말하자면 삼보와 동일한 체성임을 증득하여 무너지지 않는 믿음을 성취한 까닭이다. 위의 두 가지 지혜는 행법의 공덕에 의지한 구분이니 앞의 자주처필경지(自住處畢竟智)는 자분경계이고, 뒤의 삼보필경지(三寶畢竟智)는 승진경계이다.

[鈔] 上二約行德等者는 三寶는 是己之上일새 故云勝進이니라
- 上二約行德 등이란 삼보는 자신의 위이므로 승진이라 하였다.

ㄷ. 밝은 진여의 지혜[明眞如智] (下有 13上8)

[疏] 下有二智는 約智解差別이니 初는 證이오 後는 敎라 謂三에 有二句는 明眞如智니 謂見第一義하야 證二無我故니 一, 但有蘊等諸行하야 而生滅流轉일새 故無人我요 二, 卽此蘊等諸法이 本來不生일새 故無法我라
- ㄷ. 아래의 두 가지 지혜는 지혜로운 견해에 의지한 구분이니, 앞은 증도의 지혜이고 뒤는 교도의 지혜이다. 말하자면 ㄷ.의 두 구절[觀諸行生滅, 觀諸法自性…]은 밝은 진여의 지혜이다. 이를테면 제일가는 이치를 발견하여 두 가지〈내〉가 없는 도리를 증득한 까닭이다. (1) 단지 오온(五蘊) 등 여러 현상에게만 나고 멸하여 바뀜이 있으므

로 인무아(人無我)인 것이요, (2) 이 오온 등 여러 현상법이 본래로 나고 멸함이 없는 도리와 합치한 까닭에 법무아(法無我)인 것이다.

ㄹ. 분별하여 설법하는 지혜[分別說智] 2.
ㄱ) 논경에 의지해 구분하다[依論料揀] (四餘 13下2)

[疏] 四는 餘六句는 明分別說智니 謂是敎智일새 故名爲說이오 知世諦故로 名爲分別이니 分別染淨故라 謂初二句는 是染이오 後三句는 是淨이오 第三句는 具染淨이라 各有因果하니 卽是四諦故라

- ㄹ. 남은 여섯 구절[觀世間生滅…]은 분별하여 설법하는 지혜이다. 말하자면 이는 교도의 지혜이므로 '설한다'고 하였고, 세간의 진리를 아는 연고로 '분별한다'고 하였으니, 잡염과 청정을 구분하였기 때문이다. 다시 말하면 a. 논경에 의지해 구분하면 앞의 두 구절[觀世間…, 觀因業…]은 잡염법이요, 뒤의 세 구절[觀衆生…]은 청정법이요, 셋째 구절[觀生死涅槃]은 잡염법과 청정법을 구비함이다. 각기 원인과 결과가 있으니 그대로 사성제의 도리이다.

[鈔] 四餘六句下는 卽論立名이오 謂是敎智下는 疏釋論이오 分別染淨故는 是論總釋이오 謂初二句下는 是疏釋論이니라

- ㄹ. 餘六句 아래는 ㄱ) 논경에 의지해 세운 명칭이요, ㄴ) 謂是敎智 아래는 소가가 논경을 해석함이요, '잡염법과 청정법을 구분한 까닭이다'라는 것은 논경의 총합적인 해석이요, 謂初二句 아래는 소가가 논경을 해석함이다.

ㄴ) 이치에 의지해 따로 밝히다[約義別明] 3.
(ㄱ) 수번뇌의 더러움[隨煩惱染] (謂初 13下7)

[疏] 謂初二句는 名隨煩惱染이니 卽是苦諦니 依正二報가 隨煩惱集因所生故라 謂初句는 依報요 次句는 正報니 故云有生이라 同因於業하야 業與煩惱가 二俱集因일새 故로 論與經이 影略而說이라

- ㄴ)(이치에 의지해 따로 밝히면) (ㄱ) 처음의 두 구절은 수번뇌(隨煩惱)의 더러움이라 이름하였으니 그대로 고제(苦諦)이다. 의보와 정보에 수반되는 번뇌가 집제(集諦)의 원인에서 생겨난 까닭이다. 다시 말하면 첫 구절[觀世間成壞]은 의보이고, 다음 구절[觀因業有生]은 정보이니 그래서 '생이 있다'고 하였다. 업과 동일한 원인으로 업과 번뇌가 둘 다 집제(集諦)의 원인이므로 논경과 본경이 비추어 생략하여 말하였다.

[鈔] 故論與經者는 經에 云因業有生이라하고 論에 云初二句는 隨煩惱染故라하니라

- 故論與經이란 본경에서 "업으로 인해 생이 있다"고 하였고, 논경에서는 "첫째와 둘째 구절은 수반되는 번뇌의 더러움 때문이다"라고 하였다.

(ㄴ) 번뇌의 더러움[煩惱染] (第三 14上2)

[疏] 第三句中에 初觀生死는 論經에 名世間하니 卽煩惱染이라 上句는 以因으로 顯果하야 云因業有生이오 此句는 以果로 顯因하야 故云生死니 生死가 以煩惱로 爲體故니 卽是集諦라 此順論意니라 次觀涅槃은

是所有淨이니 卽是滅諦라 若直就經文인대 亦可因業有生은 是集諦요 生死와 涅槃은 復雙觀苦滅耳라

■ (ㄴ) 셋째 구절[觀生死涅槃] 중에 앞의 '나고 죽음을 관찰한다'는 것을 논경에서는 '세간법'이라 이름하였으니 곧 번뇌에 물든 것을 뜻한다. 위 구절에서 원인으로 결과를 드러내어 '업으로 인해 생이 있다'고 말하였고, 이 구절은 결과로 원인을 드러내어 '나고 죽음'이라 하였다. 나고 죽음이 번뇌로 체성을 삼은 까닭이니 집제를 뜻한다. 이것은 논경의 의미를 따른 분석이다. 다음에 열반을 관찰함은 본래 가지고 있는 청정함이니 멸제를 가리킨다. 만일 곧바로 경문에 입각하면 또한 업으로 인해 생이 있음은 집제일 것이고, 나고 죽음과 열반은 다시 고제와 멸제를 함께 관찰한 것일 뿐이다.

[鈔] 言此順論意者는 以論에 云煩惱어늘 今將經文生死하야 就論일새 故云論意니라

● '이는 논경의 의미를 따른 분석이다'라고 말한 것은 논경에서는 번뇌라고 말하였는데, 지금은 본경의 나고 죽음을 가지고 논경에 입각하여 밝혔으므로 '논경의 의미'라고 말하였다.

(ㄷ) 도성제를 밝힌 부분[明道分] 2.
a. 이타의 행법[利他行] (後三 14上9)

[疏] 後三句는 隨所淨이라 卽是道諦니 隨順前滅故라 三中에 初一은 利他行이니 論에 云, 諸佛世界中에 敎化衆生하야 自業成熟故라하니 準此論意인대 譯此初句에 應言觀諸國土化衆生業하야늘 則不濫前因

業有生이라

■ (ㄷ) 뒤의 세 구절[4. 觀衆生國土…, 5. 觀前際…, 6. 觀無所有…]은 깨끗함을 따르는 부분이다. 그대로 도제이니 앞의 멸제를 따르는 까닭이다. 세 구절 중에 a. 첫 구절은 이타(利他)의 행법이니 논경에서는, "모든 부처님 세계에서 중생을 교화하여 자신의 업을 성숙한다"라고 하였다. 이런 논경의 의미에 준한다면 이 첫 구절을 번역할 적에 응당히 '모든 국토에서 중생을 교화하는 업을 관찰한다'고 하였다면 앞의 '업으로 인해 생이 있다'는 말과 섞이지 않았을 것이다.

b. 자리의 행법[自利行] 5.
a) 바로 경문을 해석하다[正釋經文] (後二 14下2)

[疏] 後二句는 自利行이니 謂觀煩惱染과 及涅槃淨이니 爲順滅之道라 初句는 約事니 觀煩惱無始일새 故爲前際요 涅槃은 無終일새 故爲後際라 後句는 順理니 觀煩惱는 本空하야 無有損減일새 故無可盡이요 涅槃은 性淨하야 非新增益일새 自性盡故라 皆名無所有盡이니

■ b. 뒤의 두 구절은 자리(自利)의 행법이다. ㊀ 말하자면 번뇌의 더러움과 열반의 청정함을 관찰하는 것이니 멸성제를 따르는 도성제가 된다. ① 첫 구절[觀前際…]은 현상에 의지한 설명이니 번뇌가 시작함이 없음을 관찰한 까닭에 과거가 되고, 열반은 끝남이 없으므로 미래가 된다. ② 뒤 구절[觀無所有…]은 도리에 따른 설명이니 번뇌는 본래 〈공〉하여 늘어나거나 줄어듦이 없음을 관찰한 까닭에 다할 수 없는 것이요, 열반은 본성이 청정해서 새로이 늘어나는 것이 아니므로 자성이 다하는 것이니, 모두 이름하여 "아무것도 다함이 없다"고 하였다.

b) 이치로 회통하다[以理會經] (煩惱 14下6)

c) 비방과 힐난을 통틀어 해명하다[通釋妨難] (菩提)

d) 통틀어 순리에 의지하여 해명하다[通約順理] (然是)

[疏] 煩惱는 影取生死요 涅槃은 影取菩提라 菩提之智가 亦符理故니라 然是世諦中에 觀일새 故異前如智니라

■ b) 번뇌는 이치로 비추어 나고 죽음을 취하고, 열반은 이치로 비추어 보리를 취한다. c) 보리의 지혜가 또한 이치에 부합하기 때문이다. d) 그런데 세간의 진리로 관찰하는 까닭에 앞의 여리지(如理智)와는 다르다.

[鈔] 則不濫前因業有生者는 今云觀衆生國土業일새 故濫前也라 後二句自利行者는 疏文有五하니 一, 正釋經文이오 二, 煩惱影取生死下는 以理會經27)이오 三, 菩提之智下는 通影取菩提難이니 恐有難云호대 涅槃性盡은 可云無所有盡이오 菩提는 非性이어니 何言無所有盡고할새 故以符理에 全同涅槃이니라 四, 然是世諦下는 通約順理하야 解釋上難이니 以約理釋에 濫前如智故로 故通云異라 異相은 云何오 其猶相見道中에 亦觀非安立諦가 而是後得이니 此亦如是하야 雖觀於如나 而是教智니라

● '앞의 업으로 인해 생이 있다는 말과 섞이지 않는다'는 것은 본경에서 "중생의 국토에 대한 업을 관찰한다"고 하였으므로 앞과 섞인 것이다. '뒤의 두 구절은 자리(自利)의 행법'이란 소의 문장에 다섯이 있으니 (a) 바로 경문을 해석함이요, (b) 煩惱影取生死 아래는 이법(理

---

27) 經은 甲續本作通, 上二十八字는 南金本無.

法)으로 경문과 회통함이요, (c) 菩提之智 아래는 '비추어 보리를 취한다'는 힐난에 대해 해명함이다. 아마도 어떤 이가 힐난하기를, "열반의 본성이 다함이란 '아무것도 다함이 없다'고 말할 수 있고, 보리는 성품이 아닌데 어째서 '아무것도 다함이 없다'고 말했는가?"라고 말한 까닭에 이치에 부합하면 완전히 열반과 같다. (d) 然是世諦 아래는 통틀어 순리에 의지하여 위의 힐난에 대해 해명함이다. 이치에 의지하여 해명하면 앞의 여리지(如理智)와 잘못 섞인 것이므로 짐짓 '다르다'고 해명하였다. 다른 모양은 어떠한가? 그것은 상견도(相見道) 가운데 또한 비안립제(非安立諦)를 관찰함이 후득지이니, 이것도 또한 그래서 비록 진여를 관찰하였더라도 교도의 지혜이다.

e) 다시 별다른 이치를 밝히다[更顯別理] (又後 15上5)

[疏] 又後二句는 卽本有今無偈意요 亦是觀緣起法이라 無明行이 爲前際요 生老死가 爲後際라 無明滅에 行滅은 自性滅故로 名無所有盡이니 如六地中이라하니라

■ 또 뒤의 두 구절은 본유금무(本有今無)라는 게송의 뜻이요, 또한 연기법을 관찰하는 것이다. 무명(無明)과 지어 감[行]은 과거이고, 나기[生]와 늙어 죽음[老死]은 미래이다. '무명이 멸하면 행(行)이 멸한다'는 것은 자성이 멸하는 까닭에 "아무것도 다함이 없다"고 하였으니 제6지에서 밝힌 내용[28]과 같다.

[鈔] 又後二句下는 五, 更顯別理라 自有兩意하니 一은 卽四出偈이니 謂

---

28) 제6지의 ⑩ 隨順無所有盡門의 내용을 가리킨다. (闕字卷; 第十 29下7)

觀前際後際故는 卽本有今無과 本無今有오 觀無所有盡은 卽[29]三世有法이 無有是處니라 第五經疏에 已廣分別이니라 後, 亦是下는 觀緣生觀이라 然上十智가 正觀如來教化之智라 智之別相에 必由所觀이니 不觀所觀이면 安識佛智리오 佛智로 證彼內法인달하야 四地菩薩도 亦如是證이라 思之니라

- e) 又後二句 아래는 다시 별다른 이치를 밝힘이다. 자연히 두 가지 의미가 있으니 1) '네 군데에 나오는 게송[四出偈]'[30]이다. 말하자면 '과거와 미래를 관찰한다'는 것은 "본래 있었으나 지금은 없는 것과 본래는 없었으나 지금은 있다"는 구절의 뜻이요, '아무것도 다함이 없음을 관찰한다'는 것은 "이 세상, 앞 세상, 지난 세상에 있다는 모든 법 옳지 않나니" 구절의 뜻이다. 2) 亦是 아래는 인연으로 생겨남을 관찰하는 관법이다. 그런데 위의 열 가지 지혜가 바로 부처님이 교화하는 지혜를 관찰함이다. 지혜의 개별적인 모양에 반드시 관찰할 대상으로 인하는 것이니, 관찰할 대상을 관찰하지 못한다면 어찌 부처님 지혜를 인식할 수 있으리오. 부처님의 지혜로 저 내법(內法)을 증득하는 것과 같아서 4지 보살도 또한 이처럼 증득하여야 할 테니 생각하여 보라.

(다) 총합하여 결론하다[總結] (經/是爲 12下8)

---

29) 卽은 南續金本作故.
30) 四出偈란 『涅槃經』의 "本有今無 本無今有 三世有法 無有是處"라 한 게송이다. 『열반경』 제9권, 제15, 제25, 제26권의 네 곳에 나오므로 四出偈라 한다. 네 곳은 (1) 제9권의 菩薩品 제16(대정장 권12 p.664 a-) (2) 제15권의 梵行品 제20의 ②(대정장 권12 p.707 a-) (3) 제25권의 師子吼菩薩品 제23의 ①(대정장 권12 p.769 a-) (4) 제26권의 師子吼菩薩品 제23의 ②(대정장 권12 p.776 a-)를 뜻한다. * 이 四出偈에 대해서는 世主妙嚴品 9. 歎德能에 속한 과목 중 別示義相(辰字卷上; 此約 16下9-)에 나온다.

是爲十이니라

이것이 열이니라."

다) 다스려서 수행을 증장하는 부분[對治修行增長分] 2.

❖ 제6회 십지품 제4 焰慧地 (科圖 26-50; 號字卷)

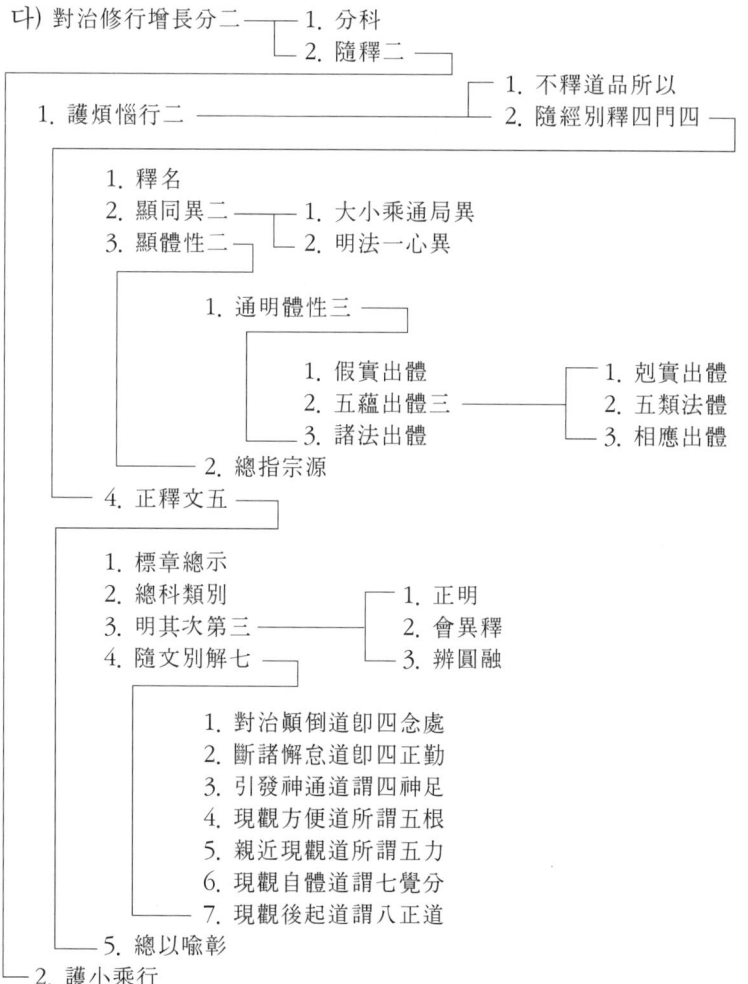

(가) 과목 나누기[分科] (自下 15下4)

[疏] 自下大文第三은 對治修行增長分이라 中에 二니 初, 護煩惱行이오 後, 菩薩修行如是下는 明護小乘行이니 前은 是大智니 自利는 異凡이오 後는 是大悲니 利他는 異小라 此二가 相導하야 成不住道하야 無所不至일새 故攝至一切處廻向也니라 今初는 即修菩提分法이라

- 이 아래로부터 큰 문단으로 다) 다스려서 수행을 증장하는 부분이다. 그중에 둘이니 ㄱ. 번뇌를 막는 행법이요, ㄴ. 菩薩修行如是 아래는 소승을 막는 행법이니 ㄱ) 큰 지혜이니 자리행은 범부와 다르고 ㄴ) 대비심이니 이타행은 소승과 다르다. 이 둘이 서로 이끌어서 머물지 않는 도[不住道]를 이루어서 이르지 않는 곳이 없으므로 제4 지일체처회향(至一切處廻向)을 포섭한다. 지금은 ㄱ)에서 보리의 부분법을 수행함이다.

[鈔] 前是大智者는 二行이 總有四對하니 一, 名自利利他對요 二, 大智大悲對요 三, 護凡護小對요 四, 不住生死涅槃對라 即非凡夫行이며 非聖賢行[31]이 是菩薩行이니 後結成無住하야 以攝前位니라

- ㄱ)은 큰 지혜란 두 가지 행법[自利行과 利他行]을 총합하면 네 가지 대구가 있으니 (1) 자리행과 이타행이 상대함이라 하고, (2) 큰 지혜와 대비심이 상대함이요, (3) 범부를 막는 행법과 소승을 막는 행법이 상대함이요, (4) 생사에 머물지 않음과 열반에 머물지 않음이 상대함이다. 다시 말하면 범부의 행법도 아니며 삼현(三賢)이나 십성(十聖)의 행법도 아닌 것이 바로 보살행이니, 나중에 '머물지 않는 도'로 결론

---

31) 聖賢은 南續金本作賢聖.

하여 앞의 지위를 포섭하고 있다.

(나) 과목에 따라 해석하다[隨釋] 2.

ㄱ. 번뇌를 막는 행법[護煩惱行] 2.
ㄱ) 보리의 부분법으로 해석하지 않는 이유[不釋道品所以] (論主 16上2)

[疏] 論主는 別有道品論이나 故此不釋이어니와 今略爲四門하니
- (나) (과목에 따라 해석함에서) ㄱ. (번뇌를 막는 행법을) 논주는 따로 보리의 부분법으로 논하였지만, 여기서는 그렇게 해석하지 않고 지금은 대략 네 문으로 나눈다.

ㄴ) 경문을 따라 네 문으로 구별하여 해석하다[隨經別釋四門] 4.
(ㄱ) 명칭 해석[釋名] (一釋 16上2)

[疏] 一은 釋名이라 菩提는 是覺이오 分은 是因義라 此三十七이 爲諸乘의 覺因故로 亦云道品이라 品은 卽是類오 因은 爲果類故라 別名은 至文自顯이니라
- ㄴ) (경문을 따라 네 문으로 해석하면) (ㄱ) 명칭 해석이다. 보리는 깨달음을 말하고 부분은 원인의 뜻이다. 여기서 37가지는 모든 교법이 깨닫는 원인이 되는 까닭에 또한 도품(道品)이라 하였다. 품(品)은 종류의 뜻이요, 인(因)은 결과로 분류되기 때문이다. 개별적인 명칭은 경문에 가면 자연히 드러날 것이다.

[鈔] 論主別有等者는 出不釋所以니 今之四門에 亦無所不具矣니라 諸[32] 乘覺因者는 通三乘菩提故라 俱舍賢聖品에 云, 覺은 謂盡無生이니 順此故로 名分이라하니라 釋曰, 覺者는 無明睡眠을 皆永斷故라 盡無生智가 爲此覺體라 三十七品이 順趣菩提일새 名菩提分이라 今順도 亦因義니라[33]

● '논주는 따로 보리의 부분법으로 논하였다'는 등은 (보리의 부분법으로) 해석하지 않는 까닭을 내보임이니, 지금의 네 문에 또한 구비되지 않는 것이 없다. 모든 승(乘)의 깨닫는 원인이란 삼승의 깨달음에 통하기 때문이다. 『구사론』현성품(賢聖品)에 이르되, "(覺分이 서른일곱인데 사념주 따위를 말한다.) 각(覺)을 진무생지(盡無生智)[34]라 하나니 이 도(道)를 순응하므로 각분이라 이름하네"라고 하였다. 해석하자면 깨달음[覺]이란 무명과 졸음을 모두 영원히 끊었기 때문이다. 진무생지가 이 깨달음의 체성인 것이다. 37가지 보리분법이 보리에 수순하여 나아가므로 보리의 부분이라 이름한다. 지금의 '수순함'도 또한 원인이란 뜻이다.

(ㄴ) 같고 다른 점을 밝히다[顯同異] 2.
a. 대승과 소승의 통함과 국한함이 다르다[大小乘通局異] (二顯 16上10)

---

32) 諸는 南續金本作爲諸.
33) 인용문은 『俱舍論頌疏』제25권의 내용이다. 疏云, "從此第三. 明菩提分法. 就中六. 一擧數釋名. 二明出體. 三明念住等. 四明覺分增. 五明漏無漏. 六依地分別, 且擧數者, 論云, 道亦名爲菩提分法. 此有幾種. 名義云何. 頌曰.《覺分三十七 謂四念住等 覺謂盡無生 順此故名分》釋曰. 經說覺分有三十七. 謂四念住身受. 心法. 四正斷. 勤斷二惡. 勤修二善四神足欲. 勤. 心. 觀五根. 五力. 信. 進. 念. 定. 慧也. 七等覺支. 一擇法. 二精進. 三喜. 四輕安. 五念. 六定. 七行捨 八正道支. 一正精進. 二正念. 三正定. 四正見. 五正思惟. 六正語. 七正業. 八正命 是名三十七菩提分法. 菩提者此云覺. 無明睡眠. 皆永斷故盡無生智. 爲此覺體. 三十七法. 順趣菩提. 名菩提分."(대정장 권41 p.955 -)
34) 인용문은 『俱舍論』제25권의 分別賢聖品 第6의 내용이다. 論云, "無明睡眠皆永斷故. 及如實知已作已事不復作故. 此二名覺."(대정장 권29 p.132 a-) [무명과 졸음을 모두 영원히 끊었으며, 자기가 할 일을 참다히 알아서 다시는 할 것이 없기 때문에 이 둘을 깨달음이라고 이름한다.]

[疏] 二, 顯同異니 瑜伽四十四에 大乘菩提分이 乃有多種하니 三十七品은 乃是其中別義라 通於大小하니라 涅槃[35)]에 亦說三十七品이 爲涅槃因하고 非大涅槃因이오 無量阿僧祇道品이 爲大涅槃因故라하니라 下五地中에 說無量道品이라하며 及離世間品에 說道及助道를 皆名[36)]無量이어니와 今約寄位故로 但三十七耳니라

■ (ㄴ) 같고 다른 점을 밝힘이니 『유가사지론』 제44권에 대승의 보리분법이 여러 종류가 있으니 37가지 도품은 그중에서 분별한 뜻이므로 대승과 소승에 통하는 개념이다. 『열반경』에도 "또한 37가지 보리분법은 열반의 원인이요 대열반의 원인은 아니니, 한량없고 그지없는 아승지 겁 동안의 보리분법이라야 대열반의 원인이라 이름한다"라고 하였다. 아래 제5지 중에도 '한량없는 도품'이라 하였으며, 이세간품(離世間品)에서도 도(道)와 조도품을 모두 각기 '한량없다'고 말하였지만, 지금은 지위에 의탁함에 의지한 연고로 단지 37가지일 뿐이다.

b. 법은 하나인데 마음이 다름을 밝히다[明法一心異] (若準 16下5)

[疏] 若準智論인대 但三十七이 無所不攝이니 卽無量道品이 亦在其中이니라 如分別四諦에 有無量相이니 但心行大小가 不同이라 淨名에 云, 道品이 是道場이며 是法身因이라하고 大集에 名菩薩寶炬陀羅尼라하

---

35) 인용문은 『涅槃經』 제19권의 高貴德王菩薩品 제22의 ①의 내용이다. (대정장 권12 p.735 c-) [또 선남자여, 다시 두 가지 인연이 있으니, 짓는 인[作因]과 아는 인[了因]이니라. 마치 옹기장이의 물레와 노끈 따위는 짓는 인이라 하고, 등촉으로 어두운 데 물건을 비치는 것은 아는 인이라 하느니라. 선남자여, 대열반은 짓는 인을 따라 있는 것이 아니고, 아는 인으로 좇아 있는 것이니, 아는 인이라 함은 37가지 보리분법과 여섯 가지 바라밀다 등이니, 이것을 아는 인이라 이름한다. 선남자여, 보시는 열반의 원인이요 대열반의 원인은 아니니, 보시바라밀다라야 대열반의 인이라 이름한다. 37가지 보리분법은 열반의 인이요 대열반의 인은 아니니, 한량없고 그지없는 아승지 겁 동안의 보리분법이라야 대열반의 인이라 이름하느니라.]

36) 名은 南續金本作各.

며 涅槃에 云,[37] 若人이 能觀八正道하면 卽見佛性이라 名得醍醐라하나니 皆約大說이니라

■ 만일 『대지도론』에 준한다면 다만 37가지 보리분법에 포함되지 않는 것이 없나니, 한량없는 보리분법이 또한 그 속에 있다. 마치 사성제를 분별하면 한량없는 양상이 있는 것과 같나니 단지 마음을 행함이 크고 작은 것이 다를 뿐이다. 『유마경』에 이르되 "37가지 보리분법이 곧 도량이며 법신의 원인이다"라고 하였고, 『대집경(大集經)』에는 '보살의 보배 횃불 다라니'라 이름하였다. 『열반경』에서는, "만일 사람이 팔정도를 능히 관찰하면 부처 성품을 보게 되므로 '제호를 얻었다'고 한다"고 하였으니, 모두 대승에 의지한 설명이다.

[鈔] 二顯同異者는 疏文有二하니 先, 明大小通局有異요 後, 若準智論下는 明法一心異라 於中에 四니 一은 立理요 二는 引證이요 三은 揀差別이요 四는 廣證大義라 如分別下는 二, 引證이니 暗引涅槃이니 卽第十三經이며 南本十二라 迦葉菩薩이 白佛言[38]하사대 世尊이시여 佛昔一時에 在恒河岸尸首林中하사 爾時에 如來가 取少樹葉하사 告諸比丘하사대 我今手中에 葉多아 一切因地草木이 葉多아 諸比丘言호대 世尊하 一切因地草木葉多니 不可稱計요 如來所捉은 少不足言이니다 諸比丘여 我所覺了一切諸法은 如因大地하야 生草木等이요 爲諸衆生하야 所宣說者는 如手中葉이니라 迦葉難言, 世尊이 爾時에 說如是言하사대 如來所了無量諸法에 若入四諦하면 卽爲已說이요 若不入者인댄 應有五諦라하니 佛讚迦葉하사대 善哉善哉라 善男子야

---

37) 인용문은 『涅槃經』 제27권 師子吼菩薩品 제3의 내용이다. 經云, "若有能修八聖道者當知是人則得明見. 善男子雪山有草名曰忍辱. 牛若食之則成醍醐. 衆生佛性亦復如是."(대장장 권12p. 784 a26~)
38) 인용문은 『涅槃經』 제12권 聖行品 제19의 ②의 내용이다. (대장장 권35권 p. 684 a~)

汝今所問은 則能利益安隱快樂無量衆生이로다 善男子야 如是諸法이 悉已攝在四聖諦中이라하니라

- (ㄴ) 같고 다른 점을 밝힘이란 소의 문장에 둘이 있으니 a. 대승과 소승이 통하고 국한함에 다름이 있음을 밝힘이요, b. 若準智論 아래는 법은 하나인데 마음이 다름을 밝힘이다. 그중에 넷이니 a) 이치를 세움이요, b) 인용하여 증명함이요, c) 차별됨을 구분함이요, d) 대(大)의 뜻을 널리 증명함이다. b) 如分別 아래는 인용하여 증명함이니, 가만히 『열반경』을 인용한 내용으로 곧 제13권의 경문이며 남본으로는 제12권에 해당한다. "가섭보살이 부처님께 사뢰었다. "세존이시여, 예전에 부처님이 어느 때에 항하의 언덕 시다림 속에 계실 때에 적은 나뭇잎을 드시고 비구들에게 말씀하시기를 '내가 지금 손에 잡은 잎이 많으냐?' 비구들의 말은 '세존이시여, 모든 땅에 있는 풀과 나뭇잎은 많아서 헤아릴 수 없사오나, 여래가 잡으신 잎은 적어서 말할 나위도 없나이다' 하였으며, 여래께서 또 말씀하시기를 '비구들이여, 내가 깨달은 모든 법은 땅에 난 초목의 잎과 같고, 내가 중생을 위하여 말한 법은 손에 잡은 잎과 같으니라'고 하였나이다." 가섭보살이 힐난하기를 "세존께서 그때에 이렇게 말씀하였사온데, 여래의 깨달으신 한량없는 법이 만일 사성제에 들었사오면 이미 말씀하신 것이요, 만일 들지 않았으면 오제(五諦)가 있겠나이다." 부처님께서 가섭을 칭찬하셨다. "좋고 좋다. 선남자여, 그대가 지금 물은 것은 한량없는 중생을 이익하게 하고 편안하고 즐겁게 하리라. 선남자여, 이러한 모든 법은 모두 사성제 안에 들어 있느니라."

下云하사대 智有二種하니 一者는 中智요 二者는 上智라 善男子야 知

諸陰苦는 是名中智요 分別諸陰에 有無量相하야 悉皆是苦는 非是
聲聞과 緣覺의 所知니 是名上智니라 廣說云云하고 又云하사대 善男
子야 知愛因緣이 能生五陰은 是名中智요 一人이 起愛가 無邊無量
이라 聲聞과 緣覺의 所不能知는 是名上智니라 又云하사대 善男子야
知滅煩惱는 是名中智요 分別煩惱를 不可稱計며 滅亦如是하야 不
可稱計라 非是聲聞과 緣覺所知는 是名上智니라 又云하사대 善男子
야 知是道相하야 能離煩惱는 是名中智요 分別道相이 無量無邊이오
所離煩惱도 亦無量無邊이라 非諸聲聞과 緣覺의 所知는 是名上智라
하시니라 釋曰, 皆明四諦에 有無量相하야 而皆攝在四諦之中하나니
故知三十七品을 若分別之하면 有無量相이니 則三十七이 攝無量道
品이니라

但心行者는 三, 揀差別이니 下釋文中에 廣見其相이니라 淨名下는 第
四, 廣證大義니라 …〈下略〉…

● 아래에 말하였다. "('그러한 법이 사성제 안에 들어 있다면 여래께서 어찌하여 말
하지 않았다고 말씀하시나이까?' '선남자여, 비록 그 안에 들었지마는 말하였다고 이
름할 수 없나니') 왜냐하면 사성제를 아는 데 두 가지 지혜가 있으니,
하나는 중품 지혜요, 다른 하나는 상품 지혜니라. 중품은 성문·연
각의 지혜요, 상품은 부처님과 보살의 지혜이니라. 선남자여, 모든
음(陰)이 고통인 줄 아는 것은 중품 지혜라고 하고, 모든 음(陰)을 분
별하는데 한량없는 모양이 있는 것이 모두 고통인 것은 성문·연각
의 알 바가 아니니 이것을 상품 지혜라 한다." 자세히 설명하고는 또
말하되 "선남자여, 사랑의 인연으로 오음(五陰)을 내는 줄을 아는 것
은 중품 지혜라 하고, 한 사람의 사랑을 일으킴이 한량없고 그지없
는 줄은 성문·연각으로서는 알 바가 아니다. 온갖 중생이 일으키는

이러한 사랑을 아는 것은 상품 지혜라 하거니와 선남자여, 이런 뜻은 내가 저 경전에서 말하지 않았느니라." 또 이르되 "선남자여, 멸함을 아는 것은 중품 지혜라 하고, 번뇌를 분별함을 헤아릴 수 없고 멸함도 그와 같아서 헤아릴 수 없는 것은 성문·연각의 알 바가 아니니 이것은 상품 지혜라 한다." 또 이르되 "선남자여, 도(道)라는 모양이 번뇌를 여의는 줄을 아는 것은 중품 지혜라 하고, 도(道)라는 모양을 분별함이 한량없고 그지없으며 여의는 번뇌도 한량없고 그지없는 것은 성문·연각의 알 바가 아니니 이것은 상품 지혜라 한다." 해석하자면 모두에 사성제의 한량없는 양상이 있으니, 그러므로 37가지 보리분법이 한량없는 도의 품류를 포섭하고 있는 줄 알아야 한다.

c) 但心行이란 차이점을 구분함이니, 아래 경문 해석에서 자세히 보이겠다. d) 淨名 아래는 널리 크다는 의미를 증명함이다. …<아래 생략>…

(ㄷ) 체성을 밝히다[顯體性] 2.
a. 바로 체성을 밝히다[正明體性] 3.
a) 가명과 실법으로 체성을 드러내다[假實出體] (三明 19上6)

[疏] 三, 明體性이니 雖三十七品이나 但以十法으로 而爲根本이니 謂信과 戒와 念과 精進과 定과 慧와 除와 喜와 捨와 思惟라 由信二와 戒三과 念開爲四하고 精進과 定과 慧가 此三이 各八과 餘四가 各一일새 故成三十七品이니라

- (ㄷ) 체성을 밝힘이니 a. 비록 37가지 보리분법이지만 단지 열 가지 법으로만 근본을 삼는다. 말하자면 믿음과 계법과 기억과 정진과 선

정, 지혜 없앰과 기쁨과 버림과 사유함이다. 믿음이 둘이고 계법이 셋이요, 기억을 전개하여 넷으로 삼고, 정진과 선정과 지혜인 이 셋이 각기 여덟이고, 남은 네 가지[除, 喜, 捨, 思惟]가 각기 하나이므로 37가지 보리분법이 된다.

b) 오온으로 체성을 드러내다[五蘊出體] (復束)
c) 여러 법에서 체성을 드러내다[諸法出體] (若取)

[疏] 復束此十하야 以三蘊으로 爲體하니 謂戒는 是無表色이오 喜支는 是受요 餘皆行蘊이니라 五類法中에 但二가 爲體니 謂色과 及心所라 若取助伴하면 則通五蘊이오 若取所緣하면 通一切法이니라

- 다시 이 열 가지 법을 묶어서 세 가지 쌓임으로 체성을 삼았으니, 이를테면 (1) 계법은 무표색이요, (2) 기쁨의 갈래는 느낌[受]이고, (3) 나머지는 모두 지어 감[行]에 해당된다. 다섯 부류의 법에서 단지 색법과 심소법 둘만이 체성이 된다. 만일 돕는 반려를 취하면 오온에 통하게 된다. 만일 반연할 대상을 취한다면 일체법에 다 통한다.

b. 종지의 근원을 총합하여 지적하다[總指宗源] (廣顯 19下1)

[疏] 廣顯差別은 如智論의 二十一 · 二와 及五十三과 瑜伽의 二十八 · 九와 及四十五와 雜集의 第十이라 下所解釋은 依此諸論이니라

- 널리 차이점을 밝히면 저 『대지도론』 제21권 · 제22권 · 제53권과 『유가사지론』 제28권 · 제29권 · 제45권과 『아비달마잡집론』 제10권에 설명한 내용과 같다. 아래에서 해석한 것은 이런 여러 논서에 의

지한 설명이다.

[鈔] 三明體性下는 疏文有二하니 先, 正明體性이오 後, 總指宗源이라 前中에 有三하니 一은 假實出體오 二는 五蘊出體오 三은 諸法出體라 初中에 有二하니 先, 標列이오 後, 辨成三十七義라 今初[39]니 俱舍賢聖品에 亦云호대 此實事는 唯十이니 謂慧와 勤과 定과 信과 念과 喜와 捨와 輕安과 及戒와 尋이 爲體라하니라 釋曰, 尋은 卽此中의 思惟요 輕安은 卽除니 除는 是智論之名이니 卽經猗覺分이니 猗者는 美也니 卽輕安義니라[40]

由信二下는 二, 辨成三十七義[41]라 言信二者는 卽一은 信根이오 二는 信力이라 言戒三者는 卽八正中의 正語와 正業과 正命이라 言念開爲四者는 一은 念根이오 二는 念力이오 三은 七覺中의 念覺이오 四는 八正中의 正念이라 言精進爲八者는 卽四正勤이 爲四요 五는 精進根이오 六은 精進力이오 七은 精進覺分이오 八은 正精進이라 言定有八者는 謂四神足이 爲四오 五는 定根이오 六은 定力이오 七은 定覺分이니 八은 正定이라

---

39) 上五十六字는 南續金本作三明體性下 初標列.
40) 인용문은 『俱舍論頌疏』 제25권의 내용이다. 疏云, "從此第二. 明出體. 論云. 此三十七. 體各別耶(問也)不爾(答也. 體唯有十. 故言不爾)云何(徵也)頌曰. 《此實事唯十 謂慧勤定信 念喜捨輕安 及戒尋爲體》釋曰. 名雖三十七. 論實體唯十. 一慧. 二勤. 三定. 四信. 五念. 六喜. 七捨. 八輕安. 九戒. 十尋. 三十七中. 且慧攝八. 謂四念住. 慧根慧力. 擇法覺支. 正見也. 此八以慧爲體. 勤亦攝八. 謂四正斷. 精進根. 精進力. 精進覺支正精進也. 此八以勤爲體故亦攝八. 謂四神足. 定根定力定. 覺支正定. 此八以定爲體信但攝二. 謂信根信力. 以信爲體念唯攝四. 謂念根. 念力. 念覺支正念. 此四以念爲體喜唯攝一. 謂喜覺支. 以喜爲體捨亦攝一. 謂捨覺支. 行捨爲體. 此言捨者. 非是捨受. 是大善地中. 行捨名捨也. 輕安攝一. 謂輕安覺支. 以輕安爲體. 戒但攝三. 謂正語. 正業. 正命. 以戒爲體. 尋唯攝一. 謂正思惟. 以尋爲體上來所明. 慧勤定三. 各攝八種. 三八二十四也. 信攝二. 足前成二十六也. 念攝四. 足前成三十也. 喜攝一. 捨攝一. 輕安攝一. 戒攝三. 尋攝一. 此七足前成三十七. 故體唯故也. 毘婆娑師. 說有十一. 謂戒分二. 以身語業不相雜故. 分身業語業爲二也. 餘九同前."(대정장 권41 p.956-)
41) 上五字는 甲南續金本作義.

● (ㄷ) 明體性 아래는 소의 문장이 둘이니 a. 바로 체성을 밝힘이요, b. 종지의 근원을 총합적으로 지적함이다. a.에 셋이니 a) 가명과 실법으로 체성을 드러냄이요, b) 오온으로 체성을 드러냄이요, c) 여러 법에서 체성을 드러냄이다. a)에 둘이 있으니 (a) 표방하고 나열함이요, (b) 37가지 보리분법의 의미를 구분함이다. 지금은 (a)이니『구사론』분별현성품(分別賢聖品)에도, "이의 실질적인 일[事]은 열뿐이니 말하자면, 슬기[慧]·부지런함[勤]·선정[定]·믿음[信]과 생각함[念]·기쁨[喜]·버림[捨]·가뿐함[輕安]과 계(戒)와 거친 생각[尋]으로 자체가 되었네"라고 하였다. 해석하자면 거친 생각[尋]은 여기서는 사유에 해당하고, 가뿐함[輕安]은 없앰을 뜻하나니 없앰이란『대지도론』의 명칭으로, 곧 경문의 '가뿐하게 깨닫는 부분[猗覺分]'을 뜻한다. 가뿐함은 아름답다는 뜻이니 경쾌하고 편안하다는 뜻이다.

(b) 由信二 아래는 37가지 보리분법의 의미를 구분함이다. 믿음이 둘이라 한 것은 하나는 믿음의 근본이요, 둘은 믿음의 힘이다. '계법이 셋'이라 한 것은 팔정도 중의 바른 어업과 바른 생업과 바른 목숨을 말한다. '기억을 전개하여 넷'이라 한 것은 하나는 기억의 근본이요, 둘은 기억의 힘이요, 셋은 칠각분(七覺分)의 기억하여 깨달음이요, 넷은 팔정도(八正道) 중의 바른 기억을 말한다. '정진이 여덟'이라 말한 것은 사정근(四正勤)이 넷이 되며 다섯은 정진의 근본이요, 여섯은 정진의 힘이요, 일곱은 정진하여 깨닫는 부분이요, 여덟은 바른 정진이다. '선정이 여덟'이라 한 것은 사신족(四神足)이 넷이 되고, 다섯은 선정의 근본이요, 여섯은 선정의 힘이며, 일곱은 선정으로 깨닫는 부분이며, 여덟은 바른 선정이다.

言慧有八者는 四念處가 爲四이오 四念은 慧가 爲體니 隣近名念故라 五는 慧根이오 六은 慧力이오 七은 擇法覺分이니 擇法이 卽慧故라 八은 正見이니 見卽慧故니라 言餘四各一者는 卽除와 喜와 捨와 思惟也니 由依漸開와 及不開者하야 爲二類故라 不依俱舍之次하고 而先信이며 次戒等이니라 若毘婆沙인대 則實事가 有十二하니 以戒中에 分出正語와 及與正業하니 以身語業이 不相離[42]故니라 餘九는 同前하니라 今依瑜伽와 俱舍일새 故但有十이니라

復束此十下는 二, 五蘊出體라 曲有三義하니 初, 剋實出體니 唯有三蘊이오 二, 五類法中下는 約五類出體니 由攝受行하야 以爲心所라 故於五類에 唯有二類니 則無心王과 及不相應과 幷無無爲故니라 三, 若取助伴下 卽相應出體니 所必依[43]王이니 必依於想하야 取身[44]等相故라 雜集에 云, 助伴者는 謂彼相應心心法等이라하니라 若取所緣通一切法者는 第三, 諸法出體니 可知로다 廣顯下는 二, 總指宗源이니 不欲繁文하야 令知本故니라

● '슬기가 여덟'이라 말한 것은 사념처가 넷이 되는데, 사념처(四念處)는 슬기가 체성이 되나니 인근석(隣近釋)으로 기억이라 이름한 까닭이다. 다섯은 슬기의 근본이요, 여섯은 슬기의 힘이요, 일곱은 택법으로 깨닫는 부분이니 택법(擇法)이 곧 슬기인 까닭이다. 여덟은 바른 견해이니 견해가 곧 슬기인 까닭이다. '남은 넷은 각기 하나'라 말한 것은 곧 없앰과 기쁨과 버림과 사유함을 가리키나니 점차 전개하거나 전개하지 않음으로 인해 두 가지 부류가 되기 때문이다. 『구사론』의 순서에 의지하지 않고 믿음을 앞에 두고 계법은 다음으로 삼는 등이다. 만일

---

42) 離는 雜華記云雜.
43) 必依는 南續金本作依心.
44) 身은 南續金本作心.

『십주비바사론』에 의지하면 실질적인 일[事]은 12가지가 있으니, 계법 중에서 바른 어업과 바른 생업을 분리하였으니 신업과 어업이 서로 섞이지 않기 때문이다. 남은 아홉은 앞과 같다. 지금은 『유가사지론』과 『구사론』에 의지했으므로 단지 열 가지 법만 있는 것이다.

b) 復束此十 아래는 오온으로 체성을 드러냄이다. 자세히는 세 가지 뜻이 있으니, (a) 실법을 능가하여 체성을 드러냄이니 오직 세 가지 쌓임만 있고, (b) 五類法中 아래는 다섯 부류에 의지해 체성을 드러냄이니 섭수하는 행법으로 인해 심소법을 삼은 내용이다. 그러므로 다섯 부류에서 오직 두 부류만 있으니, 다시 말하면 심왕(心王)과 불상응법(不相應法)과 무위법(無爲法)이 없는 까닭이다. (c) 若取助伴 아래는 상응하여 체성을 드러냄이니 '심소는 반드시 심왕에 의지한다'는 뜻이니, 반드시 생각을 의지하여 몸 등의 모양을 취하는 까닭이다. 『잡집론』에서는, "돕는 반려는 저 상응하는 심왕과 심소법 따위이다"라고 하였다. '만일 반연할 대상을 취한다면 일체법에 통한다'는 것은 c) 여러 법에서 체성을 드러냄이니 알 수 있으리라.

b. 廣顯 아래는 종지의 근원을 총합하여 지적함이니, 문장을 번거롭게 하지 않기 위해 근본을 알게 한 내용이다.

(ㄹ) 바로 경문을 해석하다[正釋文] 5.
a. 가름을 표방하고 총합적으로 보이다[標章總示] (四正 20下5)
b. 통틀어 과목 나누고 부류로 구별하다[總科類別] (三十)

[疏] 四, 正釋文이니 卽是行相이라 三十七品이 總有七類하니 一은 對治顚倒道니 卽四念處요 二는 斷諸懈怠道니 謂四正勤이오 三은 引發神

通道는 謂四神足이오 四는 現觀方便道니 所謂五根이오 五는 親近現
觀道니 卽是五力이오 六은 現觀自體道니 謂七覺分이오 七은 現觀後
起道니 謂八正道니라

- (ㄹ) 바로 경문을 해석함이니 바로 행법의 모양이다. 37가지 보리분
법이 통틀어 일곱 부류가 있으니 ㉠ 뒤바뀐 도를 다스림이 곧 사념처
(四念處)이고, ㉡ 모든 게으름을 단절하는 도이니 사정근(四正勤)을 말
하며, ㉢ 신통의 도를 이끌어 냄은 사신족(四神足)을 말하며, ㉣ 현관
의 방편이 되는 도이니 오근(五根)을 말하며, ㉤ 현관을 가까이하는
도이니 오력(五力)을 뜻하며, ㉥ 현관도의 자체이니 칠각분(七覺分)을
말하고, ㉦ 현관 뒤에 일으키는 도이니 팔정도(八正道)를 말한다.

[鈔] 四, 正釋文卽是行相者는 疏文有五하니 一, 標章總示오 二, 總科類
別이오 三, 明其次第오 四, 隨文別釋이오 五, 總以喩彰이라 總有七
類者는 第二段也니 卽雜集과 瑜伽之意라 其中義旨는 至文當釋니라

- (ㄹ) '바로 경문을 해석함이니 바로 행법의 모양'이란 소의 문장에 다
섯이 있으니 a. 가름을 표방하고 총합적으로 보임이요, b. 통틀어 과
목 나누고 부류로 구분함이요, c. 그 순서를 밝힘이요, d. 경문을 따
라 개별적으로 해석함이요, e. 통틀어 비유로 밝힘이다. '통틀어 일
곱 부류가 있다'고 말한 것은 둘째 단락이니 『잡집론』과 『유가사지
론』의 주장이다. 그 가운데 의미와 종지는 경문에 가서 해석하리라.

c. 그 순서를 밝히다[明其次第] 3.
a) 바로 순서를 밝히다[正明] (此七 21上1)
b) 다른 해석과 회통하다[會異釋] (有時)

c) 원융함을 밝히다[辨圓融] (然上)

[疏] 此七次者는 若聞法已에 先은 當念持요 次는 卽勤修니 勤故로 攝心
調柔요 調柔故로 信等이 成根이오 根增이 爲力이라 次, 七覺으로 分
別이오 八正으로 正行이라 有時에 八正이 在前하니 則未辦을 名道요
已辦을 名覺이라 然上猶寄位어니와 若約行者인대 初心에 通修어니 況
入地菩薩가

- 이 일곱 가지 부류의 순서는 만일 법문을 듣고 나서 먼저 마땅히 기
억하여 간직하고[四念處],[45] 다음은 부지런히 수행하는 것[四正勤][46]이
요, 부지런하므로 마음을 거두어 부드럽게 조화하며[四神足],[47] 부드
럽게 조화되므로 믿음 등이 바탕이 되고 근기[五根][48]가 나아져서 힘
[五力][49]을 삼게 된다. 다음은 칠각분(七覺分)[50]으로 판단하고 팔정도

---

45) 四念處 : 범부 중생의 주관을 바꾸어 출세간의 불법을 배우도록 하는 행법이다. (1) 신념처(身念處) : 육신이 부
정하다고 관하여 아는 것(觀身不淨), 즉, 과거 현재의 모든 사대육신을 나라는 집착으로부터 여의어 이 몸이 내
가 아님을 관찰하여 깨닫는 수행. (2) 수념처(受念處) : 감각작용이 고통이라고 관하여 아는 것(觀受是苦), 곧
의지할 바가 없이 머무르게 되어 취할 바가 없음을 깨닫는 수행. (3) 심념처(心念處) : 우리의 마음이란 무상(無
常)한 것임을 관하여 아는 것(觀心無常)이니, 사대육신이 나라는 강하게 집착하는 이 마음은 진정한 나가 아님
을 관찰하여 깨닫는 수행. (4) 법념처(法念處) : 모든 법이 무아(無我)라는 것을 관하여 아는 것(觀法無我)이
니, 사념관법으로 몸과 마음에 대하여 머무는 모든 생각을 관찰하여 속성이 없는 공함을 관찰하여 아는 수행법
이다.
46) 四正勤 : 四正斷이라고도 하며, 모든 악을 끊고 선을 키우기 위해 부단히 바르게 정진한다는 뜻이다. (1) 단단
(斷斷) : 이미 생긴 악을 없애려고 부지런함 (2) 율의단(律儀斷) : 아직 생기지 않은 악을 미리 방지하려고 부지
런함 (3) 수호단(隨護斷) : 이미 생긴 선을 더 증장시키려고 부지런함 (4) 수단(修斷) : 아직 생기지 않은 선을 생
기도록 부지런함.
47) 四神足 : 欲 精進 心 思惟의 神足을 말한다. 四如意足이라고도 하나니, 깨달음을 향한 욕구, 정진과 노력, 마
음을 통일하는 선정, 바른 사유의 네 가지의 가르침으로 신통스러운 자유자재를 얻는 수행을 말한다.
48) 五根 : 번뇌에 벗어나 깨달음으로 가는 다섯 가지 행법으로 세속법에 흔들리지 않도록 하는 수행법이다. (1) 신
근(信根) : 바르고 굳은 믿음으로 수행의 뿌리를 내린다. (2) 정진근(精進根) : 올바른 정진으로 수행에 물러섬
이 없다. (3) 염근(念根) : 바른 가르침을 항상 깊이 생각하여 바르게 기억한다. (4) 정근(定根) : 바른 선정으로
마음을 고요히 하여 올바른 마음을 가진다. (5) 혜근(慧根) : 불법의 진리를 여실히 통찰하여 올바른 지혜로 뿌
리를 내림.
49) 五力 : 불교에 대한 실천적 기초 덕목이 되는 것이 곧 오력(五力)이며, 열반을 증득하기 위한 오근(五根)이 뿌리
가 되어 실제로 활동하는 구체적인 힘이다. (1) 신력(信力) : 불법을 믿고 진리 아닌 것은 따르지 않는 힘. (2) 진
력(進力) : 선을 짓고 악을 버리기에 부지런히 수행에만 전념하는 힘 (3) 염력(念力) : 바르게 생각하여 그릇된 생

(八正道)⁵¹⁾로 바르게 실천한다는 뜻이다.

어떤 때에는 팔정도가 앞에 있나니 말하자면 끝내지 못한 것을 도(道)라 하고, 이미 끝난 것을 깨달음이라 이름한다고 본 견해이다. 하지만 위에서는 아직 지위에 의탁하였지만, 만일 행법에 의지하면 처음 발심할 때에도 수도에 통하는데 하물며 지(地)에 들어간 보살이겠는가?

[鈔] 此七次者下는 第三, 明次第라 於中에 三이니 初는 正明次第오 二는 會異釋이오 三은 辨圓融이라 今⁵²⁾初니 卽雜集意라 故로 彼論에 釋七覺云⁵³⁾호대 七覺所緣이 卽四聖諦如實性이라하고 釋八正云호대 八正의 所緣境者는 卽此後時의 四聖諦如實性이니 由見道後의 所緣境界라 卽先所見인 如實性으로 爲體라하나라 釋曰, 則八正이 是修道矣니

각을 버리며 오로지 수행에만 전념하는 힘 (4) 정력(定力) : 선정을 닦아 흩어진 마음을 바로잡아 어지러운 생각이 일어나지 않게 하는 힘. (5) 혜력(慧力) : 지혜를 닦아 불교의 진리(곧 4성제 등)를 깨닫는 힘이다.

50) 七覺支 : 깨달음으로 이끌어 주며, 깨달음에 도움이 되는 일곱 가지의 수행 방법이다. (1) 택법각지(擇法覺支) : 진실된 것을 선택하고 거짓된 것을 버리는 것. (2) 精進覺支 : 진실된 가르침을 사유하면서 一心으로 정진 수행하는 것. (3) 희각지(喜覺支, 법의 기쁨) : 부처님의 가르침을 실천하는 기쁨이 생기는 것. (4) 경안각지(輕安覺支, 평정 고요) : 몸과 마음을 평정히 가볍고 쾌적하게 하는 것. (5) 사각지(捨覺支, 평등) : 오로지 법에 의지하여 온갖 집착을 버려서 통일된 마음으로 절대 평등으로 잘 관찰하는 수행. (6) 정각지(定覺支, 선정) : 마음을 집중하여 흔들리지 않도록 청정한 일념의 마음으로 통일된 정신으로 삼매에 드는 수행. (7) 염각지(念覺支, 마음 집중) : 마음이 항상 깨어 있어서 자기 자신이 지금 현재 무엇을 하고 있나 정확히 파악하고 알아차리는 상태로 정혜(定慧)를 잊지 않는 것 등이다.

51) 八正道 : 붓다가 괴로움의 현실을 종식시킬 실천적 가르침으로써 베푼 것이니 곧 열반을 성취하는 행법이다. 1. 정견(正見, 바른 견해) : 경전에서는 사성제를 수행할 때 "法을 잘 決擇하여 관찰하는 것"이라고 설명되어 있다. 2. 정사유(正思惟, 바른 사유) : 바르게 생각하고, 바르게 마음먹는다는 뜻으로 생각할 바와 생각 안 할 바를 마음에 잘 분간하자는 것 3. 정정진(正精進, 바른 노력) : 끊임없이 노력하여 물러섬이 없이 마음을 닦는 것 4. 정념(正念, 바른 명심) : 올바르게 기억하는 것인데 생각하는 바에 따라 잊지 않는 것. 5. 정어(正語, 즉 바른 말) : 네 가지 악한 구업(口業), 즉 거짓말, 이간질하는 말, 아첨하는 말, 욕설 등을 하지 않는 것. 6. 정업(正業, 즉 바른 행위) : 세 가지 악한 신업(身業) 즉, 살생, 도둑질, 음행을 하지 않는 것. 7. 정명(正命, 즉 바른 생활) : 올바른 직업생활로서 정당한 방법을 통해 의식주를 구하는 것 등이다. 8. 정정(正定, 즉 바른 명상) : 바르게 집중한다는 뜻으로 마음을 한곳에 모아서 선정에 드는 것 등이다.

52) 上十八字는 南金本作初正明.

53) 인용문은 『雜集論』 제10권 決擇分中諦品제1의 ⑤의 내용이다. 먼저 七각지에 대해 밝히고 (대정장 권31 p.740 c5-), 나중에 八정도에 대해 밝혔다. (대정장 권31 p.741a1-)

라 若準俱舍賢聖品中인대 七覺은 卽當修道니 故로 彼論에 問云호대 當言何位에 何覺分이 增고 偈答云호대 初業과 順決擇과 及修道와 見位에 念住等七品이니 應知次第增이라하니라 釋日, 初業者는 卽修 別相總相念住니 此初業位에 能照身等四境하야 慧用이 勝故로 說 念住增이니라 言順決擇者는 卽煖等四位也라 且煖法位中에 能證異 品의決擇分也라 殊勝功德하야 勤用이 勝故로 說正勤增이오 頂法位 中에 能持善趣의 無退轉位하야 定用이 勝故로 說神足增이오 忍法位 中에 必不退墮하야 善根이 堅固하야 得增上義일새 說五根增이오 世 第一位中에 非世惑法의 所能屈伏하야 得無屈義일새 說五力增이니라 言及修見道位者는 修道位中에 近菩提位하야 助覺이 勝故로 說七 覺增이오 見道位中에 速疾而轉하야 通行이 勝故로 說八正增54)이니라

● c. 此七次者 아래는 그 순서를 밝힘이다. 그중에 셋이니 a) 바로 순서를 밝힘이요, b) 다른 해석과 회통함이요, c) 원융함을 밝힘이다. 지금은 a)이니 『잡집론』의 주장이다. 그러므로 저 논경에서 칠각분(七覺分)을 해석하되, "'칠각지(七覺支)의 대상경계'는 사성제의 참다운 성품[如實性]을 가리킨다." 또 팔정도를 해석하되, "'팔성도지(八聖道支)의 대상경계'란 바로 이다음 때에 사성제의 참다운 성품을 가리킨다. 견도(見道) 이후의 대상경계로 인한 까닭이니, 앞에서 보았던 여러 진제의 참다운 성품을 자체로 삼기 때문이다." 해석하자면 팔정도가 곧 수도(修道)인 것이다. 만일 『구사론』 현성품에 준해 보면 칠각지는 곧 수도에 해당하나니, 그러므로 저 『구사론』에서 말하였다. "묻기를 '어느 지위에서 어느 각분이 증가하는가?' 게송으로 답하되 "처음

---

54) 增은 南續金本作見誤. *인용문은 『俱舍論頌疏』 제23권의 내용이다. 疏云, "從此第三. 明四念住. 就中分二. 一明別相念住. 二明總相念住. 且初明別相者. 論云. 如是已說入修二門. 由此二門. 心便得定. 心得定已. 復何有所修. 頌曰.《依已修成止 爲觀修念住 以自相共相 觀身受心法 / 自性聞等慧 餘相雜所緣 說次第隨 生 治修故唯四》釋曰. ―"(대정장 권41 p.942 -)

업에는 순결택분이며 그리고 수도와 견도위(修·見道位)에서는 념주(念住) 따위의 일곱 종류가 차례로 증가한다고 알아야 하리." 해석하자면 처음의 업이란 별상과 총상의 념주(念住)를 닦는 단계이니 이 처음의 업의 지위에서 능히 몸 등의 네 경계[四境=身, 受, 心, 法]를 자세히 비추어 알기 때문에 지혜의 작용이 수승하며, 그러므로 '사념주(四念住)가 증가한다'고 말한다. 순결택분(順決擇分)이란 곧 난(煖)법 등의 네 가지 지위를 가리킨다. 우선 난법(煖法)의 지위에서는 능히 다른 종류의 수승한 공덕을 증득하므로 부지런함의 작용이 수승하며, 그러므로 '사정근(四正勤, 또는 四正斷)이 증가한다'고 말한다. 정법(頂法)의 지위에서는 능히 수승한 선취(善趣)의 물러남 없는 덕을 지니기 때문에 정(定)의 작용이 수승하며 그러므로 '신족(神足)이 증가한다'고 말한다. 인법(忍法)의 지위에서는 반드시 물러나거나 타락하지 않고 착한 뿌리가 견고하여 증상하는 뜻이 있으므로 '오근이 증가한다'고 말하며, 세제일(世第一)의 지위에서는 세상을 미혹시키는 법에게 굴복당하지 아니하여 굴복함이 없는 뜻을 얻었으므로 '오력이 증가한다'고 말한다. '그리고 수도와 견도의 지위에서는'이라 말한 것은 수도위에서는 보리의 지위에 가까워서 깨달음을 돕는 것이 수승하다. 그러므로 '칠각지가 증가한다'고 말한다. 견도위에서는 빨리 변화하여[15찰나가 빨리 전환함] 통행함[通行=道]이 수승하다. 그러므로 '도의 갈래, 곧 팔정도가 증가한다'고 말한다.

有餘師說호대 於見道位에 建立覺支니 如實覺知四聖諦故요 於見修二位에 建立八聖道支니 以此二位가 俱通直往涅槃城故라하니라 釋曰, 後解는 正順今經이니 見道後에 說修道니 見是七覺이라 前解에

雖七覺이 居前이나 而名修道요 八正이 爲見이니 義當約位에 八正이 在前이니라 智論에 亦云호대 修道用故로 名覺이오 見道用故로 名道라 하나니 同俱舍初意라 亦是義當八正이 居前이니 以見道後에 有修道故니라 又俱舍에 云, 七覺과 八道支는 一向是無漏요 三인 四와 五인 根과 力은 皆通於二種이라하니55) 則非見道之前에 別有修也니라 今疏意는 符雜集과 及俱舍後師故로 以七覺으로 爲現觀自體하고 八正으로 爲現觀後起니라

有時下는 會異釋이니 卽上俱舍意라 然上猶寄位下는 第三은 圓融이라 於中에 有三이니 初句는 指前이니 是約位說인대 隨增勝義라 若約行者는 二, 諸敎證明이라 初心通修者는 大小乘說에 皆初通修라 況入地下는 三, 況出入證이라 久已證如어니 豈不齊具아

● 또 다른 스님들이 말하되 "견도위에서 각지(覺支)를 건립하였다. 사실대로 사성제를 깨달아 아는 연고로 견도와 수도의 두 지위에서 팔정도의 갈래를 건립하였으니, 이 두 지위가 함께 모두 열반의 성으로 바로 가기 때문이다." 해석하자면 뒤의 해석은 바로 본경을 따른 내용이니 견도위 다음에 수도위를 말한 것으로, 견도는 칠각지를 뜻한다. 앞의 해석에서 비록 칠각지가 앞에 있었지만 수도라고 이름하였고, 팔정도로 견도를 삼았으니 이치로는 지위에 의지하면 팔정도가 앞에 있어야 하리라. 『대지도론』에도, "수도위의 작용인 연고로 깨달음이라 칭한 것이고, 견도의 작용인 연고로 도의 갈래라 이름한다"고 하였다. 또 『구사론』에서는 "칠각지와 팔정도는 한결같이 무루(無漏)뿐이며 셋의 넷과 오근・오력은 모두 두 가지[有漏・無漏]에 통하네"라고 하였으니, 견도위 앞에 따로 수도위가 있다는 말이 아니다. 지

---

55) 인용문은 『俱舍論』제25권 分別賢聖品 제6의 내용이다. (대정장 권29 p.133-)

금 소가의 주장은 『잡집론』과 『구사론』의 나중 스님의 견해와 부합하나니, 칠각지로 현관(現觀)의 자체를 삼고, 팔정도로 현관의 다음에 일어나는 법으로 삼았다.

b) 有時 아래는 다른 해석과 회통함이니 위의 『구사론』의 주장이다.

c) 然上猶寄位 아래는 원융함을 밝힘이다. 그중에 셋이 있으니 (a) 첫 구절은 앞을 지적함이니, 지위에 의지하여 설명한다면 증가함에 따라 뛰어나다는 의미이다. (b) '만일 행법에 의지하면'이라 말한 것은 여러 교법으로 증명함이다. '처음 발심할 때에도 수도에 통한다'고 말한 것은 대승과 소승의 교법에 모두 초발심이 수도와 통함을 말한다. (c) 況入地 아래는 들고 남에 비교하여 증명함이다. 오래 전에 진여를 증득하였는데 어찌 함께 구비하지 않겠는가?

d. 경문을 따라 개별로 해석하다[隨文別解] 7.

a) 뒤바뀐 도를 다스림은 사념처이다[對治顚倒道卽四念處] 2.
(a) 총합하여 말하다[總敍] 7.
㈠ 명칭 해석[釋名] (今初 22下5)

[疏] 今初, 對治顚倒道니 名四念處라 四는 謂身과 受와 心과 法이오 念은 謂念慧니 身等이 爲其念慧의 所安住處일새 故亦名念住라 瑜伽에 云, 若於此住인대 卽是身等이오 若由此住인대 卽是念慧라하니라

■ 지금은 a) 뒤바뀐 도를 다스림이니 사념처(四念處)⁵⁶⁾를 말한다. 네 가지는 몸과 느낌과 마음과 법이다. '념(念)'이란 생각하는 지혜를 말하

---

56) 四念處 : 新譯은 四念住이니 일종의 觀法이다. ① 身念處 : 부모에게 받은 육신이 不淨하다고 관하는 것 ② 受念處 : 우리의 마음에 즐거움이라고 하는 婬行·財物 등을 보고 樂이라고 하는 것은 진정한 樂이 아니고 모두

나니 몸 따위가 생각하는 지혜의 안주할 곳으로 삼았으므로 '생각이 안주한다[念住]'고도 칭한다. 『유가사지론』에서는, "만일 여기에 머무름에 의지하면 곧 신(身)념처 등이라 하고 만일 이것으로 인해 머무름에 의지하면 생각하는 지혜이다"라고 하였다.

[鈔] 今初는 對治顚倒道라 文前에 有七하니 一은 釋名이오 二는 出體요 三은 辨相差別이오 四는 彰所由오 五는 辨其次第오 六은 明倒通局이오 七은 明觀相異同이라 今初, 釋名이니 若云念處인대 處는 唯約所住오 若云念住인대 住는 通能所니라

- 지금 a) 뒤바뀐 도를 다스림이다. 경문 앞에 일곱이 있으니 ㊀ 명칭 해석이요, ㊁ 체성을 드러냄이요, ㊂ 모양의 차이를 밝힘이요, ㊃ 그 원인을 밝힘이요, ㊄ 그 순서를 밝힘이요, ㊅ 뒤바뀜의 통함과 국한됨을 밝힘이요, ㊆ 관찰하는 모양의 다른 점과 같은 점을 밝힘이다. 지금은 ㊀ 명칭 해석이니 만일 생각의 의지처라 한다면 '처(處)'는 오로지 의지처에만 입각한 말이요, 만일 생각이 안주한다고 말한다면 '주(住)'는 다스림의 주체와 대상에 통하는 말이다.

㊁ 체성을 드러내다[出體] (體實 22下10)

[疏] 體實是慧니 以慧觀으로 守境이오 由念得住하니 與念으로 相近일새 隣近名念이니라

- 체성인 실법은 슬기이니 슬기의 관찰로 경계를 수호함이요, 생각으로

고통이라고 관하는 것 ③ 心念處 : 우리의 마음은 항상 그대로 있는 것이 아니고 늘 변화·생멸하는 無常한 것이라고 관하는 것 ④ 法念處 : 위의 셋을 제외하고 다른 만유에 대하여 실로 自我인 실체가 없으며, 또 나에게 속한 모든 물건을 나의 소유물이라고 하는 데 대해서도 無我라고 관하는 것 (불교학대사전 p. 645 -)

인해 머묾을 얻었으니 생각과 서로 가까우므로 가까운 것을 생각이라 한다.

❖ 제6회 십지품 제4 焰慧地 (科圖 26-51; 號字卷)

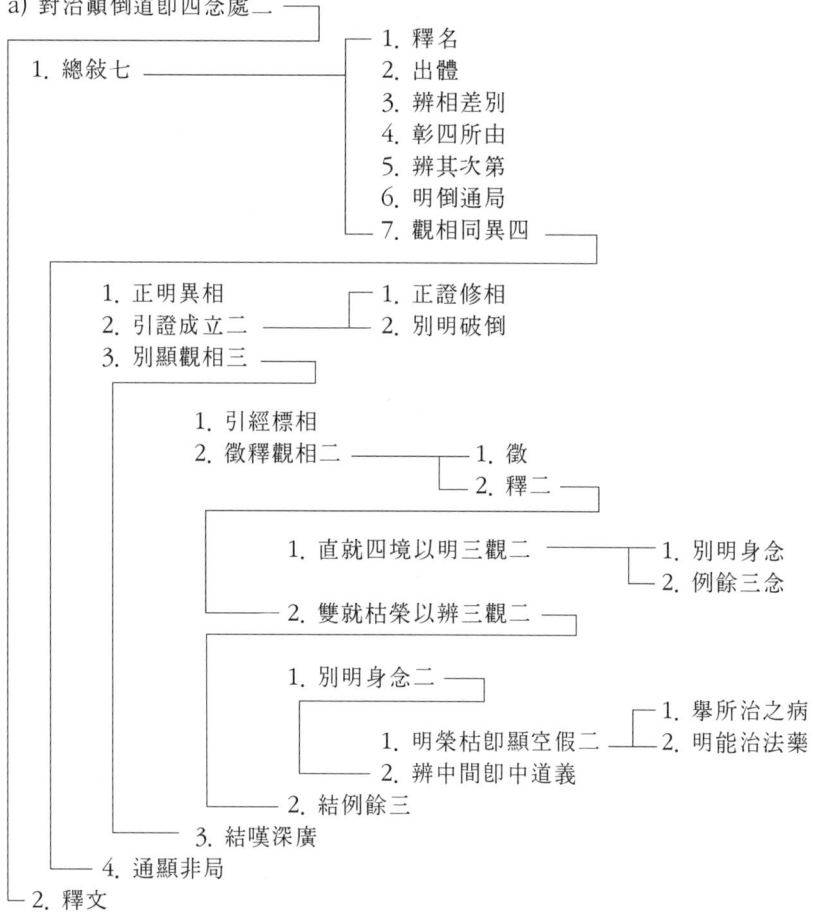

[鈔] 體實是慧下는 第二, 出體라 若準雜集인대 具二가 爲體니 論에 云,[57]
念住自體는 謂慧及念이니 由佛經中에 有隨觀言과 及念住言故라하
니라 今疏隨增하야 說慧爲體故니라 俱舍에 云, 四念住와 正斷과 神
足은 隨增上이니 慧와 勤과 定으로 爲體라 實法[58] 加行善이라하니라 言
加行善者는 卽相應五蘊이니 卽下明助伴이라 正勤과 神足도 例此念
處하야 一時辨體니라 而疏에 云由念得住者는 卽婆沙意니 若俱舍論
云인대 理實由慧니 令念住境이라 如實見者는 能明記故라하니 所以
但取以慧爲體니라 今疏가 依婆沙者는 是其源故라 要須明記하야사
慧方住故니 故로 具以慧由念而住니라

● ㈡ 體實是慧 아래는 체성을 드러냄이다. 만일『잡집론』에 준해 보면
둘[慧觀과 念住]을 구비함이 체성이 된다. 저『잡집론』에서, " '념주(念
住)의 자체'란 슬기[慧]와 생각[念]을 말하는 것으로, 불경 가운데에서
도 신체 따위의 순관(徇觀)을 말할 때, 이 같은 념주(念住)도 함께 거론
하는 것은 그 순서에 따르기 위한 까닭이다"라고 하였다. 지금 소에
서는 '증상을 따라 혜(慧)로 체성으로 삼는다'고 말하기 때문이다.
『구사론』에서는, "사념주・사정단・사신족을 그의 증상(增上)하는

---

57) 아래의 隨觀은 雜集論에는 徇觀이라 하였다. 인용문은『阿毘達磨雜集論』제10권의 決擇分別諦品 제1의 ⑤
이다. (대정장 권31 p.739a-) ['念住의 자체'란 慧와 念을 말하는 것으로, 불경 가운데에서도 신체 따위의 徇觀
을 말할 때, 이 같은 念住도 함께 거론하는 것은 그 순서에 따르기 위한 까닭이다. '념주의 조반'이란 그것에 상
응하는 심・심법 따위를 말하는 것이니, 여기서 '그것'이라고 말하는 것은 그와 같은 念과 慧의 두 가지 법을 가
리킨다. '念住의 수습'이란 內身 따위에서 徇身觀 따위의 觀法을 닦는 것으로, 안으로나 밖으로나 그 안팎에 있
어서도 이와 같다. 內身이란 이 신체 내부에 존재하는 內色處를 말하는 것으로, 자신의 신체 가운데 眼根 耳根
鼻根 舌根 身根의 내부적인 의지처에 섭속되기 때문이다. 이것은 유정의 수법으로 떨어지는 까닭에 '內'라고 말
한 것이다. 外身이란 외부에 존재하는 外色處를 말하는 것으로, 외부의 색처・성처・향처・미처・촉처 따위의
외부적인 의지처에 섭속되기 때문이다. 이것은 非有情數인 까닭에 '外'라고 말한 것이다. 內外身이란 내처에 상
응하는 모든 외처가 근에 의지되는 것을 말하니, 자기 신체 가운데의 眼處 따위에 연유한 五處에 상응하는 근
에 의지하는 모든 色 따위의 外處로서 有情數에 떨어지는 것이기 때문이다. 外處에 속하기 때문에 '內外'라고
이름한 것이고, 또 다른 사람의 신체 가운데 존재하는 內色處를 간략하게 건립하는 것 및 그 신체도 간략하게
건립하려는 까닭에 이것을 '內外'라고 이름하게 되었다. …]

58) 法은 俱舍論作諸.

뜻을 따라서 슬기·부지런함·선정이라고 말했으나 실지(實智)는 모든 가행의 선이네"라고 하였다. '가행의 선(善)'이라 말한 것은 오온(五蘊)에 상응하는 것이니, 아래에서 돕는 반려에 대해 밝혔다. 사정근과 사신족도 이 사념처와 유례하여 동시에 체성을 밝힌 부분이다. 하지만 소가가 '생각으로 인해 머묾을 얻는다'고 말한 것은 『대비바사론』의 주장이다. 만일 『구사론』에 의지하여 말한다면 "실로 이치로는 슬기로 인해 생각으로 하여금 경계에 머무르게 하나니 여실하게 보는 이가 능히 분명히 기억하기 때문이다"라고 해야 한다. 그런 까닭에 단지 '슬기로 체성을 삼는다'만 취한 것이다. 지금의 소문에 '비바사론에 의지한다'고 말한 것은 그 근원인 까닭이다. 분명하게 기억하기를 구하여야만 슬기가 비로소 머물게 되나니, 그래서 모두가 슬기가 생각으로 인해 머물게 되었다.

㈢ 모양의 차이를 밝히다[辨相差別] (雜集 23上10)

[疏] 雜集에 云,[59] 一切菩提分法이 皆由五門而得建立이니 一은 所緣이오 二는 自體요 三은 助伴이요 四는 修習이요 五는 修果라하니 文或略無나 義必須具니라 今初念處는 身等이 是所緣이오 念慧가 爲自體요 循身觀等이 爲修習이오 破四顚倒하고 趣入四諦하야 身等이 離繫로 以爲其果니라

■ 『잡집론』에서는, "일체의 보리분법은 차별이 없는 것이기에, 모두 다섯 가지 문으로 인해 건립된다. (1) 반연할 대상이요, (2) 그 자체요, (3) 그 돕는 반려요, (4) 그 수습함이요, (5) 그 수습한 결과이다"라

---

[59] 인용문은 『阿毘達磨雜集論』제10권의 決擇分別諦品 제1의 ⑤이다. (대정장 권31 p.739-)

고 하였으니, 경문에는 혹 생략하여 없기도 하지만 의미는 반드시 구비하기를 바란다. 지금은 a)의 사념처는 신체 따위가 (1) 반연할 대상 경계이고, 생각하는 슬기가 (2) 자체가 되고, 몸을 따르는 관법 따위가 (3) 수습이 되고, 네 가지 뒤바뀐 도[四倒][60]를 타파하고, (4) 사성제에 취향해 들어가서, 신(身)념주 따위의 속박을 여읨이 (5) 그 수습한 결과가 된다.

[鈔] 雜集云下는 三, 辨相差別이라 亦當引證이니 證於[61]前後出體等文이니 即第十論이라 先, 列五名이오 後, 今初念下는 約當科釋이라 一, 所緣은 如彰四所由요 二, 自體는 如上出體요 三, 修習은 如下釋文이니 故此三門에 列名而已라 四, 破四顚倒下는 引論辨果라 趣入四諦者는 由身念處하야 趣入苦諦니 所有色身이 皆行苦故며 麤重所顯故라 是故로 修觀行時에 能治於此하야 輕安於身이 差別生故니라 由受念住하야 趣入集諦니 以樂等諸受가 是和合愛等의 所依處故라 由心念住하야 趣入滅諦니 觀離我에 識尙無所有어든 懼我斷門과 生涅槃怖을 永遠離故라 由法念住하야 趣入道諦니 爲斷所治法하고 修能治法故라 言身等離繫者는 是論文이니 論에 云, 又此四種이 如其次第하야 能證得身과 受와 心과 法의 離繫之果하나니 由此修習하야 漸能遠離身等麤重故라하니라 問이라 上列에 有五어늘 何唯釋四오 答이라 有二義故니 一은 經唯有四니 故로 上疏에 云, 文或略無라하니라

---

60) 四倒 : 네 가지의 뒤바뀐 견해. 여기에 두 가지가 있다. ① 凡夫의 四倒는 生死界에 대하여 그것이 無常・無樂・無我・無淨인 것을 常・樂・我・淨이라고 망녕되게 집착하는 것 ② 二乘의 四倒는 涅槃界가 常・樂・我・淨인 것을 無常・無樂・無我・無淨이라고 망녕되게 집착하는 것. 여기서 ①은 有爲의 四倒라 하고 이 망견에서 벗어난 것을 二乘이라 한다. ②는 無爲의 四倒라 하여 두 가지 잘못된 견해를 여읜 것을 보살이라 한다. (앞의 책, p.645 -)
61) 於는 甲南續金本作上.

二는 前已總明出體中에 云, 若⁶²⁾兼助伴하면 五蘊이 爲性故라하니라 若別說者인대 雜集에 云, 謂彼相應心心法等이라 彼者는 彼念慧二法이라하니라 釋曰, 論云等者는 等取心不相應行과 及同時四相이니 亦是助伴이어서 類非一故니라

● ㈢ 雜集云 아래는 모양의 차이를 밝힘이다. 또한 인용하여 증명함에 해당하나니 위의 ㈡ 체성을 드러냄 따위의 경문을 증명함이니 곧 『잡집론』제10권이다. 그중에 ① 다섯 가지 모양의 명칭을 나열함이요, ② 今初念 아래는 당면한 과목에 의지한 해석이다. (1) 반연할 대상 경계는 ㈣ 네 가지 이유를 밝힘이요, (2) 자체는 위의 ㈡ 체성을 드러냄과 같고 (3) 수습은 아래의 ② 경문 해석과 같다. 그래서 이 세 가지 부문에 명칭을 나열했을 뿐이다. (4) 破四顚倒 아래는 논서를 인용해 결과를 밝힘이다. " '사성제에 취향해 들어간다'는 말은 신(身)념처로 인해 고(苦)성제에 취향해 들어가나니 가진 색신이 모두 행고(行苦)인 까닭이며 추중번뇌가 드러나기 때문이다. 이런 까닭으로 관행을 닦을 때에 능히 이 같은 가뿐함을 다스리게 된다. 또 신체에 대한 차별이 생겨나기 때문에 수(受)념주로 인하여 집(集)성제에 취입하나니, 낙수(樂受) 따위의 여러 가지 느낌의 화합이 바로 애착의 의지처인 까닭이다. 심(心)념주로 인하여 멸(滅)성제에 취입하는 것이니, 〈나〉를 여읜 식을 관찰하는 것으로 실로 두려워할 만한 것이 없기에 그 〈나〉를 끊는 문에서 열반이 생겨나 공포에서 영원히 멀리 여의게 된다. 법(法)념주로 인하여 도(道)성제에 취입하는 것이니, 그 다스릴 대상의 법[所治法]을 끊기 위해서이고, 다스리는 주체의 법[能治法]을 닦고자 하기 때문이다."

---

62) 若은 甲南續金本作別.

'신(身)념주 따위의 속박을 여읨'이라 말한 것은 『잡집론』의 문장이다. 논서에 이르되, "또 이 같은 네 가지는 그 순서에 따라 신(身)·수(受)·심(心)·법(法)을 증득하여 신(身)·수(受)·심(心)·법(法)의 속박을 여읜 과보[離繫果]를 증득하게 된다. 이 같은 수습으로 말미암아 점차로 신체 따위의 추중을 멀리 여읠 수 있기 때문이다"라고 하였다. 질문한다. "위의 명칭을 나열함에는 다섯이었는데 어째서 오로지 넷만 해석하였는가?" 답한다. "두 가지 이치 때문이니 1) 경문에 넷만 있으므로 위의 소에서 "경문에 혹은 생략하여 없기도 하다"고 하였다. 2) 앞에 이미 ㉢ 체성을 드러냄을 밝힌 중에 이르되, "만일 돕는 반려를 겸한다면 오온이 체성이 되기 때문이다"라고 하였다. 만일 개별적으로 설명한다면 『잡집론』에 이르되, "저 상응심과 심법 따위를 말한다. 여기서 '저'란 생각과 슬기의 두 법을 가리킨다"라고 하였다. 해석하자면 論云等이란 심불상응행법(心不相應行法)과 동시에 네 가지 모양을 함께 취한 것이니, 또한 돕는 반려도 되기 때문에 유사한 것이 하나가 아니다.

㉣ 네 가지 이유를 밝히다[彰四所由] 2.
① 이치를 상대하다[對義] (此身 24下1)
② 장애를 상대하다[對障] (要此)

[疏] 此身等四의 前三은 卽三蘊이라 而合想行하야 爲法이라 念者는 爲明我所依事며 我受用事며 我自體事며 我染淨事故니라 要此四者는 治四倒故니 謂觀身不淨으로 治於淨倒하고 觀受是苦와 觀心無常과 觀法無我로 治三을 可知니라

■ 이 신체 따위의 넷에서 앞의 셋은 곧 세 가지 쌓임이다. 그런데 상(想)온과 행(行)온을 합쳐서 법이라 하였다. 생각이란 〈내〉가 의지할 대상인 일과 〈내〉가 수용할 일과 〈나〉의 자체적인 일과 〈나〉로 인해 더럽거나 깨끗한 일을 가리킨다. 중요한 것이 이 네 가지인 것은 '네 가지 뒤바뀐 도'를 다스리기 위함이다. 말하자면 몸이 조촐하지 못한 것을 관찰함으로 조촐함의 뒤바뀜을 다스리고, 느낌이 고통임을 관찰하고 마음이 무상함을 관찰함과 법이 〈나〉가 없음을 관찰함으로 세 가지 뒤바뀐 생각을 다스림은 알 수 있으리라.

[鈔] 此身等四下는 第四, 彰四所由라 於中有二하니 一者는 對我요 二는 對障이라 今初⁶³⁾니 對蘊開合하야 爲破我故라 我有四類일새 故合爲四니 卽是釋前所緣之境이라 故로 雜集에 云, 念住所緣은 卽身受心法이라하니 上已略明이니라 又云호대 復有四事하니 謂我所依事等이라 하니라 今疏는 但列名이라 論⁶⁴⁾에 釋云호대 由顚倒覺하야 愚癡凡夫가 多分計我호대 依止有根身故卽我所依事라하며 受用苦樂卽我受用事와 所了境相卽我自體事하며 由貪等染汚하고 由信等淸淨卽我染淨事하나니 是故로 最初에 爲正觀察眞實事相이니 故로 建立此四種事하야 爲所緣境이라하니라

要此四者下는 第二, 對障⁶⁵⁾이니 障有四故라 卽是重明第五修果하야 爲治四倒니 合五爲四라 言治三可知者는 如初句히 苦治樂倒요 無常으로 治常이오 無我로 治我故라 彼論에 云, 修不淨觀故며 了知諸受가 皆是苦故며 通達諸識이 依緣差別하야 念念變異故며 觀察

---

63) 上十三字는 南金本作二初對我.
64) 論은 甲南續金本作論主. 아래 信等淸淨의 信은 雜集論作身.
65) 對는 南續金本作除.

染淨이 唯有諸法하고 無作用者라하니 能如是知가 是名修果니라

- 四 此身等四 아래는 네 가지 이유를 밝힘이다. 그중에 둘이 있으니 ① 〈나〉에 상대함이요, ② 장애를 상대함이다. 지금은 ①이니 쌓음이 전개되고 합함을 상대하여 〈나〉를 타파하기 위한 까닭이다. 〈나〉에 네 가지 종류가 있으므로 합해서 넷이 되었으니 그대로 앞의 반연할 대상을 해석한 내용이다. 그러므로『잡집론』에서는, "념주(念住)의 대상은 신체와 느낌과 마음과 법이다"라고 하였으니 위에서 이미 대략 밝혔다. 또 말하되 "또 네 가지 일이 있으니 〈내〉가 의지할 일 따위를 말한다"라고 하였다. 지금 소에서는 명칭을 나열하기만 하였다.『잡집론』에서 해석하기를, "뒤바뀐 각지(覺支)로 인해 어리석은 범부는 대부분 '자아가 존재한다'고 헤아리고는, 그 유근신(有根身)에 의지해서(〈내〉가 의지할 대상인 일이다) 고수(苦受)・낙수(樂受)를 느끼기 때문(〈내〉가 수용할 일)이니, 그 경계를 인식하여 모양으로 삼되(〈나〉의 자체적인 일), 탐심 따위의 염오에 기인하기 때문이고, 신체 따위의 청정에 기인하기 때문(〈나〉로 인해 더럽거나 깨끗한 일)이다. 그리하여 처음으로 진실한 사물의 모양을 올바르게 관찰하고자, 이 같은 네 가지 일을 그 반연할 대상 경계로 삼는 것이다"라고 하였다.

② 要此四者 아래는 장애에 상대함이니 장애에 넷이 있는 까닭이다. 바로 (5) 그 수습의 결과를 거듭 밝혀서 네 가지 뒤바뀜을 다스리나니, 다섯을 합하여 넷으로 삼은 것이다. '뒤바뀐 생각을 다스림은 알 수 있다'고 말한 것은 첫 구절과 같이 괴로움으로 즐거움의 뒤바뀜을 다스렸으며, 무상함으로 항상함을 다스림이요, 〈내〉가 없음으로 〈나〉에 대한 집착을 다스렸기 때문이다. 저 논경에서 "(사전도(四顚倒)란 사념주(四念住)가 그 순서에 따라 상(常)・락(樂)・아(我)・정(淨)의 네 가지

전도를 끊는 것을 말한다.) 이는 부정관(不淨觀)을 닦는 것에 기인하기 때문이고, 여러 가지 느낌이 모두 괴로움이라는 것을 터득하기 때문이고, 여러 식이 의지하는 그 반연의 차별이 매 찰나 변화하여 달라지는 것을 통달하기 때문이고, 물들거나 청정함을 관찰하여 모든 법에는 작용이 없다는 것을 깨닫기 때문이다"라고 하였다. 이렇게 아는 것을 (5) 그 수습한 결과라 한다.

㈤ 그 순서를 밝히다[辨其次第] 2.
① 바로 설명하다[正明] (此次 25上8)
② 비방을 해명하다[解妨] (若爾)

[疏] 此次第者는 從麤至細히 敎對治故라 智論에 云,⁶⁶⁾ 此身이 旣爾不淨이어늘 衆生이 貪者가 以其情塵으로 生諸受故로 計之爲樂이니 誰受此樂이리오 故次觀心이 念念生滅하며 後觀二蘊이 皆不自在하야 破此四倒하야 行四正行하고 開實相門이라하니라 若爾인대 說四倒中에 何以常樂我淨으로 而爲其次오 此約先重後輕하야 爲次第故니라

■ 이런 순서란 거침으로부터 미세함에 이르기까지 교법으로 다스린 까닭이다.『대지도론』에 이르되 "이 신체가 이미 이렇게 조촐하지 않은데 중생이 탐내는 이가 그 생각과 경계로 여러 가지 느낌을 내는 연고로 '즐겁다'고 계탁하나니, 누가 이런 즐거움을 받는가? 그래서 다음으로 마음이 매 찰나 생멸하는 줄 관찰하며, 뒤에 두 쌓음[想온, 行온]이 모두 자재하지 않음을 관찰하여 이 네 가지 뒤바뀜을 타파하

---

66) 인용문은『大智度論』제48권의 釋四念處 제19의 내용이다. (대정장 권25 p. 405 b-) [이 네 가지 거룩한 행을 하여 네 가지 뒤바뀜을 깨뜨리고, 네 가지 뒤바뀜을 깨뜨리기 때문에 실상의 문이 열리며, 실상의 문이 열린 뒤에는 본래 익혔던 바를 부끄럽게 여기게 된다. 마치 사람이 밤에 깨끗하지 못한 것을 먹었다가 뒤에 그것이 잘못인 줄 알게 되면 그 일을 부끄럽게 여기는 것과 같다.…]

고, 네 가지 바른 수행[四正行][67]을 행하므로 실상문이 열린다"고 하
였다. 만일 그렇다면 네 가지 뒤바뀜을 설명한 중에 어째서 상·낙·
아·정으로 그 순서를 삼았는가? 이것은 앞은 무겁고 뒤는 가벼움에
의지하여 순서를 삼은 까닭이다.

[鈔] 此次第下는 第五, 彰其次第니 先은 正明이오 後는 解妨이라 今初니
從麤至細者는 身色이 最麤요 受領外境일새 望身次麤요 心復爲次니
不約境故요 法最爲細니 攝涅槃故라 麤者는 易治일새 故云從麤至細
하야 敎對治故라 次, 引智論[68]下는 證次第對治之相이오 後, 言破此
四倒下는 結行[69]功能이라 亦是修果니 對於常等하야 以無常等으로
而爲正行이언정 而非實相이니 由此悟實[70]일새 故稱爲門이니라
若爾下는 第二, 解妨이니 妨次[71]相違라 答以義別호대 此約輕重하니
前約麤細故라 謂常倒는 最重하니 由計心王하야 而爲常故로 生邪見
等인 無因無果와 無善無惡일새 故最爲重이라 樂次輕前이니 但計妄
樂은 不必邪見이라 執樂受常等은 生過가 淺故라 次於想行에 計有
主宰는 主宰가 不礙有修行故로 此復次輕이오 計身爲淨은 但生妄
貪하고 無大過故로 故爲最輕이니라

---

67) 여기서 말한 四正行이 곧 四聖行이니 (1) 不淨觀 (2) 無常觀 (3) 非我觀 (4) 苦觀의 넷을 가리킨다. 이와 관련된 智論의 문장을 소개하면 "初觀三十六物死屍脹, 一日至五日, 是不淨觀鳥獸來食乃至與土同色, 是無常觀, 是中求我所不可得, 如先說, 因緣生不自在故, 是非我觀, 觀我相如此無一可樂, 若有著者則生憂苦. 是名苦觀."(대장장 권25 p.405 b-) [처음에 36가지를 자세히 관하고 죽은 시체가 부풀어 하루에서 닷새에 이르기까지는 바로 不淨觀이다. 날짐승·길짐승이 뜯어 먹거나 이에 흙과 빛갈이 같이 되기까지는 바로 이것은 無常觀이며, 이 가운데서 <나>와 내 것을 구하여도 얻을 수 없는 것은 마치 앞에서의 설명과 같은데 인연으로 생기는 것이라 자재하지 않기 때문에 바로 이것은 非我觀이요, 몸의 모양은 이와 같이 하나도 즐길 만한 것이 없는데도 만일 어떤 이가 집착하여 근심과 고통이 생긴다고 관하는 것은 바로 苦觀이라고 한다.]
68) 次引은 南金本無, 智下에 南續金本有度字.
69) 行은 甲南續金本作勸; 私記云 勸觀之誤也.
70) 實은 金本作入.
71) 次는 甲南續金本作以誤.

● ㉤ 此次第 아래는 그 순서를 밝힘이니 ① 바로 밝힘이요, ② 비방을 해명함이다. 지금은 ①이니 ㉮ '거침으로부터 미세함에 이르기까지' 란 몸의 색깔이 가장 거칠며 느낌은 바깥 경계를 받아들이므로 몸 다음의 거침으로 바라보고 마음은 다음의 순서이니 경계에 의지하지 않은 때문이요, 법은 가장 미세함이니 열반을 포함한 까닭이다. 거친 것은 다스리기 쉬우므로 "거침으로부터 미세함에 이르기까지 교법으로 다스린 까닭이다"라고 하였다. ㉯ 引智論 아래는 차례로 다스리는 모양을 증명함이요, ㉰ 言破此四倒 아래는 행법의 공능을 결론함이다. 또한 수습한 결과에 해당하나니 상(常) 따위에 상대하여 무상(無常) 따위로 바른 행법을 삼았는데 실상이 아니니 이로 인해 실상을 깨달았으므로 문이라 칭한 것이다.

② 若爾 아래는 비방을 해명함이니 비방한 순서가 서로 위배된다. 대답은 이치로 차별하였지만 여기서는 가볍고 무거움에 의지하였으니, 앞은 거칠고 미세함에 의지한 까닭이다. 말하자면 항상함이 뒤바뀜[常倒]은 가장 무거우니 심왕을 계탁함으로 인해 항상함을 삼은 연고로 사견(邪見) 따위는 원인과 결과가 없고, 선과 악도 없으므로 가장 무거운 것이다. 즐거움은 다음으로 앞보다 가볍나니 단지 허망한 즐거움은 반드시 사견인 것은 아니라고 계탁할 뿐이다. 즐거움과 항상함에 집착한 등은 생겨난 허물이 얕기 때문이다. 다음으로 '상온과 행온에 주재함이 있다'고 계탁함은 주재함이 수행에 있음을 장애하지 않는 연고로 이것이 다시 다음의 가벼움이요, '몸이 조촐하다'고 계탁함은 단지 허망한 탐심만 생기고 큰 허물이 없는 연고로 '가장 가볍다'고 하였다.

㉥ 뒤바뀜의 통함과 국한을 밝히다[明倒通局] (然此 26上5)

[疏] 然此四處가 皆容各起四倒나 從多計說하야 各語其一이니라
- 그런데 이런 사념처(四念處)가 모두 각각에 네 가지 뒤바뀜을 일으킴을 허용하지만, 많은 부분을 따라 설하였으므로 각각에 그 하나라고 말하였다.

[鈔] 然此四處下는 第六, 明倒通局이니 容各起四가 卽是通義니 如一身上에 計其相續하야 但住爲常하며 有身이 爲樂하며 身卽是我며 紅輝練色이 如蓮如玉일새 故名爲淨이라 餘三은 準思니라 次, 從多計下는 辨其局義니 身多計淨이오 受多計樂等이니라
- ㉥ 然此四處 아래는 뒤바뀜의 통함과 국한을 밝힘이다. ① '각각에 네 가지 뒤바뀜이 일어남을 허용한다'는 말이 곧 통함의 의미이다. 마치 한 몸에 그 상속됨을 계탁하되 "잠시 머무는 것을 '항상하다'고 여기고, 그 몸을 '즐겁다'고 여기고, 몸이 바로 '〈나〉'이며, 연지 찍고 분 바르는 것이 연꽃과 같고 구슬과 같으므로 '조촐하다'고 여긴다." 나머지 셋은 준하여 생각할 일이다. ② 從多計 아래는 국한의 의미를 밝힘이니 몸은 대부분 조촐하다고 계탁하고, 느낌은 대부분 즐겁다고 계탁하는 따위를 말한다.

㉦ 관하는 모양이 같고 다른 점[觀相同異] 4.
① 다른 모양을 바로 설명하다[正明異相] (然觀 26上9)

[疏] 然이나 觀不淨等이 通於大小라 瑜伽四十五에 云,[72] 菩薩이 於聲聞

道品에 如實了知함이 如聲聞地인대 云何大乘의 如實了知오 謂勝義修와 及世俗修라 世俗修者는 卽觀不淨等이니 然不計實이라하니라 勝義修者는 謂離相性이라하니라

■ 하지만 조촐하지 않음을 관찰하는 따위가 대승과 소승에 통한다. 『유가사지론』제45권에 이르되 "보살이 성문지의 37가지 보리분법에 대해 사실대로 아는 것이 성문지(聲聞地)와 같다면 어떻게 대승법으로 사실대로 알게 되는가? 훌륭한 이치에 의지하여 닦으며[勝義修], 세속의 이치에 의지하여 닦는다[世俗修]고 한다. 세속의 이치에 의지하여 닦음이란 부정관(不淨觀) 따위이니 거기서 실법으로 계탁하지 않는 것이다"라고 하였다. 훌륭한 이치에 의지하여 닦음이란 모양과 체성을 여읜 닦음을 가리킨다.

[鈔] 然觀不淨下는 第七, 明觀相同異라 於中有四하니 一은 正明異相이오 二는 引證成立이오 三은 別示觀相이오 四는 顯通非局이라 今初73)니 引瑜伽하야 釋小乘하고 略指와 大乘의 具二諦修라 其世俗修는 多同小乘이나 但知緣假하고 不計爲實이 則異小耳니라

---

72) 인용문은『瑜伽師地論』제45권의 菩薩地 제15 持瑜伽處菩提分品의 내용이다. (대정장 권30 p. 539 c ~) [어떻게 보살은 37가지 보리분법을 부지런히 힘써 닦고 익히느냐 하면, 모든 보살은 보살의 네 가지 걸림 없는 앎 [四無礙解]에 의지하고 좋은 방편에 섭속된 미묘한 지혜로 말미암아 37가지 보리분법을 사실대로 분명히 알면서도 증득하지 않는다. 이 모든 보살은 널리 온갖 이승의 이치의 37가지 보리분법을 모두 사실대로 아나니, 성문승의 이치에 대해서와 대승의 이치에 대한 37가지 보리분법을 모두 사실대로 안다. 성문승의 이치의 37가지 보리분법을 사실대로 분명히 아는 것은 성문지에서와 같으니, 앞에서 말한 바와 같이 온갖 것을 알아야 한다. 어떻게 보살이 대승의 이치의 37가지 보리분법을 사실대로 분명히 아느냐 하면, 모든 보살은 그의 몸에 대하여 循身觀에 머무르면서 그의 몸에 대해 있는 성품[有性]이라 분별하지 않으며, 또한 온갖 종류에도 도무지 있는 성품이 없다고도 분별하지 않는다. 또, 그의 몸이라는 언설을 멀리 떠난 제 성품의 법성[自性法性]을 사실대로 분명히 아는 것을, 훌륭한 뜻인 이치[勝義理趣]에 의하여 그의 몸에 대한 순신관에 머물고, 四念住를 닦고 익힘이라 하는 줄 알아야 한다. 만일 모든 보살로서 한량없이 건립한 이치의 미묘한 지혜에 따라 굴리면, 세속의 이치에 의지하여 그의 몸에 대한 循身觀에 머무르고, 四念住를 닦고 익힘이라 하는 줄 알아야 한다.]
73) 上鈔는 南本作初正明異相, 金本作七明觀相同異.

● ㉡ 然觀不淨 아래는 관하는 모양이 같고 다름을 밝힘이다. 그중에 넷이 있으니 ① 다른 모양을 설명함이요, ② 인용하여 성립됨을 증명함이요, ③ 관하는 모양을 따로 보임이요, ④ 통함은 국한함이 아님을 밝힘이다. 지금은 ①이니 『유가사지론』을 인용하여 소승법을 간략히 지적하고 대승법의 두 가지 진리에 의지한 닦음을 구비하였다. 그중에 세속의 이치에 의지한 닦음이란 대부분 소승과 같지만 단지 반연이 가법인 것만 알고 실법으로 계탁하지 않는 점이 소승과 다를 뿐이다.

② 성립함을 인용하여 증명하다[引證成立] 2.
㉮ 바로 수행하는 모양을 증명하다[正證修相] (大集 26下5)

[疏] 大集과 般若等은 皆性相雙觀이오 智論도 亦爾라하야 乃至不念身受心法이니라 無行經에 云, 觀身畢竟空하며 觀受內外空하며 觀心無所有하며 觀法但有名이라하니 此約如實이니라

■ 『대집경(大集經)』과 『반야경(般若經)』 등은 모두 체성과 모양을 동시에 관하고 『대지도론』도 마찬가지라고 하면서, 나아가 신체와 느낌과 마음과 법을 생각하지 않는다. 『무행경(無行經)』에서는, "신체는 마침내 <공>하다고 관하며 느낌의 안과 밖이 <공>하다고 관하며 마음이 있는 곳이 없음을 관하며 법은 단지 이름뿐임을 관한다"고 하였으니 이것은 여실법에 의지한 분석이다.

㉯ 뒤바뀜을 타파함에 대해 따로 밝히다[別明破倒] 3.
㉠ 그 이치를 바로 건립하다[正立其理] (然有 26下7)

[疏] 然有二意하니 一, 則法性이 湛然하야 常樂我淨으로 卽遣無常等倒요 二, 此入法空으로 俱遣八倒니라

- 그런데 두 가지 의미가 있으니 (1) 법성은 담연해서 상(常)·낙(樂)·아(我)·정(淨)으로 무상함 따위의 뒤바뀜을 보낸다. (2) 이렇게 법이 〈공〉함에 들어감으로 모두 팔전도[八倒][74]를 보낸다.

[鈔] 大集般若下는 第二, 引證成立이라 於中有二하니 先은 正證修相이오 後는 明破倒라 今初[75]니 引二經一論하야 明具二修요 後는 引無行에 有如實修라 而智論에 云乃至不念身受心法者는 越於世諦일새 故 云乃至라 觀身空等호대 亦不取空이 眞如實也니라

然有二意下는 第二, 破倒라 於中有三하니 初는 正立理오 二는 廣引成證이오 三은 結成正義라 今初[76]二意로 通前經論이니 但以法性으로 唯破四倒는 多約性相雙修而說이라 後意에 法空寂寥는 唯約[77]眞實說이라 故로 中論에 云,[78] 諸佛或說我하며 或說於非我나 諸法實相中에 無我無非我라하나니 亦應云, 諸佛이 或說常하고 或說於無常이나 諸法實相中에는 無常無無常이라해야하리라 樂淨도 亦爾니라

- ② 大集般若 아래는 성립함을 인용하여 증명함이다. 그중에 둘이 있으니 ㉮ 바로 수행하는 모양을 증명함이요, ㉯ 뒤바뀜을 타파함에 대해 따로 밝힘이다. 지금은 ㉮이니 두 경전과 논서 하나를 인용하여 두 가지 수행을 구비한 것을 밝힌 내용이고, ㉯는 『무행경』에 있는

---

74) 八倒 : 八顚倒라고도 한다. 범부와 소승 등이 미혹한 고집으로 바른 이치를 뒤바뀌게 하는 여덟 가지의 그릇된 견해를 말한다. 有爲法을 常·樂·我·淨이라 고집하는 범부의 四倒와 無爲의 열반을 無常·無樂·無我·不淨이라 고집하는 二승의 四倒를 합한 것 (불교학대사전 p.1613-)
75) 上鈔는 南金本作初正證修相先.
76) 上二十九字는 南本作初正立理文中, 金本作文中.
77) 唯約은 南續金本作約唯.
78) 인용문은 『中論』제3권 觀法品 제18의 내용이다. (대정장 권30 p.24-)

여실한 수행을 인용한 내용이다. 그런데 『대지도론』에서 '나아가 신체와 느낌과 마음과 법을 생각하지 않는다'고 말한 것은 세속적인 진리를 초월하므로 내지(乃至)라 한 것이다. 신체가 공하다는 따위를 관하되 또한 〈공〉함이 진여의 실법이라고 취착하지도 않는다.

㉴ 然有二意 아래는 뒤바뀜을 타파함에 대해 따로 밝힘이다. 그중에 셋이 있으니 ㉠ 그 이치를 바로 건립함이요, ㉡ 자세하게 인용하여 증명함이요, ㉢ 바른 의미로 결론함이다. 지금은 ㉠의 두 가지 의미[法性湛然, 此入法空]는 앞의 경전과 논서와 통하나니, 단지 법성으로 오로지 네 가지 뒤바뀜만을 타파한 것은 대부분 체성과 모양을 동시에 수행함에 의지하여 설한 내용이다. 뒤의 의미에 법이 〈공〉하여 고요함은 오로지 진실한 수행에 의지하여 설한 내용이다. 그러므로 『중론(中論)』에서는, "부처님들이 〈나〉를 말씀하기도 하고 혹은 〈나〉 없음을 말씀하시나 모든 법의 실상 안에는 〈나〉도 아니고, 〈나〉 아님도 아니다"라고 하였으니, 또한 응당히 "부처님들이 혹은 '항상하다'고도 하시고, '무상하다' 하시기도 하지만 모든 법의 실상에는 항상함도 없고 항상하지 않음도 없다"고 해야 할 것이다. 즐거움과 조촐함도 마찬가지이다.

㉡ 자세하게 인용하여 증명하다[廣引證成] (勝鬘 27上7)

[疏] 勝鬘에 亦說四念하야 能除八倒니라
■ 『승만경』에도 사념처를 말하여 팔전도[八倒]를 없앴다.

[鈔] 勝鬘亦說下는 第二, 廣引證成이라 具上二意니 勝鬘에 云,[79] 凡夫識

者는 二見顚倒어니와 一切阿羅漢과 辟支佛智者는 則是淸淨이라 邊
見者는 凡夫가 於五陰에 我見으로 妄想計着하야 生於二見이니 是名
邊見이라 所謂常見과 斷見이라 見諸行無常은 是斷見이며 非正見이오
見涅槃常은 是常見이며 非正見이라 妄想見故로 作如是見이니라 於
身의 諸根에 分別思惟호대 現法에 見壞하며 於有相續에 不見續故로
起於斷見하나니 妄想見故니라 於心相續에 愚暗不解하야 不知刹那
間의 意識境界하고 起於常見하나니 妄想見故니라 故於彼義에 若過
若不及이며 作異想分別하야 若斷若常이라 顚倒衆生이 於五陰中에
無常에 常想하고 苦有80)樂想하고 無我에 我想이며 不淨에 淨想이어니
와 一切羅漢과 及辟支佛81)인 淨智者는 於一切智境界와 及如來法
身에 本所不見이니라 或有衆生은 信佛語故로 起常想과 樂想과 我想
과 淨想인 非顚倒見하나니 是名正見이라 何以故오 如來法身은 是常
波羅蜜이라 於佛法身에 作是見者는 是名正見이라 正見者는 是佛眞
子니 從佛口生이며 從正法生이며 從法化生이니 得法餘財니다 世尊하
淨智者는 一切阿羅漢과 辟支佛과 智波羅蜜이니 此淨智者는 雖曰
淨智나 於彼滅諦에 尙非境界온 況四依智아하니라 釋曰, 此上經文이
乃有數重하니 初見諸行無常과 涅槃是常을 名斷常見者는 自有二
意하니 一, 以取相心見에 不合法體故니 斯最深玄이라 則常與無常인
二見이 雙泯하야사 方能見理라 二者, 見生死實有可斷커나 涅槃實
有可證82)하면 不合法體니 不知有諍을 說生死며 無諍을 說涅槃이라
生死와 及涅槃을 二俱不可得故니라 若如此知하면 卽非二見이니라

---

79) 인용문은『勝鬘經』顚倒眞實章 제12의 내용이다. (대정장 권12 p. 222-)
80) 有는 原南續金本作生, 玆據經改正 與下鈔合.
81) 佛下에 南續金本有淸字.
82) 證下에 南續金本有亦字.

● ⓒ 勝鬘亦說 아래는 자세하게 인용하여 증명함이다. 위의 두 가지 의미를 구비하였으니『승만경』에 이르되, "범부의 마음이란 두 가지 뒤바뀐 소견이요, 모든 아라한 벽지불의 지혜는 청정한 것입니다. '변두리 견해[邊見]'란 범부들이 오수음[五受陰 곧 五取蘊]에 대하여 〈나〉라는 허망한 소견으로 고집하여 두 가지 견해를 내는 것을 '변견(邊見)'이라 이름하나니, 곧 상견(常見)과 단견(斷見)이 그것입니다. (1) '모든 지어 감이 무상하다(諸行無常)'고 보는 것은 단견이고 바른 소견이 아닙니다. '열반이 항상한다'고 보는 것은 상견이고 바른 소견이 아닙니다. 허망한 소견으로 보는 까닭에 이와 같은 소견을 내는 것입니다. (2) 이 몸의 여러 감관[根]에 대하여서는 분별하여 생각하되, 지금 있는 법이 망가지는 것만 보고 저 이어짐이 있는 것은 보지 못하기 때문에 단견(斷見)을 내나니 허망한 생각으로 보는 탓이며, '마음이 서로 이어짐[心相續]'에 대하여는 어리석고 캄캄하여 '잠깐 사이의 의식 경계'임을 이해하지 못하고 알지 못하기 때문에 상견(常見)을 내는 것이니, 허망한 생각으로 보는[妄想見] 탓입니다. (3) (이런 妄想見은) 저 참뜻에 지나치거나 미치지 못하여 잘못된 생각으로 분별하여 '단(斷)'이라 하거나 '상(常)'이라 하나이다. (4) (망상견으로) 뒤바뀐 중생들은 오수음(五受陰)에 대하여 무상함을 '항상하다'고 생각하고, 괴로움을 '즐겁다'고 생각하며, 〈나〉라고 할 것이 없는 것[無我]을 〈나〉라고 생각하며, 조촐하지 않은 것[不淨]을 '조촐하다'고 생각합니다. 모든 아라한 벽지불의 깨끗한 지혜를 가진 이들도 일체지(一切智)의 경계와 여래의 법신에 대해서는 본래부터 보지 못하는 것입니다. 혹 어떤 중생이 부처님의 말씀을 믿는 까닭으로 '항상하다'는 생각, '즐겁다'는 생각, 〈나〉라는 생각, '조촐하다'는 생각(常想, 樂想,

我想, 淨想)을 내나니, 이는 뒤바뀐 견해가 아니며 바른 견해라 이름하옵니다. 왜냐하면 여래의 법신은 곧 상(常)바라밀이며, 낙(樂)바라밀, 아(我)바라밀, 정(淨)바라밀이기 때문입니다.

부처님의 법신을 이렇게 보는 이는 바른 소견이라 하며, 정견을 가진 이는 '부처님의 진정한 아들[佛眞子]'이라 하나니, 부처님의 입으로 났으며, 바른 법으로 났으며, 법화(法化)로 났으며, 불법재물을 얻은 까닭입니다.[83] 세존이시여, '청정한 지혜(淨智)'라는 것은 아라한 벽지불들의 지혜바라밀입니다. 이 청정한 지혜는 '조촐한 지혜'라고 말은 하지만 저 '고(苦)가 멸한 성스러운 진리[滅諦]'에 이른 경계가 아닌데 하물며 '네 가지 의지할 지혜[四依智]'라 할 수 있겠습니까?"라고 하였다.

해석하자면 이 위의 경문이 여러 겹이 있으니 '(1) 모든 지어 감이 무상함과 열반이 항상하다'는 것을 단견이나 상견이라 이름한 것은 자체로 두 가지 의미가 있다. 첫째, 모양에 집착하는 견해로 법체에 합하지 못한 까닭이니 이것이 가장 깊고 현묘하다. 말하자면 항상 함과 무상함의 두 견해가 모두 없어져야 비로소 이치를 볼 수 있다는 뜻이다. 둘째, 생사는 실제로 있는 것이어서 끊을 수 있다거나 열반도 실제로 있는 것이어서 증득할 수 있다고 본다면 법체에 합하지 못한 것이니, 다툼이 있는 것을 생사라고 말하고 다툼이 없는 것을 열반이라 함을 알지 못한 것이다. 생사와 열반을 둘 다 얻을 수 없기 때문이다. 만일 이렇게 안다면 두 가지 소견이 아니다.

二, 從於身諸根下[84]는 唯約生死諸蘊하야 起斷常見이오 三, 從於彼義下는 雙結上二니 以第一義로 起見着故로 爲若過요 第二義는 不

---

83) 正見者 是佛眞子 從佛口生 從正法生 從法化生 得法餘財.
84) 下下에 甲南續金本無唯字.

知刹那壞가 爲斷이며 不知心相續이 爲常일새 爲不及故라 上皆妄見이니라 四, 從衆生於五陰無常常想85)下는 明其正見이니 謂破生死無常常想等이 爲二乘淨智오 見如來의 法身常樂我淨이 爲菩薩正見이라 破常等倒는 廣病而略於藥하고 不言修無常行하야 以破常等故요 顯如來常에 但擧其藥하고 而略其病이오 不言二乘이 謂法身等을 亦無常等故라 然皆約五蘊에 卽是總明四念이 隨一一陰하야 容起四倒之義라 若取言總意別인대 則無常에 常想은 卽屬心念이오 苦有樂想은 卽是受念이오 無我에 我想은 卽是法念이오 不淨에 淨想은 卽是身念이라 旣是三重86)으로 破於八倒일새 故云勝鬘에 亦說四念하야 能除八倒니라

- (2) 於身諸根 아래는 오로지 생사하는 모든 쌓음에만 의지하여 단견과 상견을 일으킨 것이요, (3) 於彼義 아래는 위의 둘을 함께 결론함이니, 첫째, 의미로 견해를 일으켜 집착한 연고로 허물을 삼았다. 둘째, 의미로 찰나간에 망가짐을 단견으로 삼은 줄 알지 못하고 마음에 서로 이어짐을 상견으로 삼은 줄 알지 못하므로 '미치지 못함[不及]'이 되었으니 위는 모두 허망한 소견이다. '(4) 중생들은 오수음(五受陰)에 대하여 무상함을 '항상하다'고 생각한다'는 아래는 바른 견해를 밝힘이다. 말하자면 생사는 무상하다는 생각을 타파하여 항상하다는 생각 따위가 이승의 청정한 지혜가 되고, 여래의 법신이 항상함·〈나〉있음·즐거움·조촐하다고 보는 것이 보살의 바른 소견으로 삼은 것이다. 항상함 따위의 뒤바뀜을 타파한 것은 병은 많은데 약은 적고, 무상한 행법을 닦아서 항상함 따위를 타파한다고 말하지 않은 것이요, 여래는 항상하지만 단지 그 약만 거론하고 그 병

---

85) 上九字는 甲南續金本作或有衆生.
86) 重은 南續金本作種.

은 생략함을 밝힌 것이요, 이승들이 말한 법신 등을 '무상하다'는 등으로 말하지 않은 까닭이다. 그러나 모두 오음(五陰)에 의지하면 바로 총합하여 사념처가 낱낱의 쌓음을 따라 네 가지 뒤바뀐 견해를 일으킴을 허용한다는 뜻이다. 만일 말은 총상이지만 의미는 별상을 취한다면, 무상에 대해 항상하다는 생각은 심(心)념처에 속하고, 괴로움에 대해 즐겁다고 생각함은 수(受)념처에 속하고, <나>가 없음에 대해 <나>가 있다는 생각은 법(法)념처에 속하고, 조촐하지 않음에 대해 조촐하다고 생각함은 신(身)념처에 속한다는 뜻이다. 이미 세 겹으로 여덟 가지 뒤바뀐 견해를 타파하였으므로『승만경』에도 "사념처를 말하여 여덟 가지 뒤바뀜을 없앴다"고 말하였다.

ⓒ 바른 이치로 결론하다[結成正義] (旣除 29上3)

[疏] 旣除八倒에 則成八行이니 涅槃의 雙樹가 四雙八隻에 四枯四榮이 正表於此니라

■ 이미 여덟 가지 뒤바뀐 견해를 없앴으면 여덟 가지 행법을 성취한 것이니,『열반경』에서 "두 나무가 네 쌍이요, 여덟 척(隻)이니 넷은 마르고 넷은 번성하다"고 한 것이 바로 이것을 나타낸 부분이다.

[鈔] 旣除八倒下는 第三, 結成正義라 例上勝鬘에 亦有三意하니 若約初意의 取着生死無常과 涅槃常等인대 卽是八倒요 無念而知生死無常과 涅槃常等은 卽是八行이라 若依第二意인대 計於生死若常無常等이 皆成顚倒니 故爲八倒라 則非常과 非無常等이 而爲八行이니라 若依第三意인대 謂生死常等과 佛無常等은 卽成八倒라 若謂生死無

常等과 佛法常等인대 卽成八行이오 依第三意인대 卽雙照常無常이라 故로 經引二鳥喩라하나니 常與無常이 不相捨離라 依前二意하야 雙遮常과 無常等故라 中論에 云, 諸佛이 或說我하시며 或說於無我나 諸法實相中인 無我無非我라하나니 亦應云, 諸佛이 或說常하며 或說於無常이나 諸法實相中에는 無常無非常等이라해야하리라 餘如下說이니라

言涅槃雙樹四雙八隻者는 引事證成이니 如來涅槃之處에 四面에 各有一雙娑羅之樹하니 名娑羅林이라 娑羅은 此云堅固니 法瑤[87]가 云, 風霜不能改며 四時莫能遷일새 以況法身金剛之質이 老死不能變이니 念念不能易가 常樂之相也라하나라 言四雙者는 第三十經에 云,[88] 善男子야 東方雙者는 破於無常하야 以成於常이요 乃至北方雙者는 破於不淨하야 以得於淨이라하나라 釋曰, 旣云乃至者는 應言南方雙者는 破苦得樂이오 西方雙者는 破於無我하야 以得於我니라 又闍維經에 云, 東方一雙은 在於佛後요 西方一雙은 在於佛前이오 南方一雙은 在於佛足이오 北方一雙은 在於佛首라 入涅槃已에 東西二雙이 合爲一樹하고 南北二雙이 亦合於[89]一이라 二合하고 皆悉垂覆如來하야 其樹가 慘然하야 皆悉變白이라하나라 …〈下略〉…

- ㉢ 旣除八倒 아래는 바른 이치로 결론함이다. 위에서 『승만경』에도

---

87) 법요(法瑤, -): 劉宋代 스님. 속성은 楊씨. 河東 사람. 동진 安帝代에 태어나 어려서 공부하기를 좋아하였고 유송대 景平년중(423-424)에 남쪽으로 내려가 여러 경전을 통달하고 元嘉년중에 吳興 武康의 小山寺에 19년 동안 머물면서 기도하는 불사 외에는 바깥 출입을 삼갔다. 매년 강의 때에는 四方의 학자가 모여들고 當代의 큰 스님으로 존경받았다. 특히 열반경, 승만경에 밝았다. 大明 6년(462) 北京에 가서 新安寺에 살았고 계행이 청정하고 강의와 설법에 부지런하였다. 漸悟를 주장하여, 頓悟를 주장하는 당대의 종장 竺道生과 논쟁을 벌이기도 하였다. 元徽년간에 示寂하니 나이 76세요, 저서로는 열반경·법화경·대품반야·승만경의 소가 있고, 師의 傳記는 고려대장경과 대정대장경의 梁高僧傳 권7에 그 이름을 '法珍'이라 소개하고 있다.(梁高僧傳卷八·佛祖統紀卷三十七; 불광대사전 p.3419b-) *열반경의 십대주석가(寶亮·道生·僧亮·法瑤·曇濟·僧宗·智秀·法智·法安·曇准)의 한 분이다.

88) 인용문은 大般涅槃經 제28권 師子吼菩薩品 제23의 ④의 내용이다.(대정장 권12 p.790 b9-)

89) 於는 甲南續金本作爲.

세 가지 의미가 있음을 예로 들었다. 만일 (1) 첫째 의미의 생사는 무상하고 열반은 항상하다는 따위에 집착한 견해에 의지하면 여덟 가지 뒤바뀜이 되고, 생각 없음으로 생사는 무상하고 열반은 항상하다는 따위를 아는 것은 여덟 가지 행법이 된다. 만일 둘째 의미에 의지한다면 생사는 항상하다거나 무상하다거나 모두 뒤바뀐 견해라고 계탁하므로 여덟 가지 뒤바뀜이 된다. 항상하지 않다거나 무상하다는 따위가 여덟 가지 행법인 것이다. 만일 셋째 의미에 의지한다면 '생사는 항상하다'는 등과 '부처님은 무상하다'고 말한 따위는 바로 여덟 가지 뒤바뀐 견해를 이룬 것이다. 만일 '생사는 무상하다'는 등과 '불법은 항상하다'는 등으로 말한다면 여덟 가지 행법을 이룰 것이요, 셋째 의미에 의지하면 항상함과 무상함을 동시에 비춘 내용이다. 그러므로 본경에서 "두 마리 새의 비유를 인용한다"고 하였으니 항상함과 무상함이 서로 여의지 않는 까닭이다. 앞의 두 가지 의미에 의지하여 항상함과 무상함을 동시에 차단한 까닭이다.『중론』에 이르되 "부처님들이〈나〉를 말씀하기도 하고, 혹은〈나〉없음을 말씀하시나 모든 법의 실상 안에는〈나〉도 아니고〈나〉아님도 아니다"라고 하나니, 또한 바로 말하면 "부처님들이 혹은 '항상하다'고도 하시고 '무상하다' 하시기도 하지만, 모든 법의 실상에는 항상함도 없고 항상하지 않음도 없다"고 해야 할 것이다. 나머지는 아래 설명과 같다.

『열반경』에서 '두 나무가 네 쌍이요 여덟 척(隻)이니 넷은 마르고 넷은 번성하다'고 말한 것은 사례를 인용하여 증명함이다. 부처님이 열반에 드신 곳에 네 방향에 각기 한 쌍의 사라나무가 있었으니 이름하여 사라숲이다. 사라(娑羅)는 견고함이라 번역하나니 법요(法瑤)스님이 말하되 "바람 서리로 능히 바꾸지 못하며 사시(四時)로도 바꿀 수 없으므로 법신 금강의 몸이 늙고 죽는 고통으로도 변화하지 못함에 비교한 것이니, 생각 생각에 바꾸지 못하는 것이 항상하고 즐거운 모습이다"라고 하였다. '네 쌍'이라 말한 것은 『열반경』 제13권에 이르되, "착한 남자여, 동쪽의 쌍이란 무상을 타파하여 항상함을 이룬 것이요, 나아가 북쪽의 쌍이란 조촐하지 않음을 타파하여 조촐함을 얻는다"라고 하였다. 해석하자면 이미 '나아가[乃至]'라고 말한 것은 바르게 말하면 "남쪽의 쌍이란 괴로움을 타파하고 즐거움을 얻는 것이요, 서쪽의 쌍이란 〈나〉 없음을 타파하여 〈나〉 있음을 얻는 것이다"라고 해야 한다. 『사유경(闍維經)』에 이르되, "동쪽의 한 쌍은 부처님 뒤쪽에 있고, 서쪽의 한 쌍은 부처님 앞쪽에 있고, 남쪽의 한 쌍은 부처님 발이 있는 쪽이요, 북쪽의 한 쌍은 부처님 머리가 있는 쪽이다. 열반에 드신 뒤에 동쪽과 서쪽의 두 쌍이 합하여 한 쌍이 되었고, 남쪽과 북쪽의 두 쌍이 또한 합하여 하나가 되었다. 둘은 합하고 모두 여래를 내려 덮어서 그 나무가 슬퍼하여 모두 흰색으로 변하였다"고 하였다. …〈아래 생략〉…

③ 관하는 모양을 따로 밝히다[別顯觀相] 3.
㉮ 경문을 인용하여 모양을 표방하다[引經標相] (大品 30下10)

[疏] 大品[90])에 明以一切種으로 修四念處니라
■ 『대품반야경』에 일체종(一切種)으로 사념처(四念處)를 닦음에 대해 밝

---

90) 인용문은 羅什譯 『大品般若經』 제4권 樂說品 제14의 내용이다. 經云, "復次舍利弗, 菩薩摩訶薩發趣大乘, 一切種修四念處, 乃至一切種修八聖道分, 一切種修三解脫門, 乃至十八不共法, 是名菩薩摩訶薩發趣大乘, …"(대정장 권8 p. 246c25-)

했다.

[鈔] 大品下는 三, 別示觀相이라 然上引證과 兼此別示가 具五敎意하니 初는 瑜伽中의 聲聞地說은 卽小乘敎요 次는 約大乘二諦別修는 卽初敎意요 二引大集과 般若하야 雙明은 通於二意니 若性相抗行인대 卽證成前義요 若性相交徹인대 卽終敎意라 三引無行經은 卽頓敎意요 今引大品一切種修는 卽圓敎意니라 疏文有三하니 初는 引經標示요 二는 徵釋觀相이오 三은 結歎深廣이라 今初니 言一切種修者는 卽以一切種智로 同佛修故라 三智之義는 已如前引이라 然有三意하니 一者는 對乘이니 小乘은 一切智요 菩薩은 道種智요 如來는 一切種智어니와 今非此意니라 二者는 別對三諦하야 亦明三智니 今亦非此니라 三者는 約敎니 圓敎의 一諦와 三諦를 圓融修耳라 通因通果니 今當此意니라

● ③ 大品 아래는 관하는 모양을 따로 밝힘이다. 그러나 위의 ㉡ 인용하여 증명함과 겸하여 여기서 ③ 따로 밝힘이 다섯 교법[小乘敎, 大乘始敎, 終敎, 頓敎, 圓敎]의 의미를 구비하였으니 (1)『유가사지론』제45권의 성문지의 37가지 보리분법은 소승의 교법이요, (2) 다음에 대승의 두 가지 진리에 의지한 개별적 수행은 시교(始敎)의 교법이요, (3) 두 번『대집경』과『반야경』을 인용하여 함께 밝힌 것은 두 가지 의미에 통한다. 만일 체성과 모양을 대항하여 행한다면 앞의 이치를 증명한 것이요, 만일 체성과 모양을 서로 사무침에 의지한다면 종교(終敎)의 주장이다. (4) 무행경(無行經)을 인용한 것은 돈교(頓敎)의 주장이요, (5) 대품반야경의 일체 종지에 의지한 수행을 인용한 것은 원교(圓敎)의 주장이다. 소의 문장에 셋이 있으니 ⓐ 경문을 인용하여 표

방해 보임이요, ⓑ 물어서 관하는 모양을 해석함이요, ⓒ 깊고 넓음을 결론하여 찬탄함이다. 지금은 ⓐ에서 '일체 종지에 의지한 수행'이라 말한 것은 곧 일체종지(一切種智)는 부처님의 수행과 같기 때문이다. 세 가지 지혜의 의미는 앞에서 이미 인용한 내용과 같다. 그런데 세 가지 의미가 있으니 1) 법에 상대함이니 소승법은 일체의 지혜이고, 보살은 도종의 지혜[道種智]이고, 부처님은 일체종지이다. 하지만 지금은 이런 의미가 아니다. 2) 세 가지 진리에 개별로 상대하여 또한 세 가지 지혜를 밝혔으니 지금은 이런 의미도 아니다. 3) 교법에 의지함이니 원교에서 한 가지 진리와 세 가지 진리를 원융하게 닦는 것일 뿐이다. 원인에 통하고 결과에 통하나니 지금은 이 의미에 통하는 주장이다.

㉴ 관하는 모양을 묻고 해석하다[徵釋觀相] 2.
㉠ 묻다[徵] (云何 31下1)
㉡ 해석하다[釋] 2.
ⓐ 곧바로 네 가지 경계에 입각하여 삼관을 밝히다[直就四境以明三觀] 2.

㉮ 신(身)념처에 대해 따로 밝히다[別明身念] 2.
㉯ 하나와 여럿에 의지하여 삼관을 밝히다[約一多以辨三觀] (應觀)
㉰ 체성과 모양에 의지하여 삼관을 밝히다[約性相以辨三觀] (亦非)

[疏] 云何一切種修오 應觀此身之色이 法性緣生故며 一色이 一切色이며 緣生이 卽空故며 一切色이 一色이며 法性中故며 非一非一切며 雙照一一切며 亦非色非不色이며 雙照色不色이라

■ 어떤 것을 일체종지(一切種智)에 의지한 수행이라 하는가? 이 몸의 물질이 법성이 인연으로 생겨남을 응하여 관찰하는 까닭이며, 한 물질이 온갖 물질이며, 인연으로 생겨남이 〈공〉과 합치한 까닭이며, 온갖 물질이 한 물질이며, 법성의 가운데인 까닭이며, 하나도 아니고 모두도 아니며, 하나와 모두를 함께 비춤에 의지한 까닭이다. 또한 물질도 아니요, 물질 아님도 아니며, 물질과 물질 아님을 함께 비추는 까닭이다.

㊦ 나머지 세 념처와 유례하다[例餘三念] (身念 31下4)

[疏] 身念이 旣爾에 餘三도 亦然이니라
■ 신(身)념처가 이미 그렇다면 나머지 셋도 마찬가지이다.

[鈔] 云何一切種修下는 第二徵釋觀相이니 先, 徵이오 後, 應觀下는 釋이라 於中에 二니 一은 直就四境하야 以明三觀이오 後는 雙就枯榮하야 以明三觀이라 前中에 二니 先은 別明身念이오 次는 身念旣爾下는 例餘三念이라 前中에 亦二니 先은 約一多하야 以辨三觀이오 後는 約性相하야 以辨三觀이라 前中에 言法性緣生者는 謂觀此身色이 非唯但是虛妄顚倒所生之色이라 或謂不淨이며 或謂爲空이 乃是迷於法性이라 令於法性에 隨緣而生을 名謂性起니 以性으로 融相故며 一多自在라 然이나 卽中論四諦品偈意에 因緣所生法을 我說卽是空이며 亦爲是假名이며 亦是中道義라 此偈四句는 初句는 總顯所依요 下三句는 皆帶此句니 謂二는 因緣故로 空이오 三은 因緣故로 有요 四는 因緣故로 中이라 今法性緣生故로 一色一切色은 卽因緣故로 有也라

若三乘의 緣生인대 但各各緣生이어니와 今是法性緣生이니 法性이 融故로 令一色中에 一切色이라 大品에 云, 一切法이 趣色에 則一切皆色이라하니 況十一色에 擧一全收아 次句에 云緣生卽空故로 一切色一色者는 卽論에 釋緣生故로 空이니 則差別萬殊가 但一性空之色이니라 次의 法性中故로 非一非一切와 雙照一一切者는 卽論의 因緣故로 中이니 雙非는 卽是雙遮辨中이니 以一與一切를 互卽奪故오 下는 雙照辨中이니 性相이 歷然하야 不可壞故니라

亦非色等者는 卽第二는 約性相하야 以明三觀이니 則一多가 相並이라 上之數釋은 皆屬相攝이오 非色爲性이라 文但顯中하야 略無空假어니와 若具인대 應言法性緣生故로 色이오 緣生이 卽空故로 非色이오 法性이 卽中故로 非色非不色等이니 亦具遮와 照인 中道之義니라

● '어떤 것을 일체종지에 의지한 수행이라 하는가?'라고 한 아래는 ㉎ 관하는 모양을 묻고 해석함이니 ㉠ 물음이요, ㉡ 應觀 아래는 해석함이다. 그중에 둘이니 ⓐ 바로 네 가지 경계에 입각하여 삼관(三觀)을 밝힘이요, ⓑ 마르고 번성함에 동시에 입각하여 삼관(三觀)을 밝힘이다. ⓐ 중에 둘이니 ㉠ 신(身)념처에 대해 따로 밝힘이요, ㉡ 身念旣爾 아래는 나머지 세 가지 넘처에 유례함이다. ㉠ 중에 또 둘이니 ㉮ 하나와 여럿에 의지해 삼관(三觀)을 밝힘이요, ㉯ 체성과 모양에 의지하여 삼관(三觀)을 밝힘이다. ㉮ 중에 '법성이 인연으로 생겨난다'고 말한 것은 말하자면 이 몸의 물질이 오로지 다만 허망하고 뒤바뀜에서 생겨난 물질뿐만 아니라 혹은 부정하다고도 하고 혹은 〈공〉하다고도 말한 것이 비로소 법성에 미혹함이다. 법성(法性)으로 하여금 인연 따라 생겨남을 체성에서 일어난다고 말하나니 체성으로 모양을 융합한 까닭이며 하나와 여럿에 자재한 것이다. 그러나

『중론(中論)』의 사제품(四諦品)의 게송이니, 의미로는 "뭇 인연에서 나는 법을 나는 그대로가 〈공〉이라 하며 또한 거짓인 이름이라 하며 중도(中道)의 이치라고도 한다"라고 하였다. 이 게송의 네 구절에서 첫 구절은 의지처를 총합적으로 밝힘이요, 아래 세 구절은 모두 이 구절을 동반한다. 말하자면 둘째는 인연인 까닭에 〈공〉하며, 셋째는 인연법인 까닭에 있는 것이요, 넷째는 인연법인 연고로 중도인 것이다. 지금은 법성이 인연으로 생겼으니 법성이 융합하는 연고로 한 물질 중에 온갖 물질이 되게 한다. 『대품반야경』에서는, "일체법이 물질로 취향하면 모두가 다 물질이 된다"고 하였으니, 열과 하나를 비교하면 하나를 들 적에 전체를 거둠이겠는가! 둘째 구절에 '인연으로 생겨남이 〈공〉과 합치한 까닭이며, 온갖 물질이 한 물질'이라 한 것은 논경에서 인연으로 생겨나기 때문에 〈공〉임을 해석한 내용이다. 다시 말하면 차별이 만 가지로 다른 것이 단지 한결같이 성품이 〈공〉한 물질뿐이라는 뜻이다. 다음 구절에 법성(法性)이 중도인 연고로 하나도 아니요 일체도 아니요, '하나와 일체를 동시에 비춘다'고 한 것은 논경에서 인연법인 연고로 중도인 것이니, 동시에 부정한 것은 그대로 동시에 차단하여 중도를 밝힌 내용이다. 하나와 일체를 서로 합치하고 부정하는 까닭이요, 아래는 동시에 비추어 중도를 밝혔으니, 체성과 모양이 뚜렷해서 무너뜨릴 수 없기 때문이다.

㋖ 亦非色 등이란 체성과 모양에 의지하여 삼관(三觀)을 밝힘이다. 말하자면 하나와 여럿이 서로 함께함을 뜻한다. 위의 몇 가지 해석은 모두 서로 포섭함에 속하고 물질로 체성을 삼는다는 것은 아니다. 경문에서 단지 중도만 드러내어 공관과 가관은 생략하였지만 갖추어 말한다면 응당히 "법성이 인연으로 생기는 연고로 물질이 되고,

인연으로 생긴 것이 〈공〉과 합치한 연고로 물질이 아닌 것이요, 법성은 중도와 합치한 연고로 물질도 아니고 물질이 아닌 것도 아니다"라고 한 따위의 논리이니, 또한 차단과 비춤을 함께 갖춘 중도라는 뜻이다.

ⓑ 마르고 번성함에 동시에 입각하여 삼관을 밝히다
[雙就枯榮以辨三觀] 2.
㉠ 신(身)념처를 따로 밝히다[別明身念] 2.

㉮ 마르고 번성한 념처는 곧 공관과 가관임을 드러내다
[明榮枯卽顯空假] 2.
Ⓐ 다스릴 병통을 거론하다[擧所治之病] (云何 32下3)
Ⓑ 다스리는 주체인 법과 약을 밝히다[明能治法藥] (今觀)

[疏] 云何枯榮으로 表此念處오 謂法性之色은 實非是淨이어늘 凡夫가 計淨하니 是名顚倒오 實非不淨이어늘 二乘은 計不淨하니 是名顚倒라 今觀色種이 卽空하니 一切卽空이며 空中에 無淨이어니 云何染着이리오 則凡淨倒와 破하고 枯念處가 成이라 色種이 不壞假名하니 則一切가 皆假요 分別名相이 不可盡極이라 假智가 常淨이어니 云何滯空而取灰斷이리오 言色不淨은 是名二乘이니 不淨倒破하고 榮念處成이라
■ 어째서 마르고 번성함으로 이 사념처(四念處)를 나타내었는가? 법성의 물질은 실제로 조촐함이 아닌데 범부가 조촐한 것으로 계탁하나니 그래서 뒤바뀜이라 한 것이요, 실제로 조촐하지 않음이 아닌데 이승이 조촐하지 않다고 계탁하나니 그래서 뒤바뀜이라 한다. 지금은

물질이 종자가 〈공〉과 합치함을 관하였으니 일체가 그대로 〈공〉
이며 〈공〉한 속에는 조촐함도 없는데 어째서 물들어 집착하겠는
가? 다시 말하면 범부의 조촐하다는 뒤바뀜을 타파하면 '마른 념처
[枯念處]'가 성립된다. 물질의 종자는 거짓 이름을 무너뜨리지 못하나
니 그래서 일체가 모두 가관이요, 명칭과 모양으로 분별함은 끝내 다
할 수 없다. 가관(假觀)의 지혜가 항상 조촐한데 어째서 〈공〉에 막
혀서 재처럼 단절됨을 취하겠는가? '물질이 조촐하지 않다'고 말한
것은 이승의 견해이니 조촐하지 않다는 뒤바뀜을 타파하고 번성한
념처가 성립된다.

㊀ 중간이 곧 중도의 이치임을 밝히다[辨中間卽中道義] (是以 32下8)

[疏] 是以로 八倒가 俱破에 枯榮이 雙立이라 觀色本際의 非空非假에 則一
切가 非空非假니 非空枯로 非不淨倒요 非假故로 非淨倒라 旣非二
邊일새 乃名中道라 佛會此理하나니 故於中間에 而般涅槃이니라

■ 그러므로 여덟 가지 뒤바뀜을 모두 타파하면 마르고 번성함이 동시
에 성립된다. 물질은 관하는 본체의 공관도 아니고 가관도 아님은 일
체가 〈공〉도 아니요, 거짓도 아닌 것이니, 〈공〉하고 마른 념처[枯
念處]가 아닌 까닭에 조촐하지 않은 뒤바뀜이 아닌 것이요, 가관이 아
닌 까닭에 조촐하다는 뒤바뀜도 아니다. 이미 두 쪽이 아니므로 비
로소 중도라 이름한다. 부처님께서는 이런 도리를 아시나니 그래서
중간에서 열반에 드신 것이다.

㊁ 나머지 세 가지 념처를 유례하여 결론하다[結例餘三] (餘三 33上2)

[疏] 餘三도 類此니라

■ 나머지 세 가지 념처는 여기에 유레하여 이해하면 된다.

[鈔] 云何枯榮下는 第二雙約枯榮하야 以明三觀이라 於中에 二니 先, 別明身念이오 後, 餘三下는 結例라 前中에 亦二니 先, 明枯榮하야 卽顯空假오 後, 是以八倒雙破下는 辨其中間이 卽中道義라 前中에 又二니 先, 擧所治之病이오 後, 今觀色種下는 明能治法藥이라 言假智常淨者는 由假觀中에 分別名相으로 知凡之不淨을 妄計爲淨하고 二乘은 謂實하야 妄謂不淨일새 今依佛慧하야 如螺髻見일새 故云常淨이라 於中道中에 二[91]니 先, 結前生後니 卽雙照辨中이오 後, 觀色本際下는 雙遮辨中이라 餘는 可知니라

● ⓑ 云何枯榮 아래는 마르고 번성함을 동시에 입각하여 삼관을 밝힘이다. 그중에 둘이니 ㉠ 신(身)념처에 대해 따로 밝힘이요, ㉡ 餘三 아래는 (나머지 세 가지 념처를) 결론적으로 유레함이다. ㉠ 중에 또 둘이니 ㉮ 마른 념처와 번성한 념처는 곧 공관과 가관임을 드러냄이다. ㉯ 是以八倒雙破 아래는 중간이 곧 중도의 이치임을 밝힘이다. ㉯에 또 둘이니 Ⓐ 다스릴 병통을 거론함이요, Ⓑ 今觀色種 아래는 다스리는 주체의 법과 약을 밝힘이다. '가관의 지혜가 항상 조촐하다'고 말한 것은 가관 중에 명칭과 모양을 분별함으로 인해 범부가 조촐하지 않음을 허망하게 계탁하여 조촐함으로 알고, 이승은 실법을 일러 허망하게 조촐하지 않다고 말한다. 지금은 부처님 지혜에 의지하여 부처님의 살갗 상투처럼 보기 때문에 '항상 조촐하다'고 말하였다. ㉯ 중도의 이치 중에 둘이니 Ⓐ 앞을 결론하고 뒤를 시작함이니 동시

---

91) 上五字는 南續金本作是以下 後辨中道 於中二意.

에 비추어 중도를 밝힘이요, Ⓑ 觀色本際 아래는 동시에 차단하여 중도를 밝힘이다. 나머지는 알 수 있으리라.

㊅ 깊고 자세함을 결론적으로 찬탄하다[結歎深廣] 3.
㉠ 사념처를 바로 결론하다[正結四念] (是則 33上7)
㉡ 위의 삼관을 결론하다[結上三觀] (一切)

[疏] 是則對治法藥이 其數가 有四하니 法性觀智를 名之爲念이오 一諦와 三諦를 名之爲處라 一切卽空이면 諸倒枯榮이 無不空寂이오 一切卽假이면 二邊雙樹가 無不成立이오 一切卽中이면 無非法界니라
■ 이렇다면 다스리는 법과 약이 그 숫자가 넷이 있으니, 법성으로 관찰한 지혜를 '생각'이라 하고, 한 가지 진리와 세 가지 진리를 '처소'라 이름한다. 일체가 공관에 합치하면 모든 뒤바뀐 마음과 번성함이 공적하지 않음이 없고, 일체가 가관에 합치하면 두 쪽의 쌍인 나무가 성립하지 않음이 없고, 일체가 중도관에 합치하면 법계 아님이 없다.

[鈔] 是則對治下는 第三, 結成深廣이라 於中有三하니 初는 正結四念이니 如常所明이라 身等이 但是所緣이니 觀無常等하야 但破常等이라 今 是法性之四일새 一一皆破八倒일새 故云法藥이라 稱性觀智라야 方 稱爲念이라 四念之處에 皆具三諦하야 一切圓融이니라 二, 一切卽空下는 結上三觀이오 三, 只一念下는 結歎例餘니 可知로다
● ㊅ 是則對治 아래는 깊고 자세함을 결론적으로 찬탄함이다. 그중에 셋이 있으니 ㉠ 사념처(四念處)를 바로 결론함이니 일반적으로 밝힌 내용과 같다. 신체 등이 다만 반연할 대상일 뿐이니 무상함 따위를

관하여 단지 항상함을 타파하는 등이다. 지금은 법성의 넷이므로 하나하나 모두 여덟 가지 뒤바뀜을 타파하였으므로 법의 약이라 한다. 성품에 걸맞게 관하는 지혜라야만 비로소 생각함이라 칭할 수 있다. 사념처에 모두 세 가지 진리를 구비하여 모두가 원융하다. ㉡ 一切卽空 아래는 위의 삼관(三觀)을 결론함이요, ㉢ 只一念 아래는 결론하여 찬탄하고 나머지와 유례함이니 알 수 있으리라.

㉢ 결론하여 찬탄하고 나머지와 유례하다[結歎例餘] (只一 33下4)

[疏] 只一念心이 廣遠若此하니 故로 深觀念處가 卽坐道場이라 更不須餘로대 機宜不同일새 故說餘品이라 一科가 旣爾深奧에 餘六도 倣此可知니라 下文之中에 但略釋相이나 說者가 有力에 一一開示니라
- 단지 한결같이 생각하는 마음이 넓고 먼 것이 이와 같나니, 그러므로 사념처를 깊이 관찰함이 곧 도량에 앉는 것이 된다. 다시 나머지를 구하지 않지만 시기와 마땅함이 같지 않으므로 나머지 품류라 말하였다. 한 과목[㊀ 사념처]이 이미 이렇게 심오하면 남은 여섯 과목[㊁ 사정근 ㊂ 사신족 ㊃ 오근 ㊄ 오력 ㊅ 칠각분 ㊆ 팔정도]도 여기에 준하면 알 수 있으리라. 아래 문장에서 단지 그 모양을 대략 해석하겠지만 설법하는 이가 힘이 있으면 낱낱이 펼쳐 보일 것이다.

④ 통함은 국한함이 아님을 밝히다[通顯非局] (今經 33下8)

[疏] 今經에 但云觀身하고 不言淨不淨等은 從通相說이니 顯包含故니라
- 지금 본경에서 단지 신체만 관하고 조촐하고 조촐하지 않음 따위는

말하지 않은 것은 일반적인 설명을 따른 내용이니, 포함되었음을 밝힌 까닭이다.

[鈔] 今經但云下는 第四, 顯通非局이라 於中에 二別이니
● ④ 今經但云 아래는 통함은 국한함이 아님을 밝힘이다. 그중에 두 가지 구분이 있다.

(b) 경문 해석[釋文] 2.

❖ 제6회 십지품 제4 焰慧地 (科圖 26-49; 號字卷)

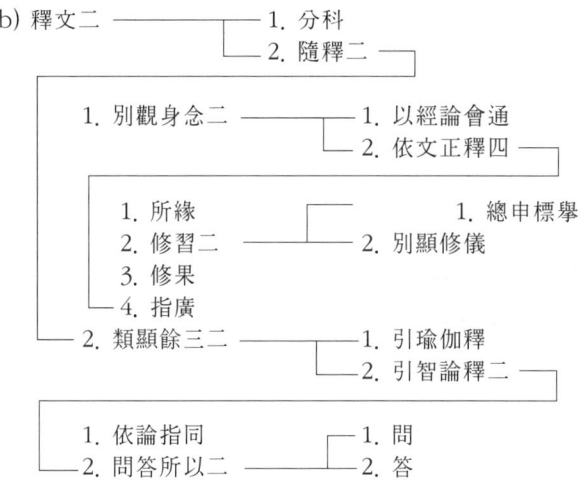

㊀ 과목 나누기[分科] (文中 34上3)

佛子여 菩薩이 住此第四地에 觀內身하되 循身觀하여

勤勇念知하여 除世間貪憂하고 觀外身하되 循身觀하여 勤勇念知하여 除世間貪憂하고 觀內外身하되 循身觀하여 勤勇念知하여 除世間貪憂하나니라

"불자여, 보살이 제4지에 머물러서는 (1) 안 몸을 관하되 몸을 두루 관찰하며, 부지런하고 용맹하게 생각하고 알아서, 세간의 탐욕과 근심을 제하느니라. (2) 바깥 몸을 관하되 몸을 두루 관찰하며, 부지런하고 용맹하게 생각하고 알아서, 세간의 근심을 제하느니라. (3) 안팎 몸을 관하되 몸을 두루 따라 관찰하며, 부지런하고 용맹하게 생각하고 알아서, 세간의 탐욕과 근심을 제하느니라.

[疏] 文中에 二니 初, 別觀身念이오 後, 如是下는 類顯餘三이라
- (b) 경문 해석에 둘이니 ① 신(身)념처를 따로 관함이요, ② 如是 아래는 나머지 세 가지 념처를 유례하여 밝힘이다.

㊂ 과목에 따라 해석하다[隨釋] 2.
① 신(身)념처를 따로 관하다[別觀身念] 2.

㉮ 경과 논으로 회통하다[以經論會通] (今初 34上3)

[疏] 今初, 觀身에 自有內等三觀이라 此三은 智論과 瑜伽에 廣顯其相하니 今略擧一兩호리라 瑜伽에 云, 內의 自有情色이 爲內身이오 外의 非情色이 爲外身이오 他有情數가 爲內外身이라 初는 卽自身이니 我愛의 愛故요 次는 卽資具等이니 我所愛故요 後는 卽眷屬妻子니 彼我의

我愛와 我所愛故라하며 智論二十八에도 亦廣明此[92]하니라 五十三에
又云[93]호대 自身을 名內요 他身을 名外라하고 而不明內外라 取下釋
意인대 但合前二일새 故云內外요 所以有此三者는 破三種邪行故니
有人은 着內情多하야 捨妻財以全身하며 有着外情多하야 貪財喪軀
하며 爲妻捨命하야 有二俱着이라 破此三邪에 成三正行이라 此約三
人에 對治가 各別이어니와 若約一人의 起觀始終인대 謂先觀自身하야
求淨等을 不可得일새 或當外有하고 次便觀外하야 復不可得일새 便
生疑云호대 我觀內時에 於外에 或錯하고 觀外之時에 於內에 或錯일
새 次內外俱觀하야 亦不可得이라 初二는 是別이오 後一은 是總이니
以斯二釋으로 明知但合前二하야 爲內外身이니라

■ 지금은 ① 신(身)념처를 관찰함에 자연히 내부 등의 세 가지로 관함이 있다. 이 세 가지는『대지도론』과『유가사지론』에 그 모양을 자세히 밝혔으니, 지금은 대략 한두 가지를 거론하겠다.『유가사지론』에 이르되, "내부적인 자신의 유정의 물질을 안의 몸이라 하고, 외부적인 유정이 아닌 물질을 바깥 몸이라 하며, 남의 유정수(有情數)를 안팎의 몸이라 한다. 첫째 안의 몸은 곧 자신을 가리키나니 〈나〉라고 애착하는 애착이요, 다음의 바깥 몸은 곧 생활도구 따위이니 〈내 것〉이라는 애착이요, 나중의 안팎의 몸은 나의 권속과 부인, 자식을 가리킨다. 저들을 〈나〉와 〈내〉가 애착함과 〈내 것〉이라 애착하는 까닭이다"라고 하였다.『대지도론』제28권[제19권]에도 여기에 대해 자세하게 설명하였다.『대지도론』제53권[제48권][94]에 또, "자기 몸을

---

92) 案今本 智論卷第十九; 釋三十七品中 廣明四念處.
93) 案下所引하니 見今本智論卷四十八 釋四念處品.
94) 아래의 인용문은 권수를 확인해 보니 각각 제19권과 제48권에 해당한다. (譯者註) 제28권이라 한 것은『大智度論』제19권의 내용이다. "問曰. 何等爲內身. 何等爲外身. 如內身外身皆已攝盡. 何以復說內外身觀. 答曰. 內名自身外名他身. 自身有二種. 一者, 身內不淨. 二者,身外皮毛爪髮等."(대정장 권25 p. 202a-). 또 제53권

안이라 하고 남의 몸을 바깥이라 한다"라 하고는 안팎에 대해 설명하지 않았다. 아래 해석한 의미를 취한다면 단지 앞의 둘을 합하기만 하였으므로 안팎이라 한 것이다. 이런 세 가지가 있게 된 이유는 세 가지 삿된 수행을 타파한 까닭이니, 어떤 사람은 내부라는 생각에 집착함이 많아서 부인과 재물을 버려 몸을 완전하게 하며 어떤 사람은 외부라는 생각에 집착함이 많아서 재물을 탐내다가 몸을 상하기도 하고 부인을 위해 목숨을 버려 둘에 모두 집착함이 있다. 이런 세 가지 삿된 수행을 타파하면 세 가지 바른 수행을 이루게 된다. 이것은 세 사람에게 다스림이 각기 다름에 의지한 분석이지만 만일 한 사람이 일으킨 관법의 처음과 끝에 의지한다면 먼저 자신을 관하여 조촐함 따위를 구하여도 얻을 수 없으므로 바깥에 있는 것에 해당하고, 다음으로 문득 바깥을 관하여 다시 얻을 수 없으므로 단박에 의심을 내어 말하기를, "내가 안을 관할 때에 외부에서 혹 그르치고 외부를 관할 때에 내부에서 혹 그르치기도 하므로 다음에는 안과 밖을 함께 관하여도 얻을 수 없다"고 하였다. 처음의 둘은 별상이요 나중의 하나는 총상이니, 이런 두 가지 해석으로 단지 앞의 둘을 합하여 안팎의 몸이 됨을 분명히 알 수 있다.

[鈔] 今初觀身者는 瑜伽에 明三호대 各別有體하니 身是聚義일새 故外無情도 亦得名身이라 智論은 二意니 前은 約三人修觀各別이오 後는 約一人의 修觀淺深이니라
- 지금은 '① 신(身)념처를 관한다'는 것은 『유가론』에서 셋으로 설명하

이라 한 부분은 『大智度論』 제48권의 釋四念處品 제19이다. 論云 "復次自身名內身. 他身名外身. 九受入名爲內身. 九不受入名爲外身. 眼等五情名爲內身. 色等五塵名爲外身. 如是等分別內外."(대정장 권25 p. 403c~)

였지만 각기 체성이 따로 있었으니 신체는 모임의 뜻이므로 바깥의 무정한 물건도 또한 신체라 이름한다. 『대지도론』은 두 가지 의미였으니, 앞은 세 사람의 수행과 관법이 각기 다름에 의지하였고, 뒤는 한 사람의 수행과 관법이 깊고 얕음에 의지하였다.

㉯ 경문에 의지해 바로 해석하다[依文正釋] 4.
㉠ 반연할 대상[所緣] (今初 34下10)

[疏] 今初는 觀內身이니 初, 標別所緣이오
■ 지금은 ① 안의 몸을 관하나니 ㉠ 표방하여 반연할 대상을 구별함이요,

[鈔] 今初觀內身者는 疏文에 有四하니 一, 所緣은 念處가 所緣이니 即身受心法이라 今明內身이니 即別擧身中의 少分하야 以爲所緣이니라
● 지금은 '① 안의 몸을 관한다'는 것은 소의 문장에 넷이 있으니 ㉠ 반연할 대상은 사념처가 반연할 대상이니 신체와 느낌과 마음과 법이다. 지금은 안의 몸을 밝혔으니 신체 중의 작은 부분을 따로 거론하여 반연할 대상을 삼은 부분이다.

㉡ 닦고 익히다[修習] 2.
ⓐ 전체적으로 밝혀 표방하다[總申標擧] (次循 35上3)

[疏] 次, 循身觀者는 總顯修相이니 智論에 云,[95] 尋隨觀察하야 知其不淨

---
95) 인용문은 『大智度論』제48권 釋四念處品 제19의 내용이다.(대정장 권25 p. 404a-) [또 자기의 몸을 안의 몸[內身]이라 하고 다른 이의 몸을 바깥 몸[外身]이라 하며, 아홉 구멍으로 받아들이는[九受入] 것을 안의 몸이라

等이라하니라 然이나 循有二義하니 一, 尋義니 五種不淨을 徧尋求故요 二, 隨義니 謂雖冥目이나 了見身之影像하야 隨順本質相似性故라 前標內身은 即是本質이오 今云循身은 即是影像이니 此는 雜集意니라

■ ㉡ '몸을 차례로 자세히 관찰함'이란 닦는 모양을 총합하여 밝힘이니, 『대지도론』에서는, "찾고 따르면서 자세히 그것이 조촐하지 못한 따위를 살펴보는 것이다"라고 하였다. 그러나 두루 관찰함에 두 가지 뜻이 있으니 1) '찾는다'는 뜻이니 다섯 종류의 조촐하지 않음을 두루 찾고 구하는 것이요, 2) '따른다'는 뜻이다. 말하자면 비록 눈이 어두워져도 신체의 그림자를 요달해 보아서 본질과 비슷한 성품을 따르기 때문이다. 앞에서 표방한 안의 몸은 바로 본질이요, 지금 '몸을 돈다'는 것은 바로 그림자를 뜻하나니 이것은 『잡집론』의 주장이다.

[鈔] 次循身下는 二, 修習이니 先은 總標擧니 以何尋求라 瑜伽에 云, 即聞思修慧라하니라 此雜集意者는 論文이 語隱일새 故取意釋이니 論에

하고 아홉 구멍으로 받아들이지 않는[九不受]것을 바깥 몸이라 하며, 눈 등의 五정을 안의 몸이라 하고 빛깔[色] 등의 五진을 바깥 몸이라 하나니, 이와 같은 등으로 안과 바깥을 분별한다. 수행하는 이는 먼저 조촐하지 못하고 무상하고 괴롭고 <공>하고 <나>가 없다는 등의 지혜로써 안의 몸을 자세히 관하되 이 몸의 좋은 모양[好相]을 얻지 못하며 조촐한[淨] 모양과 항상 있는[常] 모양과 즐거운[樂] 모양과 <나>라는[我] 모양도 진실로 안에서는 이미 얻지 못하므로 다시 바깥 몸을 관하면서 조촐하고 항상 있고 <나>가 있고 즐거운 것을 구하지만 역시 진실로 얻을 수 없게 된다. 만일 이렇게 얻지 못하게 되면 의심을 내면서 "내가 안을 관할 때에는 바깥에서 혹 잘못되기도 하고 바깥을 관할 때에는 안에서 혹 잘못되기도 하리니, 이제는 안팎에서 일시에 다 함께 관하리라"고 하지만 역시 얻을 수 없나니, 이때에 마음에서는 바른 선정[正定]을 얻게 된다. 이 몸은 조촐하지 못하고 무상하고 괴롭고 <공>하고 <나>가 없으며 마치 병든 것과 같고 종기와 같고 상처와 같아서 아홉 구멍에서 더러운 것이 흘러내리므로 이것은 걸어다니는 뒷간이며 오래지 않아 파괴되고 흩어지고 다 없어지면서 주검의 모양이 될 것이며 항상 배고프고 목마르고 춥고 더운 것과 매를 맞고 갇히고 욕하고 비방받는 것과 늙고 병드는 등의 모든 고통에 늘 둘러싸여 있으면서 자유롭지 못하다는 것을 알게 된다. 그리고 안이 <공>하고 주인이 없고 또한 아는 이[知者]와 보는 이[見者]와 짓는 이[作者]와 받는 이[受者]도 없으며 단지 <공>하여서 모든 법은 인연이 화합하여 있을 뿐이며 스스로 생겨났다가 스스로 없어지므로 매인 데가 없는 것이 마치 초목(草木)과 같다 함을 알게 되나니, 이 때문에 안팎을 모두 함께 관하는 것이다. 그 밖의 안팎에 대한 이치는 十八공(空) 가운데서 설명한 것과 같다. 몸을 차례로 자세히 관한다[循身觀]는 것은 찾고 따르면서 자세히 살펴보는 것이니,…]

云, 云何修循身觀고 由隨觀分別影像身이 與本質身으로 平等하야 隨觀於身境하야 隨觀身相似性故로 名於身循身觀이니 由隨觀察分別影像身門하야 審諦觀察本質身故라하니라

- 다음의 ㉡ 循身 아래는 닦고 익힘이니 ⓐ 전체적으로 표방함이다. 무엇으로 찾고 구하는가? 『유가사지론』에서는 "문혜와 사혜와 수혜이다"라고 하였다. '이것은 『잡집론』의 주장이다'라고 말한 것은 논의 문장에 말이 감추어져 있으므로 의미를 취하여 해석하였다. 『유가사지론』에 이르되 "무엇 때문에 몸을 두루 관찰함을 닦는가? 분별하는 그림자 같은 몸을 따라 관찰함이 본질의 몸과 평등함으로 인해 몸의 경계를 따라 관하여 신체와 비슷한 성품을 따라 관하는 까닭으로 몸에 대한 순신관(循身觀)이라 한다. 분별하는 그림자 같은 몸을 따라 관찰하여 자세히 본질의 몸을 관찰하기 때문이다"라고 하였다.

ⓑ 닦는 모습을 개별로 밝히다[別顯修儀] 3.
㉠ 부지런함의 의미를 따로 밝히다[別明勤意] (次勤 35下3)

[疏] 次勤勇念知는 顯修之儀니 以貪等世事와 無始惡習은 離之甚難이 過於世間慈父가 離於孝子니 故須精進하야사 方能除遣이라

- ⓑ 다음의 '부지런하고 용맹하게 생각하고 알아서'는 닦는 모습을 밝힘이다. 탐냄 등의 세간적인 일과 비롯함 없는 악한 습기는 여의기가 매우 어려운 것이, 세간의 인자한 아비가 효도하는 자식을 버리는 것보다 더욱 지나친다. 그래서 모름지기 정진해야만 비로소 능히 없애 버릴 수 있다는 뜻이다.

[鈔] 次勤勇下는 二, 別顯修儀니 疏順經略이어니와 若準雜集云[96]인대 又修習者는 謂欲과 策勵와 勇猛과 不息과 正念과 正知와 及不放逸이니 修習差別故라하니라 此有九修하니 一은 論에 云欲修習이니 爲對治不作意隨煩惱라 二는 勤修習이니 爲對治懈怠隨煩惱라 三은 策修習이니 爲對治沈掉隨煩惱요 四는 勵修習이니 爲對治心下劣性隨煩惱라 心下劣性者는 謂於下勝品의 所證功德이니 由自輕蔑心하야 生怯弱性이라 五는 勇猛修習이니 爲對治疎漏疲倦인 隨煩惱니 疎漏疲倦者는 謂能引蚊虻等處所逼惱라 六은 不息修習이니 爲對治得少善法하야 生知足喜隨煩惱하리니 由得少善하야 生知足喜故로 止息所餘의 勝進善品이라 七은 正念修習이니 爲對治忘失尊敎隨煩惱라 八은 正知修習이니 爲對治毀犯追悔隨煩惱라 毀犯追悔者는 謂於往來等事에 不正而行하야 先越學處라가 後生悔惱라 九는 不放逸修習이니 爲對治捨諸善軛隨煩惱니 捨善軛者는 由放逸過失故로 於所造修勝進善品에 捨勤方便하야 不能究竟이라하니라 釋曰, 今經에 但有其四나 而疏文中에 以四로 收九라 而文有三하니 初, 明勤意라 過於世間慈父等者는 智論에 云,[97] 離別常人易이어니와 離別知識은 難이오 離別知識易어니와 離別親戚은 難이오 離別親戚易어니와 離別自身은 難이라하니 親戚은 卽父母等이니 故云過也라 故須勤勇이니라

● ⓑ 次勤勇 아래는 개별로 닦는 모습을 드러냄이다. 소에서는 본경을 따라 생략하였지만 만일 『잡집론』에 준하여 말한다면, "또 수습에도 욕(欲)수습·근(勤)수습·책(策)수습·려(勵)수습·용맹(勇猛)수습·불식(不息)수습·정념(正念)수습·정지(正知)수습 및 불방일(不放逸)수습이 있으니, 이는 수습에도 차별이 있기 때문이다"라고 하였다. 여

---

96) 인용문은 『阿毘達磨雜集論』제10권 決擇分別諦品 제1의 ⑤의 내용이다. (대정장 권31 p. 739b-)
97) 인용문은 『大智度論』제48권 釋四念處品 제19의 내용이다. (대정장 권25 p. 404 a20-)

기에 아홉 종류의 수행이 있으니 (1)『잡집론』에 이르되 "욕(欲)수습이란 작의하지 않는 수번뇌를 다스리려는 것이다. (2) 근(勤)수습이란 게으름의 수번뇌를 다스리려는 것이다. (3) 책(策)수습이란 혼침과 도거의 수번뇌를 다스리려는 것이다. (4) 려(勵)수습이란 마음을 비열하게 하는 성품의 수번뇌를 다스리려는 것이다. 여기서 '마음의 비열한 성품'이란 아래 승품(勝品)에서 증득된 공덕에 상대하고는 자신을 비하시키는 문으로 인하여 마음속에 나약한 성품이 생겨나는 것이다. (5) 용맹(勇猛)수습이란 번뇌가 있어[疎漏] 피곤하게 하는 수번뇌를 다스리려는 것이다. 여기서 '소루(疏漏)의 피곤함'이란 모기나 파리 따위가 있는 처소에 다가갈 때 생겨나는 번뇌의 핍박을 말한다. (6) 불식(不息)수습이란 약간의 선법을 얻게 되면 곧 만족하는 기쁨[喜]의 수번뇌를 다스리려는 것이다. 약간의 선품을 성취함으로 인하여 스스로 만족하여 즐거워하는 까닭에 나머지 선품으로 승진하는 것을 멈추는 것이다. (7) 정념(正念)수습이란 세존의 가르침을 잊게 만드는 수번뇌를 다스리려는 것이다. (8) 정지(正知)수습이란 죄를 범하면 곧 후회가 따르는 수번뇌를 다스리려는 것이다. '죄를 범하고 곧 후회가 따르는 것'이란 출입하는 따위의 일을 올바로 판단하지 못하고 행하는 것을 말한다. 먼저 그 학처를 범하고 나중에야 후회하는 고뇌가 생기는 것이다. (9) 불방일(不放逸)수습이란 모든 선법을 버리게 하는 액(軛)의 수번뇌를 다스리려는 것이다. '선법을 버리게 하는 액(軛)'이란 방일함으로 인하여 허물이 생기기 때문이니, 승진도의 선품을 닦는 경우에 그 정근하는 방편을 포기하게 하여 구경에 이르지 못하는 것이다"라고 하였다. 해석하자면 지금 본경에는 단지 네 가지[勤·勇·念·知]만 있지만 소의 문장에서는 이 네 가지로 위의 아홉 종류를 거두어 포섭하였다. 그런데 문장에 셋이 있으니 ㉠ 부지런함의 의미를 밝힘이다. '세간의 인자한 아비 등보다 지나친다'라고 말한 것은 『대지도론』에서는, "막상 보통사람하고는 이별하기 쉬워도 친한 벗하고는 이별하기 어렵고, 친한 벗하고는 이별하기 쉬워도 부자간에는 이별하기 어려우며, 부자간에는 이별하기 쉬워도 자기의 몸을 여의기는 어렵고, 자기의 몸을 여의기는 쉬워도 자기의 마음을 여의기가 어려운 것과 같다"라고 하였다. 친척은 곧 부모 등을 가리키나니 그래서 '지나친다'고 하였다. 그러니 모름지기 부지런하고 용맹하게 정진하라는 것이다.

㉡ 닦는 모양을 바로 해석하다[正釋修相] (勤卽 36下5)

[疏] 勤은 卽欲・勤・策・勵오 勇은 謂勇猛不息이오 念은 則明記不忘이오 知는 則決斷無悔니라
- 부지런함은 곧 위의 (1) 욕(欲)수습과 (2) 근(勤)수습과 (3) 책(策)수습과 (4) 려(勵)수습을 가리키고, 용맹함은 (5) 용맹(勇猛)수습과 (6) 불식(不息)수습을 말한다. 생각함은 분명하게 기억하여 잊어버리지 않는 (7) 정념(正念)수습이요, 아는 것은 결단하고는 후회함이 없는 (8) 정지(正知)수습을 말한다.

[鈔] 勤卽欲勤下는 二는 正釋修相이니 卽以論의 四修로 釋一勤字니 四皆勤類故라 次는 以五와 六인 二修로 釋勇이니 故云勇은 謂勇猛과 不息이라 三의 念과 四의 知는 同論七八이니라
- ㉡ 勤卽欲勤 아래는 닦는 모양을 바로 해석함이다. 바로 논의 네 가

지 수행으로 하나의 근자(勤字)를 해석하였으니 넷이 모두 부지런함의 종류인 까닭이다. 다음은 (5) 용맹(勇猛)과 (6) 불식(不息)인 두 가지 수습으로 용맹함을 해석하였으니, 그래서 "용맹함은 (5) 용맹수습과 (6) 불식수습을 말한다"고 하였다. 셋째의 생각함과 넷째인 아는 것은 논의 (7) 정념수습 (8) 정지수습과 같다.

ⓛ 생각함과 아는 것에 대해 거듭 해석하다[重釋念知] (又心 36下9)

[疏] 又心若馳散하면 當念老病死苦와 三惡道苦와 身命無常과 佛法欲滅이니 名爲念知라 則能鞭心하야 令復本觀하야 便生勤勇이라 具上諸義니 則不放逸이니라

■ 또 만일에 마음이 분주하고 산란할 때에는 '늙고 병들고 죽는 고통과 삼악도의 고통과 목숨이 무상하고 불법이 쇠퇴하려 한다'는 것을 마땅히 생각하라 하였으니, 이름하여 '생각하여 안다'고 하였다. 다시 말하면 마음을 채찍질하여 하여금 근본으로 돌아와 관찰하여 문득 부지런하고 용맹하게 되게 한다는 뜻이다. 위의 모든 의미를 구비하면 (9) 방일하지 않음이 된다.

[鈔] 又心若馳散下는 三, 重釋念知니 含其第九의 不放逸修라 言重釋者는 上釋明本念知요 今釋策其退敗라 準西域法인대 維那秉衆이 於晨朝時에 常誦此言하야 以策懈怠라하니라 則能鞭心令復本觀者는 卽莊子意니 如人驅羊에 不及羣者를 謂之爲後라 鞭令及羣이니 故云鞭後라 修心은 如羊이요 馳散은 如不及羣이요 令復本觀은 卽及羣也요 無常三塗等은 卽是鞭也니라

● ㉠ 又心若馳散 아래는 생각함과 아는 것에 대해 거듭 해석함이니 그 속에 (9) 불방일(不放逸)수습이 포함되어 있다. '거듭 해석한다'고 말한 것은 위에서 근본적으로 생각함과 아는 것에 대해 밝혔고, 지금은 물러나 패배함을 꾸짖음으로 해석한 내용이다. 서역의 법에 준한다면 "유나가 대중을 통솔할 적에 새벽녘에 항상 이 말을 암송하여 게으름을 꾸짖는다"고 하였다. '마음을 채찍질하여 하여금 근본으로 돌아와 관찰하여'란 『장자(莊子)』의 의미이니, "마치 목동이 양을 몰 적에 무리에 따라오지 못하는 양을 '뒤처진다'고 말함과 같다. 채찍질하여 무리 속에 들게 함과 같으므로 '뒤처진 양을 채찍질한다'고 말한다." 닦을 마음은 양에 비유하고, 분주하고 산란함은 무리에 따라오지 못함에 비유하고, '하여금 근본에 돌아와 관하게 함'이란 무리에 따라오게 함에 비유하였다. 무상함과 삼악도 등은 바로 채찍질함에 해당한다.

㉡ 닦음의 결과[修果] (次言 37上8)

[疏] 次言除世間貪憂者는 卽觀之果니 有所離故라 觀身不淨은 本謂治貪이니 行者旣離五欲世樂하고 未得定樂에 或時生愛[98]호대 如魚樂水하야 常求樂事하야 還念本欲이라 多生此二일새 故偏遣之니라 又貪爲五蓋之首니 貪除則五蓋가 盡去이니 如破竹初節이요 憂는 於五受之中에 偏能障定이니 如滅惡賊에 先除巨害일새 故偏說之니라

■ 다음으로 '세간의 탐욕과 근심을 제거한다'고 말한 것은 곧 관법의 결과이니 여읠 대상이 있기 때문이다. 신체가 조촐하지 않음을 관하

---

98) 愛는 雜華記云憂.

는 것은 본래로 '탐욕을 다스린다'는 말이다. 수행하는 이가 이미 오
욕(五欲)의 세간적인 즐거움을 여의었고 아직 선정의 즐거움을 얻지
못하였을 적에 혹 애착이 생길 때도 있는 것이, 마치 물고기가 물을
좋아하는 것과 같아서 항상 즐거운 일을 구하여 다시 본능적 욕구를
생각하게 된다. 대부분 탐욕과 근심 두 가지가 생겨나므로 치우쳐 제
거한 것이다. 또 탐냄은 오개(五蓋)의 우두머리이니 탐욕을 제거하면
오개(五蓋)가 모두 제거되는 것이니, 마치 대나무의 첫 마디를 자르는
것과 같다. 근심은 다섯 가지 느낌 중에 치우쳐 선정을 장애할 수 있
으니, 마치 나쁜 도적을 멸할 적에 먼저 큰 해로움을 제거함과 같으
므로 치우쳐 말하였다.

㉣ 자세함을 지적하다[指廣] (其不 37下4)

[疏] 其不淨等은 廣如二論의 如實觀相이니 已如上說이니라 次는 觀外身
과 及內外身이니 所觀이 小異나 觀相은 大同이니라
- 그 조촐하지 않음 등은 자세하게는 두 논서의 여실하게 관하는 모양과
같나니 이미 위에서 설명한 것과 같다. 다음은 바깥 몸과 안팎의 몸을
관찰하나니, 관찰할 대상이 조금 다르지만 관하는 모양은 대략 같다.

[鈔] 其不淨下는 謂助伴自性等이라
- 其不淨 아래는 돕는 반려의 자성 따위를 말한다.

② 나머지 세 가지 념처를 유례하여 밝히다[類顯餘三] 2.
㉮ 유가론을 인용하여 해석하다[引瑜伽釋] (後例 37下10)

如是觀內受外受內外受하되 循受觀하며 觀內心外心內
外心하되 循心觀하며 觀內法外法內外法하되 循法觀하
여 勤勇念知하여 除世間貪憂니라

이와 같이 (1) 안으로 받아들이고 밖으로 받아들이고 안팎으
로 받아들임을 관하되 받아들임을 두루 따라 관찰하며, (2)
안 마음과 바깥 마음과 안팎 마음을 관하되 마음을 두루 따
라 관찰하며, (3) 안 법을 관하고 바깥 법을 관하고 안팎 법을
관하되 법을 두루 따라 관찰하여, (4) 부지런하고 용맹하게
생각하고 알아서, (5) 세간의 탐욕과 근심을 제하느니라."

[疏] 後, 例餘三念處者는 準瑜伽意인대 依前內等三身하야 生受心法일새
故受心法이 隨所依生하야 亦有內等이라

■ ② '나머지 세 가지 념처를 유례한다'는 것은 『유가사지론』의 주장에
준해 본다면 앞의 안의 몸 등 세 가지 몸에 의지하여 느낌과 마음과
법이 생겨나므로 느낌과 마음과 법이 의지처를 따라 생김도 또한 안
으로 받음 따위가 있게 된다.

[鈔] 準瑜伽等者는 釋後三念處라 內等三觀은 引二論明이라 初, 瑜伽의
意에 云, 如觀上內身하야 以自身五根으로 爲境하야 對之成觸이니 觸
故로 生受니 領不淨等을 是名內受라 觀上外身과 及內外身하야 生
受도 例然이라 如受旣爾하야 心法도 亦然이라하니라

● '유가론에 준한다'는 등은 ② 세 가지 념처를 해석함이다. 안으로 등
의 세 가지 관함은 두 논서를 인용하여 밝힌 내용이다. ㉮ 유가론을
인용함에서 의미로 말하면 "위의 안의 몸을 관하는 것과 같아서 자기

신체의 다섯 감관으로 경계를 삼아 상대하여 닿음을 이룬다. 닿음으로 인해 느낌이 생기나니 조촐하지 않음을 받아들이는 것을 안으로 받음이라 한다. 위의 바깥 몸과 안팎의 몸을 관하여 생긴 느낌도 유례한 것이다. 느낌이 이미 이러함과 같아서 마음과 법도 마찬가지이다"라고 하였다.

㈔ 지도론을 인용하여 해석하다[引智論釋] 2.
㉠ 논에 의지해 같은 점을 지적하다[依論指同] (智論 38上6)
㉡ 질문하고 대답한 이유[問答所以] 2.
ⓐ 질문하다[問] (論問)

[疏] 智論之意도 大同於此니라 論에 問云[99]호대 於四念中에 心은 唯是內요 受法은 唯外요 身通內外어늘 云何於四에 皆有內等고
■ 『대지도론』의 의미도 대략 이 내용과 같다. 『대지도론』에서 "묻기를 '사념처 중에 마음은 오로지 안뿐이요, 느낌과 법은 오직 바깥뿐이요, 신체는 안과 밖에 통하는데 어째서 네 가지에 모두 안으로 등이라 하였는가?'"

ⓑ 대답하다[答] 3.
㉮ 세 가지 념처의 안과 밖의 두 뜻을 따로 밝히다[別明三念內外二義]
(答受 38上7)
㉯ 세 가지 념처의 안과 밖의 두 뜻을 총합하여 밝히다
[總明三念內外二義] (心雖)

---

99) 인용문은 『大智度論』 제19권 釋初品中三十七品義 제31의 내용이다. (대정장 권25 p. 202a25-)

[疏] 答이라 受有二種하니 一은 身이오 二는 心이니 心受를 名內요 身受를 名外니라 又意識과 相應受를 名內요 五識相應受를 名外等이라 心雖是內이나 緣外法故로 名外요 五識은 一向是外니라 又定心이 爲內요 散心이 爲外라 法은 雖是外나 緣內法인 心數法하면 名內요 緣外法 心數法과 及無爲와 心不相應行하면 是外라하니라

■ "대답한다. '느낌에 두 종류가 있으니 첫째는 신체요, 둘째는 마음이니, 마음으로 받는 것을 안이라 하고 몸으로 받는 것을 밖이라 하였다. 또 의식과 상응하는 받음을 안이라 하였고, 전5식과 상응하는 받음을 바깥 등이라 한다.' '마음은 비록 안이지만 바깥 법을 반연하는 까닭에 바깥이라 하고, 전5식은 한결같이 바깥이다. 또 선정의 마음은 안이 되고 산란한 마음은 바깥이 된다. 법은 비록 바깥이지만 안의 법인 심수법을 반연하면 안이라 하고, 바깥 법인 심수법과 무위법과 마음과 상응하지 않고 행하는 법을 반연하면 바깥이다.'"라고 하였다.

[鈔] 智論云者는 釋有小異하니 心唯是內者는 心은 是己之心王이니 意根攝故니라 言受法唯外者는 謂十二入中에 受唯在外니 法入攝故니 受必受於六塵境故라 法은 謂想行이니 想取外相이오 行은 卽思惟等이니 觸前境故로 故唯在外니라

言身通內外者는 觀於自身이 爲內요 妻子等이 爲外니라 答受有二下는 論答이라 疏文이 有三하니 初, 別明三念內外二義니 謂此三念에 前二가 各二義라 受中의 一, 約身心二受니 五根所受를 名身受요 六識所受를 名心受라 第二義는 就六識中하야 自分內外니라 次, 心雖下는 明心念二義라 後, 法雖是外下는 法唯一義니 謂唯心故라 初義

는 大同瑜伽요 餘皆不同이니라

- '『대지도론』에 묻기를'이라 말한 것은 조금 다른 점이 있다는 해석이다. '마음은 오로지 안뿐이다'라고 말한 것은 마음은 자신의 심왕을 가리키나니, 뜻의 감관에 포함되기 때문이다. '느낌과 법은 오직 바깥뿐이다'라고 말한 것은 12입(入) 중에서 느낌은 오로지 바깥뿐으로 법입(法入)에 속한다. 느낌은 반드시 육진(六塵) 경계에서 받기 때문이다. 법은 생각과 지어 감을 말하나니 생각은 바깥 모양을 취하고 지어 감은 곧 사유하는 따위이니, 앞의 경계와 닿기 때문에 오로지 바깥에만 있다.

  '신체는 안과 밖에 통한다'고 말한 것은 자기 신체를 관함은 안이 되고 처자를 관하는 따위는 밖이 된다. 答受有二 아래는 『대지도론』의 대답이다. 소의 문장이 셋이니 ㉠ 세 가지 념처의 안과 밖의 두 뜻을 따로 밝힘이다. 말하자면 이 세 가지 념처에서 앞의 둘[受념처, 心념처]은 각기 두 뜻이다. 수(受)념처 중에 ㉮ 몸과 마음의 두 느낌에 의지하였으니 다섯 감관으로 받은 것을 '몸으로 느낌[身受]'이라 하고, 육식으로 받은 것을 '마음으로 느낌[心受]'이라 한다. ㉯ 둘째 의미는 육식에 의지하여 자분의 안과 밖으로 받은 느낌이다. ㉡ 心雖 아래는 심(心)념처의 두 가지 뜻을 밝힘이다. ㉢ 法雖是外 아래는 법(法)념처는 오직 한 가지 뜻뿐이다. 말하자면 오로지 마음뿐인 까닭이다. ㉠의 뜻은 『유가론』과 대략 같고 나머지[㉡와 ㉢]는 모두 다르다.

① 의지처에 대해 자세하게 지적하다[指廣所依] (後三 39上3)

[疏] 後三念處도 亦合前二하야 以爲內外라 餘如二論이라 其循歷觀相은

如先總說이니라
- 뒤의 세 가지 념처(念處)도 또한 앞의 둘을 합하여 안과 밖으로 삼았다. 나머지는 두 논서와 같다. 그 따라 두루 관하는 모양은 앞에서 총합하여 설명한 내용과 같다.

b) 게으름을 단절하는 도는 네 가지 바른 정진이다
[斷諸懈怠道卽四正勤] 4.

❖ 제6회 십지품 제4 焰慧地 (科圖 26-50; 號字卷)

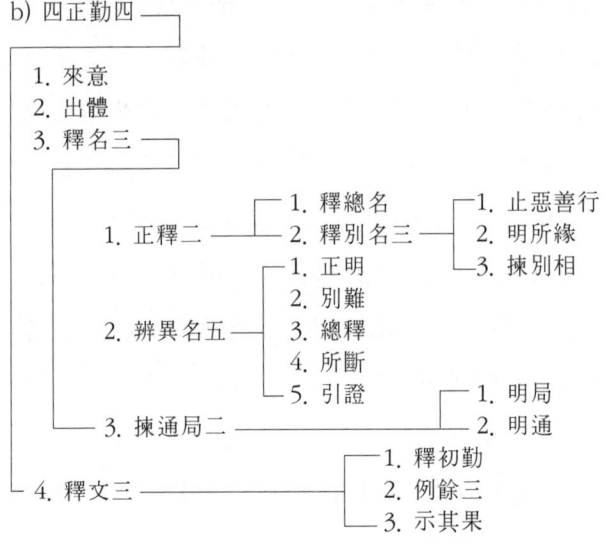

(a) 오게 된 뜻[來意] (第二 39上10)

復次此菩薩이 未生諸惡不善法을 爲不生故로 欲生하여 勤
精進하여 發心正斷하며 已生諸惡不善法을 爲斷故로 欲生
하여 勤精進하여 發心正斷하며 未生諸善法을 爲生故로 欲
生하여 勤精進하여 發心正行하며 已生諸善法을 爲住不失
故며 修令增廣故로 欲生하여 勤精進하여 發心正行이니라

"또 이 보살이 아직 생기지 않은 악하고 선하지 못한 법은
생기지 못하게 하려고 부지런히 정진하여 마음을 내어 바
로 끊으며, 이미 생긴 악하고 선하지 못한 법은 끊으려고 부
지런히 정진하여 마음을 내어 바로 끊으며, 아직 생기지 않
은 선한 법은 생기게 하려고 부지런히 정진하여 마음을 내
어 바로 행하며, 이미 생긴 선한 법은 잃지 않으려 하며 더
욱 증대하게 하려고 부지런히 정진하여 마음을 내어 바로
행하느니라."

[疏] 第二, 正勤者는 四念智火가 若得勤風하면 則無所不燒일새 故次辨
之니라

- b) 네 가지 바른 정진[四正勤][100]이란 사념처(四念處)의 지혜의 불이 만
일 정근(正勤)이라는 바람을 얻게 되면 태우지 못할 것이 없으므로 다
음에 밝힌 것이다.

[鈔] 第二正勤下는 疏文有四하니 一은 來意오 二는 出體오 三은 釋名이오

---

100) 四正勤: 정근은 범어 samyak-prahāna의 번역으로 四正斷 四意斷이라고도 한다. 37보리분법의 제2의 행
법으로 네 가지 바른 노력을 하는 것. (1) 律儀斷: 아직 나타나지 않은 악을 끊기 위해 힘쓰는 것. (2) 斷斷: 이
미 생긴 악을 끊기 위해 노력하는 것. (3) 隨護斷: 아직 나타나지 않은 善을 나타내기 위해 힘쓰는 것. (4) 修
斷: 이미 나타난 善을 증대하도록 힘쓰는 것. 이것을 斷이라 일컫는 것은 이런 정근의 노력이 태만심을 끊고 장
애를 끊기 때문이다. (불교학대사전 p.688-)

四는 釋文이라 今初[101]이니 躡前[102]法喩雙辨이라 若瑜伽에 但云, 如是 於四念住中에 慣習行故로 已能除遣麤重顚倒하며 已能了達善不善 法하고 從此無間하야 於未生善法을 爲令生故等이라하니라

• b) 正勤 아래는 소의 문장이 넷이 있으니 (a) 오게 된 뜻이요, (b) 체성을 내보임이요, (c) 명칭 해석이요, (d) 경문 해석이다. 지금은 (a)이니 앞을 토대로 법과 비유를 함께 밝혔다.『유가사지론』에는 다만 "이처럼 사념주(四念住)에서 행법을 익혔으므로 이미 능히 선법과 불선법을 요달하였고, 이로부터 간단함이 없이 생겨나지 않은 선법을 잘 생겨나게 하는 까닭 등이다"라고만 말하였다.

(b) 체성을 내보이다[出體] (精進 39下5)

[疏] 精進으로 爲其自體일새

■ 정진으로 그 자체를 삼는다.

[鈔] 精進者는 第二, 出體니 卽善十一中勤也라 唯識에 云,[103] 勤은 謂 精進이니 於善惡品을 修斷事中에 勇悍으로 爲性이오 對治懈怠하야 滿善으로 爲業이라 勇은 表勝進이니 揀諸染法이오 悍은 表精純이니 揀淨無記니 卽顯精進이 唯善性攝이라하니라 釋曰, 勇은 明念念高 勝이니 非如染法이 設雖增長이나 望諸善品에 皆名爲退요 不得名進 이라 悍[104]은 表精純이니 不同無覆無記之淨也니라

---

101) 初下에 續本有謂字, 上十一字는 南金本作中謂.
102) 躡前은 甲南續金本作攝前段.
103) 인용문은『成唯識論』제6권이다. [勤의 심소는 정진을 말한다. 선품을 닦고 악품을 끊는 일에 대해서 용맹스럽고 굳세게 하는 것을 체성으로 삼는다. 게으름을 다스려서 착한 일을 원만하게 이루는 것을 업으로 삼는다. 용맹스럽다는 것은 정진하는 것을 나타내어 모든 잡염법을 가려낸다. 굳세다는 것은 지극히 순수한 것을 나타내어 청정무구성을 가려낸다. 곧 정진은 오직 착한 성품에만 포함되는 것을 나타낸다.]

- 정진이란 (b) 체성을 내보임이니 곧 11가지 선(善)심소 가운데 근(勤)심소이다. 『성유식론』에 이르되, "근(勤)의 심소는 정진을 말한다. 선품(善品)을 닦고 악품(惡品)을 끊는 일에 대해서 용맹스럽고 굳세게 하는 것을 체성으로 삼는다. 게으름을 다스려서 착한 일을 원만하게 이루는 것을 업(業)으로 삼는다. 용맹스럽다[勇]는 것은 정진하는 것을 나타내어 모든 잡염법을 가려낸다. 굳세다[悍]는 것은 지극히 순수한 것을 나타내어 청정무구성(淸淨無垢性)을 가려낸다. 곧 정진은 오직 착한 성품에만 포함되는 것을 나타낸다"라고 하였다. 해석하자면 '용맹스러움'은 생각 생각에 높고 뛰어남을 밝힌 부분이니, 잡염법이 비록 늘어난다는 것은 아니지만 모든 선품(善品)과 비교하면 모두 물러남이 되고 나아감이라 하지 않는다. '굳세다'는 것은 지극히 순수한 것을 나타내므로 무부무기(無覆無記)의 청정함과는 같지 않다.

(c) 명칭 해석[釋名] 3.
㉠ 바로 해석하다[正釋] 2.
① 총합적인 명칭 해석[釋總名] (故總 40上2)

[疏] 故로 總名勤이니 揀非九十五種相違之勤일새 故名爲正이라 雖是一勤이나 隨義分四니

- 그러므로 총합하여 정진이라 이름하였으니, 95종 외도(外道)의 서로 위배되는 정진이 아니라고 구분하기 위해 '바르다'고 이름하였다. 비록 같은 정진은 아니더라도 의미를 따라 넷으로 나누었다.

---

104) 上二悍字는 原南續金本作捍.

② 개별적인 명칭 해석[釋別名] 3.

㉮ 악을 그치고 선을 행하다[止惡善行] (前二 40上3)

㉯ 반연할 경계를 밝히다[明所緣] (二善)

㉰ 별상으로 구분하다[揀別相] (前中)

[疏] 前二는 勤斷二惡이니 是止惡行이오 後二는 勤修二善이니 是作善行이니라 二善二惡이 皆所緣境이라 前中에 未生之惡을 遏令不生이오 已生之惡을 斷令不續이라 後二는 未生善을 令生하고 已生을 令廣이니라
■ 앞의 둘[(1) 律儀斷 (2) 斷斷]은 정진으로 두 가지 악을 물리쳤으니 악행을 그치게 하였고, 뒤의 둘[(3) 隨護斷 (4) 修斷]은 정진으로 두 가지 선을 닦는 것이니 선을 짓는 행법이다. 두 가지 선과 두 가지 악이 모두 반연할 대상 경계이다. 앞의 둘에서 생기지 않은 악을 끊어서 생기지 못하게 함이요, 이미 생긴 악을 끊어서 이어지지 않게 하는 것을 뜻하고, 뒤의 둘은 아직 생기지 않은 선을 생기게 함이요, 이미 생긴 선을 늘어나게 함을 말한다.

[鈔] 故總名勤下는 三, 釋名이라 於中有三하니 一은 正釋이오 二는 異名이오 三은 揀通局이라 今初를 分二니 先, 仍前出體하야 以釋總名이오 後, 前二勤斷下는 釋別名이니 義當辨相이라 於中有三이니 初, 束四爲二하니 不出惡止와 善行이라 二, 二惡二善이 皆所緣境者는 明所緣이오 三, 前中未生下는 揀四別相이라 未生之惡遏令不生者는 遏者는 止也니 經에 云爲不生故라하니라 瑜伽에 云,[105] 若未和合과 未現前을 名未生이니 爲令不生하야 發起希願하야 我當令彼一切로 皆

---

105) 인용문은 『瑜伽師地論』 제29권 聲聞地 제13의 ② 瑜伽處의 내용이다. (대정장 권30 p. 442b-)

不復生이라하니라

言已生之惡斷令不續者는 經에 云爲斷故라 瑜伽에 云, 已和合과 已現前을 名已生이니 先已和合을 爲斷故로 發起希願하야 我當於彼一切惡을 皆不忍受하고 斷滅除遣이라하니라 釋曰, 只令不續이 卽斷滅除遣이니 故로 遠公이 云, 已起는 謝往이라하니 云何可除오 此乃斷於已生種類와 在未來者하야 令不相續이언정 非謂斷於起已滅者라하니라 後二未生者는 經에 云, 爲生故라 瑜伽에 云, 謂於未得과 未現前인 所有善法을 爲欲令得令現在前하야 發心希願호대 發起猛利하야 希求獲得하야 欲求現前이라하니라

- (c) 故總名勤 아래는 명칭 해석이다. 그중에 셋이 있으니 ㊀ 바로 해석함이요, ㊁ 또 다른 명칭이요, ㊂ 통함과 국한함을 구분함이다. 지금은 ㊀을 둘로 나누었으니 ① 앞의 체성을 드러냄으로 인해 총합적인 명칭을 해석하였고, ② 前二勤斷 아래는 개별적인 명칭을 해석하였으니 의미는 모양을 밝힘에 해당한다. 그중에 셋이 있으니 ㉮ 넷을 묶어 둘로 삼았으니, 악을 그치고 선을 행함에서 벗어나지 않는다. ㉯ '두 가지 선과 두 가지 악이 모두 반연할 대상 경계'라고 한 것은 반연할 대상을 밝힘이요, ㉰ 前中未生 아래는 네 가지 개별적인 모양으로 구분함이다. '생기지 않은 악을 막아서 생기지 못하게 한다'는 것에서 알(遏)이란 그침의 뜻이니 본경에서 "생기지 못하게 하려고"라고 하였다. 『유가사지론』에서는, "아직 어울리지도 않고 아직 앞에 나타나 있지도 않은 것을 말하여 아직은 생기지 않음[未生]이라고 하나니, 생기지 않게 하기 위해 희망하고 소원하기를 '나는 장차 온갖 것과 온갖 것으로 하여금 모두를 다시는 생기지 않게 하리라'고 하나니"라고 하였다.

'이미 생긴 악을 끊어서 이어지지 않게 한다'는 것은 본경에서 '끊기 위하여'라 하였다. 유가론에서는 "이미 어울린 것과 이미 나타난 것을 이미 생김[已生]이라 하나니, 먼저 이미 어울린 것을 끊어지게 하기 위해 희망하고 소원하기를 '나는 마땅히 저 온갖 악한 것을 모두를 참아 받지 않겠고, 끊어 없애서 제거시켜야겠다'고 하나니"라고 하였다. 해석하자면 단지 이어지지 않게 함만이 끊어 없애서 제거함이니 그러므로 혜원법사가 "이미 일어난 것은 가 버리게 두어라"고 하였다. 어떻게 제거할 수 있는가? 이것은 비로소 이미 생겨난 종자 부류와 미래의 것을 끊어서 이어지지 않게 한다는 말이지, 일어났다가 이미 없어져 버린 것을 끊는다고 말한 것은 아니다. 뒤의 두 가지 생기지 않은 것에 대해서는 본경에서 '생기게 하기 위해서'라 하였다. 유가론에서는 "아직은 얻지 못하고 아직은 앞에 나타나 있지 않은 온갖 선한 법을 얻게 하고, 앞에 나타나 있게 하려 하여 마음을 내어 소원하며 맹렬하게 얻게 되기를 구하는 하려 함[求獲得欲]과 앞에 나타나기를 구하는 하려 함[求現前欲]을 일으키어 앞에 나타나게 한다"고 하였다.

言已生令廣者는 經에 云, 爲令增廣故라 瑜伽에 云, 謂已獲得이나 已現在前인 所有善法을 於此善法에 已得不失하고 已得不退니 依是說言爲欲令住오 於此善法에 明了現前하야 無暗鈍性일새 依是說言令不忘失이오 於此善法에 已得現前을 數數修習하야 成滿究竟일새 依是說言令修圓滿이라하나라 今經은 文略하야 但云增廣이나 亦攝瑜伽의 令住明了와 及圓滿言이라 遠公이 亦云호대 已生謝往이어니 云

---

106) 崇下에 甲續本有由字, 南金本有日字.

何可崇106)고 此亦崇彼已生種類와 在未來者하야 令其續起라하니라 上云圓滿이 已是種類니라

● '이미 생긴 선을 늘어나게 한다'는 것은 본경에서 "더욱 증대하게 하려고"라 하였다. 유가론에서는 "말하자면 이미 얻게 되었고 이미 앞에 나타나 있는 온갖 선한 법이면 이미 생긴 선한 법이라고 하는데, 이 착한 법을 이미 얻어서 잃지 않고, 이미 얻어서 물러나지 않음이니, 이것으로 인해 말하되, '머물러 두게 하려 한다'고 한다. 이 착한 법에 대하여 분명히 알고서 어둡거나 무딤이 없는 성품[無闇鈍性]을 앞에 나타냄이니, 이것에 의하여 말하되, '잊지 않게 한다'고 말한다. 이 착한 법에 대하여 이미 앞에 나타날 수 있게 하고서 자주자주 닦아 익히고 원만함을 이룩하여 마지막이 됨이니, 이것에 의하여 말하되, '수행으로 하여금 원만하게 한다'고 한다"라고 하였다. 본경에서는 생략하여 단지 '더욱 증대하려고'라고만 하였지만 또한 유가론에서는 '머물러 두어 분명히 알게 한다' 하고, '원만하게 한다'고 말하였다. 혜원법사도, "이미 생긴 것을 가 버리게 두었는데 어떻게 숭상해야 할까? 이것도 저 이미 생긴 종자의 부류와 미래에 생길 것을 숭상해서 하여금 이어져 일어나게 해야 한다"고 해석하였다. 위에서 원만하다고 한 것은 이미 생긴 종자의 부류를 가리킨다.

㈢ 또 다른 명칭을 밝히다[辨異名] (亦名 41上8)

[疏] 亦名四正斷이라 後二는 是修어늘 而言斷者는 善은 是斷處오 正修斷者는 斷懈怠故라 故로 瑜伽에 云, 一은 律儀斷이오 二者는 斷斷이오 三은 修習斷이오 四는 防護斷이라하니라

■ 또 네 가지로 바르게 끊음[四正斷]이라 한다. 뒤의 둘[(3) 隨護斷 (4) 修斷]은 수행인데 '끊는다'고 말한 것은 선함은 끊음의 의지처요, 본격적인 수행으로 끊는 것은 게으름을 끊는 것이다. 그러므로 『유가사지론』에 이르되, "(1) 율의단(律儀斷)이요, (2) 단단(斷斷)이요, (3) 수습단(修習斷)이요, (4) 방호단(防護斷)이다"라고 하였다.

[鈔] 亦名四正斷下는 第二, 辨異名이라 於中에 五니 初, 正明이오 次, 後二是修下는 別難이오 三, 善是斷處下는 總釋이오 四, 斷者下는 略示所斷이오 五, 故瑜伽下는 引論正證後二是斷이니 以四가 皆名斷故라 一, 律儀斷者는 卽已生惡法을 由於已生惡不善事하야 應修律儀하야 令其斷滅하야 不應忍受니라 二, 斷斷者는 卽未生惡法을 爲欲令彼로 不現行斷이며 爲欲令彼로 不現前斷이니 爲斷故斷일새 名爲斷斷이라하니라 釋曰, 此意는 明斷絶不生이니라 三, 修習斷者는 卽未生善法을 由於善法하야 數數修習하며 先所未得을 能令現前하야 能有所斷일새 故名修習斷이니라 四, 防護斷이니 卽已生一切善法을 由於已得이 已現在前諸善法中하야 遠離放逸하고 修不放逸하야 能令善法으로 住不忘失하고 修習圓滿하며 防護已生所有善法하야 能有所斷을 名防護斷107)이라하니라 釋曰, 上疏에 云善是斷處니 正修斷者는 斷懈怠故가 卽斯意也니 由修習하야 爲能斷故라 然이나 瑜伽初釋에는 先明未生惡이 與今經次同이오 而說四斷에 卽先明已生惡하고 不正釋所以하고 而下結에 云,108) 復云何知此中略義요 謂爲顯示於黑白品인 捨取事中에 增上意樂圓滿과 及加行圓滿이니 是故로 宣說

---

107) 인용문은 『瑜伽師地論』 제29권 聲聞地 제13의 ② 瑜伽處의 내용이다. (대정장 권30 p.443a21-)
108) 대정장 권30 p.443 b7- .
109) 明下에 南續金本有是字.

四種正斷이라하니라 釋日, 意明¹⁰⁹⁾二惡二善을 各以前義로 爲增上意樂하고 後義로 爲加行圓滿이라 已生惡을 令斷이 是意樂오 未生을 不生이 卽是圓滿이라 故로 先辨已生하니 此約修行之時라 前據說時에 先明未生하고 後辨已生은 謂爲物說時니 應云하면 若未生惡을 莫令生하고 已生者를 卽須斷除오 若修行時에는 爾時에 有惡을 卽須斷除하야 莫令復生故라 遠公이 亦云, 惡中에 先說未生者는 此約說時요 非行時也며 善中에 先明未生者는 善非本有요 習之方起니 是以로 先起未生故라하며 釋中에 又云호대 亦可已生은 是其先成無明住地니 細故로 後除요 未生은 是其四住現惑이니 麤故로 先斷이라하니라

● 三 亦名四正斷 아래는 또 다른 명칭을 밝힘이다. 그중에 다섯이니 ① 바로 밝힘이요, ② 後二是修 아래는 따로 힐난함이요, ③ 善是斷處 아래는 총합적인 해석이요, ④ 斷者 아래는 끊을 대상을 대략 보임이요, ⑤ 故瑜伽 아래는 논서를 인용하여 뒤의 둘도 끊음인 걸 바로 증명함이니, 네 가지에 모두 끊는다고 이름한 까닭이다. 『유가사지론』에 이르되, "(1) 율의단(律儀斷)이란, 이미 생긴 악한 법과 이미 생긴 악하고 선하지 않은 일로 인해서 계율과 위의를 닦아서 그로 하여금 끊어서 없어지게 하여야 함으로 인해 참고 받지 않아야 한다. (2) 단단(斷斷)이란, 아직 생기지 않은 악한 법을 저로 하여금 나타나 행하지 않게 하며, 저로 하여금 나타나지 않은 것을 끊으려 하나니, 끊어지게 하기 위하여 끊는 것이므로 단단(斷斷)이라고 한다"라고 하였다. 해석하자면 이 의미는 끊어서 생겨나지 않게 함을 밝힌 내용이다. (3) 수습단(修習斷)이란, 아직 생기지 않은 온갖 선한 법과 선한 법을 자주 닦고 자주 익힘으로써 먼저 아직까지 얻지 못한 바를 앞에 나타나게 하고, 능히 끊을 대상이 있게 하는 까닭에 수단(修斷)이

라고 한다. (4) 방호단(防護斷)이란, 이미 생긴 온갖 선한 법에 대하여 이미 얻었고 이미 앞에 나타나 있는 선한 일들 안에서 방일을 멀리 여의고, 방일하지 않은 행법을 닦아서 선한 법을 머물게 하고, 잊지 않게 하여 닦고 익힘을 원만하게 하며, 이미 생긴 온갖 선한 법을 막고 보호하여 끊을 바가 있기 때문에 방호단(防護斷)이라고 한다"라고 하였다. 해석하자면 위의 소문에서 '선함은 끊음의 의지처요, 본격적인 수행으로 끊는 것은 게으름을 끊는 것'이라 한 것이 바로 이런 뜻이다. 닦고 익힘으로 인해 능히 끊을 수 있기 때문이다. 그러나『유가론』의 첫 부분의 해석에는 먼저 생기지 않은 악법이 본경과 순서가 같음을 밝힘이요, 사정단(四正斷)을 설명할 적에 먼저 이미 생긴 악법을 먼저 설명하고 바로 해석하지 않은 까닭이다. 그러나 아래 결론에 이르기를 "다시 어떻게 이 중의 간략한 의미를 알리오. 말하자면 검고 흰 품류의 버리고 취하는 일 가운데서 뛰어난 의요의 원만함[增上意樂圓滿]과 가행도의 원만함[加行圓滿]을 나타내 보이기 위하여 그 때문에 네 가지의 바르게 끊음을 널리 펴 말하였다." 해석하자면 의미로는 두 가지 악과 두 가지 선을 각기 앞의 의미로 뛰어난 의요로 삼고 뒤의 의미로 가행도의 원만함으로 삼았다. 이미 생긴 악을 끊게 하는 것이 의요이고, 아직 생기지 않았거나 생기지 못하는 것을 원만함이라 한다. 그러므로 먼저 이미 생긴 것을 먼저 밝혔으니 이것은 수행할 시절에 의지해 밝힌 부분이다. 앞에서 설명할 때에 먼저 아직 생기지 않은 것을 밝히고 이미 생긴 것을 나중에 밝힌 것은 '중생을 위해 설명할 때'라는 뜻이다. 바르게 말하면 생기지 않은 악을 생기지 않게 하고 이미 생긴 것을 끊어 없애려 하고, 만일 수행할 때에는 그때에 악이 있으면 모름지기 끊어 없애어 다시 생겨나지 않도록 하는 까닭이다. 혜원법사도 또한 이르되 "악법에서 먼저 아직 생기지 않은 것을 말한 이유는 설법할 때에 의지한 것이지 수행할 때에 의지한 것이 아니며, 선법에서 아직 생기지 않은 것을 먼저 설명한 이유는 선법은 본래 있던 것이 아니요, 익혀서 바야흐로 일으키는 것이니, 이런 까닭에 먼저 아직 생기지 않은 것을 밝힌 것이다"라고 하였다. 해석에서는 또 이르기를 "또한 이미 생긴 것은 그 먼저 무명주지를 이루나니 미세한 연고로 나중에 제거하고, 아직 생기지 않은 것은 네 가지 주지[四住地, 무명주지를 제외한 나머지 네 가지 住地]로 나타난 미혹이니 거친 연고로 먼저 끊게 된다"라고 하였다.

㈢ 통함과 국한함을 구분하다[揀通局] 2.
① 국한함에 대해 설명하다[明局] (然其 42下5)
② 통함에 대해 설명하다[明通] (約大)

[疏] 然其善惡이 有通有別하니 別正取前念處觀中의 懈怠五蓋等하야 以爲不善이오 其能對治는 爲所生善이라 約大乘說인대 勤觀法性이니 除實相之外에는 皆名爲惡이니라
- 그런데 선과 악이 통함도 있고 차별됨도 있으니 앞의 념처의 관법 중에 게으름과 오개(五蓋) 따위를 바르게 취해서 선하지 않음으로 삼았고, 그 다스림의 주체는 생겨날 대상인 선법이 된다고 구별하였다. 대승에 의지해 설명한다면 부지런히 법성을 관하나니 실상을 제외한 나머지는 모두 악이라 이름한다.

[鈔] 然其善惡下는 三, 揀通局이라 疏文有二하니 先은 明於局[110]이오 後,

約大乘下는 辨通이라 此門에 兼揀權實이나 疏唯顯實이라 然이나 瑜伽에 云,[111] 云何名惡不善法고 謂欲塵[112]染汚와 身語意惡行所攝과 及能起彼所有煩惱니라 云何名爲一切善法고 謂若彼對治와 若善[113]對治와 若結對治라하니라 釋曰, 此卽疏文中의 別者가 是也니라 論下에 廣說惡不善相이나 大意가 不出前也니라

約大乘下는 此言辨通이니 此應有二하니 一은 通一切事惡이오 二는 約理說이니 如今疏文이라 唯實相이 爲善이오 餘皆爲惡이니 則取善相이라도 亦名爲惡이니 斯則實敎의 修正斷意라 亦應言若有可斷인대 不名眞斷이라 無斷斷者는 則無所不斷이오 無勤之勤이라야 方名爲勤이라 故로 法句經에 云, 若起諸精進하면 是妄非精進이오 若能無有妄하면 精進無有涯라하니라

● ㊂ 然記善惡 아래는 통함과 국한함을 구분함이다. 소의 문장에 둘이 있으니 ① 국한함에 대해 설명함이요, ② 約大乘 아래는 통함에 대해 설명함이다. 여기서 방편과 실법으로 구분하였지만 소가는 오직 실법만 밝혔다. 그러나 『유가사지론』에 이르되, "무엇을 악하고 선하지 않은 법이라 하는가 하면, 욕전(欲纏)에 물들고 더러워진 몸과 말과 뜻의 업을 가리킨다. 이 몸과 말과 뜻의 악한 행에 속하는 것과 일으킬 수 있는 온갖 번뇌이다. 무엇을 온갖 선한 법이라고 하는가 하면, 저것의 다스림[彼對治]이거나 덮개의 다스림[蓋對治]이거나 번뇌의 다스림[結對治]이 그것이다"라고 하였다. 해석하자면 이것은 소의 문장 중에 별상으로 밝힌 부분이다. 『유가론』에는 아래에서 악하

---

110) 於局은 南續金本作局也.
111) 대장장 권30 p. 442b2- .
112) 塵은 瑜伽論作纏.
113) 善對治의 善은 瑜伽論에 蓋, 雜華記同.

고 선하지 않은 법의 모양을 자세히 설명했지만 대략의 의미는 앞과 다름이 없다.

② 約大乘 아래는 통함에 대해 설명함이니 여기에 둘이 있다. ㉮ 온갖 일의 악에 통함이요, ㉯ 이치에 의지해 설명함이니 지금의 소의 문장과 같다. 오로지 실상만이 선법이요, 나머지는 모두 악법이다. 다시 말하면 선한 모양을 취하더라도 또한 악일 것이니 이것은 대승실교에서 사정단을 수행하는 의미이다. 또한 만일 끊을 수 있다면 참된 끊음이라 하지 못한다고 말해야 한다. '끊어야 할 것을 끊음이 없다'는 것은 끊지 못할 것이 없음이요, 부지런함 없는 부지런함이라야 비로소 부지런함이라 할 수 있으므로 『법구경』에서는, "만일 모든 정진을 일으키면 이것은 거짓이요 정진이 아니며, 만일 거짓이 없게 한다면 정진 아닌 것이 없다"라고 하였다.

(d) 경문 해석[釋文] 3.
㊀ 첫째 부지런함을 해석하다[釋初勤] (就一 43上9)
㊁ 나머지 셋과 유례하다[例餘三] (餘三)

[疏] 就一一勤中하야 文皆有四하니 今初는 一, 未生不善法은 此舉所緣이오 二, 爲不生故로 明修觀意요 三, 欲生者는 起希願心이니 是修習依止니 卽增上意樂圓滿이오 四, 勤精進下는 正顯修習이니 卽加行圓滿이라 勤精進者는 常自策勵오 發心正斷者는 謂策心持心이니라 餘三處文은 例此可知니라

■ 낱낱의 부지런함에 입각하면 소의 문장이 넷이 있으니 지금은 ㊀ 부지런함에서 (1) 생기지 않은 선하지 않은 법은 반연할 대상을 거론함

이요, (2) 생기지 않았으므로 관법을 닦는다는 의미를 밝혔고, (3) 생겨나게 한다는 것은 희망하고 바라는 마음을 일으키나니, 이것이 수습이 의지하는 삼매이니 곧 뛰어난 의요가 원만함이요, (4) 勤精進 아래는 바로 수습에 대해 밝힘이니 곧 가행도가 원만함이다. '부지런히 정진한다'는 것은 항상 스스로 채찍질하여 힘씀이요, '부지런함을 내어 바르게 끊는다'는 것은 마음을 다잡고 마음을 지닌다는 뜻이다. 나머지 세 가지 부지런함에 대한 문장은 여기에 유례하면 알 수 있으리라.

[鈔] 就一一者는 釋文이라 文中에 三이니 初, 釋初勤이오 次, 餘三下는 例餘三이라 若二惡下는 示其果相이라 初中에 疏節經文하야 以爲四節이니 初一은 所緣이오 後二는 修習이오 第三은 修果니 前已出體라 助伴一種은 念處에 總明이니 五門이 具矣니라 雜集論에 云,[114] 正斷修習者는 如經所說하야 欲生策勵하야 發起正勤하야 策心持心이니 此中諸句는 顯修正勤과 及所依止니 所依止者는 謂欲樂이 爲先하야 發精進故니 故로 疏云發希願心이니 希願이 卽欲이니라 四勤精進下는 卽雜集에 云, 正勤者는 謂策勵等이니 於止擧捨相作意等中에 若由止等相作意하야 不顧戀所緣境하고 純修對治하면 爾時에 名策勵라하니 卽勤精進字니라

發心正斷者는 謂若沉沒인 隨煩惱가 生時니 爲欲損減彼故로 以淨妙等作意로 策練其心이오 若掉擧인 隨煩惱가 生時니 卽以內證略攝門으로 制持其心이니 爾時에 名爲發起正勤이라하니라 而疏云增上意樂加行圓滿者는 卽瑜伽文이니라 故로 彼論에 結云호대 當知此中에

---

114) 인용문은 『阿毘達磨雜集論』 제10권 決擇分別諦品 제1의 ⑤의 내용이다. (대정장 권29 p. 739c8-)

由欲故로 增上意樂가 圓滿이오 由自策勵하야 發勤・精進・策心・持心故로 加行이 圓滿이라 彼[115]瑜伽師가 云호대 唯有如是正所應作事니 謂爲斷滅所應斷事와 及爲獲得所應得事하야 先當起希願樂等이라하니 細尋上二論文하면 疏文은 易了니라

- (d) 就一一이란 경문 해석이다. 그중에 셋이 있으니 ㉠ 부지런함을 해석함이요, ㉡ 次餘三 아래는 나머지 셋과 유례함이다. ㉢ 若二惡 아래는 그 결과의 모양을 보임이다. ㉠ 중에 소에서 경문을 나누어 네 구절로 삼았으니 ① 한 구절은 반연할 대상이요, ② 뒤의 두 구절은 닦고 익힘이요, ③ 닦은 결과이니 앞에서 이미 체성을 드러내었다. (3) 돕는 반려[116] 한 종류는 a) 사념처에서 총합적으로 밝힌 내용이니 다섯 부문이 구비되어 있다.『잡집론』에 이르되 "정단의 수습이란 계경에서 말씀하신 대로 욕(欲)・책(策)・려(勵)의 수습이 생겨나 바로 정근을 일으키되 마음을 경책하여 지키는 것을 가리킨다. 여기까지 모든 구절은 수의 정근과 그 의지처를 드러낸 것이다. '의지하는 처소'란 기꺼이 하고자 하는 것이니, 정진을 미리 드러내기 위한 까닭이다"라고 하였다. 그래서 소에서 "희망하고 서원하는 마음을 낸다"고 하였으니 희망하고 서원함이 곧 욕구이다. 四勤精進 아래는『잡집론』에 이르되 "정근이란 책(策)・려(勵) 따위의 수습을 말하는 것이니 지(止) 따위의 모양으로 인하여 작의하되 그 반연할 대상을 반연하지 않고 순수하게 그 다스림을 수습하는 것이니, 이러한 때를 책(策)과 려(勵)라 이름하게 된다"라 하였으니 곧 근정진(勤精進)을 해석한 내용이다. 발심정단(發心正斷)이란 "만일 혼침의 수번뇌가 생겨나는 때에

---

115) 彼는 論作修, 南續金本無.
116) 앞의 내용을 따온 부분이다.(雜集 23上10) (1) 所緣 (2) 自體 (3) 助伴 (4) 修習 (5) 修果 중의 (3)을 가리킨다.(譯者註)

그러한 것을 줄이기 위해서 청정하다거나 묘하다는 작의로써 그 마음을 가다듬는 것이다. 만일 도거의 수번뇌가 생겨날 때에는 즉시 약섭문(略攝門)을 증득함으로써 그 마음을 조절하는 것이니, 이러한 때를 '정근을 일으킨다'고 이름한다"라고 하였다. 그러나 소에서 '뛰어난 의요와 개행도가 원만하다'고 말한 것은 곧 『유가사지론』의 문장이다. 그러므로 저 논에 결론하되, "이 가운데 욕구를 냄으로 인해 뛰어난 의요가 원만하고 스스로가 채찍질하여 힘쓰고 부지런함을 내어 힘써 나아가며 마음을 다잡고 마음을 지님으로 인해 가행도가 원만한 줄 알아야 한다. 요가를 닦는 스승은 유독 그러한 꼭 해야 할 일이 있나니, 말하자면 끊어야 할 바의 일을 끊어 없애기 위해서와 얻어야 할 바의 일을 얻게 하기 위하여 먼저 희망과 소원으로 즐겨 욕구를 일으키는 따위이다"라고 하였다. 위의 두 논서를 자세히 살펴보면 소의 문장의 뜻을 쉽게 알 것이다.

㈢ 그 결과의 모양을 보이다[示其果] (若二 44下1)

[疏] 若二惡을 不生棄捨하며 二善을 得生增廣하면 是는 正勤果니라
■ 만일 두 가지 악을 버리려 하는 마음을 내며, 두 가지 선을 얻어서 늘리려고 하는 마음을 낸다면 이것은 사정근(四正勤)의 결과가 된다.

[鈔] 若二惡下는 三은 顯果中에 巳[117)]生未生之惡을 棄捨已生惡이오 已生未生之善을 增廣已生善이라 雜集論에 云,[118)] 正斷果者는 謂盡棄

---

117) 已는 當作不.(『三家本私記』雜花記 p.167-)
118) 인용문은『阿毘達磨雜集論』제10권 決擇分別諸品 제1의 내용이다. 論云, "正斷修果者, 謂盡棄捨一切所治. 於能對治若得若增, 是名修果. 初二正斷盡捨一切所治. 如其所應. 斷捨一切已生未生惡不善法故. 第三正斷得能對治能生未生諸善法故. 第四正斷增能對治. 已生善法令增廣故."(대정장 권31 p.739c19-)

捨一切所治니 於能治中에 若得若增을 是名修果라하니라
- ㊂ 若二惡 아래는 결과를 밝힘 중에 생기지 않았거나 미처 생기지 않은 악에서 이미 생긴 악을 버리고, 이미 생겼거나 아직 생기지 않은 선에서 이미 생긴 선을 늘린다. 『잡집론』에 이르되 "사정단의 결과는 모든 다스릴 대상을 남김없이 버리는 것이니 저 다스리는 주체[能對治]에서 혹 성취하거나 증가하는 것을 '수행의 과보'라고 이름한다"라고 하였다.

c) 신통을 이끌어 내는 것은 네 가지 신통한 선정이다
[引發神通道謂四神足] 2.

(a) 통틀어 구분하다[通料揀] 5.
㊀ 오게 된 뜻[來意] (第三 44下6)
㊁ 명칭 해석[釋名] (神卽)

[疏] 第三, 四神足者는 以勤過散亂에 智火가 微弱일새 故須定制니 則所欲이 自在니라 神은 卽神通이오 足은 卽是定이라 瑜伽에 云,[119] 如有足者가 能往能還[120]하야 騰躍勇健하야 能得能證世間勝法이라 世殊勝法을 說名爲神이니 彼能到此일새 故名神足이라하니 此는 擧喩也라 由出世法이 最勝自在일새 是最勝神을 欲等四定이 能證此故로 名爲

---

119) 인용문은 『瑜伽師地論』제29권 聲聞地 제13의 내용이다. 論云, "問何因緣故說名神足. 答如有足者能往能還騰躍勇健能得能證世間所有殊勝之法. 世殊勝法說名神. 彼能到此故名神足. 如是若有如是諸法有三摩地圓滿成辦. 彼心如是清淨鮮白無諸瑕穢. 離隨煩惱安住正直. 有所堪能獲得不動能往能還騰躍勇健. 能得能證出世間法. 由出世法最勝自在. 是最勝神彼能證此故名神足. 彼由如是勝三摩地爲所依持. 勝三摩地爲所依止. 能修習增上心學增上慧學所有瑜伽. 由進修習此瑜伽故. 於他大師弟子所證. 深生勝解深生淨信. 此清淨信增上義故說名信根."(대정장 권30 p.444a29-)
120) 還下에 南續金本有以字, 論原本無.

神足이라하니라 亦名如意足이니 所欲이 如心故니라

■ c) 네 가지 신통한 선정[121]이란 정근이 지나쳐 산란해지면 지혜의 불이 미약해지므로 선정을 구하여 제어하면 욕구한 바가 자유스러워진다는 뜻이다. 신(神)은 곧 신통을, 족(足)은 선정을 말한다.『유가사지론』에 이르되, "(묻는다. '무슨 인연 때문에 신족(神足)이라고 말하는가?' 대답한다.) 발이 있으면 갈 수도 있고 돌아올 수도 있고 날뛰며 씩씩하고 건강한지라, 세간의 온갖 뛰어난 법을 얻을 수도 있고 증득할 수도 있으며, 세간의 뛰어난 법을 말하여 신(神)이라고 하나니, 그는 여기에 이를 수 있기 때문에 신족(神足)이라고 한다"라고 하였다. 이것은 비유를 거론한 내용이다. "출세간법의 가장 뛰어나고 자재함[最勝自在]으로 말미암아서이다. 이것이 가장 뛰어나는 신(神)이니, 욕구 등 네 가지 선정이 이것을 증득할 수 있기 때문에 신족(神足)이라고 한다"라고 하였다. 또한 마음대로 충족함[如意足]이라 하나니 욕구하는 바를 마음대로 하는 까닭이다.

[鈔] 第三四神足이라 文前에 有五하니 一, 來意요 二, 神卽神通下는 釋名也라 引論中에 二니 先, 喩요 後, 由出世下는 合이라 三, 神足下는 辨所緣이요 四, 神足下는 出體오

● c) 네 가지 신통한 선정이다. 경문 해석 앞에 다섯이 있으니 ㊀ 오게 된 뜻이요, ㊁ 神卽神通 아래는 명칭 해석이다. 논문을 인용함에 둘이니 ① 비유로 밝힘이요, ② 由出世 아래는 비유와 합함이다. ㊂ 神足 아

---

121) 四神足: 또는 四如意足이라고도 한다. 如意足은 ṛddhipāda의 번역이다. 37가지 道品의 세 번째로 四善根位의 頂位에서 닦는다. 곧 ① 欲여의족 ② 精進여의족 ③ 心여의족(念여의족) ④ 思惟여의족(慧여의족)의 네 가지. 이것은 각기 서원과 노력과 心念과 觀慧의 힘에 의하여 일어난 定으로, 그 定을 所依로 해서 여러 가지의 神變을 나타냄으로 이것을 四如意足이라고 한다. (불교학대사전 p.679- 674-) *그 신변이란 徹視 徹聽 知他人心 飛行 등의 네 가지를 말한다.

래는 반연할 대상을 밝힘이요, ㈣ 神足 아래는 체성을 드러냄이다.

㈢ 반연할 대상[所緣] (神足)
㈣ 체성을 드러내다[出體] (神足)

[疏] 神足所緣은 卽種種變事요 神足自體는 卽三摩地요
- 사신족의 반연할 대상은 갖가지 변화하는 일이요, 사신족의 자체는 삼마지(三摩地)이고

㈤ 돕는 반려[助伴] 2.
① 표방하여 해석하다[標釋] (欲勤 45上6)

[疏] 欲과 勤과 心과 觀은 皆是助伴이라 欲은 謂猛利樂欲이요 勤은 謂精進無間이요 心은 卽是定이니 謂專心守境이오 觀은 卽是慧니 由聞敎法하야 內自揀擇이라 由欲增上力하야 證心一境性이니 名爲欲定이라 餘三도 亦然이라 勤觀心性을 名爲上定[122]이니 皆從加行受名이니라
- 욕구와 정진과 마음과 관법은 모두 돕는 반려이다. 욕(欲)은 맹렬하게 즐겨 욕구함을 말하고, 근(勤)이란 간단없는 정진을 뜻하고, 마음이란 바로 선정을 뜻한다. 말하자면 오로지하는 마음으로 경계를 수호함이요, 관법이란 곧 슬기이니 교법을 들음으로 인해 마음속으로 스스로 간택함이다. 욕구의 뛰어난 힘으로 인해 '마음을 하나의 경계로 만드는 성품[心一境性]'을 증득하나니 이름하여 욕구의 선정이라 한다. 나머지 셋도 마찬가지이다. 부지런하게 마음의 성품을 관

---

122) 上定은 遺忘記作勤定 勤字在上故 云上定也.『三家本私記』遺忘記 p. 216-)

하는 것을 '훌륭한 선정'이라 이름하나니 모두 가행도에서 받은 이름이다.

[鈔] 五, 欲勤心下는 明助伴이니 卽是辨相이라 於中有二하니 一, 標釋이요 二, 出因이라 今初니 但[123)]標四助者는 謂由此四가 親能助故라 若通明助伴인대 已見念處之初니라 釋中에 言欲者는 瑜伽意에 云,[124)] 謂能生樂欲이니 於諸不善自性因緣에 過患을 對治하야 審正思察하야 起心一境念하며 於諸善法自性因緣에 功能出離를 審正思察하야 住一境念하나니 卽由如是多修習故로 觸一境性하야 能害現行일새 故名欲定이라하니라

勤謂精勤無間者는 意云, 自策自勵하야 發勤精進하야 以斷二惡하고 修二善故라하니라 心卽是定者는 謂心專守護를 卽名爲心이요 此是加行으로 得心一境性일새 故名爲定이니라 雜集에 云,[125)] 心三摩地者는 謂由先修定力하야 觸心一境性이니 所以者何오 由於前生에 數修定力하야 令彼種子로 功能增長하고 由種子力하야 令心任運於三摩地에 隨順轉變이라하나니 由此速證心一境性이라하니라 釋曰, 此明由昔種子하야 其心이 任運趣定이니 卽是加行이라 亦有經論에 名爲念定하니 繫意住故로 故能守境이니라

由欲增上力下는 結成定名이라 皆從加行下는 受別名也니 卽以因으

---

123) 上六字는 南金本作也.
124) 인용문은 『瑜伽師地論』 제29권의 내용이다. (대정장 권30 p.443b18-) [만약 이때에 순전히 즐거하려 함[樂欲]을 내고 즐거하려 함을 낸 뒤에는 온갖 나쁘고 착하지 않은 법의 제 성품의 인연[自性因緣]과 허물의 다스림[過患對治]에 대하여 바르고 자세하게 생각하여 살피고, 한결같은 경계라는 생각[一境念]을 일으켜 모든 착한 법의 제 성품과 인연과 공덕과 벗어남에 있어서 바르고 자세하게 생각하여 살피고 한결같은 경계라는 생각에 머무른다. 곧 이와 같이 많이 뛰고 익힘으로 말미암아 한 경계인 성품에 접촉하여 온갖 나쁘고 착하지 않은 법으로 나타나 행하여지는 모든 얽매임[纏]에 대하여 멀리 여의게 할 수 있으면서도 아직은 영원히 번뇌의 隨眠을 해치지는 못하였나니, 이것을 욕구의 왕성한 힘으로 얻게 되는 三摩地라고 한다.]
125) 인용문은 『阿毘達磨雜集論』 제10권 決擇分別諦品 제1의 내용이다. (대정장 권31 p.739c-)

로 名果라 若四皆名定인대 則因從果稱이니라

- ㊄ 欲勤心 아래는 돕는 반려를 밝힘이니 모양을 밝힘이다. 그중에 둘이 있으니 ① 표방하여 해석함이요, ② 원인을 내보임이다. 지금은 ①이니 단지 네 가지 돕는 반려만 표방한 것은 이 네 가지가 직접 도와주기 때문이다. 만일 통틀어 돕는 반려를 밝힌다면 이미 사념처의 첫 부분에서 보았다. 해석한 중에 '욕구'라고 말한 것은 『유가론』의 의미로 말하면 " 순전히 즐겨 욕구함[樂欲]을 내고 (즐겨 욕구함을 낸 뒤에는) 온갖 나쁘고 선하지 않은 법의 제 성품의 인연[自性因緣]과 허물의 다스림[過患對治]에 대하여 바르고 자세하게 생각하여 살피고, 한결같은 경계라는 생각[一境念]을 일으켜 모든 선한 법의 제 성품과 인연과 공덕과 벗어남에 있어서 바르고 자세하게 생각하여 살피고 한결같은 경계라는 생각에 머문다. 곧 이와 같이 많이 닦고 익힘으로 말미암아 한 경계인 성품에 접촉하여 온갖 나쁘고 선하지 않은 법으로 현행을 해치지는 못하나니, 이것을 욕구의 삼마지[欲定]라고 한다"고 하였다.

'근(勤)이란 간단없는 정진을 뜻한다'고 말한 것은 유가론의 의미로 말하면 "(그 이미 생긴 것은 끊어 없애기 위하여) 스스로가 채찍질하고 스스로가 힘쓰고 부지런함을 내어 정진하여 두 가지 악을 끊고 두 가지 선을 닦기 때문이다"라고 하였다. '마음은 곧 선정이다'라고 한 것은 말하자면 마음을 오로지 한결같이 수호하는 것을 마음이라 말한 것이요, 이것은 가행도로 마음이 한결같은 경계의 체성을 얻는 것이므로 선정이라 이름한다. 『잡집론』에 이르되, "예전에 닦았던 삼마지의 유력(有力)에 연유해서 촉발해 증득하는 심일경성이다. 왜냐하면 전생에 여러 번 선정을 닦았던 세력으로 인하여 그와 같은 종자의 공능이 자라게 하는 것이니, 그 종자의 세력에 연유해서 마음을 삼마지에 수반되는 전변에 자유로이 운행하게 하는 것을 말한다. 이와 같은 것에 연유해서 심일경성(心一境性)을 속히 증득하게 된다"고 말하였다. 해석하자면 이것은 예전의 종자로 인해 그 마음이 마음대로 선정으로 취향하는 것이니 곧 가행도이다. 또한 경문과 논서에 생각의 삼마지라 이름하나니, 생각을 묶어서 머무는 까닭에 능히 경계를 수호하기 때문이다.

由欲增上力 아래는 선정의 명칭을 결론함이다. 皆從加行 아래는 또 다른 명칭을 받은 것이니 곧 원인으로 결과를 이름한 내용이다. 만일 넷이 모두 선정이라면 원인은 결과로부터 칭한 것이 된다.

② 원인을 내보이다[出因] (此四 46上6)

[疏] 此四加行이 即前正勤中에 欲生勤精進發心正斷等이니 以發心中에 持心能生心定이나 持太擧故며 策心이 能生觀定이나 策太沈故로 是以로 隨一念處하야 有四正勤하고 隨一正勤하야 有四神足이니라

■ 이 네 가지 가행도가 곧 앞의 사정근 가운데 '욕구를 내어 부지런히 정진하여 마음을 내어 바로 행한다'는 따위이다. 마음을 내는 중에 마음을 가지고 능히 마음의 삼마지를 내었지만 가지는 것을 크게 거론한 까닭이며, 채찍질하는 마음이 능히 관하는 삼마지를 생기게 했지만 채찍질함이 크게 부진하다. 이런 까닭에 한 가지 념처를 따라 네 가지 정근이 있게 되고, 하나의 정근을 따라 네 가지 신족이 있게 된다.

[鈔] 此四加行下는 二, 彰其所因이니 因前正勤生故라 故로 前에 云欲生이라하고 此名欲定이라하며 前云勤精進이라하고 此爲勤定이라하니 前發心中에 開出策心과 持心일새 故有心觀二定이니라
- ② 此四加行 아래는 원인을 내보임이니 앞의 사정근이 생김을 말미암았기 때문이다. 그래서 앞에서는 '생기려 한다'고 말하고 여기서는 '욕구의 삼마지의 힘으로'라고 말했으며, 앞에서는 '부지런히 정진한다'고 말하고 여기서는 '정진하는 삼마지의 힘으로'라고 하였으니, 앞의 마음을 낸 중에 채찍질하는 마음과 가지는 마음을 낸 것이다. 그래서 마음과 관함의 두 가지 삼마지가 있는 것이다.

(b) 바로 경문을 해석하다[正釋文] 2.

㊀ 총합하여 과목 나누다[總科] (文中 46下6)
㊁ 개별로 해석하다[別釋] 2.
① 따로 욕구의 삼마지를 설명하다[別明欲定] 3.
㉮ 첫 구절을 해석하다[釋初句] (今初)

復次此菩薩이 修行欲定에 斷行하여 成就神足하여 依止厭하며 依止離하며 依止滅하며 廻向於捨하니라
"또 이 보살은 하려는 정력[欲定]으로 끊는 행을 수행하여 신족통을 성취하고, 싫어함을 의지하며 떠남을 의지하며 멸함을 의지하여 버리는 데로 돌려 향하느니라.

[疏] 文中에 先, 別明欲定이오 後, 修行精進下는 通顯餘三이라 今初에 言

修行欲定者는 標擧所修助伴自體요
- (b) 경문 해석 중에 ① 따로 욕구의 삼마지를 설명함이요, ② 修行精進 아래는 통틀어 나머지 셋에 대해 설명함이다. 지금 첫 구절에서 '욕구의 삼마지를 수행한다[修行欲定]'고 말한 것은 수행할 대상인 돕는 반려와 자체를 표방하여 거론함이요,

㈏ 끊는 행법을 해석하다[釋斷行] 2.
㉠ 동시에 표방하다[雙標] (斷行 46下6)
㉡ 동시에 묻고 해석하다[雙徵釋] (云何)

[疏] 斷行二字는 總顯修相이니 亦修之果라 云何修相고 此復二種이니 一은 修習欲定이니 能斷現行諸惑纏故요 二는 爲欲永害所有隨眠하야 修八斷行이니 謂欲과 勤과 信과 安과 念과 正知와 思와 及捨라 云何亦果오 若將斷行하야 屬下成就인댄 則斷行成就니 亦神足果니라 次成就神足은 唯是彼果니라

- 단행(斷行)이란 두 글자는 총합하여 수행하는 모양을 밝힌 것이면서 수행한 결과이기도 하다. 어떤 것이 닦는 모양인가? 여기에 다시 두 종류가 있다. 첫째, 욕구의 선정을 닦고 익히는 것이니 능히 현재 행해지는 모든 미혹과 번뇌의 얽힘을 끊을 수 있기 때문이요, 둘째, 영원히 모든 수면을 해치기 위해 여덟 가지 끊는 행법을 닦는다. 말하자면 (1) 욕구와 (2) 부지런함 (3) 믿음 (4) 편안함 (5) 기억함 (6) 바로 앎 (7) 사유함 (8) 평등함이다. 어째서 또한 결과라고 하는가? 만일 끊는 행법을 가져서 아래의 성취함에 섭속한다면 끊는 행법을 성취하는 것이니, 또한 신족의 결과이기도 하다. 다음으로 신족을 성

취함은 오로지 저 (욕구의 삼마지의) 결과일 뿐이다.

[鈔] 標擧所修者는 欲爲助伴이오 定爲自體故니라 斷行等者는 對下依止厭等하야 別明修相이니 故云總明이라 對下成就神足하야 正明於果일새 故云亦修之果니라

修八斷行者는 疏文具足이어니와 瑜伽二十九에 釋欲勤心觀竟하고 云[126]호대 如是修習時에 有八斷行하니 爲欲永害諸隨眠故며 爲令三摩地로 得圓滿故로 差別而轉이니 一은 欲이오 二는 策勵오 三은 信이오 四는 安이오 五는 念이오 六은 正知요 七은 思요 八은 捨라하니라 瑜伽意에 云, 欲은 謂希望樂欲이니 我於何時에 修定圓滿하야 滅惡隨眠이오 二는 策勵니 不捨加行이오 三은 於上所證에 深生信解요 四는 心生歡喜하야 漸除麤重이오 五는 安住其心於奢摩他요 六은 住毘鉢舍那慧品이오 七은 心造所作이 能順止觀이요 八은 三世之中에 心無染汚라하니라 結云, 由二因緣하야 於隨眠에 斷分別了知니 謂由境界不現見思와 及由境界現見捨故라 對文可知니라

雜集도 同此니라 更依彼釋인대 論에 云,[127] 如是八種이 略攝爲四니 一은 加行이오 二는 攝受요 三은 繼[128]屬이오 四는 對治라 一, 加行者는 謂欲精進信이니 欲은 爲精進依요 信은 爲欲因이라 所以者何[129]오 由欲求故며 爲得此義故로 發勤精進이라 如是欲求가 不離於信이니 有體等故라 二, 攝受者는 謂要由此輕安하야 攝益身心故라 三, 繼屬者는 謂正念正知니 由不忘所緣하야 安心一境故라 若有放逸生하

---

126) 대정장 권30 p. 444a3- .
127) 인용문은 『阿毘達磨雜集論』 제10권 決擇分別諦品 제1의 내용이다. (대정장 권31 p. 740a17-)
128) 繼는 原本作斷, 南續金本作繫; 據論 及 下鈔改正.
129) 何下에 南續金本有一字誤.

면 如實了知故로 隨其次第니라 四, 對治者는 謂思捨니 策心과 持心인 二加行力에 已生沉掉을 能遠離故라 又能引發離隨煩惱止等相故라하니 與前九修로 亦大同也니라

- '수행할 대상을 표방하여 거론한다'고 말한 것은 욕구는 돕는 반려요, 삼마지는 자체이기 때문이다. '끊는 행법 등'이란 아래 의지처인 싫어함 따위에 상대하여 따로 수행하는 모양을 밝힘이니 그래서 '총합하여 밝힌다'고 하였다. 아래의 신족을 성취해서 바로 결과를 밝힘에 상대하기 때문에 '또한 수행의 결과'라고 말하였다.

'여덟 가지 끊는 행법을 닦는다'고 말한 것은 소의 문장에 구비하여 밝혔지만 『유가사지론』 제29권에 (사신족의 돕는 반려인) 욕구와 부지런함과 마음과 관법에 대해 해석하고 나서 이르되, "이와 같이 바르게 닦고 익힐 때에 여덟 가지의 결단하는 행[八斷行]이 있나니, 영원히 모든 수면을 해치려 하기 위하여 삼마지의 원만함을 얻기 위하여 서로 다르게 옮아진다. (1) 욕구요, (2) 채찍질과 힘씀이요, (3) 믿음이요, (4) 편안함이요, (5) 기억함이요, (6) 바로 앎이요, (7) 사유함이요, (8) 평등함이다"라고 하였다. 유가론의 의미를 말한다면 (1) 욕구는 희망하고 즐겨하고자 함을 말하나니, 내가 어느 때에 삼마지를 닦음이 원만해져서 악의 수면을 없애는 것이요, (2) 채찍질과 힘씀이란 가행도를 버리지 않음이요, (3) 위에서 증득한 바에 대해 깊은 믿음과 이해를 냄이요, (4) 편안함이니 마음에 기쁨을 내어서 점차로 추중을 제거함이요, (5) 기억함은 그 마음을 사마타에 안주함이요, (6) 바로 앎은 위빠사나의 슬기의 품류에 안주함이요, (7) 사유함은 마음으로 만들어 지은 것이 능히 사마타와 위빠사나에 따름이요, (8) 평등함은 세 시절 가운데 마음에 물드는 바가 없음이라고 하였다. 결론하

여 말하면 두 가지 인연으로 말미암아 수면에 대해 분별하여 아는 것을 끊는다. 말하자면 경계가 나타나 보이지 않음으로 인해 사유함과 경계가 나타나 보임으로 인해 평등함이기 때문이다. 문장과 대조하면 알 수 있으리라.

『잡집론』의 주장도 이와 같다. 다시 저 논경의 해석에 의지한다면 논경에 이르되, "이 같은 여덟 종류를 네 가지로 간략하게 포섭하면 ① 가행(加行) ② 섭수(攝受) ③ 계속(繼屬) ④ 대치(對治)인 것이다. ① 가행(加行)이란 욕구와 정진과 믿음을 말하는 것이니, 욕구는 정진의 의지처가 되고, 믿음은 욕구의 원인이 된다. 왜냐하면 욕구로 인해 이 같은 이치를 얻고자 정진에 힘쓰게 되기 때문이다. 이와 같은 욕구는 믿음을 여의고는 받을 수 없나니, 그 자체가 평등하기 때문이다. ② 섭수(攝受)란 편안함을 말하는 것이니, 이 같은 경안(輕安)으로 인하여 몸과 마음을 거두어 이익되게 하기 때문이다. ③ 계속(繼屬)이란 바른 기억과 바른 앎을 말하나니, 그 반연의 대상을 잊지 않는 것으로 인해 심일경성(心一境性)을 안정시키기 때문이다. 만일 방일이 생겨나더라도, 이를 진실로 깨닫는 까닭에 그 차례에 따르게 된다. ④ 대치(對治)란 평등함[捨]를 사유하는 것이니, 마음을 경책하고 마음을 유지하는 두 가지의 가행하는 힘이다. 이미 생겨난 혼침과 도거 따위에서 멀리 여읠 수 있기 때문이고, 또 수번뇌를 여읜 지(止) 따위의 모양을 이끌어 발할 수 있기 때문이기도 하다"라고 하였다. 앞의 아홉 가지의 수행과도 대략 같은 내용이다.

㉰ 남은 경문에 대한 해석[釋餘文] 2.

㉠ 바로 해석하다[正釋] 2.

ⓐ 닦는 모양을 함께 밝히다[雙辨修相] 2.
㈀ 두 가지 의미를 동시에 표방하다[雙標二意] (後依 48上4)
㈁ 두 가지 의미를 합하여 설명하다[合明二意] (準雜)

[疏] 後, 依止厭下는 復顯修相하야 兼辨所緣이라 準雜集論인대 五根已下에 方緣四諦하야 爲境이오 七覺已下에 方有依止厭等하야 以爲修相이라하니 今經神足은 即緣四諦而修니 謂緣苦修는 必依厭苦오 若緣集修인대 必依離欲이오 若緣滅修인대 必求證滅이오 若緣道修인대 必趣滅苦之行하야 能捨於苦라 緣此境時에 必求修習이니 故云廻向이니라

㈁ 依止厭 아래는 다시 닦는 모양을 밝히고 겸하여 반연할 대상을 분별하였다.『잡집론』에 준한다면 "五根 아래에 비로소 사성제를 반연하여 경계를 삼았고, 七覺 아래에 비로소 싫어함 따위를 의지하여 닦는 모양을 삼는다"고 하였지만, 본경의 사신족은 곧 사성제를 반연하여 닦는 것이다. 말하자면 고(苦)성제를 반연한 수행은 반드시 고통을 싫어함을 의지한 것이요, 만일 집(集)성제를 반연한 수행이라면 반드시 욕구를 여읨을 의지한 것이요, 만일 멸(滅)성제를 반연한 수행이라면 반드시 멸제를 증득하기를 구하는 것이요, 만일 도(道)성제를 반연한 수행이라면 반드시 고통을 멸하는 행법으로 취향하여 능히 고통을 버릴 수 있다. 이런 경계를 반연할 때에 반드시 닦고 익힘을 구하기 때문에 '돌려 향한다'고 말한다.

[鈔] 復顯修相者는 對上斷行에서 總[130]顯修故로 名爲復顯이니 即修習門

---

130) 總은 甲南續金本作兼.

이니라 兼辨所緣者는 緣四諦故니 卽第一所緣也니라 緣此境時者는 雜集之中에 名爲棄捨니 義一[131)]同此니라

- '다시 닦는 모양을 밝힌다'고 말한 것은 위의 끊는 행법에서 총합적으로 닦음에 대해 밝힘을 상대하는 연고로 '다시 밝힌다'고 하였으니, 곧 닦고 익히는 문을 뜻한다. '겸하여 반연할 대상을 분별한다'고 말한 것은 사성제를 반연한 까닭이니 곧 첫째로 반연할 대상이다. '이런 경계를 반연할 때'라 말한 것은 『잡집론』에서는 '버린다'고 하였으니 이치도 한결같이 이와 같다.

ⓑ 네 가지 도에 의지한 해석[約四道釋] (亦是 48下3)

[疏] 亦是加行等四道라
- 또한 이것은 가행도 따위의 네 가지 도이기도 하다.

ⓒ 뒤와 유례하다[例後] (下文 48下3)

[疏] 下文依止厭等은 並同此釋이니라
- 아래 경문의 싫어함 따위를 의지하는 것은 동시에 이런 해석과 같다.

[鈔] 亦是加行等者는 卽遠公意니 此約分位而釋이니 一, 加行道는 爲厭이니 觀過厭背故요 二, 見道는 爲離니 除見惑故요 三, 修道는 爲滅이니 斷修惑故요 四, 無學道는 爲捨니 得[132)]涅槃故라하니라 亦卽雜集

---
131) 一은 金本作亦.
132) 得은 甲南續金本作同.

八斷之中에 攝爲四義니 厭은 卽加行이오 離는 卽攝受니 得輕安故요 滅은 卽繼屬이니 不忘所緣인 心一境故라 廻向於捨는 卽是對治니 捨沉掉故라 何以念處와 正勤에 無此四耶아 得定成就하야사 方有此故니라

- '또한 이것은 가행도 따위'라 말한 것은 혜원법사의 견해이니 이것은 나눈 지위에 의지한 해석이다. "(1) 가행도는 싫어함이 해당되나니, 허물을 관하여 싫어하고 등지는 까닭이요, (2) 견도는 여의는 단계이니 견혹(見惑)을 제거하는 까닭이요, (3) 수도는 없애는 단계이니 수혹(修惑)을 끊기 때문이요, (4) 무학도는 버리는 단계[捨]이니 열반을 얻었기 때문이다"라고 하였다. 또한 『잡집론』의 팔단행(八斷行) 가운데 네 가지 이치로 포섭한 내용이다. 싫어함은 가행도요, 여읨은 섭수함이니 가뿐함[輕安]을 얻은 까닭이요, 없앰은 곧 이어 속함이니 반연할 경계를 잊지 않는 '마음을 하나의 경계로 만드는 성품'인 까닭이다.

'버리는 대로 회향한다'는 것은 다스림의 단계이니 혼침과 도거를 버리기 때문이다. 어째서 사념처와 사정근에는 이런 네 가지가 없는가? 삼마지 얻음을 성취하여야 비로소 이것이 있기 때문이다.

② 나머지 세 가지 삼마지를 통틀어 설명하다[通顯餘三] (修行 48下4)

修行精進定과 心定과 觀定에 斷行하여 成就神足하여 依止厭하며 依止離하며 依止滅하며 廻向於捨니라
정진하는 정력과 마음의 정력과 관하는 정력으로 끊는 행을 수행하여 신족통을 성취하고, 싫어함을 의지하며 떠남

을 의지하며 멸함을 의지하여 버리는 데로 돌려 향하느니라."

d) 현관의 방편이 되는 도는 다섯 가지 근본 행법이다
[現觀方便道所謂五根] 5.

(a) 총합하여 표방하여 거론하다[總標擧] (第四 49上1)
(b) 총합적인 명칭 해석[釋總目] (增上)
(c) 체성을 내보이다[示體性] (五根)

[疏] 第四, 五根의 現觀方便道라 增上을 名根이니 五根自體는 卽信等五라
■ d) 다섯 가지 근본133)은 현전하는 관찰[現觀]134)의 방편도이다. 뛰어

---

133) 五根: 37가지 도품 중의 한 가지로, ① 信 ② 精進 ③ 念 ④ 定 ⑤ 慧의 다섯 가지 無漏根을 말한다. 이들은 번뇌를 누르고 올바른 깨달음의 도에 나가게 하는 데 뛰어난 작용이 있기 때문에 根이라고 한다. (불교학대사전 p.1094-)
134) 現觀이란 '현전에 명료하게 現境을 관찰하는 것'이다. 여섯 가지 현관[六現觀, 유식론의 주장]은 다음과 같다. 제1은 사유의 현관[思現觀]이니, 최상품의 喜受와 상응하는 사유해서 얻는 지혜를 말한다. 이것이 능히 일체법의 공상을 관찰하여 煖位 등을 이끌어 낸다. 가행도 중에서 모든 법을 관찰하는 데 이 작용이 가장 강하므로 그것에 비중을 두어 현관을 건립한다. 煖位 등은 널리 법을 분별할 수 없고, 또한 도리를 깨닫지 못하기 때문에 현관이 아니다. 제2는 믿음의 현관[信現觀]이다. 삼보를 반연하는, 세간과 출세간의 결정적이고 청정한 믿음이다. 이것이 현관을 도와서 퇴전치 않게 하므로 역시 현관이라고 이름한다. 제3은 계율의 현관[戒現觀]이니, 무루의 계율을 말한다. 과계의 더러움을 제거해서 관찰을 더욱 지혜롭게 하므로 역시 현관이라고 이름한다. 제4는 現觀智諦現觀이니, 모든 종류의 非安立諦를 반연하는 근본지와 후득지의 무분별지혜이다. 제5는 現觀邊智諦現觀이니, 現觀智現觀 다음에 모든 安立諦를 반연하는 세간과 출세간의 지혜이다. 제6은 究竟現觀이니, 盡智 등 究竟位의 지혜를 말한다. 이 가운데 뒤의 셋은 현관의 자성이고, 앞의 셋은 現觀俱起의 법이므로 俱舍論의 事現觀과 같다. 이 眞見道에는 제4현관의 일부분[근본지만을]을 포섭한다. 이 相見道에는 그 제4현관과 제5현관의 일부분을 포섭한다. (제4現觀은 後得智만을 취하고, 제5現觀은 修道에 통하기 때문에 일부분이라고 말한다) 그 제2현관과 제3현관은 이것과 함께 일어나기는 하지만, 自性이 아니기 때문에 서로 포섭하지 않는다. 보살이 이 두 가지 견도를 얻은 때에는 如來家에 태어나고, 極喜地에 안주하며, 법계를 잘 통달하며, 모든 평등을 증득하며, 항상 모든 부처님의 큰 집회 중에 태어나고, 여러 백 가지 부문[百門]에 대해서 이미 자재를 얻으며, 스스로 머지않아 대보리를 증득하고, 미래세가 다하도록 모든 유정을 이롭고 안락하게 해야 함을 안다. (역경원 간 한글대장경 『성유식론』 제9권 p.374; 불교학대사전 p.1213-)

난 것을 근본[根]이라 이름하였다. 다섯 가지 근본의 자체는 믿음 따위의 다섯 가지를 가리킨다.

(d) 개별적인 명칭 해석[釋別名] 2.
㊀ 명색과 오근(五根)을 바라보며 해명하다[通望名根] (此五 49上2)
㊁ 뒤를 바라보며 명색으로 삼다[望後爲名] (前四)

[疏] 此五가 通於生起出世間法하야 而爲增上이니 前四는 復能起後하야 得增上名이라 而信爲上首하야 能起餘四니라
■ 이 다섯 가지가 출세간법을 나게 하여 뛰어남으로 삼는 데 통하나니, 앞의 넷[信, 精進, 念, 定]은 다시 뒤를 일으켜서 뛰어난다는 명칭을 얻게 된다. 그런데 믿음이 우두머리가 되어 나머지 넷을 능히 일으킨다.

[鈔] 第四는 五根이라 文前에 有四하니 一은 總標擧니 旣屬忍位일새 忍可諦理하야 修印順定일새 故爲方便이니 亦卽所緣이라 故로 論에 云,[135] 五根所緣境者는 謂四聖諦니 由諦現觀方便所攝하야 作此行故라하니라
二, 增上下는 總釋名이오 三, 五根自體下는 示體性이오 四, 此五通於下는 別釋五得根名이라 此中에 有二하니 先, 明五根通望出世하야 以得根名이오 前四復能下는 後, 明前四復望於後하야 以得根名이라 謂信起後四하고 進起後三하고 念起後二하고 定起後一이라 其最後 慧根은 唯望出世하야 而有增上이니 卽瑜伽意니라
● d) 다섯 가지 근본 행법이다. 경문 해석에 앞서서 넷이 있으니 (a) 총

---

135) 대정장 권31 p.740 b16- .

합하여 표방하여 거론함이다. 이미 인위(忍位)에 속하므로 사성제의 도리를 인정해서 인순정(印順定)을 닦으므로 방편으로 삼았으니 또한 반연할 대상이란 뜻이다. 그러므로 『잡집론』에서는, "오근(五根)이 반연할 대상경계는 사성제(四聖諦)이다. 체(諦)현관의 방편에 섭속되어 이 같은 행법을 이루는 까닭이다"라고 하였다.

(b) 增上 아래는 총합적인 명칭 해석이요, (c) 五根自體 아래는 체성을 내보임이요, (d) 此五通於 아래는 개별로 다섯 가지를 근본이라 이름하게 됨에 대한 해석이다. 이 가운데 둘이 있으니 ㉠ 오근이 출세간과 통틀어 비교하여 근본이란 명칭을 얻음에 대한 설명이요, ㉡ 前四復能 아래는 앞의 넷을 다시 뒤와 비교하여 근본이란 명칭을 얻음에 대한 설명이다. 말하자면 (1) 믿음은 뒤의 넷을 일으키고, (2) 정진은 뒤의 셋을 일으키고, (3) 기억함은 뒤의 둘[(4) 삼마지 (5) 슬기을 일으키고, (4) 삼마지는 뒤의 하나를 일으킨다. 가장 마지막인 (5) 슬기는 오로지 출세간과 비교하여 뛰어남이 있으니 곧 『유가사지론』의 주장이다.

(e) 경문 해석[釋文] 5.
㉠ 총합하여 과목 나누다[總科] (文中 49下5)

復次此菩薩이 修行信根하여 依止厭과 依止離와 依止滅로 廻向於捨하며 修行精進根과 念根과 定根과 慧根하여 依止厭과 依止離과 依止滅로 廻向於捨니라

"또 이 보살은 믿는 근을 수행하되, 싫어함을 의지하여 떠남을 의지하며, 멸함을 의지하여 버리는 데로 회향하느니

라. 정진하는 근과, 생각하는 근과 선정의 근과 지혜의 근을 수행하되, 싫어함을 의지하며 떠남을 의지하며 멸함을 의지하여 버리는 데로 돌려 향하느니라."

[疏] 文中에 先은 別明信根이오 後는 通顯餘四이라 二段中에 各先, 標擧所修요 後, 依止等은 別顯修相이라 下之三科도 例此可知니라
■ (e) 경문 해석에서 앞은 개별로 믿음에 대해 설명함이요, 뒤는 통틀어 나머지 넷에 대해 설명함이다. 두 과목에도 각기 ① 닦는 대상을 표방하여 거론함이요, ② 依止 등은 닦는 모양을 따로 밝힘이다. 아래의 세 과목도 이것과 유례하면 알 수 있으리라.

㈢ 닦는 모양을 밝히다[顯相] (今此 49下7)

[疏] 今此所修는 卽於諦實에 深忍樂欲이오 餘四는 卽於前所信에 策勤而行하야 明記不忘하야 繫緣一境하고 揀擇是非라 餘如前說이니라
■ 지금 여기서 닦을 대상은 곧 사성제의 실법에 대해 깊이 즐거움과 욕구를 인정함이요, 나머지 넷은 곧 앞의 믿을 대상에 대해 채찍질하고 부지런하게 행하여 분명하게 기억하고 잊어버리지 않아 한 경계에 얽매여 반연하고 옳고 그름을 가리는 것이다. 나머지는 앞에 설명한 것과 같다.

[鈔] 文中先別明下는 正釋文이라 於中에 五니 一은 總科오 二는 顯修相이오 三은 通妨이오 四는 示體오 五는 辨果라 初文은 可知로다 今此所修下는 二, 顯修相이니 若通顯修相인대 卽依止厭等이니 故로 下에 總

例에 云餘如前說이니라 今但別示信等之相이니 於中에 二니 先은 釋信이오 後는 例釋餘四라 此文이 稍略하니 雜集論中에는 皆相躡云[136] 호대 精進根者는 旣於諸諦에 生忍可已하고 爲覺悟故로 起精進行修習이오 念根은 於諸諦實에 發精進已하고 起不忘失行修習이오 定根은 於諸諦實에 旣繫念已하고 起心一性行修習이오 慧根은 已於諸諦에 心旣得定하고 起揀擇行修習[137]이라하니라 疏文에 雖略이나 義已備矣니라

● (e) 文中先別明 아래는 경문 해석이다. 그중에 다섯이니 ㉠ 총합하여 과목 나눔이요, ㉡ 닦는 모양을 밝힘이요, ㉢ 비방을 해명함이요, ㉣ 체성을 내보임이요, ㉤ 결과를 밝힘이다. ㉠의 문장은 알 수 있으리라. ㉡ 今此所修 아래는 닦는 모양을 밝힘이다. 만일 통틀어 닦는 모양을 밝힌다면 곧 싫어함 따위에 의지하나니, 그러므로 아래에 총합적으로 유례하여 "나머지는 앞에 설명한 것과 같다"고 하였다. 이 문장은 더욱 생략하였으니『잡집론』에서 모두 서로 토대로 말하되 "정진근(精進根)을 여러 진제에 두고 인가가 생겨나기 때문에, 정진행을 일으켜 수습하게 되는 것이다. 념근(念根)은 모든 진제에 있어서 정진을 시작하여 생각이 일어나는 것을 잡아매어 그 행을 잊어버리지 않게 하는 수습이다. 정근(定根)은 모든 진제에 있어서 이미 생각을 매어 두고서 심일경성(心一境性)을 일으키는 행법의 수습이다. 혜근(慧根)은 모든 진제에 있어서 그 마음이 이미 선정을 얻었기에 간택하는 행을 일으키는 수습이다"라고 하였다. 소의 문장에는 비록 생략하였지만 의미는 이미 구비되었다.

---

136)『대정장』권31 p.740 b21-.
137) 習下에 甲南續金本有斯慧二字, 論原本無.

㈢ 비방을 해명하다[通妨] (然始 50上7)

[疏] 然始入佛法에 卽有信心하고 未有定慧하면 不得名根이니 今由前三科하야 則信不可拔이니라
- 하지만 처음으로 불법에 들어가는데 믿는 마음만 있고 삼마지와 슬기가 없으면 근본이라 이름하지 못하나니, 지금은 앞의 세 과목[a) 사념처 b) 사정근 c) 사신족]으로 인해 믿음은 없애 버릴 수 없는 것이다.

[鈔] 然始入下는 第三, 通妨이니 難云호대 佛法大海에 初信이 能入이어늘 何以至此하야 方立信耶아 通意는 可知니라 今由前三科者는 卽三四也니 故로 瑜伽에 云,[138] 由如是增上心學과 增上慧學인 所有瑜伽故로 於大師와 弟子所證에 深生勝[139]解하고 深生淨信하니 此淸淨信이 增上義故로 說名信根이라하니라 復應問言호대 信由三科하야 信不可拔인대 餘四는 由何하야 復不可拔고 答이라 餘四는 前修하니 至此하야 成根이 於理에 何失고
- ㈢ 然始入 아래는 비방을 해명함이다. 힐난하되, "불법의 큰 바다에 (1) 믿음으로 능히 들어갈 수 있는데 어째서 여기에까지 이르러 비로소 믿음을 세웠는가?" 해명한 의미는 알 수 있으리라. '지금은 앞의 세 과목으로 인해'라고 한 것은 곧 셋이나 네 가지의 행상을 가리키나니, 그러므로 『유가사지론』에서는, "그는 이와 같은 뛰어난 삼마지를 의지하여 지닐 대상[所依持]으로 삼고, 뛰어난 삼마지를 의지하여 머무를 대상[所依止]으로 삼음으로 인하여 잘 나아가서 뛰어난 마음

---

138) 인용문은 『瑜伽師地論』 제29권 聲聞地 제13의 ② 瑜伽處의 내용이다. 論云, "彼由如是勝三摩地爲所依持. 勝三摩地爲所依止. 能進修習增上心學增上慧學所有瑜伽. 由進修習此瑜伽故. 於他大師弟子所證. 深生勝解深生淨信. 此淸淨信增上義故說名信根."(대정장 권30 p. 444b8-)
139) 勝은 甲南續金本作信誤.

의 배움[增上心學]과 뛰어난 지혜의 배움[增上慧學]의 단계에 있는 요오가를 닦고 익힌다. 나아가서, 이 요오가를 닦고 익힘으로 말미암아 다른 큰 스승의 증득하는 바에 대하여 깊이 훌륭한 견해를 내고 깊이 깨끗한 믿음[淨信]을 내나니, 이 깨끗한 믿음은 '뛰어난 이치'이기 때문에 신근(信根)이라고 한다"라고 하였다. 다시 응당히 묻기를 "믿음은 세 과목으로 인해 없애 버릴 수 없는가?" 답한다. "나머지 넷은 앞에서 닦았으므로 여기에 이르러 근본을 이룬 것이니 이치에 무슨 잘못이 되겠는가?"

㈣ 체성을 내보이다[示體] (此中 50下5)

[疏] 此中의 念은 卽念處中念이오 進은 卽正勤이오 定은 則神足이오 慧는 卽緣四諦慧니 前三이 至此하야 總得名根이니라

■ 이 가운데 (3) 기억함은 사념처의 기억이요, (2) 정진은 사정근이요, (4) 삼마지는 사신족이요, (5) 슬기는 사성제를 반연한 슬기이니, 앞의 세 과목이 여기에 이르러 총합적으로 근(根)이라 이름하였다.

[鈔] 此中念者는 四, 別示體性이라 前에 雖總云 卽信等이 爲體나 未知信等이 從何而來일새 故此示之라 念과 進과 定三은 卽前三品이니 爲順三品일새 故先明念이라 慧는 卽緣四諦慧니 卽依止厭等이라 念已配於念處일새 故云慧是緣四諦慧나 理實慧根이 通前三科니 四念은 以慧로 爲體故요 正勤은 勤觀二善故요 神足은 有觀定故라 然[140]이나 後二는 但是助伴일새 故不說之라 四念이 雖卽慧是其體나 現名念

---

140) 然은 南續金本作然其.

故로 所以但云觀四諦慧하야 以爲慧也니라 又前三科에 前二는 雖未建立依止厭等이나 而義通四諦일새 故云緣四諦慧니라

● 이 가운데 (3) 기억함이란 ㉣ 개별로 체성을 내보임이다. 앞에서 비록 총합하여 "믿음 등이 체성이 된다"고 말하였지만, 믿음 따위가 어디서부터 오는지 알지 못했으므로 여기서 보인 것이다. 기억함과 정진과 삼마지의 셋은 곧 앞의 세 품류이니, 세 품류에 수순하기 위해 먼저 념(念)에 대해 설명하였다. 슬기는 곧 사성제를 반연한 슬기이니 싫어함 따위를 의지한다는 뜻이다. 기억함은 이미 사념처에 배대하였으므로 "(5) 슬기는 사성제를 반연한 슬기이다"라고 하였지만 이치의 실법으로는 슬기의 근본이 앞의 세 과목과 통한다. 사념처는 슬기로 체성을 삼았고, 사정근은 부지런함으로 두 가지 선법을 관하였고, 사신족은 삼마지를 관함이 있기 때문이다. 그러나 뒤의 둘[사정근, 사신족]은 단지 돕는 반려일 뿐이므로 설명하지 않았다. 사념처가 비록 슬기가 그 체성이긴 하지만 현실적으로 기억함이라 하는 연고로 단지 '사성제를 관하는 슬기로 혜(慧)를 삼는다'고만 말하였다. 또 앞의 세 과목에서 앞의 둘은 비록 싫어함을 의지하는 따위를 건립하지 않았지만 의미는 사성제에 통하므로 '사성제를 반연한 슬기'라고 말하였다.

㉤ 결과를 밝히다[辨果] (若依 51上6)

[疏] 若依位者인대 在於見道之前이니 則以速發現觀하야 而爲其果어니와 今在四地하니 卽應以發後地로 爲果니라

■ 만일 지위에 의지한다면 견도의 앞에 해당하나니 현관을 속히 발하

는 것으로 결과를 삼았지만 지금은 제4지에 있으니 응당히 다음 지(地)를 시작하는 것으로 결과를 삼는다.

[鈔] 若依位下는 第五, 辨果라 於中有二하니 先은 依論辨이오 後는 就經辨이라 今初니 雜集에 云, 五根修果者는 謂能速發諦現觀이니 由此增上力故로 不久에 便能生見道故라 又能修治煖과 頂하야 引發忍과 世第一法이니 卽現此[141]身이 已入順決擇分位故라하니라 今在四地下는 二, 就經辨이니라

- ⑤ 若依位 아래는 결과를 밝힘이다. 그중에 둘이 있으니 ① 논서에 의지해 밝힘이요, ② 본경에 입각해 밝힘이다. 지금은 ①이니『잡집론』에 이르되, "오근(五根)에서의 수행의 과보란 체현관(諦現觀)을 속히 발명할 수 있는 것이니, 이것의 증상하는 세력으로 인하여 오래지 않아 견도가 생겨나기 때문이다. 또 난법(煖法)과 정법(頂法)을 닦아 다스려서 세제일법(世第一法)의 인(忍)을 인발시킨다. 즉시 이와 같은 신(信)을 나타내어 순결택분(順決擇分)의 지위에 들어가기 때문이다"라고 하였다. ② 今在四地 아래는 본경에 입각해 밝힘이다.

e) 현관을 가까이하는 도는 다섯 가지 힘[親近現觀道謂五力] 2.

(a) 체성을 내보이다[出體] (第五 51下5)

復次此菩薩이 修行信力하여 依止厭하며 依止離하며 依止滅하며 廻向於捨하고 修行精進力과 念力과 定力과 慧

---

141) 現此는 甲南續金本作於現, 論原本作現此.

力하여 依止厭하며 依止離하며 依止滅하며 廻向於捨니라
"또 이 보살은 믿는 힘을 수행하되, 싫어함을 의지하며 떠남을 의지하며 멸함을 의지하여 버리는 데로 회향하느니라. 정진하는 힘과 생각하는 힘과 선정의 힘과 지혜의 힘을 수행하되, 싫어함을 의지하며 떠남을 의지하며 멸함을 의지하여 버리는 데로 돌려 향하느니라."

[疏] 第五, 五力이니 卽前五根이 增長이라
- e) 다섯 가지 힘[142]이니 곧 앞의 d) 다섯 가지 근본[五根]이 늘어남을 뜻한다.

(b) 명칭 해석[釋名] 2.
㈠ 남에게 굴복되지 않는다[不爲他伏] (魔梵 51下5)
㈡ 다른 이를 능히 굴복시키다[能伏於他] (又能)

[疏] 魔와 梵의 惑等이 不能屈伏일새 故名爲力이니라 又能損減不信等障일새 故復名力이니라 智論에 云,[143] 能破煩惱하야 得無生忍일새 故名爲力이라하니라
- 마군과 범천의 미혹 따위가 능히 굴복시키지 못하는 까닭에 힘이라 이름하였다. 또 능히 믿지 못하는 따위의 장애를 감소시키므로 다시 힘이라 한 것이다. 『대지도론』에 이르되 "능히 번뇌를 타파하여 무생

---

142) 五力 : 범어 pañca-balāni의 번역. 37도품 중의 하나. ① 信力(신앙력) ② 勤力(노력) ③ 念力(기억력) ④ 定力(선정력) ⑤ 慧力(지혜력)의 다섯 가지를 말한다. 이것은 惡을 쳐부수는 힘이 있으므로 힘이라 한다. 내용은 五無漏根과 같이 불교의 실천도를 가리킨다. (불교학대사전 p. 1097-)
143) 인용문은 『大智度論』제19권 釋初品 중 三十七品義의 내용이다. (대정장 권25 p. 204c29-)

법인을 얻으므로 힘이라 이름한다"라고 하였다.

[鈔] 第五五力이라 疏文有二니 先, 出體요 後, 魔梵下는 釋名이라 於中에 二[144]니 一, 不爲他伏이오 二, 能伏於他오 二義는 名力[145]이니 前中에 先引雜集과 及瑜伽二十九云[146]호대 若復了知前後所證이로대 而有差別하야 隨此하야 能於後後所證出世間法에 生深勝解하야 難伏制故로 說名信[147]力이니라 誰不能伏고 此淸淨信을 若天과 若魔와 若諸沙門과 婆羅門과 若餘世間이 無有如法能引奪者요 諸煩惱纏도 亦不能伏일새 故名難伏이라 此爲上首며 此爲前行이라 餘精進等도 亦名爲力이라하니라

又能損減下는 二, 能伏於他니 引於二論하야 以果로 釋力이라 文中에 分二하니 先, 暗引雜集이니 論에 云, 所說果者는 謂能損減不信等障故로 勝過於前이니 雖與五根으로 所緣境界의 自體가 相似나 然不可屈伏等이라 義有差別일새 故로 別立五力[148]이라하니라 今疏는 卽此論文이오 兼含瑜伽의 但明伏他니 論에 云, 由上諸力이 具大威勢하야 摧伏一切魔軍勢力하야 能證一切諸漏永盡일새 是故로 名力이라하니라 智論云下는 卽明引智論하야 以果로 釋力이라 然依雜集인대 卽現觀親近道니 義通大小라 今約菩薩일새 故得無生法忍이라 若初地見道를 稱無生者인대 亦是現觀이니라

- e) 다섯 가지 힘이다. 소의 문장에 둘이 있으니 (a) 체성을 내보임이요, (b) 魔梵 아래는 명칭 해석이다. 그중에 둘이니 ㉠ 남에게 굴복되

---

144) 上二十字는 南續金本作魔梵惑下.
145) 上九字는 南金本作於.
146) 인용문은 『瑜伽師地論』 제29권 聲聞地 제13의 내용이다. (대정장 권30 p.444b-)
147) 信은 甲南續金本作爲, 論原本作信.
148) 五力은 甲南續金本及論宋元明等本作覺分, 論麗本作力分.

지 않음이요, ㈡ 다른 이를 능히 굴복시킴이다. 이런 두 가지 의미를 힘이라 하였으니 ㈠ 중에 먼저 『잡집론』과 『유가사지론』을 인용하였으니 『유가사지론』 제29권에 이르되 "또 다시 앞과 뒤의 증득할 대상에서도 차별이 있음을 분명히 아나니, 이에 따라서 이는 뒤와 뒤의 증득할 대상인 출세간법에 대하여 깊이 훌륭한 알음을 내고 깊이 깨끗한 믿음을 내나니, 이 깨끗한 믿음은 굴복하기 어려운 이치[難伏義]이기 때문에 신력(信力)이라고 말한다. "무엇이 굴복할 수 없다는 것인가?" "이 깨끗한 믿음은 하늘이거나 악마·모든 사문·바라문이거나 그 밖의 세간법 같은 것이 끌어가거나 빼앗을 수 없는 것이며, 모든 번뇌의 얽매임도 굴복시킬 수 없기 때문에 '굴복하기 어려움[難伏]'이라고 한다. 이것을 우두머리로 하고 이것을 앞의 행으로 삼아서 그 나머지 정진 따위도 힘이라고 하며, 이 모든 힘에 큰 위세를 갖추고 온갖 악마 군사들의 세력을 꺾고 굴복시킴으로 인해 온갖 것을 증득하고 모든 샘[漏]을 영원히 다할 수 있나니, 그러므로 힘이라고 말한다"라고 하였다.

㈡ 又能損減 아래는 다른 이를 능히 굴복시킴이니 두 논서를 인용하여 결과로 설명하였다. 소문을 둘로 나누면 ① 가만히 『잡집론』을 인용함이니 『잡집론』에 이르되, "그 과보를 해설하는 것처럼 불신(不信) 따위의 장애를 총괄할 수 있기 때문이다. 앞에서의 것보다 뛰어나더라도 오근(五根)의 반연할 대상 경계는 자체 따위와 그 모양이 비슷하다. 그러나 굴복시키지 못하는 이치에 차별이 있기 때문에 따로 오력(五力)의 범주를 세우게 된다"라고 하였다. 지금 소는 『잡집론』에 합치하고 겸하여 『유가사지론』에서 단지 다른 이를 굴복시킴만 밝힌 것을 포함하였다. 유가론에 이르되 "이 모든 힘에 큰 위세를 갖추고

온갖 악마 군사들의 세력을 꺾고 굴복시킴으로 인해 온갖 것을 증득하고 모든 샘[漏]을 영원히 다할 수 있나니, 그러므로 힘이라고 말한다"라고 하였다. ② 智論云 아래는 지도론을 인용하여 결과로 힘을 설명함이다. 그러나 『잡집론』에 의지한다면 현관과 가까운 도일 것이니 이치는 대승과 소승에 통한다. 지금은 보살에 의지한 까닭에 무생법인을 얻는 것이다. 만일 초지의 견도를 무생이라 칭한다면 또한 현관일 것이다.

f) 현관도의 자체의 도는 칠각지이다[現觀自體道謂七覺分] 6.

(a) 명칭 해석[釋名] (第六 52下3)
(b) 체성을 내보이다[出體] (覺支)

[疏] 第六, 七覺이라 覺은 謂覺了니 若依位說인대 即現觀自性이 如實覺慧와 覺法自性이니라 覺支自體는 即念等七이니라
- f) 칠각지의 법[149]이다. 각(覺)은 '깨달아 안다'는 뜻이니 만일 지위에 의지하여 말한다면 현관의 자체 성품이 실법과 같이 깨달은 슬기와 깨달은 법의 자체 성품일 것이다. 각지의 자체는 곧 기억함[念] 따위의 일곱 가지이다.

[鈔] 第六七覺支라 疏文有六하니 一, 釋名이오 二, 出體오 三, 釋文이오 四, 辨果오 五, 分位오 六, 理觀이라 初中에 二니 先, 總釋名이오 二,

---

149) 七覺支: 覺支는 범어 saṃbodhyaṅga의 번역으로 七覺分・七覺意・七菩提分이라고도 한다. 37도품 가운데 제6의 행법으로 覺은 깨달음의 지혜를 의미하며 이 7종의 법이 깨달음의 지혜를 도와주므로 覺支라 하였다.(불교학대사전 p.1570-)

若依位下는 別示覺體하야 釋成覺義니 是釋通名이라 故로 瑜伽에 云,[150] 諸已證入正性離生補特伽羅가 如實覺慧니 用此爲支일새 故名覺支라하니 卽釋名意也라 亦卽所緣이니 故로 雜集에 云, 七覺의 所緣者는 謂四聖諦如實性이니 實性者는 卽勝義淸淨所緣故라하니 故로 疏에 云覺法自性이니 法自性者는 卽四諦如實性이니 覺은 卽上의 如實覺慧之用이라 以所觀境으로 釋成覺義요 亦以能覺으로 顯所觀境이니 二義가 相成이니라

覺支自體下는 第二, 出體라 然이나 上에 約如實總體하고 今辨修相別體라 謂念과 擇法과 進과 喜와 輕安과 定과 捨니 謂七의 各一法이 爲性이라 念과 定과 擇法은 卽別境五中의 念와 定와 慧三이니 擇卽慧故라 精進과 猗와 捨는 卽善十一中의 三法所攝이니 精進은 卽勤이오 猗는 卽輕安이오 捨는 卽行捨오 喜는 卽受蘊이니 受는 卽徧行五[151]에 攝이니라

- f) 칠각지의 부분법이다. 소의 문장에 여섯이 있으니 (a) 명칭 해석이요, (b) 체성을 내보임이요, (c) 경문 해석이요, (d) 결과를 밝힘이요, (e) 지위로 구분함이요, (f) 이치로 관함이다. (a) 중에 또 둘이니 ㉠ 총합적인 명칭 해석이요, ㉡ 若依位 아래는 따로 각지의 체성을 보여서 각지의 뜻을 성립함이니 곧 일반적인 명칭 해석이다. 그러므로 『유가사지론』에서는, "이미 정성이생(正性離生)에 증득하여 드는 푸드갈라[補特伽羅]들로서의 사실대로의 깨달은 슬기[覺慧]는 이것으로써 갈래가 되기 때문에 각지(覺支)라고 말한다"라고 하였으니, 곧 명칭의 의미를 해석한 부분이다. 또한 반연의 대상이기도 하다. 그러므로 『잡집론』에서는, "칠각지의 대상경계는 사성제의 참다운 성품[如實性]

---

150) 대장장 권30 p. 444c29- .
151) 五는 南續金本作五法中.

을 가리킨다. '참다운 성품'이란 바로 승의(勝義)가 청정함에 연유하기 때문이다"라고 하였다. 그러므로 소에서 '깨달은 법의 자성'이라 하였으니, '법의 자성'이란 곧 사성제의 실다운 성품이니 깨달음은 곧 위의 실답게 깨달은 슬기의 작용을 뜻한다. 관하는 대상 경계로 깨달음의 의미를 해석함이요, 또한 깨달음의 주체로 관할 대상경계를 드러내었으니 두 가지 이치가 서로 성립하게 된다.

(b) 覺支自體 아래는 체성을 내보임이다. 그러나 위에서 실다운 총합적인 체성에 의지하였고, 지금은 닦는 모양의 개별적인 체성을 밝힌 것이다. 말하자면 (1) 기억과 (2) 법을 간택함과 (3) 정진과 (4) 기쁨과 (5) 가뿐함과 (6) 삼마지와 (7) 평등함이다. 다시 말하면 일곱 가지의 각기 한 법이 체성이 된 것이다. (1) 기억과 (6) 삼마지와 (2) 법을 간택함은 별경심소(別境心所)의 다섯 가지[152] 중에서 ③ 기억과 ④ 삼마지와 ⑤ 슬기의 셋이니 간택함이 곧 슬기인 까닭이다. (3) 정진과 (4) 편안함[猗]과 (5) 평등함은 곧 11가지 선(善)심소 중에 세 가지 법에 속하나니 (3) 정진은 곧 부지런함[⑨ 不放逸]이요, (4) 편안함[猗]은 곧 가뿐함[⑧ 輕安]이요, (5) 버림은 버림을 행함[⑩ 行捨]이요, (4) 기쁨은 느낌의 온(蘊)이니 느낌은 곧 변행(遍行)심소[153]의 다섯 가지 중에서 속한다.

(c) 경문 해석[釋文] 3.

---

152) 別境심소: 일체 마음에 두루 통하여 일어나지 않고 각각 다른 경계에 대하여 일어나는 심소이다. 예를 들면 좋은 경계를 만나면 욕구의 심소가 일어나고 결정을 필요로 하는 對境을 만나면 勝解의 심소가 일어나는 것과 같은 것. 이 별경심소에는 ① 欲 ② 勝解 ③ 念 ④ 定 ⑤ 慧의 다섯이 있다. (불교학대사전 p. 531-)

153) 遍行심소: 51가지 심소 가운데 ① 觸 ② 作意 ③ 受 ④ 想 ⑤ 思의 다섯은 우리의 마음이 일어날 때에 언제나 함께 일어나는 것이므로 변행심소라 한다. (앞의 책 p. 531-)

㈠ 총합하여 과목 나누다[總科] (文中 53上9)

復次此菩薩이 修行念覺分하여 依止厭하며 依止離하며 依止滅하며 廻向於捨하고 修行擇法覺分과 精進覺分과 喜覺分과 猗覺分과 定覺分과 捨覺分하여 依止厭하며 依止離하며 依止滅하며 廻向於捨니라
"또 이 보살이 (1) 생각하는 각의 부분을 수행하되, 싫어함을 의지하며 떠남을 의지하며 멸함을 의지하여 버리는 데로 돌려 향하느니라. (2) 법을 선택하는 각의 부분과 (3) 정진하는 각의 부분과 (4) 기뻐하는 각의 부분과 (5) 가뿐한 각의 부분과 (6) 선정인 각의 부분과 (7) 버리는 각의 부분을 수행하되, 싫어함을 의지하며 떠남을 의지하며 멸함을 의지하여 버리는 데로 돌려 향하느니라."

[疏] 文中에 亦二니 先은 別明念覺이오 後는 通顯餘六이라
■ (c) 경문 해석에 또한 둘이니 ㈠ 기억함[念]의 각지에 대해 따로 설명함이요, ㈡ 통틀어 나머지 여섯 가지 각지를 설명함이다.

㈡ 모양을 밝히다[辨相] 2.
① 총합하여 밝히다[總明] (然七 53上9)
② 개별로 해석하다[別釋] (謂念)

[疏] 然이나 七覺分이 七皆自體로대 而差別者는 覺爲自體요 餘六은 皆覺之分이라 謂念은 是所依支니 由繫念故로 令諸善法으로 皆不忘失이

라 擇法은 是自體支니 覺自相故요 精進은 是出離支니 由此勢力하야 能到所到故라 喜는 是利益支니 由心勇悅하야 身이 調適故라 猗와 定과 捨인 三은 是不染汚支라 猗는 卽輕安이니 由此不染汚故니 謂由 安故로 能除麤重이라 定者는 依此不染汚故니 謂依止定하야 得轉依 故라 捨者는 體是不染汚故니 謂行捨平等하야 永除貪憂니 不染汚 位로 爲自性故니라

■ 그러나 일곱 가지 각지의 부분법에서 일곱이 모두 자체이지만, 구분해 보면 택법각지(擇法覺支)가 자체가 되고 나머지 여섯은 각지의 부분법이다. 말하자면 (1) 념(念)각지는 의지처이니 생각을 얽어맴으로 인해 모든 선법으로 하여금 모두 없어지지 않게 한다. (2) 법을 간택함은 자체의 갈래이니 각분의 자체적인 모양이요, (3) 정진(精進)각지는 벗어나는 갈래이니 이런 세력으로 인해 능히 도달할 대상에 이르기 때문이다. (4) 희(喜)각지는 이익의 갈래이니 마음이 용맹하고 기쁨으로 인해 몸이 조화롭고 알맞은 까닭이다. (5) 가뿐함과 (6) 삼마지와 (7) 평등함의 셋은 물들지 않는 갈래이다. (5) 편안함[猗]은 곧 경안(輕安)이니 이로 인해 물들지 않기 때문이다. 말하자면 편안함으로 인해 능히 추중(麤重)번뇌를 제거한다는 뜻이다. (6) 삼마지는 이것에 의지해 물들지 않는 까닭이다. 말하자면 삼마지에 의지하여 전의(轉依)를 얻기 때문이다. (7) 평등함은 체성이 본래 물들지 않는 것인 까닭이다. 말하자면 지어 감과 버림이 평등해서 영원히 탐냄과 근심을 제거하나니 물들지 않는 지위로 자성을 삼기 때문이다.

[鈔] 文中二下는 第三釋文이라 於中에 三이니 初는 總科요 二는 辨相이요 三은 會通相攝이라 然七覺分下는 第二, 辨相이니 兼顯分義라 於

中¹⁵⁴)에 先은 總明이니 謂七이 於心所에 各別有體니 以覺으로 統餘일
새 故로 擇法一支가 以爲覺體요 餘六은 皆分이니 順成覺義니라 後,
謂念是下는 別示其相이니 全是雜集論文이니라
- (c) 文中二 아래는 경문 해석이다. 그중에 셋이니 ㊀ 총합하여 과목
나눔이요, ㊁ 모양을 밝힘이요, ㊂ 회통하여 서로 포섭함이다. ㊁ 然
七覺分 아래는 모양을 밝힘이니 겸하여 부분법의 뜻을 밝혔다. 그중
에 ① 총합하여 밝힘이다. 말하자면 일곱 가지가 심소에 각기 따로
체성이 있으니 택법(擇法)각분으로 나머지를 거느리는 까닭에 택법의
한 갈래가 각분의 체성이 되고, 나머지 여섯은 모두 부분법이니 순조
롭게 각지의 뜻을 성립한다. ② 謂念是 아래는 그 모양을 개별로 보
임이니 전체가 『잡집론』의 주장이다.

㊂ 회통하다[會通] (總收 54上1)

[疏] 總收七覺인대 不出三品이니 念은 通定과 慧요 次三은 是慧요 後三은
定攝이니라 雖是前三이나 至此하야 增故니라
- 총합적으로 칠각분을 거두어 보면 세 품류에서 벗어나지 않나니 (1)
기억함[念]은 삼마지와 슬기에 통하고, 다음의 셋[(2) 擇法 (3) 精進 (4)
喜]은 슬기이고, 뒤의 셋[(5) 猗 (6) 定 (7) 捨]은 삼마지에 포함된다. 비
록 앞의 세 과목에 있지만 여기에 와서 늘어나기 때문이다.

[鈔] 總收七覺下는 第三, 會通相攝이니 卽瑜伽意라 於中有二하니 先은
正相攝이니 念通定慧者는 徧行定慧故라 四念은 是慧니 須得念故요

---

154) 中下에 甲南續金本有有二.

神足은 是定이니 心定須念하야사 方守境故라 後, 雖是前三下는 通妨이니 謂有問言호대 旣是前三인대 此何重說고 增故로 名覺이니라
- ㊂ 總收七覺 아래는 회통하여 서로 포섭함이니 곧『유가사지론』의 주장이다. 그중에 둘이 있으니 ① 바로 포섭함이니 '(1) 기억함은 삼마지와 슬기에 통한다'는 것은 삼마지와 슬기에 두루 행하는 까닭이다. a) 사념처는 슬기이니 구하여 기억함을 얻기 때문이요, b) 사신족은 삼마지이니 마음의 삼마지로 기억함을 구해야만 비로소 경계를 수호하는 까닭이다. ② 雖是前三 아래는 비방을 해명함이다. 어떤 이가 묻기를 "이미 앞의 세 과목에 있는데 여기서 무슨 까닭으로 다시 말하는가?" "더욱 늘어나는 까닭에 각(覺)이라 이름한다."

(d) 결과를 밝히다[辨果] (依位 54上7)

[疏] 依位所明인대 能斷見惑으로 以爲其果니라
- ■ 지위에 의지해 설명한다면 능히 견혹(見惑)을 끊음으로 그 결과를 삼는다.

[鈔] 依位所明下는 第四, 辨果라 雜集論에 云,[155] 覺支修果者는 謂見道에 所斷煩惱를 永斷이니 由七覺支가 是見道自體故라하니라 瑜伽에 云, 最初에 獲得七覺支故로 名初有學이니 見聖迹已에 則永斷滅見道에 所斷一切煩惱하고 唯餘修道所斷煩惱라하니라
- (d) 依位所明 아래는 결과를 밝힘이다. 『잡집론』에 이르되, "각지에서의 수행의 과보란 견도에서 끊어지는 번뇌를 영원히 끊는 것을 가

---

155)『대정장』제31권 p.740 c28- .

리킨다. 칠각지는 견도 자체로 말미암기 때문이다"라고 하였다. 『유가사지론』에서는 "그는 그때에야 맨 처음에 칠각지를 얻게 되기 때문에 처음의 배울 것 있는 이[有學]라고 한다. 거룩한 진리의 자취를 보고 나면 영원히 견도위(見道位)에서 끊을 대상인 온갖 번뇌를 끊어 없애거니와 유독 수도위(修道位)에서 끊을 대상인 번뇌를 남길 뿐이다"156)라고 하였다.

(e) 지위로 구분하다[分位] (又雖 54下2)

[疏] 又雖一刹那에 七法이 俱起나 而隨行相하야 各說功能인대 念은 除妄念이오 擇은 除不正知요 餘는 除懈怠과 昏沈과 麤重과 散亂과 掉擧라 上約通說이니라

■ 또 비록 한순간에 일곱 가지 법이 함께 일어나지만 행법의 모양을 따라 각기 공능을 말한다면 (1) 기억함은 허망한 생각을 제거함이요, (2) 택법은 부정지(不正知)의 심소157)를 제거한 것이요, 나머지는 (20가지 수번뇌에서) ⑯ 게으름과 ⑭ 혼침과 추중번뇌와 ⑲ 산란과 ⑬ 도거를 제거한 것이다. 이것은 일반적인 설명에 의지한 해석이다.

---

156) 見惑과 修惑 : 惑은 마음의 미혹이니 곧 번뇌를 가리킨다. (1) 俱舍宗에서는 사성제의 진리를 알지 못함으로 일어나는 번뇌를 견혹이라 하고, 현상적인 사물에 집착하고 미한 번뇌를 修惑이라 한다. (2) 唯識宗에서는 邪見에 의하거나 마음으로 생각하거나 분별함을 따라 일으키는 후천적인 번뇌(分別起)를 견혹이라 하고, 태어남과 동시에 저절로 생기는 선천적인 번뇌(俱生起)를 修惑이라 한다. 俱舍宗에서는 견혹을 88使라 하고, 수혹을 81品이라 한다. 유식종에서는 견혹을 112품이라 하고 수혹을 16품이라 하니 합하면 128품의 근본번뇌라고 한다. (불교학대사전 p. 48-)

157) 不正知의 심소는 20가지 수번뇌의 마지막 심소로 '다만 대상경계를 바로 知見하는 것을 방해하는 마음의 작용, 이니, 『成唯識論』제6권에 云, "云何不正知. 於所觀境謬解爲性. 能障正知毁犯爲業. 謂不正知者多所毁犯故"[무엇이 不正知의 심소인가? 관찰되는 대상에 대해서 그릇되게 이해하는 것을 체성으로 삼는다. 능히 바르게 아는 것[正知]을 장애하여 계율 등을 훼범하는 것을 업으로 삼는다. 바르게 알지 못하는 사람은 훼범하는 일이 많기 때문이다.]라 하였다. * 20가지 수번뇌는 ① 忿 ② 恨 ③ 覆 ④ 惱 ⑤ 嫉 ⑥ 慳 ⑦ 誑 ⑧ 諂 ⑨ 害 ⑩ 憍 ⑪ 無慚 ⑫ 無愧 ⑬ 掉擧 ⑭ 昏沈 ⑮ 不信 ⑯ 懈怠 ⑰ 放逸 ⑱ 失念 ⑲ 散亂 ⑳ 不正知이다.

[鈔] 又雖一刹那下는 第五, 分位라 謂雖見道가 迅速이나 有十六心義니 則一刹那中에 七法이 俱起하야 功能不同일새 不可言一이라 如七味香을 擣篩和合이어든 焚如麻子에 七香齊發이니라 念除妄念下는 別示異相이니라
- (e) 又雖一刹那 아래는 지위로 구분함이다. 말하자면 비록 견도가 신속하지만 16가지 마음의 이치가 있다. 다시 말하면 한순간에 일곱 가지 법이 동시에 일어나서 공능이 다르므로 하나라고 말할 수 없다. 마치 일곱 가지 맛과 향기를 찧고 골라내어 화합하였지만 삼의 씨앗을 태울 적에 일곱 가지 향기가 함께 나오는 것과 같다. 念除妄念 아래는 다른 모양을 따로 보임이다.

(f) 이치로 관하다[理觀] (大乘 54下8)

[疏] 大乘七覺은 不念諸法故며 決擇으로 不可得故며 離進怠相故며 絶憂喜故며 除安心緣코는 皆叵得故며 性定之中에 無定亂故며 亦不見於能所捨故니라
- 대승(大乘)의 칠각지는 여러 법을 기억하지 않은 것이며, 결택(決擇)으로 얻을 수 없으며, 정진과 게으름을 떠난 모양인 까닭이며, 근심과 기쁨이 끊어진 것이며, 편안한 마음으로 반연함을 제외하고는 모두 얻을 수 없기 때문이며, 체성의 삼마지 중에는 안정과 산란함이 없는 까닭이며, 또한 버리는 주체와 대상을 발견할 수 없기 때문이다.

[鈔] 大乘七覺下는 六, 明理觀이니 卽頓門禪意라 不念諸法은 卽是念覺이니 故로 昔人이 云, 眞如는 無念이니 非念法으로 能階요 實相은

無生이어니 豈生心能到리요 無念念者는 則念眞如요 無生生者는 生乎實相이라하니라 故로 起信에 云,[158] 若知離念하야 無有能念所念하면 是名隨順이오 若離於念하면 名爲得入이라하며 淨名에 亦云, 常求無念實相智慧라하며 故로 般若에 云, 若念一切法하면 則不念般若波羅蜜이오 不念一切法하면 則念般若波羅蜜等이라하나니 餘可虛求니라

- (f) 大乘七覺 아래는 이치로 관함을 밝힘이니 곧 돈교의 법문과 선종의 주장이다. '여러 법을 생각하지 않음'은 그대로 기억함의 각지이다. 그래서 옛사람이 말하되, "진여는 기억함이 없나니 기억하지 않는 법으로 능히 오르고, 실다운 모양은 태어남이 없는데 어찌 태어남 있는 마음으로 갈 수 있겠는가? '생각 없음으로 생각한다'는 것은 진여를 생각한다는 뜻이요, '태어남이 없는 태어남'이란 실다운 모양을 나게 한다는 뜻이다"라고 하였다. 그러므로 기신론(起信論)에는, "비록 생각되기는 하지만 역시 생각할 수도 생각할 만한 것도 없는 줄 안다면 이를 '수순한다'고 하며, 만일 생각을 여읜다면 정관(正觀)에 들어간 것이라 한다"고 하였으며, 『유마경』에도 "항상 생각 없는 실다운 모양의 지혜를 구한다"라고 하였다. 그러므로 『반야경』에서는 "만일 일체법을 생각하면 반야바라밀을 생각하지 않는 것이요, 일체법을 생각하지 않으면 반야바라밀을 생각하는 따위이다"라고 하였다. 나머지는 헛되게 구함이 된다.

---

158) 인용문은 『대승기신론』의 논문이다. "問曰. 若如是義者, 諸衆生等云何隨順而能得入. 答曰. 若知一切法雖說無有能說可說. 雖念亦無能念可念. 是名隨順, 若離於念名爲得入."(대정장 권32 p. 576a19-) [묻는다. 만일 이와 같은 뜻이라면 모든 중생들이 어떻게 수순하여야 正觀에 들어가게 되는가? 답한다. 만일 일체의 법이 설명되기는 하나 설명할 수도 설명한 만한 것도 없으며, 생각되기는 하지만 역시 생각할 수도 생각할 만한 것도 없는 줄 안다면 이를 隨順이라고 하며, 만약 생각을 여읜다면 正觀에 들어간 것이라 한다.]

g) 현관 뒤에 일으키는 도는 팔정도이다[現觀後起道謂八正道] 7.

(a) 부류에 의지해 의미를 밝히다[約類辨意] (第七 55下1)

復次此菩薩이 修行正見하여 依止厭하며 依止離하며 依止滅하며 廻向於捨하고 修行正思惟와 正語와 正業과 正命과 正精進과 正念과 正定하여 依止厭하며 依止離하며 依止滅하며 廻向於捨니라

"또 이 보살이 바른 소견을 수행하되, 싫어함을 의지하며 떠남을 의지하며 멸함을 의지하여 버리는 데로 돌려 향하느니라. 바르게 생각함과 바른 말과 바른 업과 바른 생업과 바른 정진과 바른 생각과 바른 선정을 수행하되, 싫어함을 의지하며 떠남을 의지하며 멸함을 의지하여 버리는 데로 돌려 향하느니라."

[疏] 第七, 八正이라 若依位說인대 卽現觀後의 起道니 爲斷修道의 諸煩惱故니라

■ g) 여덟 가지 바른 길이다. 만일 지위에 의지하여 말한다면 현관(現觀) 뒤에 일으키는 도이니, 수도위(修道位)의 모든 번뇌를 단절하기 위한 까닭이다.

[鈔] 第七八正이라 疏文有七하니 一은 約類辨意요 二는 釋名이요 三은 出體요 四는 釋文이오 五는 辨果요 六은 類攝이오 七은 權實이라 今初니 言約類者는 卽七類中에 名現觀後起道요 言辨意者는 爲斷修道諸

惑故니 總含雜集五門之中의 所緣境也라 故로 彼論에 云, 八正의 所緣境者는 謂卽後時의 四聖諦如實性이니 由見道後의 所緣境界라 卽先所見諸諦의 如實性으로 爲體라하니라 釋曰, 卽疏文中의 現觀後起意也니라

- g) 여덟 가지 바른 길이다. 소의 문장에 일곱이 있으니 (a) 부류에 의지하여 의미를 밝힘이요, (b) 명칭 해석이요, (c) 체성을 드러냄이요, (d) 경문 해석이요, (e) 결과를 밝힘이요, (f) 부류로 섭수함이요, (g) 방편과 실법이다. 지금은 (a)이니 '부류에 의지한다'고 말한 것은 일곱 부류 가운데 현관(現觀) 뒤에 일으키는 길이란 뜻이요, '의미를 밝힌다'고 말한 것은 수도위(修道位)의 여러 미혹을 단절하기 위한 것이니, 총합적으로 『잡집론』에서 주장한 다섯 가지 부문 중의 반연의 대상경계를 포함한다는 뜻이다. 그러므로 저 논에 이르되, "팔성도지의 반연할 대상 경계란 바로 이다음 때에서 사성제의 참다운 성품을 가리키는 것이다. 견도 이후의 대상 경계로 말미암은 것이니, 예전의 여러 진리의 참다운 성품을 발견한 것으로 그 체성을 이루기 때문이다"라고 하였다. 해석하자면 소의 문장 속에 현관(現觀) 뒤에 일으킨다는 의미가 있다.

(b) 명칭 해석[釋名] (離八 55下8)

[疏] 離八邪故로 名爲八正이오 開通涅槃일새 故名爲道라 亦云八聖道니 聖者의 道故니라

- 여덟 가지 삿됨에서 벗어나므로 '여덟 가지가 바르다'고 하였고, 전개하여 열반에 통하게 하므로 '도(道)'라 칭한다. 또는 '여덟 가지 성인

의 길[八聖道]'이라 하나니 성인이 가는 길인 까닭이다.

[鈔] 離八邪下는 第二, 釋名이라 瑜伽論에 云, 問이라 何因緣故로 名八支聖道오 答이라 諸聖有學이 已見迹者가 由八支攝行迹正道하야 能無餘斷一切煩惱하야 能於解脫究竟에 作證하나니 是故로 名爲八支聖道라하나니 對疏하면 可知니라

- (b) 離八邪 아래는 명칭 해석이다. 『유가사지론』에 이르되, " '어떠한 인연으로 8지(支) 성도라고 이름하는가?' '모든 성인인 배울 것 있는 이[有學]로서 이미 자취를 본 이는 여덟 갈래에 소속된 행적의 바른 도로 말미암아 남김없이 온갖 번뇌를 끊고 해탈에 있어서 마지막까지 증득하나니, 이 때문에 8지(支) 성도라고 한다"고 하였으니, 소문과 대조하면 알 수 있으리라.

(c) 체성을 드러내다[出體] (八正 56上3)

[疏] 八正自體는 卽正見等이라
- 팔정도의 자체는 바른 소견 따위이다.

(d) 경문 해석[釋文] (文中)

[疏] 文中에 亦先, 別明正見이오 後, 通顯餘七이라 言正見者는 是分別支니 依前所證하야 眞實揀擇故라 正思惟者는 是誨示他支니 如其所證하야 方便安立思惟名義하야 發語言故라 次三은 是令他信支니 謂正語者는 善依所證하야 問答決擇하야 令他로 信有見淸淨故요 正業

者는 身業進止하야 正行이 具足하야 令他로 信有戒淸淨故요 正命者는 如法乞求하야 依聖種住하야 離五邪命하야 令他로 信有命淸淨故라 正精進者는 是淨煩惱障支니 由此하야 永斷一切結故라 正念者는 是淨隨煩惱支니 由不忘失正止擧相하야 永不容受沈掉等故라 正定者는 是能淨最勝功德障支니 由此하야 引發神通等無量勝功德故니라

■ (d) 경문 해석 중에 또한 ㊀ 바른 소견을 따로 밝힘이요 ㊁ 통틀어 나머지 일곱 가지를 밝힘이다. (1) 바른 소견이라 말한 것은 앞서 증득한 것에 따라 진실하게 간택하기 때문이다. (2) 바른 생각이란 다른 이를 잘 가르쳐 보이는 갈래[誨示他支]에 해당하나니, 그 증득한 방편이 안정되게 세워진 대로 언행을 발하기 때문이다. 다음의 세 가지[(3) 正語 (4) 正業 (5) 正命]는 다른 이를 믿게 하는 갈래[令他信支]에 해당한다. (3) 바른 말이란 증득할 대상에 잘 의지하여 문답으로 결택해서 다른 이로 하여금 그 소견이 청정함을 믿게 되는 까닭이요, (4) 바른 행위란 신업(身業)이 나아가고 멈추는 바른 행이 구족된다. 이것으로 인해서 그 계율이 청정함을 믿게 된다. (5) 바른 생활이란 법답게 빌고 구해서 성인의 종성에 의지해 머물러 다섯 가지 삿된 생활을 여의고 이와 같은 것으로 인하여 그 생활이 청정함을 믿게 된다. (6) 바른 정진이란 번뇌의 장애를 깨끗이 하는 갈래[淨煩惱障支]에 해당하나니, 이 같은 것으로 인해 영원히 속박[結]을 끊기 때문이다. (7) 바른 기억이란 수번뇌의 장애를 깨끗이 하는 갈래[淨隨煩惱障支]에 해당하나니, 이 같은 것으로 인하여 올바르게 머물고 일어나는 모양 따위를 잊지 않는 것으로 혼침과 도거 따위의 수번뇌를 영원히 용납하지 않기 때문이다. (8) 바른 선정이란 가장 뛰어난 공덕으로 인한 장애를 능히

깨끗이 하는 갈래[能淨最勝功德障支]에 해당하나니, 이 같은 것으로 인해 신통 따위의 한량없이 뛰어난 공덕을 이끌어 발하기 때문이다.

[鈔] 文中已下는 第四, 釋文이니 即當辨相이라 全是雜集之文159)이로대 而合八爲六하니 合戒三故라 瑜伽는 文廣이나 意不殊此故라 釋正見에 云, 當知此中에는 若覺支時所得眞覺과 若得彼已에 以慧로 安立하야 如證而覺이라 總略此二하야 合名正見이라하니라 釋曰, 所得은 是一이오 安立은 是二니 即二見道를 合名正見이니라 疏中에 依前所證者는 即眞見道요 依實揀擇은 即相見道니라

正精進者는 瑜伽論에 云,160) 依止161)正見과 及正思惟와 正語・業・命하야 勤修行者는 所有一切欲과 勤과 精進과 出離와 勇猛으로 勢力發起하야 策勵其心하야 相續無間이라하니라 今雜集意는 但顯功能하고 不顯其相이니라 正念者는 瑜伽論에 云, 由四念住增上力故로 得無顚倒所攝正念과 及與正定이라하니라

- (d) 文中 아래는 경문 해석이니 곧 모양을 밝힘에 해당한다. 전체가 『잡집론』의 문장이지만 8지(支)를 합쳐 여섯 가지로 삼았으니 계율 부분의 셋을 합친 까닭이다. 『유가사지론』은 문장은 자세하지만 의미는 이와 다르지 않다. 바른 소견에 대해 해석하되, "이 안에서 각지(覺支)의 때에 얻게 되는 참된 깨달음[眞覺]과 그를 얻은 뒤에 지혜로써 편안히 건립한 증득 그대로를 깨닫는 이 두 가지를 통틀어 요약하고 합쳐서 바른 소견이라고 하는 줄 알아야 한다"라고 하였다. 소에서 앞에서 증득할 대상에 의지한 것은 진견도(眞見道)이고, 실법에 의지해

---

159) 인용문은 『阿毘達磨雜集論』 제10권의 決擇分別諦品 제1의 ⑤이다. (대정장 권31 p. 740c28-)
160) 『瑜伽師地論』 제29권 本地分中聲聞地 제13의 내용이다. (대정장 권30 p. 445 a-)
161) 止는 南續金本無, 論原本有.

간택한 것은 상견도(相見道)이다.

(6) 바른 정진이란 『유가사지론』에서는, "바른 소견과 바른 생각·바른 말·행위·생활에 의지하여 부지런히 수행하는 이가 가진 온갖 욕구와 부지런함과 힘써 나아감과 벗어남[出離]과 용맹스러움의 세력으로 그의 마음을 일으키어 채찍질하되 계속하며 끊임없이 함을 바른 노력이라고 한다"라고 하였다. 지금 『잡집론』의 주장은 단지 공능만 밝히고 그 모양을 밝히지 않았다. (7) 바른 기억이란 『유가사지론』에서 "사념주의 왕성한 힘 때문이니, 뒤바뀜이 없는 아홉 가지 행상이 포섭하는 바의 바른 기억과 (능히 포섭하는 아홉 가지 행상의 마음 머문 때[心住]를 얻는 것을 바른 기억과) 바른 선정이라고 한다"라고 하였다.

(e) 결과를 밝히다[辨果] (若能 57上5)

[疏] 若能如上分別誨示等하면 卽是道支之果라
- 만일 능히 위와 같이 분별하거나 가르쳐 보여 주는 따위가 바로 여덟 가지 바른 길의 결과이다.

[鈔] 若能如上下는 第五, 辨果라 言分別誨示等者는 上攝八하야 爲六하고 今等取後四故라 雜集에 云,[162] 道支修果者는 謂分別誨示他[163]하야 欲令他信하야 煩惱障淨과 隨煩惱障淨과 最勝功德障淨故라하니라
- (e) 若能如上 아래는 결과를 밝힘이다. '분별하거나 가르쳐 보여 준다'고 말한 것은 위에서 8지(支)를 섭수하여 여섯 가지로 삼았고, 지

---
162) 『대정장』 제31권 p.741a23-.
163) 他는 南續金本無, 論原本有.

금은 뒤의 넷을 평등하게 취한 까닭이다.『잡집론』에 이르되 "도지(道支)의 수행의 과보란 분별하는 것이고, 남에게 가르침을 주는 것이고, 다른 사람으로 하여금 신심을 내게 하는 것이고, 번뇌의 장애를 깨끗이 하는 것이고, 수번뇌의 장애를 깨끗이 하는 것이고, 최승공덕의 장애를 깨끗이 하는 것이다"라고 하였다.

(f) 부류로 포섭하다[類攝] (然其 57上10)

[疏] 然其八中에 語와 業과 命인 三은 是戒蘊攝이오 念과 定은 是定이오 餘三은 是慧라 定慧는 大同諸品이나 但增勝耳라 戒則前來에 未有요 覺支는 雖有定共律儀나 無表相이 徵이요 此中에 正行은 故新建立이니 此寄位說이니라

■ 그런데 그 8지(支) 중에 정어(正語)와 정업(正業)과 정명(正命)의 셋은 계 쌓임에 속하고, 정념(正念)과 정정(正定)은 선정 쌓임이요, 나머지 셋[正見, 正思惟, 正精進]은 슬기에 속한다. 선정과 슬기는 대략 여러 품과 같지만 단지 더욱 뛰어날 뿐이다. 계 쌓임은 앞에서는 없었고, 칠각지(七覺支)는 비록 정공계(定共戒)의 율의이지만 표시 없는 모양이 물음이요, 이 가운데의 바른 행법은 옛것을 새로 건립한 것이니 이것은 지위에 의탁한 설명이다.

[鈔] 然其八中下는 第六, 類攝이라 卽瑜伽意니 以戒定慧三流類로 攝之라 於中有二하니 先, 正攝爲三學이오 後, 定慧大同下는 對同揀異니 異唯在戒故라 瑜伽에 問云호대 何故로 此名聖所愛戒요 答이라 以諸聖者가 賢善正了하고 長時愛樂하야 欣慕悅意호대 我於何時에 當正

獲得諸語惡行과 諸身[164]惡行과 諸邪命等事인 不作律儀오 由彼長時를 於此尸羅에 深心愛樂하고 欣慕悅意일새 故獲得時[165]에 名聖所愛戒라 旣獲得已에 終不正知而說妄語等이라하니라 釋曰, 卽新建立意也니라

- (f) 然其八中 아래는 부류로 포섭함이니 곧 『유가사지론』의 주장이다. 계율과 선정과 슬기의 세 부류로 포섭한 구분이다. 그중에 둘이니 ㈠ 바로 삼학으로 포섭함이요, ㈡ 定慧大同 아래는 같은 것과 상대하여 다른 점을 밝힘이니 다른 점은 오로지 계 쌓임에만 있는 까닭이다. 『유가사지론』에 묻기를, "무엇 때문에 이것을 성인이 사랑하는 바 계율[聖所愛戒]이라고 하는가?" 답한다. "모든 성인과 어질고 착한 이며, 바르고 지극한 이[正至]들이 오랜 동안에 좋아하고 그리워하고 기쁘게 여기면서, '나는 언제쯤이나 모든 말의 나쁜 행과 모든 몸의 나쁜 행과 모든 삿된 생활의 일을 짓지 않는 계율과 거동을 바르게 얻을 것인가?'라고 한다. 그는 오랜 동안에 이 시일라[尸羅]에 대하여 깊은 마음으로 좋아하고 그리워하며 기쁘게 여김으로 인해 얻게 되는 때에 성인의 사랑하는 바[聖所愛]라고 한다. 이와 같은 성인이 사랑하는 계율을 획득한 뒤에는 끝내 바르게 알면서 허망한 말을 하지 않는다"라고 하였다. 해석하자면 새로 건립한 의미라는 뜻이다.

(g) 방편과 실법[權實] (若依 58上1)

[疏] 若依此經離世間品인대 八正은 是菩薩道[166]라 一者는 正見이니 遠離

---

164) 身은 南續金本作法誤.
165) 時는 甲南續金本作此誤, 論原本作時.
166) 인용문은 『華嚴經』제57권의 離世間品 제38의 경문이다. (교재 권3 p. 406-)

邪見이오 乃至第八正定은 善巧方便이니 於一三昧에 出生菩薩의 不可思議法인 一切三昧라하나니 則與前說로 旨趣가 懸殊니라

■ 만일 본경의 이세간품(離世間品)에 의지한다면 "여덟 가지 바른 길은 보살의 길이다. (1) 바른 소견이니 삿된 소견을 멀리 여의는 연고며, 나아가 (8) 바른 선정은 뛰어난 방편이니 한 가지 삼매 가운데서 모든 삼매를 내는 까닭이다"라고 하였으니 앞의 설명과 뜻한 의미가 현격히 다르다.

[鈔] 若依此經下는 七, 顯權實이니 由上所明이 皆約寄位일새 故示本經의 眞實之義어니와 今文에 略擧니 具云하면 隨順菩提하야 修八聖道가 是菩薩道니 所謂167)正見道니 遠離一切諸邪見故요 起正思惟니 捨妄分別하고 心常隨順一切智故요 常行正語니 離語四過하고 順聖言故요 恒修正業이니 敎化衆生하야 令調伏故요 安住正命이니 頭陀知足이며 威儀審正하야 隨順菩提하야 行四聖種하고 一切過失을 皆永離故요 起正精進이니 勤修一切菩薩苦行하야 入佛十力無罣礙故요 心常正念이니 悉能憶持一切言音하야 除滅世間散動心故요 心常正定이니 善入菩薩不思議解脫門하야 於一三昧中에 出生168)一切諸三昧故라하니라 釋曰, 據此文證인대 豈不深玄가

● (g) 若依此經 아래는 방편과 실법을 밝힘이다. 위에서 밝힌 것이 모두 지위에 의탁함에 의지한 연고로 본경의 진실한 뜻을 보였지만 지금 소문에는 대략 거론하였다. 갖추어 말하면 "보리의 여덟 가지 성인의 길을 따르는 것이 보살의 도니, 이른바 바른 소견을 행함이니 모든 잘못된 소견을 멀리 여의는 연고며, 바른 생각을 일으킴이니 망령

---

167) 謂下에 經有行字.
168) 生은 甲南續金本作入誤.

된 분별을 버리고 항상 온갖 지혜를 따르는 연고며, 바른 말을 행함이니 말에 네 가지 허물을 여의고 성인의 말을 따르는 연고며, 바른 업을 닦음이니 중생을 교화하여 조복하게 하는 연고며, 바른 생활에 머묾이니 두타행으로 만족함을 알고 위의를 바르게 하며, 보리를 따라서 네 가지 성인 되는 일[四聖種]을 행하고 모든 허물을 아주 여의는 연고며, 바른 노력[正精進]을 일으킴이니 모든 보살의 고행을 부지런히 닦아 부처의 열 가지 힘에 들어가매 장애가 없는 연고며, 항상 바르게 기억함이니 온갖 말과 음성을 기억하여 세간의 산란한 마음을 없애는 연고며, 항상 바르게 안정함이니 보살의 부사의한 해탈문에 들어가서 한 삼매 가운데서 모든 삼매를 내는 까닭이다"라고 하였다. 해석하자면 이 경문을 의거해 증명한다면 어찌 깊고 현묘하지 않겠는가?

e. 총합하여 비유로 밝히다[總以喩彰] (上之 58下5)

- [疏] 上之七類가 總以喩顯하면 法性은 如大地요 念處는 如種子요 正勤은 爲種植이오 神足은 如抽芽요 五根은 如生根이오 五力은 如莖葉이 增長이오 開七覺華하야 結八正果니라
- ■ 위의 일곱 가지 부류를 총합하여 비유하여 밝힌다면 법의 성품은 대지와 같고 a) 사념처(四念處)는 종자와 같고, b) 사정근(四正勤)은 종자를 심은 것이요, c) 사신족(四神足)은 싹을 틔움과 같고, d) 오근(五根)은 뿌리가 내림이요, e) 오력(五力)은 줄기와 잎이 늘어남과 같고, f) 칠각지(七覺支)의 꽃을 피우고, g) 팔정도(八正道)의 열매를 맺는 것에 비유하였다.

[鈔] 上之七類總以喩顯下는 卽第五段이라 然이나 婆沙와 智論에 皆有此文이나 並[169]以樹로 況於道品하니 故名道樹라하니라

● e. 上之七類 아래는 총합하여 비유로 밝힘이다. 그러나 『비바사론』과 『대지도론』에 모두 이런 문장이 있지만 아울러 나무로 37가지 보리분법을 비유하였으니, 그래서 '보리의 나무'라고 이름하였다.

ㄴ. 소승을 막는 행법[護小乘行] 2.

ㄱ) 총합하여 밝히다[總明] (第二 59上5)

菩薩이 修行如是功德은 爲不捨一切衆生故며 本願所持故며 大悲爲首故며 大慈成就故며 思念一切智智故며 成就莊嚴佛土故며 成就如來力無所畏와 不共佛法과 相好音聲이 悉具足故며 求於上上殊勝道故며 隨順所聞甚深佛解脫故며 思惟大智善巧方便故니라
"보살이 이런 공덕을 수행함은 (1) 일체 중생을 버리지 않으려는 연고며, (2) 본래의 원을 지닌 연고며, (3) 대비가 으뜸이 된 연고며, (4) 대자로 성취한 연고며, (5) 온갖 지혜의 지혜를 생각하는 연고며, (6) 장엄한 불국토를 성취하는 연고며, (7) 여래의 힘과 두려움 없음과 함께하지 않는 부처님 법을 성취하고 상호와 음성을 다 구족하려는 연고며, (8) 상상인 수승한 도를 구하려는 연고며, (9) 들은 바 매우 깊은 부처님의 해탈을 따르는 연고며, (10) 큰 지혜와 공교한 방편을 생각하는 연고이니라."

---

169) 並下에 南續金本有皆字.

[疏] 第二, 護小乘行中에 十句니 初는 總이오 餘는 別이라 總中에 如是功德은 指前道品이오 爲不捨衆生은 正明護義니 不同二乘之獨善故라

■ ㄴ. 소승을 막는 행법 중에 열 구절이니 ㄱ) 총합하여 밝힘이요, ㄴ) 개별로 밝힘이다. ㄱ) 총합하여 밝힘 중에 이러한 공덕은 앞의 보리분법을 지적한 것이요, '중생을 버리지 않기 위해서'란 바로 막음의 뜻을 밝힘이니 이승의 홀로 선함과는 같지 않은 까닭이다.

ㄴ) 개별로 밝히다[別明] (別中 59上7)

[疏] 別中에 具有悲智하야 已出於小이온 況以此로 導前이 九句가 爲四니 一은 始요 二는 益이오 三은 希요 四는 行이니 前三은 護小心이오 後一은 護小行이라 一, 始者는 大願이 爲起行之本故요 二, 慈悲益物이니 上二는 護陜心이라 三, 思念種智가 爲希니 此護小也라 四, 行中에 有五句하니 前四는 自利요 初二는 求果라 一은 修淨土行하야 求佛依報요 二는 修起佛法行하야 求佛十力等正報之法이라 後二는 求因이니 三은 求彼地方便無厭足行이니 謂五와 六과 七地라 故로 云上上勝道니라 四는 修入不退轉地行이니 卽八地已上에 覺法自性하야 順佛解脫也라 後一은 利他니 卽敎化衆生行을 必須善巧니라

■ ㄴ) 개별로 밝힘 중에 자비와 지혜가 갖추어져서 이미 소승에서 나왔는데 하물며 이것으로 앞을 인도하겠는가? 아홉 구절을 넷으로 나누었으니 (1) 시작함이요, (2) 이익되게 함이요, (3) 희망함이요, (4) 행함이다. 앞의 셋은 소승의 마음을 막음이요, 뒤의 하나는 소승의 행법을 막음이다. (1) 시작함이란 큰 서원이 행법을 일으키는 근본이 되기 때문이요, (2) 자비로 중생을 이익되게 함이니 위의 둘[大悲爲首, 大

慈成就]은 좁은 마음을 막음이다. (3) 종지를 생각하고 기억함이 희망이니 이것은 소승의 마음을 막음이다. (4) 행법 중에 다섯 구절이 있으니 앞의 네 구절은 자리행이요, 그중에 처음 두 구절[成就莊嚴佛土, 成就如來力無所畏不共佛法相好音聲悉具足故]은 과보를 구함이다. 첫째, 정토의 행법을 닦아서 부처님의 의보를 구함이요, 둘째, 수행으로 불법의 행을 일으켜서 부처님의 십력 따위의 정보의 법을 구하는 것이다. 뒤의 둘[求於上上殊勝道, 隨順所聞甚深佛解脫故]은 인행을 구함이니 셋째, 저 지(地)의 방편에 싫증내지 않는 행법을 구함이니 제5지와 제6지와 제7지를 말한다. 그러므로 '상상인 수승한 도'라고 말하였다. 넷째, 닦아서 지에서 물러나지 않는 행법을 닦는 것이니, 말하자면 제8지 이상에서 법의 자성을 깨달아서 부처님의 해탈을 따르는 것이다. 뒤의 한 구절[思惟大智善巧方便]은 이타행이니, 말하자면 중생을 교화하는 행법은 반드시 모름지기 뛰어나야 한다는 뜻이다.

라) 저 결과의 부분[彼果分] 2.

(가) 과목을 나누고 의미를 밝히다[分科敍意] (大文 59下9)

佛子여 菩薩이 住此焰慧地에 所有身見爲首하여 我人衆生壽命과 蘊界處의 所起執着出沒을 思惟와 觀察하여 治故와 我所故와 財物故와 着處故인 於如是等에 一切皆離니라
"불자여, 보살이 이 염혜지에 머물고는 몸이란 소견[身見]이 머리가 되어 〈나〉란 고집, 사람이라는 고집, 중생이란

고집, 오래 산다는 고집, 오온·18계·12처로 일으킨 집착과 나오고 빠지고 하는 것을 생각하고 관찰하여 다스리는 연고며, 나의 소유인 연고며, 재물인 연고며, 집착하는 곳인 연고로, 이런 모든 것을 다 여의느니라.

❖ 제6회 십지품 제4 焰慧地 (科圖 26-51; 號字卷)

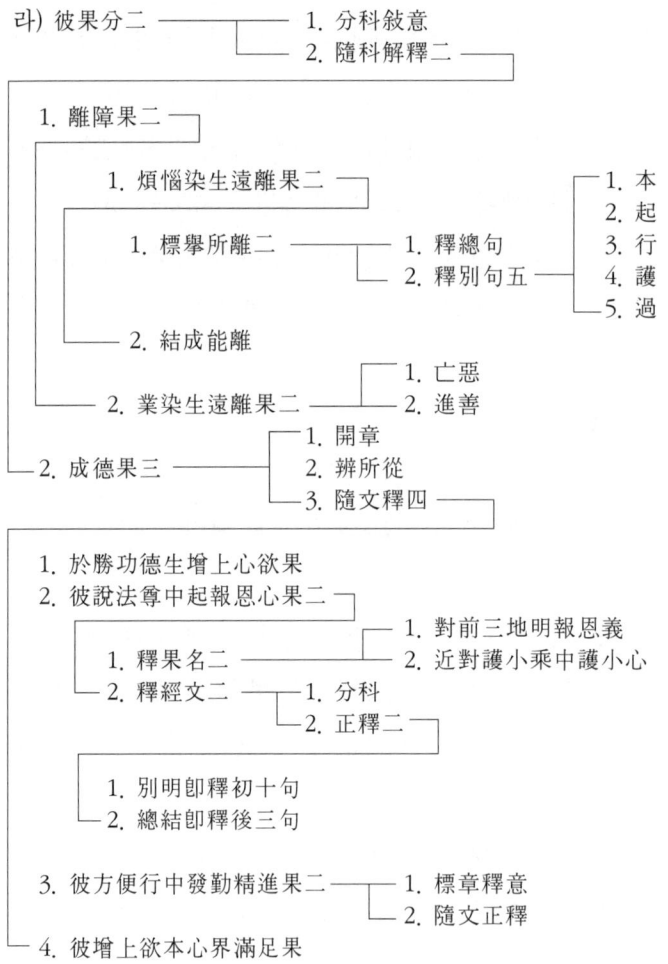

[疏] 大文第四는 彼果分中에 卽攝無盡行이니 離障成德하야 窮盡生界하야 爲利樂故라 果有二種하니 一은 離障果니 從護煩惱生이오 二는 成德果니 從護小乘生이라 前中에 又二니 一은 煩惱染生遠離果니 此離惑障이오 二는 業染生遠離果니 此離業障이라 皆言生者는 煩惱染等이 猶如生食이니 今是寄位出世之首일새 能離彼生이라

■ 큰 문단으로 라) 저 결과의 부분 중에 바로 (十行品의) 제4. 그지없는 행[無盡行]을 포괄하나니 장애를 떠나 공덕을 이루어 중생계가 다하도록 이익과 즐거움이 되는 까닭이다. 결과에 두 종류가 있으니 ㄱ. 장애를 여읜 결과이니 번뇌를 막아 냄으로부터 생겨난 것이요, ㄴ. 공덕을 성취한 결과이니 소승을 막아 냄으로부터 생겨난 것이다. ㄱ. 중에 또 둘이니 ㄱ) 번뇌에 오염된 데서 멀리 여읜 결과가 생겨났으니 여기서 번뇌의 장애를 여읨이요, ㄴ) 업에 오염된 데서 멀리 여읜 결과가 생겨났으니 여기서는 업의 장애를 여읨이라 한다. 모두에 '생겨난다'고 한 것은 번뇌에 오염된 등이 마치 '선 밥[生食]'과 같나니, 지금은 지위에 의탁한 것이 세간을 벗어난 처음이므로 능히 저 세간에서 벗어나서 생겨난다는 뜻이다.

[鈔] 大文第四者는 前已指經일새 故此不牒이니 卽從佛子菩薩住此焰慧地所有身見下가 是라 然總唯二果하니 前一은 開二요 後一은 開四하야 便成六果라 然有二門하니 一, 行斷分別이니 故云二中에 一은 離障果요 二는 成德果라 二, 對前分別일새 故云, 前은 從護煩惱生이오 後는 從護小乘生이라 隨文釋中에 具以六果로 別別對前이라 今初는 一是護煩惱者는 以修道品對治行故로 遠離煩惱하고 顯涅槃故로 業亦隨亡이니 初爲二果라

● 큰 문단으로 라) 저 결과의 부분이다. 앞에서 이미 본경을 가리켰으므로 여기서는 문장을 따오지 않았으니 곧 佛子菩薩住此焰慧地所有身見 아래가 이것이다. 그래서 총합적으로는 두 결과만 있으니 앞의 하나[ㄱ. 離障果]는 둘로 전개하고, 뒤의 하나[ㄴ. 成德果]는 넷으로 전개하여 문득 여섯 가지 결과를 이룬다. 그런데 두 문이 있다. 1) 행하고 단절함으로 분별하는 문[行斷分別門]이니 그래서 두 부문 중에 하나는 장애를 여읜 결과이고, 둘은 공덕을 성취한 결과라 하였다. 2) 앞과 상대하여 분별하는 문[對前分別門]이므로 앞은 번뇌를 막아 냄으로부터 생겨난 것이요, 뒤는 소승을 막아 냄으로부터 생겨났다고 하였다. 경문을 따라 해석한 중에 여섯 가지 결과를 갖추어 개별적으로 앞과 상대하였다. 지금은 (ㄱ) 에서 ㄱ. '번뇌를 막아 낸다'는 것은 보리분법을 닦아서 다스리는 행법인 까닭에 번뇌를 멀리 여의고 열반을 밝게 함으로 업도 역시 따라 없어지나니 ㄱ.은 두 가지 결과가 된다.

(나) 과목을 따라 해석하다[隨科解釋] 2.
ㄱ. 장애를 여읜 결과[離障果] 2.

ㄱ) 번뇌에 오염된 데서 원리과가 생겨나다[煩惱染生遠離果] 2.
(ㄱ) 여읠 대상을 거론하다[標擧所離] 2.
a. 총상 구절[釋總句] (今初 60下2)

[疏] 今初에 離惑이니 先, 擧所離요 後, 於如是下는 結成能離라 就所離

中하야 所起執着出沒이 是此總相이오 餘皆是別이라 總中에 執着은 是前地中의 解法慢也라 論에 云, 我知大知者는 我知는 謂執我能知요 大知는 謂執所知大法이라 出沒者는 是前地中의 正受慢也라 出者는 三昧起義故니 謂修起彼定이오 沒者는 三昧滅義故니 謂定所除라 今計我能修此定하니 此定이 即我所修故라 論에 云我修我所修라 하니라 已釋總句니라

■ 지금은 ㄱ) 번뇌장을 떠난 결과[離惑果]이니 (ㄱ) 여읠 대상을 거론함이요, (ㄴ) 於如是 아래는 여의는 주체로 결론함이다. 여읠 대상에 입각하여 일으킨 집착과 나오고 빠짐이 이것의 총상이요, 나머지는 모두 별상이다. a. 총상 중에 집착은 앞 지(地)의 법을 알았다는 거만함이다. 논경에 이르되, "아지(我知)와 대지(大知) 중에서 아지(我知)는 내가 잘 안다고 집착함이요, 대지(大知)는 대법을 알고 있다고 집착하는 것을 말한다. '나오고 빠짐'이란 앞 지(地) 중에 삼매에 대한 거만함이다. 출(出)이란 삼매가 일어난다는 뜻이므로 저 선정을 닦아 일으킴을 말하고, 몰(沒)이란 삼매가 없어진다는 뜻이니 선정으로 제거할 대상을 말한다." 지금은 내가 이런 선정을 잘 닦는다고 생각하니 이런 선정이 곧 내가 닦을 대상인 까닭이다. (그래서) 논경에서 "내가 닦아야 할 대상을 내가 닦는다"고 하였다. a. 총상 구절은 해석해 마쳤다.

[鈔] 所起執着者는 此是斷惑이니 正斷三地의 正受와 解法慢故라
● '일으킨 바 집착'이란 여기서는 단절할 번뇌이니 바로 제3지의 삼매와 법을 알았다는 거만함인 까닭이다.

b. 별상 구절[釋別句] 5.
a) 번뇌의 근본[本] 3.
(a) 바로 경문을 해석하다[正釋經文] (別有 60下10)

[疏] 別有五種하니 一은 本이오 二는 起요 三은 行이오 四는 護요 五는 過라 本은 即所有身見으로 至蘊界處니 於中에 身見이 爲總이오 我等은 爲別이라 別中에 我人等四는 爲人我慢이오 蘊界處三은 是法我慢이라

- b. 별상에 다섯 종류가 있으니 a) 번뇌의 근본이요, b) 일으킴이요, c) 행함이요, d) 막음이며 e) 지나감이다. a) (번뇌의) 근본이란 곧 가진 바 내 몸이라는 견해로부터 오온, 12계, 18처에 이르기까지이니, 그중에 신견(身見)이 총상이 되고 아견(我見) 등이 별상이 된다. 별상 중에 아(我)와 인(人) 등의 넷[我, 人, 衆生, 壽命]은 사람에 대한 거만함[人我慢]이 되고, 오온·12계·18처의 셋은 법에 대한 거만함[法我慢]이 된다.

(b) 논경의 본 자(本字)를 해석하다[釋論本字] (而云 61上2)

[疏] 而云本者는 有二義故니 一, 以此我가 爲解法과 正受인 二慢之本이오 二者, 身見이 復爲二我와 及六十二見之本이니 有此差別이니라

- 그러나 근본이라 말한 것은 두 가지 뜻이 있는 까닭이다. 1) 이런 내가 법을 아는 것과 삼매에 대한 것의 두 가지 거만함의 근본인 까닭이요, 2) 신견(身見)이 다시 두 가지 아만(我慢)과 62가지 견해의 근본이 되나니 이런 다른 점이 있다.

(c) 단절할 대상인 장애를 내보이다[出所斷障] (此中 61上4)

[疏] 此中에 身見은 若約實位하야 準唯識論인대 此地에 斷第六識中의 俱生身見과 及所起過하니 由得出世道品治故라 以分別起者는 初地에 斷故라 是以로 瑜伽에 名爲微細薩迦耶見이라하니라 若約寄位하야 準仁王經인대 四地를 名須陀洹位니 以寄出世之首故라 則亦得斷分別身見이니라

- 이 가운데 身見은 만일 실제의 지위에 입각하여 유식론에 준한다면 이 지(地)에서 제6식 중의 구생신견(俱生身見)과 거기서 일으킨 허물을 단절하나니, 출세간의 도품을 얻어 다스린 까닭이다. 분별로 일어나는 번뇌는 초지에 단절했기 때문이다. 이 때문에『유가사지론』에서 '미세한 살가야견(薩迦耶見)'이라 이름하였다. 만일 지위에 의탁하여 『인왕경(仁王經)』에 준한다면 제4지를 수다원과(須陀洹果)라 이름하였으니 출세간에 의탁한 맨 먼저인 까닭이다. 또한 분별로 일어난 신견(身見)을 단절한다는 뜻이다.

[鈔] 本卽所有等者는 疏文有三하니 一, 釋經이니 此中에 二我는 計執自高하야 說爲我慢이오 非定과 法慢이라 二, 而云下는 釋論本字요 三, 此中身見下는 出所斷體라 於中有二하니 一은 約實位說하야 具引唯識하니 已見初地요 二는 約寄位하야 旣是初果니 初果에 初斷見故니라

- '근본이란 곧 가진 바 내 몸' 등이란 소의 문장에 셋이 있으니 (a) 바로 경문을 해석함이니 이 가운데 두 가지 〈나〉는 스스로 계탁하여 높다고 집착해서 일어난 〈나〉라는 거만함이지 선정과 법에 대한 거만함이 아니다. (b) 而云 아래는 논경의 본 자(本字)를 해석함이요,

(c) 此中身見 아래는 단절할 대상의 체성을 내보임이다. 그중에 둘이니 ㉠ 실제의 지위에 입각하여 유식론을 갖추어 인용하였으니 이미 초지에서 보았고, ㉡ 지위에 의탁하여 이미 첫째 과보에 의지하였으니, 첫째 과보에서 처음으로 사견(邪見)을 단절하기 때문이다.

b) 번뇌를 일으키다[起] (二思 61下4)
c) 행법을 밝히다[行] (三觀)
d) 번뇌를 막아 내다[護] (四治)
e) 지나감을 밝히다[過] (五著)

[疏] 二, 思惟者는 明起니 謂不正思惟하야 而起慢故라 三, 觀察者는 明行이니 謂心行緣中에 多觀所得인 若法若定하야 求覓勝相하야 令他知故니라 四, 治故下의 三句는 明護라 治者는 數數觀察하야 修治所見이요 我所者는 起於我想하야 取彼勝相하야 屬我己故라 財物者는 如畜財者의 受用護持故라 以上三事는 防護自己所得이니라 五, 著處者는 明過니 謂心堅安處法定二事故라 五中에 前三은 起慢方便이요 後二는 隨助慢心이라 上總과 及顯相이 正是所起니라

■ b) 사유함이란 일으킴을 밝힘이다. 말하자면 바르지 않게 생각하여 거만함을 일으키는 까닭이다. c) 관찰함이란 행법을 밝힘이다. 말하자면 마음으로 반연을 행하는 가운데 대부분 얻은 바 법이나 선정을 관찰하여 뛰어난 모양을 찾아 다른 이로 하여금 알게 하는 까닭이다. d) 治故 아래의 세 구절은 막아 냄을 밝힘이다. 다스림이란 자주 자주 관찰함을 통해 소견을 닦아 다스리는 것이요, 〈내 것〉이란 〈나〉라는 생각을 일으켜 저 뛰어난 모양을 취하여 자기 스스로

에게 소속시키는 까닭이다. 재물이란 재산 모으는 이가 받아서 보호하고 간직함과 같기 때문이다. 이상의 세 가지 일은 자기가 얻은 것을 막고 보호하는 개념이다. e) 집착하는 곳이란 지나감을 밝힘이다. 말하자면 마음을 굳고 편안하게 법과 선정의 두 가지 일에 머무는 까닭이다. 이런 다섯 중에서 앞의 셋[a) 本 b) 起 c) 行]은 거만을 일으키는 방편이요, 뒤의 둘[d) 護 e) 過]은 거만을 따라 돕는 마음이다.

[鈔] 以上三事者는 三事의 即一은 治故요 二는 我所故요 三은 財物故라 自己有所得은 即前執着出沒인 法定兩慢이니 此爲所護라 總用三[170)]句하야 釋論護字니라 五中已下는 總料揀也라 五는 即前一, 本이요 二, 起요 三, 行이요 四, 護요 五, 過라

● '이상의 세 가지 일'에서 세 가지 일은 곧 1) 다스리기 때문이요, 2) <내 것>이기 때문이요, 3) 재물이기 때문이다. 자기가 얻은 것은 곧 앞에서 나고 빠짐에 집착하는 법과 선정에 대한 두 가지 거만함이니 이것이 막아 낼 대상이다. 총합적으로 네 구절을 써서 논경의 호 자(護字)를 해석하였다. 五中 아래는 총합하여 구분함이다. 다섯이란 곧 앞의 a) 근본 b) 일으킴 c) 행함 d) 막아 냄 e) 지나감을 말한다.

(ㄴ) 여의는 주체로 결론하다[結成能離] (後結 62上7)

[疏] 後, 結離中에 由得道品正助方便하야 無不離也니라
■ (ㄴ) 여의는 주체로 결론함 중에 37가지 보리분법의 바르고 돕는 방

---

170) 三은 南金本作四誤.

편의 도를 얻음으로 인하여 여의지 못하는 것이 없다.

[鈔] 171)得道品者는 正은 謂正道요 助는 卽助道요 方便은 卽方便道니 並如前說이니라
- '보리분법을 얻음으로 인하여'라고 말한 중에 정(正)은 바른 도요, 조(助)는 돕는 도를 말하고, 방편(方便)은 방편도를 가리키나니 모두 앞에서 설명한 내용과 같다.

ㄴ) 업에 오염된 데서 완전히 여읜 결과가 생겨나다[業染生遠離果] 2.
(ㄱ) 악함을 잊다[亡惡] (第二 62下2)
(ㄴ) 선으로 나아가다[進善] (進善)

此菩薩이 若見業이 是如來所訶요 煩惱所染인댄 皆悉捨離하며 若見業이 是順菩薩道요 如來所讚인댄 皆悉修行이니라
이 보살이 만일 업이 여래께서 꾸중하신 것이고, 번뇌에 물든 것으로 보았으면 모두 떠나고, 만일 업이 보살의 도를 따르는 것이고 여래가 찬탄하신 것으로 보았으면 다 닦아 행하느니라.

[疏] 第二, 此菩薩下는 明離業染이라 上修道品에 正離煩惱니 煩惱가 旣去에 業亦隨亡이니 亡不善業而修善業이라 文中에 先은 亡惡이오 後는 進善이라 惡有二義일새 故不應作이니 一, 佛所不讚者는 尊敬佛故

---

171) 得上에 南續金本有由字.

로 不爲요 二, 煩惱染者는 畏惡名故로 不作이니 惡名은 則違利生道故라 進善에 有二義는 反此可知니라 又不作煩惱所染은 異凡夫業이오 作順菩薩道業은 則異二乘이니라

■ ㄴ) 此菩薩 아래는 업에 오염된 데서 완전히 여읨을 밝힘이다. 위에서 보리분법을 닦을 적에 바로 번뇌를 여의었으며, 번뇌가 이미 제거되었으니 업도 따라 없어질 것이며, 선하지 않은 업을 없애고 선한 업을 닦는 것이다. 경문에서 (ㄱ) 악을 없앰이요, (ㄴ) 선으로 나아감이다. (ㄱ) 악함에 두 가지 뜻이 있으므로 짓지 않아야 한다. (1) 부처님께서 찬탄하지 않은 것은 부처님을 존경하는 까닭에 하지 않는 것이요, (2) 번뇌에 오염된 것은 악한 이름을 두려워하는 연고로 짓지 않는 것이다. 악한 이름은 중생을 이롭게 하는 도와 위배되기 때문이다. (ㄴ) 선으로 나아감에 두 가지 뜻이 있는 것은 (ㄱ)과 반대이니 알 수 있으리라. 또 번뇌에 오염된 것을 짓지 않음은 범부의 업과 다르고, 보살도에 수순하여 닦는 업은 이승과 다르다는 뜻이다.

ㄴ. 공덕을 성취한 결과[成德果] 3.

ㄱ) 가름을 열다[開章] (第二 62下9)

佛子여 此菩薩이 隨所起方便慧하여 修習於道와 及助道分[172]하고는
불자여, 이 보살이 일으킨 방편과 지혜로 도와 도를 돕는 부분을 닦아 익히고는,

---

172) 習은 宮普綱續金本作集, 準下疏應從麗明清等本作習; 宋元本準弘昭本作習 準大正作集.

[疏] 第二, 成德果中에 有四하니 一은 於勝功德에 生增上心欲果요 二는 彼說法尊中에 起報恩心果요 三은 彼方便行中에 發勤精進果요 四는 彼增上欲의 本心界滿足果라

- ㄴ. 공덕을 성취한 결과 중에 넷이 있으니 (ㄱ) 뛰어난 공덕에 대해 더없는 마음의 욕구를 일으킨 결과요, (ㄴ) 저 설법하는 어른에게 은혜에 보답하려는 마음을 일으키는 결과요, (ㄷ) 저 방편의 행법 중에 부지런히 정진하려 한 결과요, (ㄹ) 저 뛰어난 욕구의 근본인 마음의 경계를 만족시킨 결과이다.

ㄴ) 나온 곳을 밝히다[辨所從] (此之 63上1)

[疏] 此之四果는 前三은 從前生이오 後一은 復從此三果生이라 前中에 初二는 護小心果요 後一은 護小行果라 前中에 初果者는 由本欲上求下救하야 今更爲物轉轉上求니 故云增上이라

- 이런 네 가지 결과에서 앞의 셋은 앞에서부터 생겨난 것이요, 뒤의 하나는 다시 이 세 가지 결과에서 생겨난 것이다. 앞의 둘[(ㄱ) 增上心欲果 (ㄴ) 起報恩心果]은 소승의 마음을 막아 낸 결과요, 뒤의 하나[(ㄷ) 發勤精進果]는 소승의 행법을 막아 낸 결과이다. 앞에서 (ㄱ) 뛰어난 욕구를 일으킨 결과[增上心欲果]는 근본적으로 위로 보리를 구하고 아래로 중생을 구제하려 함으로 인해 지금 다시 중생을 위해 점점 위로 구하는 것이므로 '뛰어나다'고 하였다.

[鈔] 第二는 成德果라 文中有二니 先, 開章이니 名如下釋이라 次, 此之四果下는 辨所從이라 言初二護小者는 對下小行이니 故云小心이니 通

上狹心이 皆小乘心이라 今此二果는 俱從狹小二心所生이라

言二果者는 一, 增上心欲果요 二, 報恩心果라 上護狹心은 是利他心이요 上護小心은 是自利心이요 護二利行은 爲報佛心이라 俱護小乘이 卽是心欲이라 今更增上이 卽是其果라 修此二利하야 爲報佛恩이 故是其果라 言後一護小者는 卽發勤精進果라 前護行中에 修二利行은 謂成就莊嚴佛土等이라 有五句經하니 前四는 自利요 後一은 利他라 今皆勤行이 卽是其果라 上言後一復從前三果生者는 卽增上欲本心界滿足果니 謂於前[173]增上心欲에 得滿足故요 報恩心에 得滿足故요 於勤精進에 得滿足故로 下疏에 文具라하니라

前中初果下는 隨文釋也니 先은 釋第一果니 通約護小일새 故云上求下救니라

- ㄴ. 공덕을 성취한 결과이다. 경문에 둘이 있으니 ㄱ) 가름을 전개함이니 이름은 아래의 해석과 같다. ㄴ) 此之四果 아래는 나온 곳을 밝힘이다. '앞의 둘은 소승의 마음을 막은 결과'라고 말한 것은 아래 소승의 행법에 상대한 것이므로 '소승의 마음'이라 하였으니, 위에서 좁은 마음이 모두 소승의 마음과 통한다. 지금의 이 두 가지 결과는 함께 좁고 작은 두 가지 마음에서 생겨난 것이다.

'두 가지 결과'라 말한 것은 (ㄱ) 뛰어난 마음으로 욕구한 결과요, (ㄴ) 은혜에 보답하려는 마음을 일으킨 결과이다. 위에서 좁은 마음을 막은 것은 이타행(利他行)의 마음이요, 위에서 소승의 마음을 막은 것은 자리행(自利行)의 마음이요, 2리행(二利行)을 막은 것은 부처님 은혜에 보답하려는 마음이다. 모두 소승을 막은 것이 바로 마음의 욕구인 것이다. 지금 더욱 뛰어난 것이 바로 그 결과이다. 이런 2리행을

---

[173] 前은 南續金本作前段.

닦아서 부처님의 은혜에 보답하려는 것이므로 그 결과인 것이다. '뒤의 하나는 소승의 행법을 막은 결과'라고 말한 것은 부지런히 정진하려 한 결과이다. 앞의 ㄴ) 소승을 막는 행법 중에 2리행을 닦는 것은 장엄한 불국토를 성취하는 따위를 말한다. 다섯 구절의 경문이 있었으니 앞의 넷[174]은 자리행(自利行)이요, 뒤의 하나[思惟大智善巧方便]는 이타행(利他行)이다. 지금은 모두 부지런히 정진하려는 행법이 바로 그 결과이다. 위에서 '뒤의 하나는 다시 이 세 가지 결과에서 생겨났다'고 말한 것은 곧 (ㄹ) 저 뛰어난 욕구의 근본인 마음의 경계를 만족시킨 결과이니, 앞의 뛰어난 마음의 욕구에서 만족을 얻은 까닭이요, 은혜에 보답하려는 마음에서 만족을 얻은 까닭이요, 부지런히 정진하려는 마음에서 만족을 얻은 까닭에 아래 소의 문장에 '구비되었다'고 하였다.

ㄷ) 前中初果 아래는 경문을 따라 해석함이니 (ㄱ) 첫째, 결과[增上心欲果]에 대한 해석이다. 통틀어 소승을 막는 행법에 의지한 까닭에 "위로 보리를 구하고 아래로 중생을 구제한다"고 말하였다.

ㄷ) 경문을 따라 해석하다[隨文釋] 4.
(ㄱ) 뛰어난 공덕에서 더없는 마음의 욕구를 일으킨 결과
　　[於勝功德生增上心欲果] 2.
a. 앞의 수행의 원인을 따오다[牒前修因] (文中 63下8)

[疏] 文中에 二니 初, 牒前修因이요 後, 如是而得下는 顯所得果라 今初니
　　 卽牒前護小乘中의 總句也라 隨所起方便慧者는 牒前不捨一切衆

---

174) 넷은 2. 成就莊嚴佛土 2. 成就如來力無所畏・不共佛法・相好音聲悉具足 3. 求於上上殊勝道 4. 隨順所聞甚深佛解脫을 가리킨다. (역자 주)

生故니 不捨衆生而修道品이니 是有方便은 則道品慧解라 修習於道
及助道者는 卽前修習如是功德也니 道는 卽四地證智요 助道는 卽
菩提分法이니라

- ㄷ) 경문을 따라 해석함에 둘이니 a. 앞의 수행의 원인을 따옴이요,
  b. 如是而得 아래는 얻은 결과를 밝힘이다. 지금은 a. 이니 앞의 소
  승을 막는 행법 중의 총상 구절을 따온 부분이다. 앞에서 '일으킨 방
  편과 슬기를 따라'라고 말한 것은 앞의 일체 중생을 버리지 않음을
  따온 부분이니, 중생을 버리지 않고 보리분법을 닦나니 여기에 있는
  방편은 보리분법의 슬기로 이해한 부분이다. '도와 보리분법을 닦고
  모은다'는 말은 앞의 이러한 공덕을 닦고 익힌다는 말을 가리키나니,
  여기서 도(道)는 곧 제4지에서 증득한 지혜이고 조도(助道)는 보리분
  법을 뜻한다.

[鈔] 今初卽牒前者는 總句이니 經에 云, 菩薩이 修行如是功德이 爲不捨
一切衆生故니 疏文에 具[175]配釋之니라

- '지금은 a.이니 앞의 ~을 따온다'는 말은 총상 구절이다. 경문에서
  "보살이 이런 공덕을 수행함은 일체 중생을 버리지 않으려는 연고이
  다"라고 하였으니, 소의 문장에 갖추어 경문과 배대하여 해석하였다.

b. 얻은 결과를 밝히다[顯所得果] 2.
a) 총상에 대한 해석[釋總] (二顯 64上8)

如是而得潤澤心과 柔軟心과 調順心과 利益安樂心과 無

---

175) 具下에 甲南續金本有引經文三字; 釋之는 南續金本無.

제4절 焰慧地 (1) 明地相 라) 彼果分

雜染心과 求上上勝法心과 求殊勝智慧心과 救一切世間
心과 恭敬尊德無違敎命心과 隨所聞法皆善修行心이니라
이리하여 윤택한 마음, 부드럽고 연한 마음, 조화롭고 순한
마음, 이익하고 안락하게 하는 마음, 잡되고 물들지 않는 마
음, 상상의 수승한 법을 구하는 마음, 수승한 지혜를 구하는
마음, 일체 세간을 구호하는 마음, 높은 덕을 공경하고 가르
치는 명령을 어기지 않는 마음, 들은 법을 따라서 잘 수행하
는 마음을 얻느니라.

[疏] 二, 顯所得果라 有十句하니 初는 總이오 餘는 別이라 總云潤澤者는
深欲愛敬故니 謂由修二道하야 自有所潤으로 深欲敬上이오 由爲物
修하야 潤及含生하야 深欲愛下라

■ b. 얻은 결과를 밝힘이다. 열 구절이 있으니 a) 첫 구절은 총상에 대
한 해석이요, b) 나머지는 별상에 대한 해석이다. a) 총상에서 '윤택
하다'고 말한 것은 깊이 사랑하고 공경하려는 까닭이다. 말하자면
두 가지 도를 닦아 스스로에게 윤택한 것이 있음으로 인해 깊이 윗사
람을 공경하려 함이요, 중생을 수행하게 함으로 인해 윤택함이 모든
중생에게 미쳐서 아랫사람을 깊이 사랑하려는 까닭이다.

b) 별상에 대한 해석[釋別] (別中 64下1)

[疏] 別中에 九句는 釋彼潤澤이라 有三種勝하니 一, 柔軟心者는 明樂行
勝이니 謂證法適神故요 二, 調順者는 調和善順이니 緣中無礙가 是
三昧自在勝이라 上二는 是行體요 三, 利益下七句는 明離過對治勝

이니 此是行用이라 於中에 初句는 總이니 利他無過故로 利益이오 自利가 無過故로 安樂이라 下六句는 隨過別顯이니 若不寄對하면 難顯性淨之德이라 六句는 即離六過라 經中에 皆是能治니 一, 無雜染心은 治爲利於貪過와 及爲名妬心過요 二, 治少欲功德過요 三, 治不求勝智過니 上三은 皆自利라 四, 治懈怠不攝衆生過니 上四는 皆離於行生過라 後二는 離於敎生過니 謂五, 治自見取不遵勝敎過요 六, 治捨爲首不隨說行過라 如說修行하야 於聞思中에 最爲其首라 今捨彼首가 所以爲過니라 又上救生은 即前悲果오 求殊勝智는 即上求果니라

■ b) 별상 중에 아홉 구절은 저 윤택함에 대한 해석이다. 세 가지 뛰어남이 있으니 (1) 부드럽고 연한 마음이란 즐겨하는 수행이 뛰어남을 밝힘이니 증득한 법이 마음에 알맞은 까닭이요, (2) 조화롭고 순한 마음이란 조화롭고 선하고 유순한 것이니, 반연 중에 무애함이 삼매가 자재로운 뛰어남이다. 위의 둘[柔軟心, 調順心]은 행법의 체성이요, (3) 利益 아래의 일곱 구절은 허물을 여의어 다스리는 뛰어남을 밝힘이니 이것은 행법의 작용이다. 그중에 첫 구절[(3) 利益安樂心]은 총상이니 이타행(利他行)에 허물이 없는 까닭에 이익되며, 자리행(自利行)에 허물이 없는 까닭에 안락하다는 뜻이다. 아래의 여섯 구절은 허물을 따라 개별적으로 밝힌 내용이니, 만일 배대하지 않는다면 체성이 청정한 공덕을 밝히기 어려울 것이다. 여섯 구절은 여섯 가지 허물을 여읨에 대해 밝힌 내용이다. 경문에서는 모두 다스리는 주체가 된다. (4) 첫째, 잡염이 없는 마음은 '다스려서 탐내는 허물과 질투하는 마음의 허물을 이롭게 한다'고 말한다. (5) 둘째 '상상의 뛰어남을 구하는 마음'은 공덕에 대해 욕구가 적은 허물을 다스림이요, (6) 셋째,

'뛰어난 지혜를 구하는 마음'은 뛰어난 지혜를 구하지 않는 허물을 다스림이니, 위의 셋은 모두 자리행이다. (7) 넷째, 모든 세상을 구제하려는 마음은 게을러서 중생을 섭수하지 않는 허물을 다스림이니, 위의 넷은 모두 행법에서 생겨난 허물을 여읨이다. 뒤의 두 구절은 교법에서 생긴 허물을 여읨이다. 말하자면 (8) 다섯째[恭敬尊德無違教命心]는 자신의 소견을 취착해서 뛰어난 교법을 따르지 않는 허물을 다스림이요, (9) 여섯째[隨所聞法皆善修心]는 우두머리가 됨을 버려서 설법한 대로 수행하지 않는 허물을 다스림이니, 설법한 대로 수행하여 듣고 생각함에 가장 우두머리가 된다는 뜻이다. 지금은 저 우두머리 되는 것을 버렸기 때문에 허물이 되는 것이다. 또 위의 중생을 구제함은 앞의 대비의 결과이고, 뛰어난 지혜를 구함은 위로 보리를 구한 결과라고 분석한다.

[鈔] 二治少欲者는 謂不欲布施頭陀等이니 今求上上勝法하야 治之라 三治不求者는 上은 不求功德이오 此는 不求智慧니 此二는 治不攝善이라 初一은 治不離惡이니 則惡止善行이 總爲自利라 四는 即利他니 則離自利利他二行之過라 亦是自分이라 後二는 亦勝進이니 前은 解요 後는 行이라 解言[176] 自見取者는 執取自見하야 以爲勝故니라

- '둘째, 공덕에 대해 욕구가 적은 허물을 다스린다'는 것은 보시하는 두타행 따위를 하려 하지 않는 것을 뜻하나니, 지금은 상상의 뛰어난 법을 구함으로 다스리는 것이다. '셋째, 뛰어난 지혜를 구하지 않는 허물을 다스린다'는 것은 위에서는 공덕을 구하지 않는 것이요, 여기서는 지혜를 구하지 않는 것이다. 이 두 가지는 선법을 섭수하지

---

176) 解言은 南金本作五治.

않음에 대한 다스림이다. 처음 하나는 악법을 여의지 않음에 대한 다스림이다. 다시 말하면 악을 그치고 선을 행하는 것이 총합적으로 자리행(自利行)이 된다. 넷째[救一切世間心]는 곧 이타행(利他行)이니, 자리행(自利行)과 이타행(利他行)의 허물을 여읜다는 뜻이다. 또한 자분의 경계이다. 뒤의 둘[恭敬尊德無違敎命心, 隨所聞法皆善修心]은 또한 승진의 경계이니, 앞은 이해하는 단계[解]요, 뒤는 실천하는 단계[行]에 해당된다. '다섯째, 자신의 견해를 취하여'라고 말한 것은 자신의 소견을 고집해서 뛰어난 것으로 삼기 때문이다.

(ㄴ) 설법주에게 보답하려는 마음을 일으킨 결과
 [彼說法尊中起報恩心果] 2.
a. 과덕의 명칭을 해석하다[釋果名] 2.
a) 앞의 제3지에 상대하여 은혜에 보답하는 뜻을 밝히다
 [對前三地明報恩義] (第二 65下1)
b) 가깝게는 소승을 제어하는 중에 협소한 마음을 제어함을 다스리다
 [近對護小乘中護小心] (上希)

此菩薩이 知恩하며 知報恩하며 心極和善하며 同住安樂하며 質直하며 柔軟하며 無稠林行하며 無有我慢하며 善受敎誨하며 得說者意하나니
이 보살이 은혜를 알고 은혜 갚을 줄을 알며, 마음이 화평하여 함께 있으면서 안락하며, 질직하고 유순하여 빽빽한 숲과 같은 행이 없으며, <나>라는 교만이 없고, 가르침을 받아서 말하는 이의 뜻을 얻나니,

[疏] 第二, 此菩薩下는 說法尊中에 起報恩心果니 謂前地中에 從佛聞法일새 是說法尊이오 今起傳法修行之心일새 則爲以報諸佛恩也라 上은 希求種智가 由知佛有恩故요 今思報가 亦上求果니라
- (ㄴ) 此菩薩 아래는 설법하시는 어른에게 보답하려는 마음을 일으킨 결과이다. 말하자면 앞의 지(地)에서 부처님으로부터 법문을 들었으므로 설법이 존귀한 것이요, 지금은 법을 전하고 수행하려는 마음을 일으키므로 부처님의 은혜에 보답하려는 내용이다. 위는 온갖 종류의 지혜를 희구함이 부처님께 은혜 입은 줄 알기 때문이요, 지금에 보답을 생각함도 또한 위로 과덕을 구하는 것이다.

[鈔] 起報恩心果라 疏文有二하니 先은 對三地하야 明報恩義니 則通對狹小요 後는 上希求下는 卽近對護小乘中에 護小心也라
- (ㄴ) 은혜에 보답하려는 마음을 일으킨 결과이니 소의 문장에 둘이 있다. a) 제3지에 상대하여 은혜에 보답하는 뜻을 밝힘이니, 통틀어 협소한 마음을 다스리는 것이요, b) 上希求 아래는 가깝게는 소승을 막는 중에서 협소한 마음을 막음에 상대한 내용이다.

b. 경문 해석[釋經文] 2.
a) 과목 나누기[分科] (文中 65下7)

[疏] 文中에 先은 別明이오 後는 總結이라
- b. 경문 해석 중에 (a) 앞은 개별로 밝힘이요, (b) 뒤는 총합하여 결론함이다.

b) 바로 해석하다[正釋] 2.
(a) 개별로 밝힘은 처음의 열 구절을 해석함이다[別明卽釋初十句] 2.
㈀ 총합하여 표방하다[總標] (今初 65下7)
㈁ 개별로 해석하다[別釋] 2.
① 총상을 해석하다[釋總] (總云)

[疏] 今初十句에 初는 總이오 餘는 別이라 總云知恩者는 謂若隨順師敎하야 行報恩行이 方是知恩故라
- 지금은 처음 열 구절에서 ① 첫 구절은 총상이요, ② 나머지는 별상이다. ① 총상에서 '은혜를 안다'고 말한 것은 말하자면 만일 스승의 교법에 수순하여 은혜에 보답하려는 행위를 하는 것이 바야흐로 은혜를 아는 것인 까닭이다.

[鈔] 先別明後總結은 亦可別明是報恩行이오 總結三心이 是報恩德이니라
- '앞은 개별적인 설명이요, 뒤는 총합적인 결론'이란 또한 은혜에 보답하려는 행위임을 개별적으로 밝히고, 총합적으로 세 가지 마음이 은혜와 공덕에 보답하려는 내용이다.

② 별상을 해석하다[釋別] 3.
㉮ 총합하여 표방하다[總標] (別中 66上1)
㉯ 개별로 해석하다[別釋] 7.
㉠ 존귀한 분에 의지하여 은혜에 보답하려는 마음을 일으키다
  [依尊起報恩心] (一知)

[疏] 別中에 彼行이 有九種을 類攝爲七하니 一, 知報恩者는 依尊하야 起報恩心이니 尊卽是佛이라 此爲恩主일새 故偏名報恩이라

- ② 별상 해석 중에 저 행위가 아홉 가지인 것을 부류로 포섭하여 일곱 가지를 만들었다. ㉠ '은혜 갚을 줄을 안다'는 것은 존귀한 분에 의지하여 은혜에 보답하려는 마음을 일으키는 것이니, 존(尊)이란 곧 부처님이다. 이는 은혜 입은 주인이 되므로 치우쳐 보은(報恩)이라 이름하였다.

[鈔] 別中等者는 二와 三이 各二句故니 此是論攝이라 亦可九句에 初一은 報恩心이오 中六은 報恩行이오 後二는 解釋이라 今初에 總欲起行하야 順佛化意也라

- ② 別中 등이란 둘째와 셋째가 각각 두 구절인 까닭이니 이것은 논경으로 포섭한 부분이다. 또 아홉 구절로 한다면, 처음 ㉠ 知報恩은 은혜에 보답하려는 마음이요, ㉡ 중간의 여섯[3. 心極和善 4. 同住安樂 5. 質直 6. 柔軟 7. 無稠林行 8. 無有我慢]은 은혜에 보답하는 행이요, ㉢ 뒤의 둘[9. 善受敎誨 10. 得說者意]은 해석함이다. 지금은 처음에 총합적으로 행위를 시작하려고 부처님의 교화하신 의미에 따른다는 뜻이다.

㉡ 동일한 교법에 의지하여 은혜에 보답하려는 마음을 일으키다

[依同法起報恩心] (二有 66上6)

[疏] 二, 有二句는 依同法하야 起報恩心이니 此明順同行善友意라

- ㉡ 두 구절은 동일한 교법에 의지하여 은혜에 보답하려는 마음을 일

으킴이니, 이는 동행 도반[善友]의 주장에 수순함을 밝힌 내용이다.

[鈔] 二有二句者는 卽心極和善하야 同住安樂이니 和善은 自行이오 同住는 不擾於人일새 故共爲同法起報恩心이라 言順同行善友意[177]者는 以於同行으로 起和順故라 同行이 卽受善友之敎니 故於善友에 成報恩行이니라
- ㉡ 두 구절은 곧 '마음이 화평하여 함께 있으면서 안락하며'를 가리키나니, '화평함'은 자신의 행이고, '함께 있으면서'는 타인에게 방해되지 않는다는 뜻이므로, 뭉뚱그려서 동일한 교법에 의지하여 은혜에 보답하려는 마음을 일으킴이라 하였다. '동행 도반의 주장에 수순한다'는 말은 함께 행함으로 화평하고 수순하는 마음을 일으키는 까닭이다. 함께 행하는 것이 바로 도반의 가르침을 받아들이는 부분이니, 그래서 도반에게 은혜에 보답하려는 마음을 이루게 된다.

㉢ 교법에 의지해 행법을 일으키다[依法起行] (三質 66下1)

[疏] 三, 質直柔軟二句는 依法起行이니 謂隨順受敎하야 不違師命일새 故云質直이라 發修行事하야 逢苦能忍일새 故云柔軟이오
- ㉢ '질직하고 유순하다'는 두 구절은 교법에 의지해 행법을 일으킴이다. 말하자면 받은 가르침에 수순하여 스승의 명을 위배하지 않았으므로 '질직하다'고 말하였고, 행법을 닦는 일을 시작하여 고통을 만나면 능히 참기 때문에 '유순하다'고 하였다.

---

[177] 上七字는 南續金本作此明隨順, 甲本作此明隨賢.

[鈔] 依法起行者는 依師受法하야 造緣修行일새 名依法行이라 順師受敎하야 知之言知하고 不知를 言不知일새 故名爲直이라 以石으로 投水에 水能受石인달하야 心能受境이 如水柔軟이니라
- '교법에 의지하여 행법을 일으킨다'는 것은 스승에게 받은 교법을 의지하여 반연에 나아가 수행하므로 교법에 의지한 행법이라 하고, 스승에게 받은 가르침에 수순하여 아는 것을 '안다'고 말하고, 알지 못하는 것을 '모른다'고 말하므로 '정직하다'고 칭하였다. 돌을 물에 던지면 물이 돌을 받아들이는 것처럼, 마음이 경계를 받아들이는 것이 마치 물의 유연함과 같은 것을 말한다.

㉣ 수용한 의식에 의지하다[依受用衣食] (四無 66下6)

[疏] 四, 無稠林行者는 依受用衣食하야 於施主所에 自過不覆故요
- ㉣ 조림이 없는 행법이란 수용한 의식(衣食)에 의지하여 시주의 처소에서 자신의 허물을 덮지 않기 때문이요,

[鈔] 無稠林下는 有一句云호대 無諂曲心이라하고 論釋에 云, 不妄說己德이라하니 經以稠林으로 含於諂曲이니라 疏以不覆는 亦含自誑이니라
- 無稠林 아래는 한 구절로, "아첨하는 굽은 마음이 없다"고 하였고, 논경에서는, "허망하게 자신의 공덕을 말하지 않는다"고 해석하였다. 본경에서는 조림으로 아첨하고 굽은 것을 포함하였으니, 소에서 '덮지 않는다'고 말한 것은 또한 스스로 속임도 포함하고 있다.

㉤ 덕이 있지만 잘난 체하지 않는다[有德不高] (五雖)

ⓑ 교법의 가르침을 잘 받아들이다[善受敎誨] (六善)
ⓐ 교법에 뒤바뀌지 않는다[於敎不倒] (七於)

[疏] 五, 雖實有德이나 而不高慢이오 六, 善受敎誨하야 得師言詮이오 七, 於敎에 不倒하야 得師意旨라
- ⓐ 비록 실제로 덕이 있지만 잘난 체하지 않는 것이요, ⓑ 교법의 가르침을 잘 받아들여서 스승의 말씀을 얻는 것이요, ⓐ 교법에 뒤바뀌지 않아서 스승의 뜻을 받드는 것이다.

㉰ 통틀어 거두어 묶다[通收] (上七 67上2)

[疏] 上七品中에 初二는 依人이오 次三은 依行이오 後二는 依敎니 所依가 雖異나 皆同報恩이니라
- 위의 일곱 품류에서 (1) 처음의 둘[㉠ 依尊起報恩心 ㉡ 依同法起報恩心]은 사람에 의지함이요, (2) 다음의 셋[㉢ 依法起行 ㉣ 依受用衣食 ㉤ 有德不高]은 행법에 의지함이요, (3) 뒤의 둘[ⓑ 善受敎誨 ⓐ 於敎不倒]은 교법에 의지함이니 의지한 바가 비록 다르지만 모두 함께 은혜에 보답함이다.

[鈔] 初二依人下는 通相收束이어니와 約經인대 初有三句하니 一句는 於師요 二句는 於友라 次三依行은 經有四句하니 前二는 成德이오 後二는 離過라 後二依敎니 一은 領敎요 二는 得旨니라
- ㉰ 初二依人 아래는 모양을 통틀어 거두어 묶음이다. 본경에 의지한다면 (1) 처음에 세 구절이 있으니 한 구절은 스승에 관한 내용이요, 두 구절은 동행 도반[友]에 관한 내용이요, (2) 다음의 세 구절은 행

법에 의지함에서 본경은 네 구절이 있다. 앞의 둘은 공덕을 성취함이요, 뒤의 둘은 허물을 여읨이다. (3) 뒤의 두 구절은 교법에 의지함이니 첫 구절은 교법을 받음이요, 둘째 구절은 종지를 얻음이다.

(b) 총합 결론은 뒤의 세 구절을 해석함이다[總結卽釋後三句]

(二此 67上7)

此菩薩이 如是忍成就하며 如是調柔成就하며 如是寂滅成就니라
이 보살이 이렇게 참는 일을 성취하고, 이렇게 조화하고 부드러움을 성취하고, 이렇게 고요함을 성취하느니라."

[疏] 二, 此菩薩如是下는 總結이니 謂十句가 不出此三이니 忍은 卽心極和善同住安樂이오 調柔는 卽質直柔軟이오 寂滅은 卽通結餘句니라
■ (b) 此菩薩如是 아래는 총합하여 결론함이다. 말하자면 열 구절이 이 세 구절에서 벗어나지 않는다는 뜻이다. 인(忍)이란 곧 마음이 지극히 조화롭고 선하여 함께 안락함에 머무는 것을 뜻하고, 조화롭고 부드러움은 질박하여 곧고 유연함이요, 고요함은 곧 나머지 구절을 통틀어 결론함을 뜻한다.

[鈔] 寂滅等者는 無覆無慢과 受敎得旨가 皆寂滅義라 此依古釋하야 直順經文이어니와 若準論經인대 三句가 小異하니 忍은 名善心成就요 調柔는 云寂滅이오 寂滅은 云善寂滅이라 論에 云善心成就者는 是對治修行이오 增長故者는 結前增上心欲果니 此果는 從前第三分의 護煩

惱行과 及護小乘行인 二種對治生이니 彼治此滿일새 故名善心이라 今云忍者는 卽忍可也라 論에 云寂滅心成就者는 是前對治修行增 長力故니 卽結前二離障果니 由護煩惱對治家力하야 得無二障故라 旣無二障일새 故曰調柔라 論에 云, 如是善寂滅心成就者는 彼果는 前二句에 顯이라하니라 釋曰, 善은 卽初句요 寂滅은 卽第二句니 總合 上二하야 爲善寂滅하야 成彼報恩心果라 云彼果前二句顯은 由此一 果가 通從前二種對治增上과 及二遠離生故니 釋曰, 總上三句하야 結前四果니라

● 고요함 따위는 덮음이 없고 거만함이 없는 것과 교법을 받아들이고 종지를 얻음이 모두 고요함의 이치이다. 이것은 예전의 해석에 의지하여 곧바로 경문에 따른 것이지만 만일 논경에 준하면 세 구절이 조금 다르다. 인(忍)은 선한 마음을 성취함을 말하고, 조화롭고 부드러움은 고요한 마음을 성취함을 말하고, 고요함이란 고요한 마음을 잘 성취함을 말한다. 논경에서 '이렇게 선한 마음을 성취한다'는 것은 다스려서 수행을 증장하는 것이요, '증장한다'는 것은 앞의 뛰어난 마음의 욕구의 결과를 결론한 것이다. 이런 결과는 앞의 셋째 부분인 다) 다스려서 수행을 증장하는 부분의 ㄱ. 번뇌를 막는 행법과 ㄴ. 소승을 막는 행법의 두 가지 다스림이 생겼으니, 저기에서 다스리고 여기서 만족하였으므로 '선한 마음'이라 칭하였다. 지금에 인(忍)이라 말한 것은 인가함을 뜻한다. 논경에서 '고요한 마음을 성취한다'는 것은 앞의 다스려서 수행을 증장한 힘 때문이니, 앞의 두 가지 장애를 여읜 결과를 결론한 내용이다. 번뇌를 막고 다스린 가문의 힘으로 인해 두 가지 장애가 없음을 얻은 까닭이다. 이미 두 가지 장애가 없어졌으므로 '조화롭고 부드럽다'고 말하였다. 논경에서, " '이렇게 잘 고

요한 마음을 성취한다'는 것은 저 결과는 앞의 두 구절에 드러나 있다"고 하였다. 해석하자면 선(善)은 첫 구절이요, 적멸(寂滅)은 둘째 구절이니, 총합적으로 위의 두 구절을 합하여 잘 고요함으로 만들어 (ㄴ) 저 은혜에 보답하려는 마음의 결과를 성취한다.

'저 결과는 앞의 두 구절에 드러나 있다'고 말한 것은 이 한 가지 결과가 통틀어 앞의 두 가지 장애를 다스려 증장함과 두 가지 멀리 여읜 결과로 인해 생긴 까닭이다. 해석한다면 위의 세 구절을 총합하여 앞의 네 가지 결과[離障果의 둘과 成德果의 둘]를 결론하였다.

(ㄷ) 저 방편의 행법 중에 부지런히 정진하려 한 결과

[彼方便行中發勤精進果] 2.

a. 가름으로 표방하여 의미를 해석하다[標章釋意] (第三 68上3)

如是忍調柔寂滅成就하여 淨治後地業하여 作意修行時에
이렇게 참는 일과 조화하고 부드러움과 고요함을 성취하여 다음 지의 업을 깨끗이 다스리고 마음을 두어 수행할 적에,

[疏] 第三, 如是忍調柔下는 發勤精進果니 謂行二利行하야 勤無怠故라 於前不捨衆生護小行中에 修勤故로 名이니 方便行中에 正是無盡行相이라
■ (ㄷ) 如是忍調柔 아래는 부지런히 정진하려 한 결과이다. 말하자면 2리행을 행하여 게으름 없이 부지런한 까닭이다. 앞의 중생을 버리지 않고 소승을 막는 행법 중에서 수행을 부지런히 하는 까닭에 이름한

것이니, 방편의 행법 중에 바로 제4. 그지없는 행법[無盡行]의 모양일 것이다.

[鈔] 謂行二利下는 釋此果名이라 於前不捨下는 辨所生處라 正是無盡行相者는 以今經文으로 釋成第四의 無盡行相이라
● 謂行二利 아래는 이 결과의 명칭을 해석함이다. 於前不捨 아래는 태어날 곳을 밝힘이다. '바로 그지없는 행법의 모양이다'라고 말한 것은 지금 본경의 문장으로 제4. 그지없는 행의 모양으로 해석한 내용이다.

b. 경문을 따라 바로 해석하다[隨文正釋] 2.
a) 그 얻은 시기를 따오다[牒其得時] (文中 68上8)

[疏] 文中에 二니 先은 牒其得時요
■ b. 경문을 따라 바로 해석함 중에 둘이니 a) 그 얻은 시기를 따옴이요,

[鈔] 先牒前者는 此果는 正從護小乘行生이나 而是前果가 成時에 此果가 卽成이니라
● a) '앞을 따온다'는 것은 이 결과는 바로 소승을 막는 행법에서 생겨났지만 앞의 결과가 이루어질 때에 이 결과가 이루어질 것이다.

b) 정진하는 모양을 바로 밝히다[正顯進相] 2.
(a) 총상 해석[總] (後得 68下3)

得不休息精進과 不雜染精進과 不退轉精進과 廣大精進과 無邊精進과 熾然精進과 無等等精進과 無能壞精進과 成就一切衆生精進과 善分別道非道精進이니라
쉬지 않는 정진과 섞이고 물들지 않는 정진과 물러나지 않는 정진과 광대한 정진과 끝이 없는 정진과 치성한 정진과 견줄 데 없는 정진과 깨뜨릴 수 없는 정진과 일체 중생을 성취하는 정진과 도와 도 아닌 것을 잘 분별하는 정진을 얻느니라.

[疏] 後, 得不休下는 正顯이라 於中에 十句니 初는 總이오 餘는 別이라
- b) 得不休 아래는 정진하는 모양을 바로 밝힘이다. 그중에 열 구절이니 (a) 첫 구절은 총상 해석이요, (b) 나머지는 별상 해석이다.

(b) 별상 해석[別] 3.
㊀ 앞의 네 구절에 대한 해석[釋初四句] (別有 68下3)

[疏] 別有九種不休息義하니 一, 不雜染者는 彼精進行平等流注故라 雜染者는 共懈怠하고 共染故니 染則着而太過요 懈則墮而不及이니 若琴絃之急緩어니와 若不進不怠가 爲平等流니라 二, 不退自乘이니 上二는 自利라 三, 起廣念利他之心이오 四, 爲無邊衆生하야 作利益願하야 起攝取行이니 上二는 利他요 上皆自分이오
- (b) 별상에 아홉 가지 쉬지 않는 뜻이 있으니 (1) '섞이고 물들지 않는다'는 것은 저 정진하는 행법을 일정하게 유지하기 때문이다. '섞이고 물든다'는 것은 게으름과 함께하고 물듦과 함께하는 까닭이니,

물드는 것은 집착함이 매우 지나친 것이요, 게으름이란 타락하여 따라오지 못하는 것이다. 거문고 줄이 긴박하고 느슨함과 같아서 저 정진하지 않고 게으르지도 않은 것이 일정하게 유지함이 된다. (2) 자기 교법에서 물러나지 않는 것이니 위의 둘은 자리행이다. (3) 널리 이타행(利他行)을 생각하는 마음을 일으킴이요, (4) 한없는 중생을 위해 이익하려는 서원을 세워서 섭취하는 행법을 일으킴이다. 위의 둘은 이타행이요, 위의 넷은 모두 자분의 경계이다.

[鈔] 若琴絃者는 此是如來가 敎守樓那니 彼是大富長者之子라 足不履地러니 出家之後에 精勤修道하야 足下血流어늘 佛問호대 汝曾鼓琴耶아 答云호대 曾鼓니다 絃緩에 如何오 答云, 不鳴이니다 絃急에 如何오 答云, 卽[178]絶이니다 當如何可오 答云, 不緩不急이니다 佛誨之言하사대 修道도 亦爾라하니라

● '거문고 줄이 긴박하고 느슨함과 같음'이란 부처님께서 수루나(守樓那)[179]에게 가르치신 고사(故事)이다. "저는 큰 부잣집 장자의 아들이었다. 발로 걸어 다니지 않고 살다가 출가한 뒤에 부지런히 도를 닦다가 발 밑에서 피가 흐르게 되었는데, 부처님께서 물으시기를 '네가 일찍이 거문고를 타 보았느냐?' 대답하기를 '타 보았습니다.' '줄이 느슨하면 어떠하더냐?' 대답하기를 '잘 울지 않습니다.' '줄이 긴박하면 어떠하더냐?' 대답하기를 '바로 끊어집니다.' '그럼 어찌해야 하느냐?' 대답하기를 '느슨하지도 긴박하지도 않게 해야 합니다.' 부처님

---

[178] 卽은 南續金本作則.
[179] 守樓那는 수루나(輸屢那)를 가리킨다. 輸屢那 : 비구. 범어 sona, 또 rona의 음사로 須摩那라고도 쓴다. 금지국(金地國)에서 포교하다. 이곳에서 『범망경』을 설하여 여러 사람이 수지하도록 권하였다.(善見律 권2; 인도불교고유명사사전 p.629-)

께서 가르쳐 말씀하시기를 '도 닦는 것도 역시 그러하니라'"라고 하였다.

㈢ 다음의 네 구절에 대한 해석[釋次四句] (下四 69上4)

[疏] 下四는 勝進이라 謂五, 熾然者는 常志順行이 猶如熾火하야 上進을 叵滅이라 論經에 名光明兼照他地라하니라 六, 修習過餘요 七, 魔惑莫壞니 上三은 自利라 八, 攝取衆生이 即是利他라 上八은 皆行이오

■ 아래 네 구절은 승진의 경계이다. 이를테면 (5) '치성하다'는 것은 항상 따라 행하려고 마음먹은 것이 치성한 불이 위로 오르려는 것을 없앨 수 없는 것과 같다. 논경에는 "광명이 겸하여 남을 비추는 지(地)"라고 말하였다. (6) 닦아 익힘이 지나치고 남음이요, (7) 마군이 유혹하여도 파괴되지 않음이니 위의 셋은 자리행(自利行)이다. (8) 중생을 섭수하여 취함이 바로 이타행(利他行)이다. 위의 여덟 구절은 모두 행법의 개념이다.

[鈔] 六修習者는 即經無等等精進이니 前句는 行修之初요 此句는 行修之次니 依前起行하야 行修가 勝出일새 故名過餘라 後句는 行修之終이니 故無能壞라

● (6) 닦아 익힘이란 본경의 견줄 수 없는 정진을 가리킨다. 앞의 구절[熾然精進]은 행법을 닦은 처음이요, 이 구절은 행법을 닦은 중간이다. 앞에서 행법을 시작함에 의지하여 행법을 닦음이 뛰어나게 되었으므로 '지나치고 남는다'고 하였다. 뒤 구절은 행법을 닦은 끝이니 그래서 무너뜨릴 수 없다는 뜻이다.

㊂ 뒤의 한 구절에 대한 해석[釋後一句] (後一 69上10)

[疏] 後一은 是解니 謂九, 自斷疑惑하야 決是非故라 能伏他言이 如無畏故니 若能具此하면 爲正修習이니라

■ 뒤의 한 구절은 이해하는 경계이다. 이를테면 (9) 스스로 의혹을 단절하여 옳고 그름을 결정하는 까닭이다. 남을 항복시키는 말이 두려움 없음과 같은 것이니, 만일 이것을 구비하면 바르게 닦고 익힘이 된다.

[鈔] 九自斷疑等[180]은 卽善分別道非道라 言如無畏者는 謂如四無畏言은 是出苦道라 若有難言호대 若言聖道가 能出苦者인대 何故로 阿羅漢이 有瘡疾等고 佛於此難에 正見無由하사 心無怯畏하사 善爲決斷故라 論에 云, 能斷疑惑하고 等者[181]는 降伏他言하야 正修習故라하니라 疏分二疑니 二疑가 皆斷하야 爲正修習이니라

● (9) '스스로 의혹을 단절한다'는 따위는 도와 도 아닌 것을 잘 분별한다는 뜻이다. '두려움 없음과 같다'고 말한 것은 이를테면 네 가지 두려움 없음[四無畏][182]과 같다는 말이 바로 '고통에서 벗어난 도[出苦道]'라는 뜻이다. 만일 어떤 이가 힐난하기를 "만일 성인의 도가 능히 고통에서 벗어나게 할 수 있다고 한다면 무슨 까닭에 아라한에게 부스럼 같은 병 따위가 있는가?" 부처님께서 이런 힐난에 바른 소견은

---

180) 等은 南續金本作者.
181) 等者二字는 遺忘記云 衍也.(『三家本私記』遺忘記 p.225-)
182) 四無畏: 無畏는 범어 vaiśāradya의 번역이니 '설법함에 두려움 없이 자신 있게 할 수 있다'는 뜻이다. (1) 부처님의 四無所畏: ① 諸法現等覺無畏, 一切智無所畏 ② 一切漏盡無畏 ③ 說法不虛決定, 說障道無所畏 ④ 爲證一切具足出道如性無畏(苦界의 미망의 세계에서 벗어나 해탈에 들어가는 길을 설했다고 하는 자신) (2) 보살의 四無所畏: ① 能持無所畏 ② 知根無所畏 ③ 決定無所畏 ④ 答報無所畏.(불교학대사전 p.654-)

까닭 없이 두려워하는 마음이 없어서 잘 결정하고 단절한다. 논경에서 "능히 의혹을 단절하고 다른 이의 말을 항복시켜 바로 닦고 익히기 때문이다"라고 하였다. 소가가 두 가지 의혹으로 나누었으니, 두 가지 의혹을 모두 단절하여 바르게 닦고 익힌다는 뜻이다.

(ㄹ) 더없는 욕구의 근본인 마음으로 경계를 만족하는 결과
 [彼增上欲本心界滿足果] 2.
a. 표방하여 해석하다[標釋] 3.
a) 명칭으로 표방하다[標名] (第四 69下10)

是菩薩이 心界淸淨하며 深心不失하며 悟解明利하며 善根增長하며 離世垢濁하며 斷諸疑惑하며 明斷具足하며 喜樂充滿하며 佛親護念하며 無量志樂을 皆悉成就니라
이 보살이 마음 경계가 청정하고, 깊은 마음을 잃지 아니하여 깨달아 아는 것이 명쾌하고 선근이 증장하며, 세간의 혼탁을 여의고 모든 의혹을 끊었으며, 밝게 판단함이 구족하고 기쁨이 충만하며, 부처님이 호념하여 한량없이 좋은 뜻을 모두 성취하느니라.

[疏] 第四, 是菩薩下는 彼增上欲本心界滿足果니 菩提分心이 是本心界라 正念眞如하야 修上道品일새 故云滿足이니
■ (ㄹ) 是菩薩 아래는 저 뛰어남의 근본인 마음의 경계를 만족하는 결과이니, 보리분법의 마음이 근본적인 마음 경계이다. 바로 진여를 생각하여 위의 보리분법을 수행하므로 '만족하다'고 하였다.

[鈔] 本心界者는 疏文이 三이니 初, 釋名이오 二, 出因이오 三, 引證이라 初中에 卽是經中總句인 心界淸淨이니 淸淨이 卽滿足이오 界卽性義니 心性差別故로 先釋心界니라 菩提分心者는 謂依菩提心樂欲心也니 卽前增上心欲果라 釋滿足云호대 正念眞如하야 修上道品者는 以稱如修가 是滿足故니 卽前起報恩心果라

- '근본적인 마음 경계'란 소의 문장이 셋이니 a) 명칭 해석이요, b) 원인을 내보임이요, c) 인용하여 증명함이다. a)에서 본경의 총상 구절인 본심의 경계가 청정함이다. 청정함이 곧 '만족함'이요, 경계가 곧 '체성'의 뜻이니, 마음의 체성이 다르기 때문에 먼저 마음 경계를 해석한 것이다. '보리분법의 마음'이란 보리분법의 마음과 즐겨 욕구하는 마음에 의지한다는 뜻이다. 곧 앞의 뛰어난 마음으로 욕구한 결과를 말한다. 만족함에 대해 "바로 진여를 생각하여 위의 보리분법을 수행한다"고 해석한 것은 진여와 걸맞은 수행이 만족한 까닭이니, 앞의 은혜에 보답하려는 마음을 일으킨 것이다.

b) 원인을 내보이다[出因] (由精 70上7)

[疏] 由精進故라

- 정진으로 말미암은 까닭이다.

c) 논문을 인용하여 증명하다[引文] 2.
(a) 논문을 거론하다[擧論] (故瑜 70上7)
(b) 소가의 해석[疏釋] (故知)

[疏] 故로 瑜伽四十八에 躡前精進後하야 卽云[183]호대 由此因緣인 所有意樂와 增上意樂하야 勝解界性이 皆得圓滿이라하니라 故知此果는 從前二果生이니 謂意樂은 卽第一果요 增上意樂은 卽第二果요 勝解界性은 卽此心界니 謂由第三精進하야 令前二果增長일새 故云滿足이니라

■ 그러므로 『유가사지론』 제48권에 앞의 정진을 토대로 뒤에 바로 말하기를, "이 인연으로 말미암아 있는 바 의요와 뛰어난 의요와 훌륭한 이해의 경계 성품[勝解界性]이 다 원만하여지게 된다"고 하였다. 그러므로 이런 결과는 앞의 두 가지 결과에서 생겨난 줄 알게 된다. 말하자면 의요는 첫째 결과[增上心欲果]요, 뛰어난 의요는 둘째 결과[起報恩心果]요, 뛰어난 이해의 경계인 성품은 이 마음[增上欲本心]의 경계이다. 다시 말하면 셋째 정진[發勤精進]으로 인해 앞의 두 가지 결과가 증장하게 하는 까닭에 '만족한다'고 하였다.

[鈔] 由精進者는 是滿足因이오 三故瑜伽下는 引證이니 先, 擧論이오 後, 故知此果下는 疏釋論이니 可知로다
● '정진으로 인해'란 만족하는 원인이요, c) 故瑜伽 아래는 인용하여 증명함이니 (a) 논문을 거론함이요, (b) 故知此果 아래는 소가가 논문을 해석함이니 알 수 있으리라.

---

183) 인용문은 『瑜伽師地論』 제48권의 菩薩地 제15의 持隨法瑜伽處 住品 제4의 내용이다. (대정장 권30 p. 558 b-)
[또 은혜를 잘 알고 은혜 갚을 줄 아는 등의 따름의 의요[隨順意樂]와 갖가지 흰 법[白法]을 모두 다 성취하며, 上地를 닿고 다스리는 업을 찾고 구하며, 큰 정진을 일으키어 편안히 머무름[安住]을 이루어 얻는다. 이 인연으로 말미암아 있는 바 의요와 뛰어난 의요와 훌륭한 이해의 경계 성품[勝解界性]이 다 원만하여지게 된다. 이런 인연으로 인해 온갖 外道와 갖가지 악마 군사와 성인 교법의 적이 조복시킬 수도 없을뿐더러 기울이거나 동요시킬 수도 없다.]

b. 경문 해석[釋文] 2.
a) 총상 해석[總] (文中 70下2)
b) 별상 해석[別] (別有)

[疏] 文中에 十句니 初는 總이오 餘는 別이라 別有九種하니 一, 深心不失者는 彼道品心을 修行增益故라 此一은 自分이오 下皆勝進이라 二, 於五地已上勝上證中에 明鑒決斷故요 三, 卽彼上證因이니 謂對治善根으로 治行過前일새 故云增長이라 四, 除滅所治煩惱障垢요 五, 斷除此地中秘密疑事니 卽是智障이라 微細法慢이 爲秘密疑事니 由無攝受하야 則能除之니 上二는 除內障이라 六, 觸境明斷이오 七, 依勝樂行하야 三昧適神이요 八, 上依佛力하야 化衆生故라 九, 論에 云, 依現無量三昧心智障淸淨故라하니 此除定中智障이라 若直就經文인대 總顯本願이 皆得成就니라

■ b. 경문 해석 중에 열 구절이니 a) 첫 구절[心界淸淨]은 총상 해석이요, b) 나머지는 별상 해석이다. b) 별상 해석에 아홉 종류가 있으니 (1) '깊은 마음을 잃지 않는다'는 것은 저 보리분법의 마음을 수행으로 더욱 이익되게 하기 때문이요, 이 하나는 자분경계이고 아래는 모두 승진경계이다. (2) 5지 이상의 뛰어나고 높은 증도 중에 밝게 비추어 결정코 단절하는 까닭이요, (3) 저 높은 증도의 원인이다. 말하자면 선근을 다스림으로 다스리는 행법이 앞보다 나으므로 '증장한다'고 하였다. (4) 다스릴 대상인 번뇌장의 허물을 없애는 것이요, (5) [斷除疑惑]는 이 4지 중에서 비밀하게 의심할 일을 판단하여 없애나니 그대로 지적인 장애이다. 미세하게 법에 대한 거만함이 비밀하게 의심할 일이 되나니 섭수하지 않는 진여[無攝受眞如]로 인해서 능히 제거한 것이다.

그러므로 위의 둘은 내부적인 장애를 없앤다는 뜻이다. (6) 경계와 접촉하여 분명하게 판단함이요 (7)[喜樂充滿]은 뛰어나고 즐거워하는 행법에 의지하여 삼매에 든 것이 마음에 알맞다는 뜻이다. (8)[佛親護念]은 위로 부처님의 위신력에 의지하여 중생을 교화하기 때문이다. (9)[無量志樂 皆悉成就]는 논경에서는, "한량없는 삼매의 마음으로 지적인 장애가 청정해짐을 나타냄에 의지한다"고 하였으니, 여기서는 선정 중의 지적인 장애를 제거한다는 뜻이다. 만일 곧바로 경문에 입각한다면 본래의 서원이 모두 성취됨을 총합적으로 밝힌 내용이다.

[鈔] 下皆勝進者는 勝進이 八句니 前六은 自利요 後二는 利他라 前中에 爲四니 一, 第二句는 於他에 起解요 二, 第三句는 於他에 起行이오 三, 有三句는 行成離障이오 一은 除煩惱障이오 二는 除所知障이니 云 祕密疑事라 言微細法慢者는 是下品慢이니 難知가 爲微細니 微細故로 秘密이니라 八上依下의 二句는 利他니 此句가 由佛護故로 成利他이라 九는 卽利他德이니 先, 擧論이오 後, 此除下는 疏揀異第五句智障이라 今[184]顯於化生中에 現多三昧에 定障解脫하야사 方能化生이니라

- '아래는 모두 승진경계이다'라고 말한 것은 승진경계가 여덟 구절이니 (a) 앞의 여섯은 자리행이요, (b) 뒤의 둘은 이타행이다. (a)를 넷으로 나누었으니 ㉠ 둘째 구절[悟解明利]은 남에 대해 이해를 시작함이요, ㉡ 셋째 구절[善根增長]은 남에 대해 행하기 시작함이요, ㉢ 세 구절은 행법이 성취되면 장애를 여의는 것이니 (4)[離世垢濁]는 번뇌장을 제거한 것이요, (5)[斷諸疑惑]는 소지장을 제거한 것이니 '비밀하게

---

184) 今은 南金本作含.

의심하는 일'이라 하였다. '미세한 법에 대한 거만함'이라 말한 것은 하품의 거만함이다. 알기 어려운 것이 '미세함'이며 미세한 까닭에 '비밀하다'고 하였다. ㈣ 八上依 아래 두 구절은 이타행이니 이 구절이 부처님의 호념으로 인한 까닭에 이타행이 된 것이다. (9) 이타행의 덕이니 ① 논경을 거론함이요, ② 此除 아래 소의 (5)[斷諸疑惑]는 지적인 장애와 구분한 내용이다. 지금은 중생을 교화하는 중에 여러 삼매를 나타낼 적에 선정의 장애에서 벗어나야만 비로소 능히 중생을 교화할 수 있다.

(2) 제4지의 과덕[明位果] 2.

❖ 제6회 십지품 제4 焰慧地 (科圖 26-52; 號字卷)

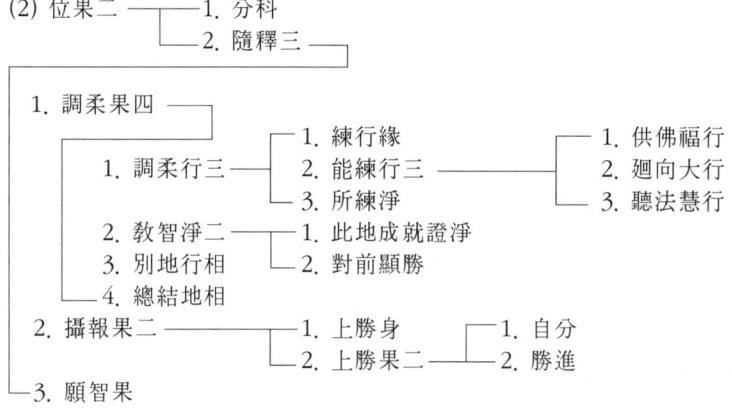

가. 과목 나누기[分科] (第二 71下2)

[疏] 第二, 位果中에 亦三이니 初, 調柔中에 四니 一, 調柔行이오 二, 如摩尼下는 明教智淨이오 三, 此菩薩下는 別地行相이오 四, 佛子下는 總結地相이라 初中에 三이니

- (2) 제4지의 과덕 중에 또한 셋이니 가) 조화롭고 부드러운 결과 중에 넷이니 (가) 조화롭고 부드러운 행법이요, (나) 如摩尼 아래는 교도의 지혜가 청정함이요, (다) 此菩薩 아래는 4지의 행상을 구분함이요, (라) 佛子 아래는 제4지의 모양을 총합하여 결론함이다. (가) 중에 셋이다.

나. 과목에 따라 해석하다[隨釋] 3.
가) 조화롭고 부드러운 결과[調柔果] 4.

(가) 조화롭고 부드러운 행법[調柔行] 3.
ㄱ. 행법을 연마하는 인연[練行緣] (一練 71下4)

佛子여 菩薩이 住此焰慧地코는 以願力故로 得見多佛하나니 所謂見多百佛하며 見多千佛하며 見多百千佛하며 乃至見多百千億那由他佛이니라
불자여, 보살이 이 염혜지에 머물고는 서원하는 힘으로 많은 부처님을 보게 되나니, 이른바 여러 백 부처님을 보며, 여러 천 부처님을 보며, 여러 백천 부처님을 보며, 내지 여러 백천억 나유타 부처님을 보느니라.

[疏] 一, 練行緣이요 二, 皆恭敬下는 明能練行이요 三, 又更下는 明所練

淨이라

■ ㄱ. 행법을 연마하는 인연이요, ㄴ. 皆恭敬 아래는 연마하는 주체의 행법이요, ㄷ. 又更 아래는 연마할 대상이 청정함이다.

ㄴ. 연마하는 주체의 행법[能練行] 3.
ㄱ) 부처님께 공양하는 복된 수행[供佛福行] (二中 71下8)
ㄴ) 대승으로 회향하는 수행[廻向大行] (二以)
ㄷ) 법문을 듣는 지혜로운 수행[聽法慧行] (三於)

皆恭敬尊重하고 承事供養하여 衣服臥具와 飮食湯藥과 一切資生을 悉以奉施하며 亦以供養一切衆僧하여 以此善根으로 皆悉廻向阿耨多羅三藐三菩提하며 於彼佛所에 恭敬聽法하고 聞已受持하여 具足修行하며 復於彼諸佛法中에 出家修道하나라
모두 공경하고 존중하고 받들어 섬기고 공양하며, 의복과 좌복과 음식과 탕약과 모든 필수품을 받들어 이바지하며, 또한 모든 스님네에게 공양하고, 이 선근으로 아뇩다라삼먁삼보디에 회향하며, 그 부처님 계신 데서 공경하여 법을 듣고 받아 지니며, 구족히 수행하고, 다시 저 부처님의 법에 출가하여 수도하느니라.

[疏] 二中에 一은 供佛福行이오 二, 以此下는 廻向大行이오 三, 於彼下는 聽法慧行이라 於中에 先, 在家요 後, 復於下는 出家라 然登地已上에 具十法界身하니 若出若在에 何適不可리오 然隨義隱顯하야 有無

前却이니 以前三地는 寄同世間하야 還依世法하니 初와 二는 人王일새 故有요 三地는 天王일새 故無요 四地已上은 寄出世之首일새 故重明有호대 表心出家라 故於調柔行中에 明之니라 欲順天無出家인대 不於攝報中辨이라 六地已上은 表證法平等하야 無出無在일새 故皆無出家니라

■ ㄴ. 연마하는 주체의 행법 중에 ㄱ) 부처님께 공양하는 복된 수행이요, ㄴ) 以此 아래는 대승으로 회향하는 수행이요, ㄷ) 於彼 아래는 법문을 듣는 지혜로운 수행이다. 그중에 a) 재가자의 수행이요, b) 復於 아래는 출가자의 수행이다. 그런데 십지에 오른 이상에 열 가지 법계의 몸을 구비하나니 출가나 재가에 어디를 간들 옳지 않으리오. 그런데 의미를 따라 드러나기도 하고 숨기도 하여 있는 것과 없는 것이 그 앞에서 바뀐다. 앞의 세 지(地)는 세간과 함께함에 의탁하여 다시 세간법에 의지하나니 초지와 2지는 인왕(人王)인 연고로 있고, 3지는 천왕(天王)인 연고로 없고, 4지 이상은 출세간에 의탁한 첫 머리이므로 거듭 있다고 밝혔지만 마음은 출가로 나타난다. 그래서 '조화롭고 부드러운 행법'에서 밝혔다. 천상에는 출가가 없음을 따르려 하면 '보답으로 거둔 결과'에서 밝히지 않는다. 6지 이상은 중도의 법이 평등해서 출가도 없고 재가도 없음을 나타낸 연고로 모두 출가가 없다.

[鈔] 第二位果中[185]에 四地已上者는 既爲出世일새 不依世間法也라 言已上者는 兼五地故라 上明有無니라 從表心出家下는 明出家前却[186]이라 問이라 何以前二는 在攝報中하고 此在調柔之中고 故云表心

---

185) 上鈔는 續金本無, 南本作第二位果.
186) 上六字는 甲南續金本作前却; 却下에 甲南續金本無問.

出家일새 於行中에 說이니라

- (2) 제4지의 과덕 중에 '4지 이상'이란 이미 출세간이 되었으므로 세간법에 의지하지 않는 부분이다. 이상이라 한 것은 제5지를 겸하기 때문이다. 여기까지 출가가 있고 없음을 밝힌 내용이다. 表心出家부터 아래는 출가가 앞에서 바뀜을 밝힌 내용이다. 묻는다. "어째서 앞의 둘은 보답으로 거둔 결과에 있고, 여기서는 '조화롭고 부드러운 결과' 중에 있는가?" 그래서 '마음은 출가로 나타난다'고 하였으므로 행법 중에서 말하였다.

ㄷ. 연마할 대상이 청정하다[所練淨] (三所 72下7)

又更修治하여 深心信解하여 經無量百千億那由他劫토록 令諸善根으로 轉更明淨하나니라 佛子여 譬如金師가 鍊治眞金하여 作莊嚴具에 餘所有金이 皆不能及인달하여 菩薩摩訶薩도 亦復如是하여 住於此地所有善根을 下地善根의 所不能及이니라

또다시 닦아서 깊은 마음으로 믿고 이해하며, 한량없는 백천억 나유타 겁 동안에 선근이 더욱 밝고 청정하나니라. 불자여, 마치 금을 다루는 이가 진금을 잘 연단하여 장엄거리를 만들면 다른 금은 미치지 못하나니, 보살마하살도 그러하여 이 지에 있으면서 닦은 선근은 아래 지의 선근으로는 미칠 수 없느니라.

[疏] 三, 所練淨中에 有法과 喩와 合하니 金莊嚴具者는 以三地阿含金으

로 現作此四地證智嚴具故라 餘所有金者는 卽未作嚴具之金이니라

■ ㄷ. 연마할 대상이 청정함 중에 법으로 설함과 비유로 밝힘과 법과 비유를 합함이 있다. 금 장신구는 제3지의 아함도의 금을 이 제4지에서 중도의 지혜로 장엄한 장신구를 만들어 나타낸 까닭이다. '다른 금'이란 장신구를 만들기 전의 금을 뜻한다.

(나) 교도의 지혜가 청정하다[敎智淨] 2.
ㄱ. 이 제4지에서 중도의 지혜가 청정함을 성취하다[此地成就證淨]

(二敎 73上3)

如摩尼寶淸淨光輪이 能放光明에 非諸餘寶之所能及이라 風雨等緣이 悉不能壞인달하여 菩薩摩訶薩도 亦復如是하여 住於此地에 下地菩薩이 所不能及이라 衆魔煩惱가 悉不能壞니라
마니보배의 청정한 광명 덩이가 놓는 광명을 다른 보배로는 미칠 수 없어서 폭풍우 따위로는 깨뜨릴 수 없는 것처럼, 보살마하살도 그와 같아서 이 지에 머무르면, 아래 지의 보살들은 미칠 수 없으며, 마군과 번뇌로도 깨뜨리지 못하느니라."

[疏] 二, 敎智淨者는 以此地에 成就證淨하야 從體起用故로 偏有此文이라 前은 以敎로 成證일새 故喩金爲嚴具요 今은 從證起敎일새 故喩摩尼放光이라 摩尼寶珠는 卽證智體라 無垢를 名淨이요 寂照를 名光이요 圓滿을 名輪이니 具上三義일새 故稱證智라 言能放光明者[187]는 卽

放阿含光也니 謂以此證智로 證入無量教法門義故라 故로 能照光
明은 卽是證智요 所照教法은 以爲智處니 證能普照하야 示現於教일
새 得教光名이오 依證起焰일새 故地名焰慧라

■ (나) 교도의 지혜가 청정함이란 이 지(地)에서 증도의 지혜가 청정함
을 성취하여 체성에서 작용을 일으킨 연고로 치우쳐 이 문장이 있게
되었다. 앞은 교도로 중도를 이루었으므로 금 장신구로 비유하였고,
지금은 중도에서 교도를 일으켰으므로 마니주가 빛을 방출함에 비유
하였다. 마니보배의 구슬은 중도의 지혜의 체성이다. 번뇌가 없는 것
을 '청정하다'고 하였고, 고요히 비추는 것을 '광명'이라 하였으며, 원
만한 것을 '덩어리[輪]'라 하였으니, 위의 세 가지 의미를 구비한 연고
로 '증도의 지혜'라 칭한 것이다. '능히 광명을 놓는다'고 말한 것은
바로 아함도의 광명을 방출한 것을 뜻한다. 말하자면 이런 증도의
지혜로 한량없는 교도의 법문의 이치에 증입한 까닭이다. 그러므로
비추는 주체인 광명은 곧 중도의 지혜이고, 비출 대상인 교도의 법문
은 지혜의 의지처가 된다. 중도의 지혜가 능히 널리 비추어서 교법을
시현하므로 '교도의 광명'이란 이름을 얻게 되었고, 중도에 의지해 불
꽃을 일으켰으므로 이 지(地)의 이름을 '불꽃 같은 지혜'라 하였다.

[鈔] 言[188)]阿含光者는 此地之中에 道品行德이 從教修起일새 故名阿含이
라 又道品智로 能知教法을 亦名阿含이라 又此道品差別行德을 可
以言顯일새 亦名阿含이라 卽證體上에 有阿含起를 名示現也니라
● '아함도의 광명'이라 말한 것은 이 지(地) 중에 보리분법을 수행한 공
덕이 교도를 수행함에서 일어나므로 '아함도'라 이름하였다. 또 보리

---

187) 者는 南續本作名誤.
188) 言은 南續金本作卽放.

분법의 지혜로 능히 교도의 법을 아는 것도 또한 아함도라 한다. 또 이런 보리분법과 다르게 수행한 공덕을 언사로 밝힐 수 있으므로 또한 아함도라 이름한다. 말하자면 중도의 체성에서 아함도로 시작함이 있는 것을 '시현한다'고 하였다.

ㄴ. 앞과 상대하여 뛰어남을 밝히다[對前顯勝] (非餘 73下4)

[疏] 非餘寶下는 對前顯勝이오 風等不壞는 對他彰堅이니라
- ㄴ. 非餘寶 아래는 앞과 상대하여 뛰어남을 밝힘이요, '폭풍우 따위로 깨뜨릴 수 없다'고 한 것은 저와 상대하여 견고함을 밝힌 부분이다.

[鈔] 風等不壞者는 經에 云, 風雨等緣의 所不能壞라하나니 不似火光이 風飄雨濕에 皆能滅無라 今風吹不斷하고 雨洗還明이니라 而云等者는 餘光이 不奪이니 不似星月을 日光이 映故라 合中에 下地不及은 卽合 上餘寶不及이오 魔合上風이요 煩惱는 合雨니라
- '폭풍우 따위로 깨뜨릴 수 없다'고 말한 것은 본경에서 "폭풍우 따위로는 깨뜨릴 수 없는 것처럼"이라 하였으니, 불빛이 바람에 날리거나 비에 젖을 적에 모두 없애지 못하는 것과는 같지 않다. 지금의 마니보배의 광명은 바람이 불어도 단절되지 않고 비에 젖어도 도리어 밝다. 하지만 '따위'라 말한 것은 다른 광명이 뺏지 못하나니, 별과 달을 햇빛이 비추어 뺏는 것과 다른 까닭이다. 합에서 '아래 지는 미칠 수 없다'고 한 것은 위의 다른 보배가 미칠 수 없음과 합한 것이요, 마군은 위의 바람과 합하였고, 번뇌는 비와 합하였다.

(다) 제4지의 행상을 구분하다[別地行相] (經/此菩 73下9)
(라) 제4지의 행상을 총합하여 결론하다[總結地相] (餘並)

此菩薩이 於四攝中엔 同事가 偏多하고 十波羅蜜中엔 精進이 偏多하며 餘非不修로되 但隨力隨分이니라 佛子여 是名略說菩薩摩訶薩의 第四焰慧地니라
"이 보살이 네 가지로 거두어 주는 법 중에는 일을 함께 하는 것이 치우쳐 많고, 십바라밀다 중에는 정진바라밀다가 치우쳐 많으니, 다른 것을 닦지 아니함은 아니지마는 힘을 따르고 분한을 따를 뿐이니라. 불자여, 이것이 이름이 보살마하살의 제4 염혜지를 간략히 설한 것이니라."

[疏] 餘並如前하니라 此菩薩下는 第三, 別地行相이오 佛子是名下는 第四, 總結地相[189]이라

- 나머지는 모두 앞 지(地)와 같다. (다) 此菩薩 아래는 제4지의 행상을 구분함이요, (라) 佛子是名 아래는 제4지의 행상을 총합하여 결론함이다.

[鈔] 別地行中에 不捨衆生하고 修道品故로 同事가 偏多니라

- (다) 제4지의 행상을 구분함 중에 중생을 버리지 않고 보리분법을 수행하는 연고로 동사섭(同事攝)이 치우쳐 많은 것이다.

나) 보답으로 거둔 결과[攝報果] 2.

---

189) 疏의 문장이 불충분한 듯하여 餘並如前 아래 21字는 會本에 의지하여 疏文을 복원시켜 보았다.

(가) 뛰어난 몸을 받다[上勝身] (攝報 74上8)

菩薩이 住此地에 多作須夜摩天王하여 以善方便으로 能除
衆生의 身見等惑하여 令住正見하며 布施愛語利行同事하나
니 如是一切諸所作業이 皆不離念佛하며 不離念法하며 不
離念僧하며 乃至不離念具足一切種과 一切智智니라
"보살이 이 지에 머물러서는 흔히 수야마천왕이 되며 방편
으로 중생들의 몸이란 소견 등의 의혹을 제하여 바른 소견
에 머물게 하며, 보시하고 좋은 말을 하고 이로운 행을 하고
일을 함께 하나니, 이렇게 하는 일들이 모두 부처님을 생각
하고 법을 생각하고 스님네를 생각함을 떠나지 아니하며,
내지 갖가지 지혜와 온갖 지혜의 지혜를 구족하려는 생각
을 떠나지 아니하느니라.

[疏] 菩薩住此下는 第二, 攝報果라 又二니 初, 上勝身이오 復作是念下는
第二, 上勝果라 於中에 二니 初, 自分이오 是菩薩下는 第二, 勝進[190]
이라

■ 菩薩住此 아래는 나) 보답으로 거둔 결과에 또 둘이니 (가) 뛰어난
몸을 받음이요, (나) 復作是念 아래는 뛰어난 결과를 받음이다. 그
중에 둘이니 ㄱ. 자분의 경계요 ㄴ. 是菩薩 아래는 승진의 경계이다.

[鈔] 攝報果中에 破衆生身見者는 自破微細見故라 餘는 例前知니라

---

190) 이 부분에는 疏文이 없이 바로 鈔文이 출현한 것으로 보아 편집상의 오류가 아닌가 한다. 會本을 참조하여 복
원시켜 보았다.

- 나) 보답으로 거둔 결과 중에 '중생들의 몸이란 소견'을 타파한 것은 스스로 미세한 소견을 타파한 내용이다. 나머지는 앞과 유례하여 알아야 한다.

(나) 뛰어난 결과를 받다[上勝果] 2.
ㄱ. 자분행[自分] (經/復作 74上10)
ㄴ. 승진행[勝進] (是菩)

復作是念하되 我當於一切衆生中에 爲首며 爲勝이며 爲殊勝이며 爲妙며 爲微妙며 爲上이며 爲無上이며 乃至爲一切智智依止者라하나니 是菩薩이 若發勤精進하면 於一念頃에 得入億數三昧하여 得見億數佛하고 得知億數佛神力하여 能動億數世界하며 乃至能示現億數身에 一一身이 億數菩薩로 以爲眷屬이니라

또 생각하기를 '내가 중생들 가운데 머리가 되고 나은 이가 되고 썩 나은 이가 되고, 묘하고 미묘하고, 위가 되고 위없는 이가 되고, 내지 온갖 지혜와 지혜의 의지함이 되리라' 하느니라. 이 보살이 부지런히 정진하면 잠깐 동안에 억 삼매에 들어가고, 억 부처님을 보고, 억 부처님의 신통력을 알고, 억 부처님의 세계를 진동하며, 내지 1억 가지 몸을 나타내고, 몸마다 1억 보살로 권속을 삼느니라.

다) 서원과 지혜의 결과[願智果] (經/若以 74下5)

若以菩薩殊勝願力으로 自在示現인댄 過於此數하야 百
劫千劫과 乃至百千億那由他劫에도 不能數知니라
만일 보살의 훌륭한 원력으로 자재하게 나타내면 이보다 지
나가서 백 겁 천 겁으로 내지 백천억 나유타 겁에도 세어서
알 수 없느니라."

3) 거듭 노래하는 부분[重頌分] 2.

(1) 게송으로 설하는 광경[說偈儀] (經/爾時 74下7)
(2) 바로 게송을 설하다[正說偈] 2.
가. 과목 나누기[分科] (第三)

爾時에 金剛藏菩薩이 欲重宣其義하야 而說頌言하시되
그때 금강장보살이 이 뜻을 다시 펴려고 게송으로 말하였
다.

[疏] 第三, 重頌이라 有十七頌을 分三이니 初十二頌은 頌位行이오 次四는
頌位果요 後一은 顯名結說이라 前中에 四니
- 3) 거듭 노래하는 부분이다. 17개의 게송을 셋으로 나누니 가) 12
게송은 제4지의 행상을 노래함이요, 나) 네 게송은 제4지의 과덕을
노래함이요, 다) 한 게송은 명칭으로 결론함을 노래함이다. 가) 중에
넷이다.

나. 과목에 따라 해석하다[隨釋] 3.

가) 12게송은 제4지의 행상을 노래하다[初十二偈頌位行] 4.

(가) 한 게송은 증장하는 원인을 노래하다[初一偈頌增長因分]
　　(初一 75上1)

菩薩已淨第三地에　　　　次觀衆生世法界와
空界識界及三界하여　　　心解悉了能趣入이로다
보살이 제3지를 잘 다스리고
중생계와 세계와 모든 법계와
허공계와 식계와 삼계를 보고
마음이 열리어서 나아가리라.

[疏] 初一은 頌增長因[191]分이라
■ (가) 한 게송은 증장하는 원인을 노래함이다.

(나) 두 게송은 청정분을 노래하다[次二偈頌淸淨分] (次二 75上7)

始登焰地增勢力하여　　　生如來家永不退하며
於佛法僧信不壞하여　　　觀法無常無有起하며
염혜지에 처음 올라 세력이 늘어
여래 가문 태어나 퇴전하지 않고
삼보를 믿는 마음 안 무너져서
무상하고 나지 않는 법을 보오며

---

191) 因은 金本作四誤.

觀世成壞業有生과 生死涅槃刹等業하며
觀前後際亦觀盡하여 如是修行生佛家로다
세간이 성괴하고 업으로 나며
생사와 열반이며 국토의 업과
앞세상 뒷세상과 다함을 보며
행을 닦아 부처님 집에 나나니

[疏] 次二는 頌淸淨分이라
■ (나) 두 게송은 청정분을 노래함이다.

(다) 네 게송은 수행을 증장하는 부분을 노래하다[次四偈頌修行增長] 2.
ㄱ. 두 게송은 번뇌를 막는 행법을 노래하다[初二偈頌護煩惱行]

(三有 76下2)

得是法已增慈愍하여 轉更勤修四念處하되
身受心法内外觀하여 世間貪愛皆除遣[192]이로다
이러한 법을 얻고 자비가 증장
네 가지 생각하는 곳 더욱 닦으며
몸과 받음, 마음과 법, 안팎을 관찰
세간의 탐심 애정 모두 멸하며

菩薩修治四勤行하여 惡法除滅善增長하며
神足根力悉善修하며 七覺八道亦如是로다

---

[192] 愛는 準此合論本作憂, 麗宋元明淸續金等本作愛; 案前對治修行增長分 修四念處 本經及晉經論經均云 除世間貪憂.

네 가지 부지런함 보살이 닦아
나쁜 법은 없어지고 선이 증장해
사신족과 오근 오력 모두 닦으며
칠각분, 팔정도도 그렇게 닦고

[疏] 三, 有四頌은 頌修行增長分이라 於中에 初二는 頌護煩惱요
- (다) 다음의 네 게송은 수행을 증장하는 부분을 노래함이다. 그중에
    ㄱ. 앞의 두 게송은 번뇌를 막는 행법을 노래함이요,

ㄴ. 두 게송은 소승을 막는 행법을 노래하다[後二偈頌護小乘行]
(後二 75下7)

爲度衆生修彼行에　　　　　本願所護慈悲首라
求一切智及佛土하며　　　　亦念如來十種力과
중생을 건지려고 행을 닦으며
원력으로 보호하고 자비가 으뜸
일체 지혜 불세계를 모두 구하며
여래의 열 가지 힘 생각하도다.

四無所畏不共法과　　　　　殊特相好深美音하며
亦求妙道解脫處와　　　　　及大方便修行彼로다
두려움 없는 힘과 함께 않는 법
특별하게 잘 생기고 미묘한 음성
묘한 도와 해탈과 큰 방편들을

얻으려고 저러한 행을 닦더라.

[疏] 後二는 頌護小乘이라
- ㄴ. 두 게송은 소승을 막는 행법을 노래함이다.

(라) 다섯 게송은 수행을 증장하는 결과를 노래하다
[後五偈頌修行增長果] (四有 76上8)

身見爲首六十二와　　　　　我及我所無量種과
蘊界處等諸取着을　　　　　此四地中一切離로다
신견이 머리 되어 62견과
<나>라 <내 것>이라 하는 무량한 종류
오온과 18계와 12처의 모든 집착을
4지에서 온갖 것을 모두 여의며

如來所訶煩惱行을　　　　　以無義利皆除斷하고
智者修行淸淨業을　　　　　爲度衆生無不作이로다
여래가 꾸짖으신 번뇌의 행은
이익이 없으므로 끊어 버리고
지혜로운 이 행하는 청정한 업은
중생을 제도하려 모두 지으며

菩薩勤修不懈怠에　　　　　卽得十心皆具足하고
專求佛道無厭倦하여　　　　志期受職度衆生이로다

부지런히 행을 닦아 게으르지 않으면
열 가지 마음 얻어 다 구족하고
불도를 구하기에 싫음 없으며
직분을 받고 나서 중생을 제도.

恭敬尊德修行法하여　　　知恩易誨無慍暴하며
捨慢離諂心調柔하여　　　轉更精勤不退轉이로다
높은 이의 닦는 행을 공경하오며
은혜 알고 교훈 받고 난폭함이 없고
교만 아첨 버리고 마음이 유순
부지런히 행을 닦아 퇴전하지 않아

菩薩住此焰慧地에　　　其心淸淨永不失하며
悟解決定善增長하여　　　疑網垢濁悉皆離로다
보살이 염혜지에 머물러서는
청정한 맘 영원히 잃지 않으며
깨달음이 결정하고 선이 증장해
의혹과 더러운 때 모두 여의고

[疏] 四, 有五頌은 頌修行增長果라
■ (라) 다섯 게송은 수행을 증장하는 결과를 노래함이다.

나) 네 게송은 제4지의 과덕을 노래하다[次四偈頌位果] (此地 76上9)

此地菩薩人中勝이라 供那由他無量佛하고
聽聞正法亦出家하니 不可沮壞如眞金이로다
이 보살이 인간에서 가장 수승해
나유타 부처님을 공양하오며
바른 법문 듣고서 출가하여서
저해할 수 없는 일 진금과 같다.

菩薩住此具功德하며 以智方便修行道하니
不爲衆魔心退轉이 譬如妙寶無能壞로다
보살이 이 지에서 공덕 갖추고
지혜와 방편으로 도를 행하여
마군에게 마음이 퇴전 않으니
묘한 보배 파괴할 이 없음과 같고

住此多作焰天王하여 於法自在衆所尊이라
普化群生除惡見하고 專求佛智修善業이로다
이 보살이 수야마 천왕이 되어
모든 법에 자재하여 대중이 존중
중생의 나쁜 소견 없애 주고
부처 지혜 구하여 선업 닦으며

菩薩勤加精進力에 獲三昧等皆億數어니와
若以願智力所爲인댄 過於此數無能知로다
보살이 정진하는 힘을 쌓아서

삼매 얻고 부처 보기 모두 억이니
서원과 지혜 힘을 나타낸다면
이보다 지나가서 알 수 없더라.

다) 명칭으로 결론함을 노래하다[後一偈顯名結說] (餘並 76下9)

如是菩薩第四地의　　　所行淸淨微妙道가
功德義智共相應을　　　我爲佛子已宣說이로다
이러하게 보살의 제4지 법문
수행이 청정하고 미묘한 도가
공덕과 뜻과 지혜 상응하는 일
불자들을 위하여 다 말하노라.

[疏] 餘並可知로다　第四地는 竟하다
- 나머지는 모두 알 수 있으리라. 제4절 불꽃 같은 지혜의 지는 마친다.

제4절 염혜지(焰慧地) 終

大方廣佛華嚴經 제36권
大方廣佛華嚴經疏鈔 제36권의 ② 巨字卷
제26 十地品 ⑩

정종분 V. 제5. 난승지(難勝地)

제5. 난승지는 이름 그대로 "지극히 극복하기 어려운 지"이다. 참다운 무분별의 지혜와 오명(五明)의 세속적인 지혜의 작용이 서로 위배되는 것을 화합하여 상응하게 하는 것이 매우 극복하기 어렵기 때문이다." 난승지에서는 자신이 뛰어나다는 거만을 극복하고[勝慢對治] 머물러 집착하지 않는 도의 행법[不住道行勝]을 닦는다. 그래서 보살이 중생을 이익되게 하기 위하여 세간의 기예를 모두 익히는데, 문자와 산수와 약방문과 노래와 춤, 풍악 등은 물론, 나무와 꽃 약초들을 가꾸거나, 금 은 등의 보배가 있는 데를 다 알며, 산수가 좋고 나쁜 것을 잘 관찰하여 틀리지 아니한다. 이런 오명(五明)을 익혀 저 결과가 뛰어남[彼果勝]을 얻는다.

"불자여, 이 보살마하살이 또 생각하기를 '이 중생들이 이런 고통을 받으며 고독하고 곤궁하지마는 구할 이도 없고 의지할 데도 없고…, 무명에 덮이고 어둠에 싸였으니, 내가 저 일체 중생을 위하여 복과 지혜로 도를 돕는 법을 수행하되, 혼자서 발심하고 동무를 구하지 아니할 것이며, 여러 중생으로 하여금 이 공덕을 의지하여 필경까지 청정하며, 내지 여래의 열 가지 힘과 걸림 없는 지혜를 얻게 하리라'라고 하느니라."

大方廣佛華嚴經疏鈔 제36권의 ② 巨字卷

제26. 십지법문을 설하는 품[十地品] ⑩

제5절. 가장 뛰어난 지[難勝地] 7.

❖ 제6회 십지품 제5 難勝地 (科圖 26-53; 巨字卷)

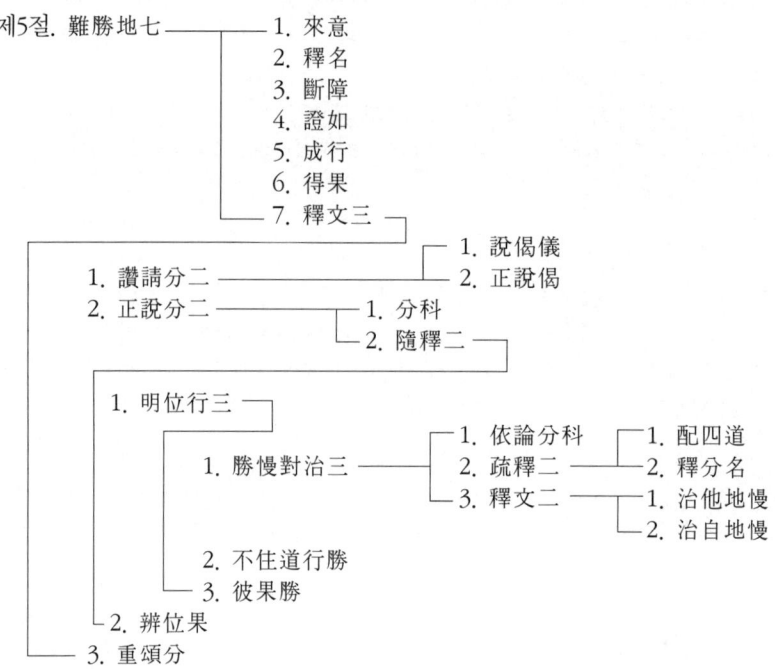

1. 오게 된 뜻[來意] 4.

1) 지위에 의탁하여 구분하다[約寄位辨] 2.

(1) 십지경론에 의지하다[約地論] (第五 1上5)
(2) 다른 경전을 의지하다[約他經] (仁王)

[疏] 第五, 難勝地라 所以來者는 略有四義하니 一, 約寄位에 四五六地는 寄出世間이니 前寄初果오 此寄羅漢이니 義次第故라 雖有四果나 擧於始終하야 以攝中間이라 此依本論하야 約所觀行相이어니와 以後六地에 旣觀緣起라 寄同緣覺일새 故但二地를 寄於聲聞이니라 仁王下卷과 瓔珞上卷에 約人配位하나니 以七地가 未離分段故라 四五六七이 寄同聲聞이니라

■ 제5절 가장 뛰어난 지[難勝地]이다. 1. 오게 된 이유는 대략 네 가지 뜻이 있으니 1) 지위에 의탁하여 구분하면 제4지와 제5지와 제6지는 출세간에 의탁하였으니 앞은 성문의 첫 과덕[곧 수다원과]을 의탁하였고, 여기서는 아라한위에 의탁하였으니 이치의 순서를 따른 까닭이다. 비록 네 가지 과덕이 있지만 시작과 끝을 거론하여 중간을 포섭하였다. (1) 여기서는 십지경론을 의지하여 관찰할 대상의 행상을 의지하였지만 뒤의 제6지에서 연기법을 관찰하였으니, 의탁함이 연각과 같으므로 단지 제4지와 제5지 둘만 성문의 지위에 배대하였다. (2) 『인왕경(仁王經)』 하권과 『영락경(瓔珞經)』 상권에 사람을 의지하여 지위를 배대하였으니, 제7지가 아직 분단을 여의지 않은 까닭으로 제4지와 제5지, 제6지, 제7지는 모두 성문의 지위에 의탁하였다.

2) 삼학(三學)에 의지하여 밝히다[約三學明] (二前 1上10)
3) 출세간에 의지하여 밝히다[約出世間] (三前)
4) 얻은 법에 의지하여 밝히다[約所得法] (四前)

[疏] 二, 前明覺分相應慧오 今辨諸諦相應慧故라 三, 前得出世나 未能順世오 今能五明攝化일새 故次明之니라 四, 前得三十七菩提分이오 今辨方便所攝菩提故라 此後三意는 出於瑜伽니라

■ 2) 앞은 보리분법에 상응하는 슬기를 밝혔고 지금은 여러 진제에 상응하는 슬기를 밝혔다. 3) 앞에서 출세간을 얻었지만 아직 능히 세간에 수순하지 못하고, 지금은 능히 '다섯 가지 밝음[五明]'[193]을 섭수하여 교화하므로 다음에 밝혔다. 4) 앞에서는 37가지 보리분법을 얻었고, 지금은 방편에 포섭된 보리를 밝혔다. 여기부터 아래의 세 가지 의미는 『유가사지론』에 나온 내용이다.

[鈔] 第五難勝地라 所以來者는 略有四義하니 一은 約寄位오 二는 約三學이오 三은 約出世間이오 四는 約所得法이라 初中에 二니 一, 約地論이오 二, 仁王下는 約他經이라 於中有二하니 初, 雙牒二經하야 約人以配하야 揀前地論의 約所觀行이라 二, 以七地未斷分段故者는 是賢首가 略釋七地의 爲羅漢之由라 然이나 瑜伽와 攝論과 唯識에 皆云, 初와 二와 三地는 相同世間이라하고 四와 五와 六地는 寄同聲聞者는 正明配位니 卽仁王文이라 經에 云,[194] 爾焰聖覺達地菩薩은 修行順法忍하야 逆五見流하고 集無量功德하야 住須陀洹이라하고 第五

---

193) 五明: 범어 panca-vidya의 번역이며 자세히는 五明處라 한다. 명이란 배운 것을 분명히 한다는 뜻으로 다섯 가지의 學藝이다. 인도에서 사용하는 학문과 技藝의 분류법이다. 內五明과 外五明이 있다. 內五明은 聲明(언어, 문학, 문법), 因明(논리학), 內明(불교의 宗旨), 醫方明, 工巧明(공예, 기술, 曆數)의 다섯 가지이고 外五明은 聲明, 醫方明, 工巧明, 呪術明, 符印明의 다섯 가지이다.
194) 인용문은 『인왕반야경』 下卷 受持品 제7의 내용이다. 經云, "復次爾焰聖覺達菩薩. 修行順法忍. 逆五見流. 集無量功德住須陀洹位. 常以天眼天耳宿命他心身二通達念念中減三界一切見. 亦以六阿僧祇劫行五神通. 恒河沙波羅蜜食不離心. 復次勝達菩薩. 於順道忍以四無畏. 觀那由他諦內道論外道論藥方工巧呪術故. 我是一切智人. 減三界疑等煩惱故. 我相已盡知地地有所出故名出道有所不出故名屬道. 逆三界疑. 修習無量功德故. 卽入斯陀含位. 復集行八阿僧祇劫中行諸陀羅尼門故. 常行無畏觀不去心. (대정장 권8 p.831c-)

地에 云, 勝進達菩薩은 於順道忍에 以四無畏로 觀那由他諦와 內道論과 外道論과 藥方工術故로 我是一切智人이라하며 滅三界疑等煩惱故며 集無量功德故로 卽斯陀含이라하고 第六地에 云, 常現眞實은 住順忍中하야 作中道觀하야 盡三界集因集果하야 一切煩惱가 盡故로 乃至證阿那含이라하고 第七地에 云, 玄達菩薩은 十阿僧祇劫中에 修無生法樂忍하야 滅三界習因業果하야 住最後身中하야 無量功德을 皆成就하며 無生智와 盡智와 五分法身이 皆滿足하니 第十地阿羅漢梵天位라하니라 釋曰, 言第十者는 此經은 通約三賢十聖하야 爲十三位하니 修十三觀일새 故云十等이니라

● 제5절 가장 뛰어난 지이다. 1. 오게 된 이유는 대략 네 가지 이치가 있으니 1) 지위에 의탁함에 의지함이요, 2) 삼학에 의지함이요, 3) 출세간에 의지함이요, 4) 얻은 법에 의지함이다. 1) 중에 둘이니 (1) 십지론에 의지함이요, (2) 仁王 아래는 다른 경전에 의지한 구분이다. 그중에 둘이 있으니 가. 동시에 두 경전을 따와서 사람에 의지하여 배대하여 앞의 십지론에서 관행의 대상에 의지함과 구분하였다. 나. '7지가 아직 분단을 여의지 못한 까닭이다'라고 말한 것은 현수(賢首) 대사가 간략히 제7지가 아라한위에 배대되는 연유를 설명한 내용이다. 하지만 유가론과 『섭대승론(攝大乘論)』, 『성유식론』에서 모두 "초지와 2지, 3지는 모양이 세간과 같다고 하고 4지와 5지, 6지, 7지는 성문에 의탁한다"고 말한 것은 바로 지위에 배대함을 밝힌 내용이니 곧 『인왕반야경』의 문장이다. 경에 말하였다. "그런 불꽃 같은 성인의 깨달음에 도달한 보살은 수순하는 법을 수행하여 다섯 가지 견해의 폭류를 거스르고 한량없는 공덕을 모아서 수다원과(須陀洹果)에 머문다." 5지에는 말하되, "승진의 지위에 도달한 보살은 도(道)에 수순

하는 법에 네 가지 무외(無畏)로 나유타 수의 진리와 불교의 논서와 외도의 논서와 의약 처방과 공교명(工巧明)과 주술명(呪術明) 등의 오명(五明)을 관찰하는 까닭에 '나는 온갖 지혜를 갖춘 사람'이라 하고, 삼계의 의심 등 번뇌를 없애었으며 한량없는 공덕을 모은 연고로 사다함과(斯陀含果)에 머문다." 6지에 이르되, "항상 진여의 실다움을 나타내는 보살은 순인(順忍)에 머물러 중도의 관법을 지어서 삼계에서 모두 원인과 업을 모아서 온갖 번뇌가 다한 까닭에 마침내 아나함과(阿那含果)를 증득하게 된다." 7지에 이르되, "현묘한 경지에 도달한 보살은 열 번째 아승지 겁에 태어남 없는 법의 즐거움을 수행하여 삼계에 익힌 원인과 업과 결과를 없애어 최후의 몸에 머물러 한량없는 공덕을 모두 성취하며 태어남 없는 지혜와 다한 지혜[盡智]와 오분(五分)의 법신이 모두 만족하게 되나니 열 번째 아라한 범천의 지위이다." 해석하자면 '열 번째'라 말한 것은 이 경전에서는 삼현(三賢)과 십성(十聖)을 통틀어 의지하여 13개의 지위로 나누었으니 13가지 관법을 닦으므로 열 번째 등으로 말하였다.

2. 명칭 해석[釋名] 2.

1) 경문을 인용하다[引經] (言難 2上10)

[疏] 言難勝者는 解深密에 云, 卽由於彼菩提分法에 方便修習하야 最極艱難일새 名極難勝이라하니
■ 2. '가장 뛰어나다'는 말은 『해심밀경(解深密經)』에 말하였다. "곧 바로 저 보리분법으로 말미암아 방편을 닦아 익혀서 가장 어렵게 되므

로 지극하게 가장 뛰어나다."

2) 소가의 해석[疏釋] 4.
(1) 본경을 인용하다[引當經] (此從 2下1)
(2) 섭론을 인용하여 해석하다[引攝論釋] (攝大)

[疏] 此從初說故라 初分經에 云, 善修菩提分法故等이라하며 攝大乘에 云, 由眞諦智가 與世間智로 更互相違를 合此難合하야 令相應故라 하며 唯識에도 同此하니
■ 이것은 초지로부터 말한 까닭이다. 첫 부분에 본경에 말하였다. "보리분법을 잘 닦기 때문 등"이라 하였다. 『섭대승론』에 이르되, "진제의 지혜가 세간적인 지혜와 함께 더욱 서로 어긋남을 어렵게 합치하게 함으로 인하여 서로 응하게 한 까닭이다." 유식론에도 이와 같은 내용이다.

(3) 여러 논서를 인용하여 증명하다[引諸論證] 2.
가. 논문을 인용하다[引論] (世親 2下3)
나. 질문과 대답[問答] (上諸)

[疏] 世親이 釋云호대 由此地中에 知眞諦智는 是無分別이오 知世間工巧等智는 是有分別[195]이니 此二가 相違어늘 應修令合하고 能合難合하야 令相應故로 名極難勝이라하니 此通初中後니라 瑜伽에 云,[196] 今此

---
[195] 別은 南續金本作智誤.
[196] 인용문은 『瑜伽師地論』本地分中菩薩地 제15 持隨法瑜伽處品 제4의 ②의 내용이다. (대장장 권30 p. 558b-)

地中에 顯示菩薩이 於諸聖諦決定妙智에 極難可勝일새 名難勝地라 하나니 唯約地中이니라 莊嚴論에 云, 197) 於此五地에 有二種難하니 一은 勸化無惱難이오 二는 生不從心無惱難이라 此地菩薩이 能退二難하야 於難에 得勝이라하나니 此多約地滿이니라 顯揚論에 云, 證得極淨緣諦所知인 諸微妙慧하야 成極難成하야 不住流轉과 寂靜聖道일새 名極難勝이라하니 此大同本分이니라

上諸經論이 多擧難勝之法하나 未知何等이 無能勝耶아 十住論에 云,198) 功德力成에 一切諸魔가 不能壞故라하니 此는 對人顯勝이오 亦兼於惑이니 煩惱魔故라

■ 세친보살이, "이 지(地)에서 진제를 아는 지혜는 무분별의 지혜이고, 세간의 공교함 등을 아는 지혜는 유분별의 지혜이므로 이 둘이 서로 위배되거늘, 응당히 닦아서 합하게 하고 합하기 어려운 것을 합하게 하여 서로 응하게 되는 까닭에 지극히 가장 뛰어나다고 이름한 것"이라 해석하였으니, 이는 처음과 중간과 나중에 통하는 개념이다. 유가론에 이르기를, "지금 이 지위 안의 보살로서 모든 거룩한 진리에 대하여 결정하는 미묘한 지혜는 지극하여 보다 더 훌륭하기가 어려움을 드러내 보인 것이니, 이 때문에 이 지위를 극난승지(極難勝地)라고 한다"고 하였다. 이는 오로지 지(地)의 중간만 의지한 내용이다. 『대승장엄론(大乘莊嚴論)』에는, "이 제5지에 두 가지 어려운 점이 있으니 (1) 부지런히 교화하면서도 번뇌가 없다는 어려움이요, (2) 중생들이 다르지 않더라도 마음에 번뇌하지 않는 어려움이다. 이 지(地)의 보살은 이런 두 가지 어려움에서 빠져나와 어려움을 이겨낸다"고 하였으니, 이는 대개 지(地)의 만족함에 의지한 개념이다. 『현양론(顯揚

---

197) 인용문은 『大乘莊嚴經論』 제13권 行住品 제23의 내용이다. (대정장 권31 p. 659 b-)
198) 인용문은 『십주비바사론』 제1권 入初地品 제2의 내용이다. (대정장 권26 p. 23a-)

論)』에서는, "지극히 청정하게 반연된 진리로 알 수 있는 여러 가지 미묘한 지혜를 증득하여 지극히 이루기 어려운 점을 이루어서 유전하고 적정한 성인의 도에 머물지 않게 되므로 '지극히 이기기 어렵다'고 이름한다"라고 하였으니, 이는 본분의 내용과 거의 같다.

위의 여러 경과 논서가 대부분 이기기 어려운 법에 대해 거론하였으니 어떤 것을 능히 이길 수 없는지 알지 못하는가? 『십주비바사론(十住毗婆沙論)』에서는, "공덕의 세력이 왕성해지면 어떤 마군도 무너뜨릴 수 없기 때문이다"라고 하였으니, 이것은 사람에 상대하여 뛰어남을 밝힌 것이요, 또한 미혹도 겸하였으니 번뇌의 마군을 뜻한다.

(4) 앞을 결론하고 같은 점을 지적하다[結前指同] (然諸 3上4)

[疏] 然¹⁹⁹⁾諸經論이 言異意同하사 皆辨眞俗無礙라 若據實位하야 約仁王經인대 初地菩薩은 四天王이니 卽雙照二諦平等道라 今約寄位에 前寄出世오 此方却入일새 故云無礙니라

■ 그러나 여러 경과 논서가 말은 다르지만 의미는 같아서 대개 진여와 세속이 걸림 없음을 밝혔다. 만일 실제 지위에 의거하여 『인왕경(仁王經)』(보살행품)에 의지하면 초지보살은 사천왕이니 두 진리가 평등한 도를 함께 비춘다. 지금은 지위를 의탁함에 의지하면 앞은 출세간에 의탁함이요, 여기는 바야흐로 도리어 들어감이므로 걸림 없다고 하였다.

[鈔] 言難勝者解深密下는 此第一釋中에 先, 引經이오 後, 此從初說下는

---

199) 然은 金本作上.

疏釋이라 初分經下는 引證이라 言初分者는 卽勝慢對治로대 而是治當地慢하야 隨順如道라 經에 云, 佛子여 菩薩이 住此第五地已하야 善修菩提分法故며 善淨深心故며 復轉求上勝道故며 隨順眞如故가 卽其文也니라

唯識同此者는 上引攝論이 卽是本論이니 唯識에 全取彼論이라 世親釋下는 卽釋攝論이라 於中에 二니 先, 擧論이오 能合難合下는 後, 釋勝相이니라 瑜伽云者는 卽四十八論의 諸相應增上住文이니라 其莊嚴論은 卽第十三이니 彼偈에 云, 難退가 有二種하니 能退故難勝이라하니라 今疏所引은 卽彼論釋이라 其顯揚論은 卽當第十三이니 此但引於當地之文이라 此前論에 云, 五는 難勝地니 謂諸菩薩이 住此地中하야 先善修治第四地하야 超一切聲聞獨覺地라하니라 證得已下는 疏文全同이라 但有人이 云호대 諸法微妙慧蘊이라하야늘 今略無二字니 義已足故라 其十住論은 亦十住婆沙第一이니라

然諸經論下는 四, 結前指同이오 若據實位下는 實寄對辨이라 旣初地中에 已能雙照어니 豈至五地하야사 方有雙行고 故知約寄니 卽彼經上卷菩薩行品이니라

● '이길 수 없다고 말한 것은 해심밀경에' 아래는 첫째 해석 중에 1) 경문을 인용함이요, 2) 此從初說 아래는 소가의 해석이다. (1) 初分經 아래는 인용하여 증명함이다. '첫 부분'이라 말한 것은 뛰어나다는 거만을 다스린 것이지만 해당 지의 거만함을 다스려서 진여의 도에 수순하는 것을 뜻한다. 본경에 이르되, "불자여, 보살마하살이 이 제5지에 머물고는, 보리의 부분법을 잘 닦는 연고며, 깊은 마음을 잘 깨끗이 하는 연고며, 상품이고 수승한 도를 더욱 구하는 연고며, 진여를 순종하는 연고며"라고 한 것이 그 문장이다.

唯識同此란 위에 인용한 『섭대승론』이 바로 근본 되는 논서이니 유식론에서 저 논문을 완전히 채용했다는 뜻이다. (2) 世親釋 아래는 섭론을 해석한 내용이다. 그중에 둘이니 가. 논문을 인용함이요, 나. 能合難合 아래는 뛰어난 모양을 해석함이다. 瑜伽云이란 제48권의 여러 진리와 상응한 머무름의 문장이다. 그 『장엄론』이란 곧 제13권을 가리키나니 저 논의 게송에 이르되, "물러나기 어려움이 두 종류가 있으니 능히 물러나는 연고로 가장 뛰어나다"고 하였다. 지금 소에서 인용한 부분은 저 장엄론의 해석 부분인데 여기서는 단지 해당 지의 문장만 인용하였다. 이 앞의 논서에 이르기를, "다섯째는 극난승지(極難勝地)이니, 말하자면 보살들이 이 5지 중에 머물러서는 먼저부터 제4지를 잘 닦고 다스렸기 때문에 일체 성문·독각의 경지를 뛰어난다"라고 하였다. 證得 아래는 소의 문장이 완전히 똑같다. 단지 어떤 사람이 '모든 법의 미세하고 묘한 슬기의 쌓임'이라 하였는데, 지금은 두 글자를 생략해 없지만 의미는 이미 갖춘 까닭이다. 그 십주론(十住論)은 또한 『십주비바사론』 제1권[入初地品]을 가리킨다.

(4) 然諸經論 아래는 앞을 결론하고 같은 점을 지적함이요, 若據實位 아래는 실제로 의탁한 지위에 상대하여 밝힘이다. 이미 초지에서 이미 능히 동시에 비추었으니 어찌 5지에 가야만 비로소 동시에 행함이 있겠는가? 그러므로 의탁한 지위에 의지한 것임을 알 것이니 곧 저 『인왕경』 상권의 보살행품을 가리킨다.

3. 장애를 단절하다[斷障] (故此 4上4)

[疏] 故此地中에 斷於下乘般涅槃障者는 卽前四地는 出世하야 厭生死

苦하고 樂趣涅槃일새 此障五地러니 今入眞俗無差別道하야 便能斷之라 此斷欣厭이니 卽是二愚니라
- 그러므로 이 지(地)에서 '아래 교법에서 열반에 드는 장애를 단절한다'는 것은 곧 앞의 4지는 세간에 뛰어나서 생사의 고통을 싫어하고 열반을 즐겨 취향하므로 이것이 제5지를 장애하나니, 지금은 진여와 세속에 차별 없는 도에 들어가서 단박에 능히 단절하게 된다. 여기서 좋아하고 싫어함을 단절하나니 바로 두 가지 어리석음을 가리킨다.

[鈔] 故此地中下는 三, 明斷障이니 先, 標名이오 卽前四地下는 釋이니 意則已盡이라 唯識을 具云호대 五는 於下乘에 般涅槃障이니 謂所知障中俱生一分이라 令厭生死하고 樂趣涅槃이 同於二乘이 厭苦欣滅이니 彼障五地無分別道어늘 入五地時에 便能永斷이라 由斯五地에 說斷二愚와 及彼麤重하니 一은 純作意背生死愚니 卽是此中에 厭生死者오 二는 純作意向涅槃愚니 卽是此中에 樂涅槃者라하니라 釋曰, 此地眞如를 名類無別이니 故緣彼道를 名無差別이라 本分에 名身淨我慢障[200]하니 四地出世가 取身淨故라 由此欣滅은 如前已釋이라 餘諸經論에 言異意同하니라

- 3. 故此地中 아래는 장애를 단절함이니 1) 명칭으로 표방함이요, 2) 卽前四地 아래는 해석이니 의미로는 이미 다한 것이다. 『성유식론』을 갖추어 말하면 "5) 하위의 교법에서 열반에 들고자 하는 장애이다. 소지장(所知障) 중에서 선천적으로 일어나는 것의 일부분이 생사를 싫어하고 즐겨 열반에 나아가서, 하위의 이승이 괴로움을 싫어하고 적멸을 좋아하는 것과 같게 만들기 때문이다. 그것은 제5지의 차

---

200) (五) 本分의 鈔文에 열 가지 장애를 밝힌 적이 있다. (水字卷 57上8)

별이 없는 도(道)를 장애한다. 제5지에 들어갈 때에 문득 능히 영원히 단멸한다. 그러므로 5지에서 두 가지 어리석음과 그것의 추중을 단멸한다고 말한다. 첫째는 순전히 작의(作意)해서 생사를 등지는 어리석음[純作意背生死愚]이니, 곧 이 중에서 생사를 싫어하는 것을 말한다. 둘째는 순전히 작의해서 열반에 향하는 어리석음[純作意向涅槃愚]이니, 곧 이 중에서 열반을 즐기는 것을 말한다"라고 하였다. 해석하자면 이 5지의 진여를 종류의 차별이 없는 진여[類無別眞如]라 하나니 그러므로 저 도를 반연하는 것을 '차별이 없다'고 이름한다. (五) 본분(本分)에서 몸이 청정하다고 거만한 장애[身淨慢障]라 이름하였으니 4지에서 세간을 벗어나 몸의 청정함을 취한 까닭이다. 이로 인해 기쁘게 없앤 것은 앞에서 이미 해석한 부분과 같다. 나머지 여러 경과 논서에서 말은 다르지만 의미는 같다.

4. 진여를 증득하다[證如] (由此 4下6)

[疏] 由此하야 證得類無差別眞如라 亦約生死와 涅槃이 皆平等故니라
- 이로 인해 종류가 차별이 없는 진여를 증득하게 된다. 이것도 또한 생사와 열반이 모두 평등함에 의지한 까닭이다.

[鈔] 由此證得者는 四, 證如라 疏亦約生死涅槃皆平等故는 成類無別이니 唯識에 釋云호대 謂此眞如는 類無差別이니 非如眼等이 類有異故라하니 此猶難見이니 攝論에 名爲相續無差別法界라 世親이 釋云호대 謂於此中에 體無有異가 非如眼等이 隨諸有情의 相續差別하야 各各有異라하고 無性意도 同이나 而梁論에 云由此法界가 能令三世諸

佛相續身不異者어늘 衆生은 迷此하야 萬類之異라 諸佛은 證此하사 居然不異201)라하니라 中邊論에 云, 由通達此하야 得十意樂平等淨心者이니 上約極果오 此正順今이니라

- '이로 인해 증득한다'는 것은 4. 진여를 증득함이다. 소에서도 또한 '생사와 열반이 모두 평등함에 의지한 까닭'이란 종류가 차별이 없음을 성취한다는 뜻이다. 『성유식론』에서 해석하되, "다섯째는 종류의 차별이 없는 진여이다. 202) 이 진여는 종류의 차별이 없어서, 안근(眼根) 등 다른 종류가 있는 것과 같지 않기 때문이다"라고 하였으니 이것은 오히려 보기 어려운 부분이니『섭대승론』에서 '상속하지만 차별이 없는 법계'라 이름하였다. 세친보살은, "이를테면 이 가운데 체성이 달라짐이 없는 것이 안근(眼根) 따위가 모든 유정의 상속과 차별을 따라 각기 달라짐이 있는 것이 아니다"라고 해석하였다. 무성보살의 주장도 같긴 하지만『양섭론(梁攝論)』에 이르되, "이로 인해 법계가 능히 삼세의 모든 부처님의 상속되는 몸으로 하여금 달라지지 않게 하는데 중생은 이를 미혹하여 만 가지로 차별하였다. 부처님은 이를 증득하여 편안하여 달라지지 않는다"고 하였다. 『중변론(中邊論)』에서는 "이를 통달함으로 인해 열 가지 의요가 평등하고 청정한 마음을 얻는다"고 하였으니, 위는 지극한 결과에 의지하였고 여기서는 바로 본경에 따른 분석이다.

5. 행법을 성취하다[成行] (其所 5上6)

---

201) 異는 甲南續金本作變.
202) 제5 極難勝地에서 하위의 교법에서 반열반하고자 하는 장애를 끊음으로써 증득된다. 이 진여는 생사와 열반이 평등하여 차별이 없고, 迷悟一如임을 말한다.

[疏] 其所成行이 亦成二種이니 謂諸諦增上慧行과 五明處敎化行이니라
- 그 이루어야 할 행법도 두 종류가 되었다. 말하자면 여러 진리에 상응하는 뛰어난 슬기의 행법과 오명(五明)의 방편으로 교화하는 행법이다.

[鈔] 其所成行下는 五, 成行이라 擧此二者는 以證淨智로 而達五明하야 成於眞俗不相違故니라
- 5. 其所成行 아래는 행법을 성취함이다. 이런 두 가지[諸諦相應增上慧住와 五明處敎化行]를 거론한 것은 증도의 깨끗한 지혜로 다섯 가지 밝음을 통달하여 진여와 세속이 서로 어긋나지 않음을 성취하기 때문이다.

6. 과덕을 얻다[得果] (此二 5上9)

[疏] 此二가 無礙일새 故得無差別法身之果니 皆義旨相順이니라
- 이 두 가지가 걸림이 없으므로 차별 없는 법신과 과덕을 얻는 것이니 모두 의미와 종지가 서로 따른다.

[鈔] 此二無礙下는 第六, 得果라 無差別法身은 二諦均故니 故로 疏에 結云義旨相順이라하니라
- 6. 此二無礙 아래는 과덕을 얻음이다. 차별이 없는 법신은 두 가지 진리에 균등하므로 소에서 '의미와 종지가 서로 따른다'고 결론하였다.

7. 경문 해석[釋文] 3.

1) 찬탄하며 청법하는 부분[讚請分] 2.
(1) 게송을 설하는 광경[說偈儀] (經/菩薩 5下2)

(2) 바로 게송으로 설하다[正說偈] 2.
가. 여덟 개 반의 게송은 공양 올리며 찬탄하다[初八頌半供讚] 3.

가) 한 게송은 보살이 공양 올리며 찬탄하다[初一偈頌菩薩供讚]
(次正 5下4)

菩薩聞此勝地行하고　　　　　於法解悟心歡喜하여
空中雨華讚歎言하되　　　　　善哉大士金剛藏이여
보살이 제4지의 수행을 듣고
법 깨달아 마음에 환희하거늘
공중에서 꽃비 내려 찬탄하기를
거룩하다 대사이신 금강장보살.

나) 한 게송은 천왕대중의 찬탄[次一偈頌天王衆讚] (次一)

自在天王與天衆이　　　　　　聞法踊躍住虛空하여
普放種種妙光雲하여　　　　　供養如來喜充徧이로다
자재천왕 하늘의 대중과 함께
법 듣고 뛰놀면서 허공에 있어
가지가지 광명 구름 널리 놓아서
여래에게 공양하며 기쁨이 가득.

[疏] 次, 正釋文이라 文亦三分이니 初, 讚請分中에 九頌半을 分二니 初, 八頌半은 供讚이오 後, 一頌은 請說이라 前中에 三이니 初一은 菩薩供讚이오 次一은 天王衆이오 餘皆天女라

■ 7. 경문 해석이다. 경문을 또한 셋으로 나누니 1) 찬탄하며 청법하는 부분 중에 아홉 개 반의 게송을 둘로 나누니 가. 여덟 개 반의 게송은 공양 올리며 찬탄함이요, 나. 한 게송은 설법하기를 청함이다. 가. 중에 셋이니 가) 처음 한 게송은 보살이 공양 올리며 찬탄함이요, 나) 다음 한 게송은 천왕대중의 찬탄이요, 다) 나머지는 모두 천녀들의 찬탄이다.

다) 여섯 개 반의 게송은 천녀들의 찬탄[後六偈半頌天女讚] 3.
(가) 총합하여 표방하다[初一偈總標] (於中 6上2)

天諸婇女奏天樂하며　　亦以言辭歌讚佛할새
悉以菩薩威神故로　　　於彼聲中發是言하되
하늘의 채녀들이 풍악 잡히고
말로써 부처 공덕 노래하는데
모두 다 보살들의 위신으로써
노래 속에 이런 말이 섞여 나온다.

[疏] 於中에 三이니 初, 一偈는 標오

■ 그중에 셋이니 (가) 한 게송은 총합하여 표방함이요,

(나) 네 개 반의 게송은 찬탄하여 말하다[次四偈半讚] 2.

ㄱ. 두 게송은 감응을 찬미하다[初二偈美感應] (次四 6上7)

佛願久遠今乃滿하시며　　　佛道久遠今乃得하사
釋迦文佛至天宮하시니　　　利天人者久乃見이로다
부처 서원 오랜만에 지금에 만족
부처님도 오랜만에 이제 얻었고
석가모니 부처님 천궁에 오니
하늘 사람 이익한 이 이제 보도다.

大海久遠今始動하며　　　佛光久遠今乃放하되
衆生久遠始安樂이요　　　大悲音聲久乃聞이로다
큰 바다 오랜만에 처음 동하고
부처 광명 오랜만에 지금 놓으며
중생들 오랜만에 비로소 안락
자비하온 음성을 이제 듣노라.

[疏] 次, 四偈半은 讚이라 於中에 初二偈는 美感應이라 皆言久者는 佛應由機니 機難有故라 大海動者는 動佛智海하야 竭苦海故라

■ (나) 다음 네 개 반의 게송은 찬탄하여 말함이다. 그중에 ㄱ. 두 게송은 감응을 찬미함이다. 모두에 '오래'라고 말한 것은 부처님의 감응은 중생의 기틀로 말미암은 것이니 기틀은 있기 어려운 까닭이다. '큰 바다가 요동친다'는 것은 부처님의 지혜가 움직여 고통의 바다를 고갈시키는 까닭이다.

ㄴ. 두 개 반의 게송은 공덕을 갖춤에 대해 찬탄하다[後二偈半讚具德]

(後二 6下4)

功德彼岸皆已到하며　　　　憍慢黑闇皆已滅하시니
最極淸淨如虛空이요　　　　不染世法猶蓮華로다
공덕행의 저 언덕에 이미 이르고
캄캄한 교만심을 이미 멸하니
끝까지 청정하심 허공 같으며
세상에 물 안 들기 연꽃과 같다.

大牟尼尊現於世하시니　　　譬如須彌出巨海라
대모니 세존께서 출현하시니
수미산이 바다에서 솟아나온 듯

供養能盡一切苦하며　　　　供養必得諸佛智하리니
此應供處供無等일새　　　　是故歡心供養佛이로다
공양하면 모든 고통 끝낼 수 있고
공양하면 부처 지혜 얻게 되리라.
공양할 데 공양한 복 짝 없으리니
환희하게 부처님께 공양하시오.

[疏] 後, 二偈半은 讚具德이니 初偈는 具智斷이오 次半은 具恩이오 後一은
具此三德일새 是故應供이라
■ ㄴ. 두 개 반의 게송은 공덕을 갖춤에 대해 찬탄함이니 ㄱ) 앞의 게송

은 지혜의 공덕과 단절의 공덕이요, ㄴ) 다음 반의 게송은 은혜의 공덕을 갖춤이요, ㄷ) 뒤의 한 게송은 이 세 가지 공덕을 갖추었으므로 응당히 공양하는 것이다.

(다) 찬탄함을 결론하다[後一偈結讚] (經/如是 6下6)

如是無量諸天女가　　　發此言辭稱讚已하고
一切恭敬喜充滿하여　　瞻仰如來黙然住로다
이렇게 한량없이 많은 천녀들
이런 말을 하여서 칭찬하거늘
여럿이 공경하며 기쁨이 가득
부처님 쳐다보며 잠자코 있어

나. 설법 청함을 노래하다[後一頌請說] (三一 6下10)

是時大士解脫月이　　　復請無畏金剛藏하되
第五地中諸行相을　　　唯願佛子爲宣說하소서
이때에 대사이신 해탈월보살
두려움이 없으신 금강장에게
바라건대 불자시여 나를 위하여
제5지의 행상을 말씀하소서.

[疏] 三, 一偈는 結讚及請說이라 並可知로다
■ (다) 한 게송은 찬탄함을 결론함이요, 나. 게송으로 설법하기를 청함

이다. 경문과 함께하면 알 수 있으리라.

2) 바로 설법하는 부분[正說分] 2.

(1) 과목 나누기[分科] (第二 7上1)

[疏] 第二, 正說分中에 先은 明位行이오 後는 辨位果라
- 2) 바로 설법하는 부분 중에 가. 제5지의 행상을 밝힘이요, 나. 제5지의 과덕을 밝힘이다.

(2) 과목에 따라 해석하다[隨釋] 2.
가. 제5지의 행상을 밝히다[明位行] 3.

가) 뛰어나다는 거만함을 다스리다[勝慢對治] 3.
(가) 논경에 의지하여 과목 나누다[依論分科] (前中 7上1)

[疏] 前中에 論分爲三이니 初, 勝慢對治오 二, 佛子菩薩摩訶薩如實知 下는 不住道行勝이오 三, 佛子菩薩摩訶薩住此下는 明彼果勝이라 初는 卽加行道와 及初住地無間道오 次는 卽正住地解脫道오 後는 卽地滿勝進道라
- 가. 중에 논경에서는 셋으로 나누었으니 가) 뛰어나다는 거만함을 다스림이요, 나) 佛子菩薩摩訶薩如實知 아래는 도행에 머물지 않는 뛰어남이요, 다) 佛子菩薩摩訶薩住此 아래는 저 과덕의 뛰어남을 밝힘이다. 그중에 (1) 처음은 가행도(加行道)와 처음 지(地)에 머무는 무

간도(無間道)이고, (2) 다음은 바로 제5지에 머무는 해탈도(解脫道)이고, (3) 지(地)가 만족한 승진도(勝進道)이다.

(나) 소가의 해석[疏釋] 2.
ㄱ. 네 가지 도에 배대하다[配四道] (初言 7上5)

[疏] 初言勝慢者는 慢有二種하니 一은 他地慢이니 謂四地中에 得出世智하야 取其勝相을 名爲勝慢이니 今以十種淨心으로 爲治라 二는 自地慢이니 謂於此十心에 希求勝相이 復以爲慢이오 以隨順如道로 爲治니 此二를 通名勝慢이라 故此一分이 有其二道하니

- 가)의 '뛰어나다는 거만함'에서 거만함에 두 종류가 있으니 ㄱ. 다른 지에 대한 거만함이다. 말하자면 제4지에서 출세간의 지혜를 얻어 그 뛰어난 모양에 집착한 것을 뛰어나다는 거만함[勝慢]이라 하였으니, 지금은 열 가지 청정한 마음으로 다스린다. ㄴ. 자기 지에 대한 거만함이다. 말하자면 여기의 열 가지 마음에서 뛰어난 모양을 바라고 구함이 다시 거만함이요, 진여도에 수순함으로 다스리나니 이 둘을 통틀어 뛰어나다는 거만함이라 칭하였다. 그러므로 이 한 부분에 두 가지 도가 있다.

[鈔] 第二正說下는 疏文有二하니 先, 依論科오 後, 初卽加行下는 疏釋이니 但屬四道하고 不釋其名이라 下疏에 自釋하니라

- 2) 바로 설법하는 부분 아래는 소의 문장이 둘이 있으니 (가) 논경에 의지해 과목 나눔이요, (나) 初卽加行 아래는 소가의 해석이다. 단지 네 가지 도에만 섭속하고 그 명칭을 해석하지 않았다. 아래 소에

서 자연히 해석하게 된다.

ㄴ. 부분의 명칭을 해석하다[釋分名] (論云 7下1)

[疏] 論에 云勝慢對治者는 謂十平等深淨心者는 前段能治也라 又云호대 同念不退轉心者는 後段能治也라 言同念者는 卽後總句順如니 與如로 同一念故라 不退轉者는 卽後段末句니 略擧初後하야 以該中間이라 前地는 治解法慢이오 此治身淨分別慢이니 所治有殊나 不濫前地라 言身淨者는 得出世智不染身故니라

■ 논경에서 가) '뛰어나다는 거만함을 다스린다'고 말한 것은 이를테면 열 가지 평등하고 깊고 깨끗한 마음은 앞 단락에서 능히 다스린 내용이다. 또 이르되 '모두 물러나지 않을 것을 생각하는 마음이다'라고 말한 것은 뒤 단락에서 능히 다스릴 것이다. '모두 기억한다'고 말한 것은 곧 ㄴ. 총상 구절로 진여도에 순종함을 가리킨 것이니 진여와 같이 기억하는 까닭이다. '물러나지 않는다'는 것은 곧 뒤 단락의 끝 구절을 가리키나니 처음과 끝을 간략히 거론하여 중간을 포섭하였다. 앞에서는 법을 알았다는 거만함을 다스림이요, 여기서는 몸이 청정하다고 분별하는 거만함을 다스리는 부분이니 다스릴 대상은 다른 점이 있지만 앞 지보다 잘못된 것은 아니다. '몸이 청정하다'고 말한 것은 세간을 뛰어난 지혜의 물들지 않은 몸을 얻었기 때문이다.

[鈔] 論云勝慢下는 此釋分名이라 然이나 論에 具云, 勝慢對治者는 謂十平等深淨心이니 同念不退轉心故라 前已說解法慢對治하고 今此地中에 說身淨分別慢對治라하니라 釋曰, 上皆論文이니 疏已分釋이라

先은 正釋名이오 後, 前地下는 對前揀濫이라 前中에 具分二慢이니라
卽後總句等者는 總句니 經에 云, 隨順眞如故라하니라 何法이 同如요
卽十平等이라 然이나 十平等이 已是隨如어늘 何故로 名同고 由取勝
相하야 則不順如어니와 今若順如에 則不取勝相일새 故爲能治니라
前地治下는 對前揀濫이니 雖與前地로 同皆治慢이나 前是世間이니
所治則劣이어니와 今治出世身淨之慢이라 則勝於前일새 故名勝慢이
라 安得濫哉아 言得出世智不染身故[203]者는 前創出世하야 成念處
觀하야 不染於身이 卽是身淨이라 取此不染하야 所以爲慢[204]이니 淨
無淨相이어니 慢何由生이리오

- ㄴ. 論云勝慢 아래는 부분의 명칭을 해석함이다. 그러나 논경을 갖추어 말하면 " '뛰어나다는 거만함을 다스린다'는 것은 열 가지 평등하고 깊고 깨끗한 마음이니 이는 모두 물러나지 않을 것을 생각하는 마음이다. 앞에서는 법에 대한 거만함을 다스리는 부분에 대하여 설명하였고, 지금은 이 지(地)에서는 몸이 청정하다고 분별하는 거만함을 다스리는 부분에 대하여 설명하였다." 해석하자면 위는 모두 논경의 문장이니 소가가 이미 부분적으로 해석한 내용이다. (ㄱ) 바로 명칭을 해석함이요, (ㄴ) 前地 아래는 앞과 상대하여 잘못을 가림이다. (ㄱ) 중에 구체적으로 두 가지 거만함으로 나누었다.

ㄴ. '총상 구절로 진여도에 순종함' 등이란 총상 구절이니 본경에는 "진여법을 수순하기 때문이다"라고 하였다. 어떤 법이 진여와 같은가? 열 가지 평등한 마음이다. 그러나 열 가지 평등한 마음이 이미 진여법에 수순한 것인데 무슨 까닭으로 같다고 하는가? 뛰어난 모양에

---

203) 上八字는 甲南續金本作身淨.
204) 慢은 甲南續金本作治.

집착함으로 인해 진여법에 수순하지 못하지만, 지금은 만일 진여법에 수순하면 뛰어난 모양에 집착하지 않은 연고로 능히 다스릴 수 있다. (ㄴ) 前地治 아래는 앞과 상대하여 잘못을 가림이니 비록 앞 지(地)와 함께 모두 거만함을 다스렸지만 앞은 세간이니 다스릴 대상은 열등하지만 지금은 세간을 뛰어난 몸이 청정하다는 거만함을 다스린 내용이다. 말하자면 앞보다 뛰어나므로 뛰어나다는 거만함이라 칭하나니 어찌 잘못을 얻었으리오. '세간을 뛰어난 지혜의 물들지 않은 몸을 얻었기 때문이다'라고 말한 것은 앞에서 처음 세간을 뛰어나서 사념처의 관법을 성취하여 몸을 더럽히지 않은 것이 바로 몸이 청정함이다. 이 오염되지 않은 것에 집착한 연고로 거만함이 되었지만 청정하면서도 청정함이 없는 모양인데 거만함이 무엇 때문에 나오겠는가?

(다) 경문 해석[釋文] 2.

ㄱ. 다른 지에 대한 거만함을 다스리다[治他地慢] 3.

❖ 제6회 십지품 제5 難勝地 (科圖 26-54; 巨字卷)

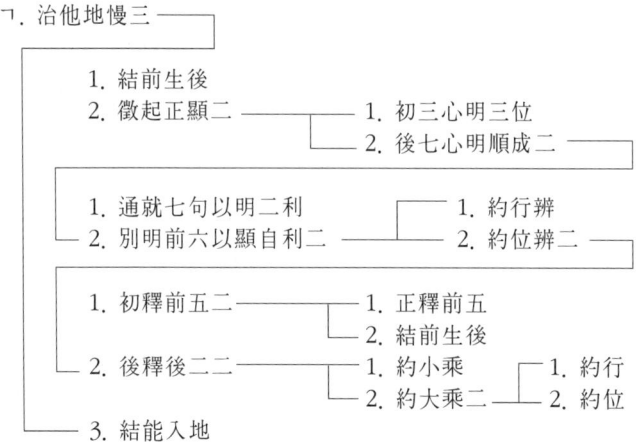

ㄱ) 앞을 결론하고 뒤를 시작하다[結前生後] 2.
(ㄱ) 바로 과목을 해석하다[正科釋] (文中 8下1)

爾時에 金剛藏菩薩이 告解脫月菩薩言하시되 佛子여 菩薩摩訶薩이 第四地所行道가 善圓滿已에 欲入第五難勝地인댄 當以十種平等淸淨心趣入이니
그때 금강장보살이 해탈월보살에게 말하였다. "불자여, 보살마하살이 제4지에서 행할 것을 이미 원만하고, 제5지에 들어가려면 열 가지 평등하고 청정한 마음으로 들어가야 하나니,

[疏] 文中에 二니 先, 治他地慢이오 後, 佛子菩薩摩訶薩住此下는 治自地慢이라 前中에 三이니 初, 結前擧後오 二, 徵起正顯이오 三, 結能入地라 今初라 平等이 有二義하니 一은 是如理요 二는 是因果淨法이라 千聖이 同規를 名深淨心이니 是此地觀解故라 論에 云, 於平等中에 心得淸淨故라하니라

■ (다) 경문 해석에 둘이니 ㄱ. 다른 지(地)에 대한 거만함을 다스림이요, ㄴ. 佛子菩薩摩訶薩住此 아래는 자기 지(地)에 대한 거만함을 밝힘이다. ㄱ. 중에 셋이니 ㄱ) 앞을 결론하고 뒤를 시작함이요, ㄴ) 질문을 일으켜 바로 밝힘이요, ㄷ) 결론하여 제5지에 들어감이다. 지금은 ㄱ)에서 평등함에 두 가지 뜻이 있으니 (ㄱ) 진여의 도리요, (ㄴ) 원인과 결과가 청정한 법이다. 천 분의 성인이 같은 법을 '깊고 청정한 마음'이라 하나니, 이 지(地)에서 관하여 알았기 때문이다. 논 경에 이르되, "평등함에서 마음에 청정함을 얻은 까닭이다"라고 하

였다.

[鈔] 名深淨心者는 此句는 向上에 成二平等이니 以約如法而論等일새 故名之爲深이오 以約淨法而論等일새 故名之爲淨이니 故云深淨心也라 二者는 向下에 則成此地觀解之心이라 則五字를 分二니 平等二字는 是淨所依요 其深淨心은 是能依心일새 故로 次引論云호대 於平等中에 心得淸淨이라하니라 言深淨心은 卽是論經이니 今經에는 但云淸淨心耳니라

● '깊고 청정한 마음'이라 이름한 것은 이 구절은 (1) 위로 향하면 두 가지 평등함을 이룰 것이니 진여법에 의지하여 평등함을 논하는 연고로 '깊다'고 하였고, 청정한 법에 의지해 평등함을 논하는 연고로 '청정하다'고 하였으니, 그래서 깊고 깨끗한 마음이라 하였다. (2) 아래로 향하면 이 지(地)를 관하여 아는 마음을 성취했다. 말하자면 다섯 글자를 둘로 나누었으니 평등(平等) 두 글자는 청정이 의지할 대상이요, 그 심정심(深淨心)은 의지하는 주체의 마음이므로 다음에 논문을 인용하여 "평등함에서 마음에 청정함을 얻었다"고 하였다. '깊고 청정한 마음'이라 칭한 것은 논경이니, 본경에서는 단지 청정한 마음이라고만 하였다.

(ㄴ) 질문과 대답으로 해석하다[問答釋] (此復 9上2)

[疏] 此復何異後地의 觀察十平等法고 此有三異하니 一, 此地는 治前於淨에 起慢故로 偏明淨法平等이오 後地는 對此하야 依眞入俗하야 通觀染淨諸法이 皆悉平等이라 二, 此約擧等理하야 以顯心淨이오 後

地는 擧觀察하야 以入等理라 三, 此通理事二等이오 後地는 一向約理니 融二諦故라 此皆地地²⁰⁵⁾背相捨니 後漸勝故니라

- 이것은 다시 뒤 지(地)의 열 가지 평등한 법을 관찰함과 무엇이 다른가? 여기에 세 가지 다른 점이 있으니 (1) 이 제5지는 앞의 청정함에서 일으킨 거만함을 다스리는 연고로 치우쳐 청정한 법이 평등함을 밝혔고, 뒤 지(地)는 이것과 상대하여 진제에 의지하여 세속제에 들어가 더럽거나 깨끗한 모든 법이 모두 평등함을 통틀어 관찰하였다. (2) 여기서는 평등한 도리를 거론하여 마음이 깨끗함을 드러냄에 의지하였고, 뒤 지(地)는 관찰을 통해 평등한 도리에 들어감을 거론하였다. (3) 이 지(地)는 도리와 현상의 둘이 평등함과 통하고, 뒤 지(地)는 한결같이 도리에만 의지하였으니 두 가지 진리가 융합한 까닭이다. 이것은 모두 지와 지마다 위배하여 서로 버리는 것이니 뒤가 점차 뛰어난 까닭이다.

[鈔] 此復何異下는 對六地揀이니 先, 問이오 後, 此有三下는 答이라 三中에 一은 所治通局이니 通染則勝이라 二는 能所前後니 若擧所等하야 以成能等하면 此心은 猶淺이어니와 若擧能觀하야 以入所觀하면 此觀則深이라 三은 能治通局이니 一向局理라 六地則深일새 故로 疏에 結云, 此皆地地背相捨離라하니 以勝捨劣이니라 又上三義가 亦皆相成이니 由初所治가 局故로 能治則通이라 事理가 皆等이어니 何獨身淨이리오 由所治通하야 能治則局이라 一理平等에 無染淨故라 淨慢을 未除니 以等成觀이니 此五地中에 已成等觀하고 後六地中에 以觀入理하면 則以初後로 成於中間이니라

---

205) 地地는 南續金本作地.

- (ㄴ) 此復何異 아래는 제6지와 상대하여 구분함이니 a. 질문함이요, b. 此有三 아래는 대답함이다. 세 가지 다른 점 중에 (1) 다스릴 대상이 통하고 국한됨이니 염오와 통하면 뛰어나다는 뜻이다. (2) 주체와 대상이 앞 지와 뒤의 지이니 만일 평등할 대상을 거론하여 평등한 주체를 이루면 이 마음이 아직은 얕지만, 만일 관찰하는 주체를 거론하여 관찰할 대상에 들어가면 관찰은 깊어진다. (3) 다스리는 주체의 통함과 국한됨이니 한결같이 도리에 국한하면 제6지가 깊으므로 소에서 "이것은 모두 지와 지마다 위배하여 서로 버리고 여읜다"고 결론하였으니, 뛰어난 까닭에 열등함을 버리는 것이다. 또 위의 세 가지 이치도 모두 서로 성취하는 것이니, 처음의 다스릴 대상이 국한됨으로 인해 다스리는 주체가 통하게 된다. 현상과 이치가 모두 평등한데 어떻게 유독 몸만 청정하겠는가? 다스릴 대상이 통함으로 인해 다스리는 주체가 국한된 것이다. 한결같이 이치가 평등하면 염오와 청정이 없기 때문이다. 청정하다는 거만함을 없애지 못할 적에 평등함으로 관찰을 성취할 것이니, 이 5지에서 이미 평등한 관찰을 성취하고 뒤의 6지에서 관찰을 통해 도리에 들어가면 처음과 끝으로 중간을 성취한 것이 된다.

ㄴ) 물음을 일으켜 바로 밝히다[徵起正顯] 2.
(ㄱ) 앞의 세 가지 마음으로 세 가지 지위를 밝히다[初三心明三位]

(二正 9下10)

何等爲十고 所謂於過去佛法에 平等淸淨心과 未來佛法에 平等淸淨心과 現在佛法에 平等淸淨心과 戒平等淸

淨心과 心平等淸淨心과 除見疑悔平等淸淨心과 道非道智平等淸淨心과 修行智見平等淸淨心과 於一切菩提分法에 上上觀察平等淸淨心과 敎化一切衆生平等淸淨心이니

무엇이 열인가? 이른바 과거의 불법에 평등하고 청정한 마음, 미래의 불법에 평등하고 청정한 마음, 현재의 불법에 평등하고 청정한 마음, 계율에 평등하고 청정한 마음, 마음에 평등하고 청정한 마음, 소견과 의혹을 끊는 데 평등하고 청정한 마음, 도이고 도 아닌 것을 가리는 지혜에 평등하고 청정한 마음, 수행하는 지견에 평등하고 청정한 마음, 모든 보리의 부분법을 상상으로 관찰하는 데 평등하고 청정한 마음, 일체 중생을 교화하는 데 평등하고 청정한 마음이니,

[疏] 二, 正顯中에 十心을 分二니 初三은 明諸佛法이니 論에 云, 謂三世力等者는 卽果位十力等也라
- ㄴ) 물음을 일으켜 바로 밝힘 중에 열 가지 마음을 둘로 나누었으니 (ㄱ) 처음의 세 가지 마음[過去佛法평등청정심, 未來佛法〃, 現在佛法〃]은 모든 불법에 대한 설명이다. 논경에는 삼세의 힘 따위라 말한 것은 곧 불과(佛果)의 열 가지 힘 따위를 가리킨다.

[鈔] 卽果位者는 此一等字는 等餘果法이니 謂四無所畏와 十八不共과 三身과 四智等이오 非釋平等이라 平等淨心은 前已總釋하니라
- 卽果位에서 이 등(等)이란 한 글자는 나머지 불과의 법 따위를 뜻한다. 말하자면 네 가지 두려움 없음과 18가지 함께하지 않는 법과 세

가지 몸과 네 가지 지혜 따위를 가리킨 것이지 '평등하다'고 해석한 것이 아니다. '평등하고 청정한 마음'에 대해서는 이미 앞에서 총합적으로 해석하였다.

(ㄴ) 뒤의 일곱 가지 마음은 수순하여 성취함을 밝히다
 [後七心明順成] 2.
a. 일곱 구절에 통틀어 입각하여 2리행을 밝히다[通就七句以明二利]
(後七 10上4)

[疏] 後七은 明隨順諸佛法이니 二利因行으로 順成果故라 於中에 前六은 自利요 後一은 利他라
■ (ㄴ) 뒤의 일곱 가지 마음은 모든 불법에 수순함을 밝힘이니 2리(二利)의 인행으로 수순하여 과덕을 이룬 까닭이다. 그중에서 앞의 여섯 가지 마음은 자리행이요, 뒤의 한 가지 마음[教化一切衆生〃]은 이타행이다.

b. 앞의 여섯 가지 마음으로 자리행(自利行)을 드러냄에 대해 따로 밝히다
 [別明前六以顯自利] 2.
a) 행법에 의지하여 밝히다[約行辨] (前中 10上5)

[疏] 前中에 合爲三學이니 初는 戒요 次는 定이오 餘四는 慧라 故로 離爲七淨이니 一, 戒淨이오 二, 定淨이오 三, 見淨이오 四, 度疑淨이니 見疑相顯이라 經合一句하야 爲成十故라 五, 道非道淨이니 此前五淨은 大와 小에 名同이라 小乘에 六, 名行淨이오 七, 行斷淨이니 以彼宗中

에는 趣盡滅故라 今大乘에는 六은 名行斷이니 經에 云, 修行智見이라 하고 略無斷字라 七은 名思量菩提分法上上淨이니 以依行斷하야 起勝求故라

■ b. 앞의 여섯 가지 마음을 삼학으로 합하였으니 (1) 계법이요, (2) 삼마지요, (3) 나머지 네 가지 마음[除見疑悔〃, 道非道智〃, 修行智見〃, 於一切菩提分法上上觀察〃]은 슬기에 해당한다. 그러므로 분리하면 일곱 가지 청정함이 되나니 ① 계법이 청정함이요, ② 삼마지가 청정함이요, ③ 소견이 청정함이요, ④ 의심을 건너는 청정함이니, 소견과 의심은 서로 드러내는 관계이다. 본경은 한 구절로 합하여 열 가지로 삼았다. ⑤ 도이고 도 아닌 것을 가림이 청정함이니, 여기까지 앞의 다섯 가지 청정함은 대승과 소승에서 명칭은 같다. 소승에서는 ⑥ 명칭과 행법이 청정함이요, ⑦ 끊음을 행함이 청정함이다. 저 (소승의) 종지에서는 모두 없어짐에 취향하기 때문이다. 지금 대승에서는 ⑥ '끊음을 행한다'고 이름하나니 본경에는 "지혜로운 소견을 닦아 행한다"고 하여 단자(斷字)를 생략하였다. ⑦ 보리분법을 헤아리는 상상의 청정함이라 하나니 행법에 의지하여 끊고 뛰어난 구함을 일으키기 때문이다.

[鈔] 前中等者는 釋前六中에 二門分別이니 一은 約行이오 二는 約位라 今初에 略²⁰⁶⁾屬經文이라 云何見疑二淨相顯고 此二가 同是根本六種煩惱之中의 二故라 戒取는 依於六上하야 開出이라 又執爲道는 相微難見일새 別爲一句니라

● 前中 등이란 앞의 여섯 가지 마음 중에 두 문으로 분별함에 대한 해석이니 a) 행법에 의지한 분별이요, b) 지위에 의지한 분별이다. 지금

---

206) 略은 甲南續金本作牒.

은 a)에서 대략 경문을 섭속한 내용이다. 무엇을 '소견이 청정함과 의심이 청정함을 서로 드러낸다'고 하는가? 이 두 가지 청정함이 모두 여섯 종류의 근본번뇌207) 중의 둘인 까닭이다. 계금취견(戒禁取見)은 여섯 종류에 의지하여 전개한 내용이다. 또 도라고 집착한 것은 모양이 미세하여 보기 어려우므로 나누어 한 구절로 삼았다.

b) 지위에 의지하여 밝히다[約位辨] 2.
(a) 앞의 다섯 가지 마음에 대해 해석하다[釋前五] 2.

㊀ 앞의 다섯 가지 마음을 바로 해석하다[正釋前五] 2.
① 앞의 두 마음에 대한 설명[釋前二心] 3.
㉮ 바로 설명하다[正釋] (若約 10下5)
㉯ 질문하다[徵問] (入見)
㉰ 인용하여 대답하다[引答] (涅槃)

[疏] 若約位者인대 初二는 在見道前이니 以創背凡過인대 宜以戒防이오 欲生眞慧인대 理須習定이라 然未合理일새 判屬世間이라 次三은 在見道니 以見道中에 斷身見故며 斷疑故며 斷戒取故라 戒取는 是非道요 知無漏慧는 是正道라 入見道時에 十使를 俱斷이어늘 偏言三者는 涅槃經에 說此三이 重故니라

■ 만일 지위에 의지하여 밝힌다면 앞의 두 마음[戒平等淸淨心, 心平等〃]은 견도위(見道位) 이전이니 처음으로 범부의 지위를 위배하여 지나가

---

207) 여섯 가지 근본번뇌: ① 貪 ② 瞋 ③ 癡 ④ 慢 ⑤ 疑 ⑥ 見이다. ①~⑤는 五鈍使라 하고, ⑥ 見은 惡見이라고도 하는데 구체적으로 ① 身見 ② 邊見 ③ 邪見 ④ 見取見 ⑤ 戒禁取見으로 五利使라 한다. 그래서 이를 모두 十使라 칭한다.

려면 마땅히 계로 방어해야 하며, 진실한 슬기를 내려고 한다면 이치로는 모름지기 삼마지를 익혀야 한다. 그러나 아직 도리에 합하지 않았으므로 세간법에 섭속한다. 다음의 셋[除見疑悔〃, 道非道智〃, 修行智見〃]은 견도위에 있나니, 견도위(見道位) 중에서 신견(身見)을 끊고 의심을 끊고 계금취견(戒禁取見)을 끊기 때문이다. 계금취견은 도가 아니요, 무루의 슬기를 아는 것은 바른 도에 해당한다. 견도위에 들어갈 때에 열 가지 번뇌의 속박을 모두 끊게 되는데 치우쳐 셋만 말한 까닭이 무엇인가?『열반경』에서는 이 셋이 중대하다고 설하기 때문이다.

② 뒤의 세 가지 마음에 대한 설명[釋後三心] (又十 10下9)

[疏] 又十使中에 五見과 及疑는 但障見道요 餘四는 通於見修일새 故略不言이니라 就其六中하야 三本과 三隨에 偏語其本하니 邊見은 隨身見이요 邪見은 隨疑오 見取는 隨戒取라 故斷三結에 三隨가 亦斷일새 但立三淨이라

■ 또 열 가지 번뇌의 속박 중에 다섯 가지 소견과 의심은 단지 견도만 장애하고 나머지 넷[① 貪 ② 瞋 ③ 癡 ④ 慢]은 견도와 수도에 통하므로 생략하고 말하지 않았다. 그 여섯 가지에 입각하여 세 가지 근본번뇌와 세 가지 수번뇌에 치우쳐 '그 근본'이라 말하였으니, 변견(邊見)은 신견(身見)에 수반되고 사견(邪見)은 의심에 수반되고 견취견(見取見)은 계금취견(戒禁取見)에 수반된다. 그러므로 세 가지 번뇌의 속박[結使]을 단절하면 세 가지 수번뇌도 단절되므로 단지 세 가지 청정함[戒淨, 見淨, 疑淨]만 건립하였다.

㈢ 앞을 결론하고 뒤를 시작하다[結前生後] (上五 11上2)

[疏] 上五는 大와 小가 並同이라
- 위의 다섯 가지 마음은 대승과 소승이 모두 동일하다.

(b) 뒤의 두 구절에 대한 해석[釋後二] 2.
㈠ 소승법에 의지한 설명[約小乘] (小乘 11上3)

[疏] 小乘의 行淨은 在修道하니 起斷行故요 行斷은 在無學道니 依行證斷故라
- 소승법의 수행이 청정함은 수도위(修道位)에 있나니 끊는 행법[斷行]을 시작한 까닭이요, 끊음을 행함은 무학(無學)의 도에 있나니 행법을 증득함에 의지해 끊기 때문이다.

㈡ 대승법에 의지한 설명[約大乘] 2.
① 행법에 의지한 설명[約行] (大乘 11上4)

[疏] 大乘에는 後二가 皆在修道라 斷障成德일새 故有二也니 行實同時라
- 대승법에는 뒤의 두 가지 마음[修行智見〃, 於一切菩提分法上上觀察〃]은 모두 수도위에 있다. 장애를 끊고 과덕을 성취하므로 둘이 있지만 수행과 실법은 동시이다.

[鈔] 若約位下는 二, 約位니 隨難委釋이라 言欲生眞慧者는 卽出世見道慧也니라 次三在見道等者는 疏釋此三이라 而文有三하니 一, 正釋이

오 二, 入見道下는 徵問이오 三, 涅槃下는 引答이라 問中에 言十使俱斷者는 開之成八十八使니라 答有二意하니 一, 引涅槃하야 以約重故라 涅槃三十三²⁰⁸⁾에 因釋觀方하야 迦葉이 問云호대 如來가 說須陀洹의 斷煩惱가 如四十里水라하시며 云何言斷三結이닛고 一은 我見이오 二는 非因見因이오 三은 疑網이니이다 佛答云하사대 此三重故로 亦攝須陀洹人의 一切所斷結故라 譬如王出에 雖有四兵이나 但言王出이니라 又云하사대 此三을 何緣으로 獨得名重고 一切衆生이 常所起故며 微難識故며 難可斷故며 能爲一切煩惱因故며 是三이 對治之怨敵故니 謂戒定慧니라 又衆生이 聞斷에 多則退轉일새 故但說三이라하니라

● 三 若約位 아래는 지위에 의지하여 밝힘이니 어려운 곳을 따라 자세히 해석한 내용이다. '진실한 슬기를 내려고 한다면'이라 말한 것은 출세간 견도의 슬기를 뜻한다. '다음의 셋은 견도에 있다' 등이란 소에서 이 셋[戒″, 心″, 除見疑悔″]을 해석한 내용이다. 그런데 소문에 셋이 있으니 ⓐ 바로 설명함이요, ⓑ 入見道 아래는 질문함이요, ⓒ 涅槃 아래는 인용하여 대답함이다. ⓑ 질문 중에 '열 가지 번뇌의 속박을 모두 끊게 된다'고 말한 것은 전개하면 88가지 결사(結使)²⁰⁹⁾가

---

208) 인용문은『열반경』제33권의 가섭보살품 제24의 ③의 내용이다. "迦葉菩薩白佛言. 世尊所言煖法云何名煖. 爲自性煖爲他故煖. 佛言. 善男子如是煖法. 自性是煖非他故煖. —"(대정장 권12 p.824b-)

209) 見惑과 修惑 : 惑은 마음의 미혹이니 곧 번뇌를 가리킨다. (1) 俱舍宗에서는 사성제의 진리를 알지 못함으로 일어나는 번뇌를 견혹이라 하고, 현상적인 사물에 집착하고 미한 번뇌를 修惑이라 한다. (2) 唯識宗에서는 邪見에 의하거나 마음으로 생각하거나 분별함을 따라 일으키는 후천적인 번뇌[分別起]를 견혹이라 하고, 태어남과 동시에 저절로 생기는 선천적인 번뇌[俱生起]를 修惑이라 한다. 俱舍宗에서는 견혹을 88使라 하고, 수혹을 81品이라 한다. 유식종에서는 견혹을 112품이라 하고 수혹을 16품이라 하니 합하면 128품의 근본번뇌라고 한다. (불교학대사전 p.48-)

* 八十八使 : 使는 驅使의 뜻으로 번뇌의 다른 이름이다. 欲界의 苦諦 밑에 身·邊·戒禁取·見取·邪의 五見과 貪·瞋·癡·慢·疑 등 十使가 있다. 集·滅 二諦 밑에 身·邊·戒禁取見을 제외한 七使가 있다. 道諦 밑에 身·邊見을 제외한 八使가 있어서 합하면 三十二使이다. 色·無色 兩界의 四諦 밑에 欲界 四諦의 각 使에서 각기 瞋使를 제외한 나머지 28使가 있어서 兩界를 합하면 56使가 되고 三界를 합하면 88使가 된다. (위의 책 p.1620-)

된다. ⓒ 대답함에 두 가지 의미가 있으니 1)『열반경』을 인용하여 중대함에 의지한 까닭이다.『열반경』제33권에 방위를 관찰함에 대해 해석함으로 인해 가섭보살이 묻기를, " '수다원의 끊은 번뇌는 넓이와 길이가 40리(里) 되는 물과 같고, 남아 있는 것은 털 한 개로 찍어 낸 물방울 같다 하시더니, 여기서는 어찌하여 세 가지 결박[三結]을 끊은 것을 수다원이라 한다고 말씀하시나이까? 하나는 〈나〉라는 소견이요, 둘은 인이 아닌 것을 인으로 봄이요, 셋은 의심이니이다.' 부처님께서 답하시기를 '선남자여, 수다원이 비록 한량없는 번뇌를 끊지마는 이 셋이 중대한 연고며, 또 모든 수다원들이 끊을 결백을 포함한 연고이니라. 선남자여, 마치 대왕이 순행할 적에 네 가지 군병이 따르지마는, 세상 사람들이 '왕이 오셨다, 왕이 가셨다'고 말하는 것과 같다.' 또 이르시기를 '이 세 가지 번뇌도 그와 같으니라. 무슨 인연으로 중대하다 하는가? 온갖 중생들이 항상 일으키는 연고며, 미세하여 알기 어려운 연고로 중대하다 하는 것이요, 이 세 가지 번뇌가 끊기 어려운 연고며, 모든 번뇌의 원인이 되는 연고며, 이것이 세 가지로 다스릴 대상인 연고이니, 계율과 선정과 지혜이니라.' 또 중생이 듣기를 단절하면 대부분 물러나므로 단지 방편으로 셋을 말하였다"라고 하였다.

又十使下는 二, 約見[210]修所斷分別이라 言餘四通於見修者는 謂貪과 瞋과 慢과 無明이니 見道之中에 四障見道를 亦皆已斷라 有障修者는 不與斷名일새 故略不言이니라 三本三隨者는 隨者는 是末이라 身見은 卽我니 我於過去에 爲有爲無일새 故名常見이오 我於未來에

---

210) 見은 南續金本作具誤.

爲作無作일새 則起斷見하나니 故說邊見이 隨於身見이니라
言邪見者는 撥無因果하야 以於諦理에 猶豫不決하고 遂撥爲無하나니 故說邪見이 隨於疑網이니라 旣非因에 計因하면 必取爲實일새 故說見取가 隨於戒取니라 根本이 旣斷에 枝條가 自亡이니라 又言隨者는 三本은 名轉이니 如手轉輪이오 三隨는 名隨니 如輪隨手니라 上五大小竝同者는 結前五淨하고 生後二淨이라 二淨은 大과 所의 開合이 不同하고 在位亦別이라 於中에 有二하니 先은 約小乘이오 後는 約大乘이라 於大乘中에 先은 行이오 後는 位라 約行同時나 義分斷障²¹¹⁾이니 卽行斷淨²¹²⁾이오 成德은 卽菩提分法上上淨이니라

- ㉡ 又十使 아래는 견도위와 수도위에서 끊을 대상에 의지하여 분별함이다. '나머지 넷은 견도와 수도에 통한다'고 말한 것은 ① 탐욕과 ② 성냄과 ③ 거만함과 ④ 무명을 말하나니 견도위(見道位) 중에 네 가지가 견도를 장애하는 것을 또한 모두 이미 단절하였다. '수도를 장애함이 있다'는 것은 단절한다는 명칭을 주지 않았으므로 생략하고 말하지 않았다. '셋은 근본번뇌이고 셋은 수번뇌'라 한 중에 수(隨)는 말(末)의 뜻이다. 신견(身見)은 곧 아견(我見)이니 나는 과거에 〈유〉이기도 하고 〈무〉이기도 하므로 상견(常見)이라 이름하고, 내가 미래에 지음도 되고 짓지 않음도 되므로 단견(斷見)을 일으킨 것이니, 그러므로 변견(邊見)이 신견(身見)에 수반되는 것이다.

'삿된 소견'이라 말한 것은 인과법을 무시하여 사성제의 도리에 머뭇거리고 결정하지 못하고 마침내 없다고 무시하였으니 그러므로 삿된 소견이 의심의 그물에 따르는 것이다. 이미 원인 아닌 것을 원인이라 계탁하면 반드시 취하여 실법으로 삼을 것이므로 "견취견(見取見)이

---

211) 遺忘記云 斷障下 落成德二字. (『三家本私記』遺忘記 p. 232-)
212) 上四字는 南續金本作斷卽行淨.

계금취견(戒禁取見)에 수반된다"고 하였다. 근본이 이미 단절되었으니 가지가 저절로 없어지게 된다. 또 '수반된다'고 말한 것은 세 가지 근본번뇌는 전(轉)이라 부르나니 마치 손으로 바퀴를 돌리는 것과 같고, 세 가지 수번뇌는 수(隨)라 부르나니 마치 바퀴가 손을 따라 도는 것과 같다. '위의 다섯 가지 마음은 대승과 소승이 모두 동일하다'고 말한 것은 앞의 다섯 가지 청정함을 결론하고, 뒤의 두 가지 청정함을 시작한 내용이다. 두 가지 청정함이란 대승과 소승에서 전개하고 합한 것이 다르고 지위에 있는 것도 다르다. 그중에 둘이 있으니 ㉠ 소승법에 의지한 설명이요, ㉡ 대승법에 의지한 설명이다. ㉡ 대승법 중에 ㉠ 수행에 의지한 설명이요, ㉡ 지위에 의지한 설명이다. ㉠ 수행에 의지함이 동시이지만 뜻은 장애를 끊고 과덕을 성취함으로 구분하였으니 끊는 행법이 청정함이요, 과덕을 성취함은 보리분법이 상상으로 청정함이다.

② 지위에 의지한 설명[約位] (若約 12上9)

[疏] 若約位分인대 七地已還은 爲行斷이니 修道斷結故요 八地已上은 入法流中이니 順菩提故로 名思量上上이니라 餘文은 易了니라
■ 만일 지위에 의지해서 구분한다면 제7지 이전은 끊음을 행함이니 수도위에서 결사를 단절하기 때문이요, 제8지 이상은 법의 물결 속에 드는 것이니 깨달음에 순종하는 연고로 헤아림이 상상(上上)이라 이름한다. 남은 문장은 쉽게 알 것이다.

[鈔] 若約位分下는 二, 約位[213]니 卽增과 微를 分別이라 七地已還에 雖亦

進行이나 斷障義增이오 八地已上에 非不斷障이나 進行多故니 是以로 二位가 各得一名이니라

- ② 若約位分 아래는 지위에 의지한 설명이니 뛰어남과 미세함을 구분한 내용이다. 제7지 이전에도 비록 행법에 나아가지만 장애를 끊는 의미가 늘어난 것이요, 제8지 이상에도 장애를 끊지 않는 것은 아니지만 행법에 나아가 행함이 많기 때문이니, 이런 까닭으로 두 지위가 각기 한 가지 명칭씩을 얻는 것이다.

ㄷ) 결론하여 제5지에 능히 들어가다[結能入地] (經/菩薩 12下4)

菩薩摩訶薩이 以此十種平等淸淨心으로 得入菩薩第五地니라
보살마하살이 이 열 가지 평등하고 청정한 마음으로 보살의 제5지에 들어가느니라."

ㄴ. 자기 지에 대한 거만함을 다스리다[治自地慢] 2.

ㄱ) 의미를 말하고 총합적으로 판단하다[敍意總判] 3.
(ㄱ) 머무는 마음에 섭속하다[攝屬住心] (第二 12下7)

佛子여 菩薩摩訶薩이 住此第五地已에
"불자여, 보살마하살이 이 제5지에 머물고는,

---

213) 位下에 南續金本有辨字.

[疏] 第二,[214] 明如道行이니 又順經意인대 前은 明入心이오 從此已下는 皆明住心이라
- ㄴ. 자기 지(地)에 대한 거만함이니 진여의 도행을 밝힘이다. 또 경문의 의미를 수순한다면 앞은 들어가는 마음을 밝힘이요, 여기부터 아래는 모두 머무는 마음을 밝힌 내용이다.

[鈔] 第二明如道行이라 又順經意下는 以不依論의 但順三心하고 此之半分과 及後二分이 皆是住心으로 攝於三位라 此隨如道가 攝第五住니라
- ㄴ. 자기 지(地)에 대한 거만함은 진여의 도행을 밝힘이다. 又順經意 아래는 논경을 의지하지 않고 단지 세 가지 마음만 따랐기 때문이다. 여기의 반[治自地慢]과 뒤의 두 부분[나)不住道行勝과 다)彼果勝]이 모두 머무는 마음으로 세 지위를 포섭한다. 여기서 진여의 도(道)에 수순함이 제5. 구족방편주(具足方便住)를 포섭한다.

(ㄴ) 나누어 세 가지 지위를 섭속하다[分屬三位] (應分 13上1)

[疏] 應分爲三이니 此는 攝方便具足住니 修行十心이 是方便義라 不退轉者는 卽是住義니라 二는 不住道行勝이니 攝離癡亂行이라 智淸淨等 일새 無癡亂故니라 三은 彼果勝이니 攝無盡功德藏廻向이니 攝德無盡故니라
- 응당 셋으로 나누었으니 가) 뛰어나다는 거만함을 다스림[勝慢對治]은 제5. 구족방편주(具足方便住)를 포섭한다. 열 가지 마음을 수행함이 방편의 뜻이다. '물러나지 않는다'는 말이 바로 '머문다'는 뜻이다.

---

214) 第二下 落治自地慢之科名也.『三家本私記』遺忘記 p. 232-)

나) 머물지 않는 도의 행법이 뛰어남이니 제5. 이치란행(離癡亂行)을 포섭한다. 지혜가 청정한 등이므로 어리석음과 산란함이 없게 된다.
다) 저 결과가 뛰어남이니 제5. 무진공덕장회향(無盡功德藏廻向)을 포섭하나니 공덕을 섭수함이 끝없기 때문이다.

[鈔] 智淸淨等者는 卽下經文에 云, 十重觀察四諦法門이 名智淸淨이니 正是無癡요 知第一義하야 如實而知가 卽無亂義라 而言等者는 等取利益衆生과 勤方便勝이니 皆無癡義라 與彼行中에 釋於無癡로 義甚相順이니라
攝德無盡者는 下有四果하니 第一은 卽名攝功德果요 下三은 皆是功德果니라

● 지혜가 청정한 등이란 곧 아래 경문에서 열 겹으로 사성제 법문을 관찰함이 '지혜가 청정하다'고 이름하나니 바로 어리석음이 없는 것이요, 제일가는 이치를 알아서 진실되게 아는 것이 산란함이 없다는 이치이다. 하지만 등이란 말은 중생을 이롭게 함과 부지런함이 방편이 뛰어남을 함께 취한다는 뜻이니 모두 어리석지 않다는 뜻이다. 저 행법 중에 무치(無癡)를 해석한 것과 함께 이치가 더욱 서로 따르게 되었다.
'공덕을 포섭함이 끝이 없다'는 것은 아래에 네 가지 결과가 있으니 첫째[ㄱ.攝功德勝]는 이름이 공덕을 포섭한 결과요, 아래 셋[ㄴ. 修行勝 ㄷ. 敎化衆生勝 ㄹ. 起隨順世間智勝]은 모두 공덕의 결과인 까닭이다.

ㄴ) 논경에 의지하여 과목을 해석하다[依論科釋] 3.
(ㄱ) 분위(分位)를 표방하다[標分位] (今且 13上10)

[疏] 今且順論하야 此明如道行이라 於中에 三이니 初, 標分位니 爲顯隨如가 已入五地라 次, 以善下는 總顯이요 後, 願力下는 別明이라
- 지금은 우선 논서에 따라 여기서는 진여의 도행을 밝힘이다. 그중에 셋이니 (ㄱ) 분위를 표방함이니 진여에 따라 이미 제5지에 들어갔음을 밝혔다. (ㄴ) 以善 아래는 총합하여 밝힘이요, (ㄷ) 願力 아래는 개별로 설명함이다.

(ㄴ) 총합하여 밝히다[總顯] (二總 13下4)

以善修菩提分法故며 善淨深心故며 復轉求上勝道故며 隨順眞如故며
(1) 보리의 부분법을 잘 닦는 연고며, (2) 깊은 마음을 잘 깨끗이 하는 연고며, (3) 상품이고 수승한 도를 더욱 구하는 연고며, (4) 진여를 순종하는 연고며,

[疏] 二, 總顯中에 四句가 皆是正修諸行故로 總名順如니 謂前二句는 爲所治니 即四地修菩提分이 以前十心으로 能善淸淨하야 得入五地하고 於此淨心에 希求勝相이 即復是慢이라 慢在文外니 故以後二句로 而爲能治라 初句는 轉求不住道行勝으로 爲能治니 謂不住淨心으로 而起諸行하야 即治住淨慢故라 後句는 雖起諸行이나 不退失前平等深淨之心하고 則能隨順眞如니 平等이 即如故니라
- (ㄴ) 총합하여 밝힘 중에 네 구절이 모두 바르게 여러 행법을 닦는 것이므로 총합적으로 '진여에 수순한다[順如]'고 칭하였다. 말하자면 앞의 두 구절은 다스릴 대상이니 제4지에서 닦은 보리분법이 앞의 열 가

지 마음으로 잘 청정하게 할 수 있어서 제5지에 들어가고, 이런 청정심에서 뛰어난 양상을 희구하는 것이 곧 다시 거만함이 된다. 거만함은 경문 밖에 있으므로 뒤의 두 구절[復轉求上勝道故, 隨順眞如故]로 다스리는 주체를 삼았다. 그중의 첫 구절은 점차 도행(道行)에 머물지 않는 뛰어남을 구하는 것으로 다스리는 주체를 삼았다. 말하자면 머물지 않는 청정심으로 여러 행법을 일으켜서 곧 청정함과 거만함에 머무는 것을 다스리는 까닭이다. 뒤 구절은 비록 여러 행법을 일으키지만 앞의 평등하고 깊은 청정심에서 물러나거나 잃어버리지 않고 곧 능히 진여에 수순하는 것을 말하나니 평등함이 바로 진여인 까닭이다.

[鈔] 總中四句者는 問이라 四中에 初一은 是四地行이어늘 何言皆是正修行耶아 又後經에 云入五地已하야 善修菩提分耶아 答이라 有二意하니 一, 能治之行이 必因所治니 展轉相由가 皆是修行이오 二者, 四地道品에 取其淨相을 以十淨心으로 而能治之하야 卽入五地라 入五地已에 菩提分法이 不取淨相하니 而非不行이로대 不取而行하야 方能善修라 故後十淨이 雖是所治나 隨如道時에 亦不捨前十淨心也니라 若遠公云, 皆正修行은 是論通難이니 恐有難云호대 若此가 如道取前淨心하고 淨心이 復取四地覺分인대 亦應覺分이 由三地生이어늘 何不取耶아 故爲此答[215]하니 答云호대 此四는 卽是四地已上에 皆正修行이라 三地는 旣是世間之法일새 故不言耳라하니 亦是一理니라

● (ㄴ) 총합하여 밝힘 가운데 네 구절은 질문이요, 가운데 처음 한 구절[善修菩提分法]은 제4지의 행법인데 어째서 모두 바른 수행이라 하였는가? 또 뒷부분의 경문에 이르되, "제5지에 들어가서도 보리분법을

---

215) 上三字는 南續金本作此.

잘 수행하는가?" 대답하되 두 가지 의미가 있으니 (1) 다스리는 주체의 행법은 반드시 다스릴 대상으로 인하나니 점차로 서로 연유함이 모두 수행인 것이요, (2) 제4지의 보리분법에서 그 청정한 모양을 취한 것을 열 가지 청정심으로 능히 다스려서 바로 제5지에 들어간 것이다. 제5지에 들어서는 보리분법이 청정한 모양을 취하지 않나니, 행하지 않는 것은 아니지만 취하지 않으면서 행하여야 비로소 잘 닦을 수 있다. 그러므로 뒤의 열 가지 청정심이 비록 닦을 대상이긴 하지만 진여도행에 따를 적에는 또한 앞의 열 가지 청정심을 버리지 않는 것이다. 만일 혜원법사처럼 모두가 '바른 수행'이라 한 것은 논경에서 힐난함에 대해 해명한 내용이다. 아마도 어떤 이가 힐난하되 "만일 이것이 진여도행이 앞의 청정심을 취하고 청정심이 다시 제4지의 칠각분(七覺分)을 취한다면 또한 응당히 각분이 제3지로 인해 생긴 것일 텐데 어째서 취하지 않는가?" 그래서 이렇게 대답하였다. "여기서 네 구절은 바로 제4지 이상에서 모두 '바른 수행'이라 한다. 제3지는 이미 세간법이므로 말하지 않았을 뿐이다"라고 하였으니 또한 일리가 있다.

後句雖起者는 卽經隨順眞如니 論에 云, 隨順如道行者는 彼平等中에 深淨心과 不退轉이 現成就故로 隨彼平等淸淨法住라하니라 釋曰, 不退轉心은 卽此隨如라 末句意에 云, 旣以前句로 治於深心取淨相竟하니 今以不取深淨之心으로 隨至不退轉行하야 常於平等中住가 爲順如道라 故로 疏에 云雖起諸行이나 不退失前平等深淨之心이라 하나니라 次論에 結云호대 菩薩이 如是深心安住일새 名爲隨順[216]如道

---

216) 隨順은 續金本作順隨誤.

라하니라 故로 疏에 云, 則能隨順眞如라하니 正是取此論文也니라 言 平等即如者는 會論就經이니 經에 云隨如라하고 論取平等하니 云何 是同고 故云平等이 即如니 如前已釋이니라 問이라 論에 云深心安住 라하나니 何異前의 隨彼平等淸淨法住오 答이라 前唯住平等이니 故로 疏에 云不失平等이니라 今言深心이 則行順如가 爲深心住니라

● '뒤 구절은 비록 여러 행법을 일으킨다'고 말한 것은 경문의 진여에 수순함을 뜻하나니 논경에서는, "진여에 수순하는 도행이란 저 평등한 가운데 깊고 청정한 마음으로 물러나지 않는 마음이 나타남을 성취하여 저 평등하고 청정한 법에 따라 머무는 것이다"라고 하였다. 해석하자면 물러나지 않는 마음은 곧 진여에 수순함이다. 마지막 구절을 의미로 말하면, 이미 앞 구절로 깊은 마음에 청정함을 취하는 모양을 다스린 다음이니, 지금은 깊고 청정한 마음을 취하지 않는 것으로 수순하여 물러나지 않고 행함에 이르러 항상 평등함에 머무는 것이 진여에 수순하는 도행이다. 그러므로 소가가 "비록 여러 행법을 일으키지만 앞의 평등하고 깊은 청정심에서 물러나거나 잃어버리지 않는다"라고 하였다. 다음에는 논경에서 결론하기를 "보살이 깊은 마음으로 안주하는 것을 진여에 수순하는 도행이라 한다"고 하였다. 그러므로 소가가 '곧 능히 진여에 수순하는 것'이라 하였으니 무엇이 같은가? 그러므로 평등이라 한 것이 곧 진여이니 앞에서 이미 해석한 내용과 같다. 묻는다. "논경에서 '깊은 마음에 안주한다'라고 하였으니, 앞의 저 '평등하고 청정한 법에 수순하여 머문다'고 한 것과 무엇이 다른가?" 답한다. "앞은 오로지 평등에만 머물렀으니 그래서 소가가 '평등함을 잃지 않는다'라고 하였다." 지금은 깊은 마음이라 하였으니, 진여에 수순하는 도행을 행하는 것이 깊은 마음에 머무는 것이다.

(ㄷ) 개별로 밝히다[別明] (後別 15上7)

> 願力所持故며 於一切衆生에 慈愍不捨故며 積集福智助道故며 精勤修習不息故며 出生善巧方便故며 觀察照明上上地故며 受如來護念故며 念智力所持故로 得不退轉心이니라
> 원력으로 부지하는 연고며, 일체 중생에게 불쌍히 여기는 생각을 버리지 않는 연고며, 복과 지혜로 도를 돕는 일을 모아 쌓는 연고며, 부지런히 닦기를 쉬지 않는 연고며, 교묘한 방편을 내는 연고며, 상상지를 관찰하여 밝게 비치는 연고며, 여래의 호념을 받는 연고며, 지혜의 힘으로 부지하는 연고로 물러나지 않는 마음을 얻느니라."

[疏] 後, 別明中에 顯上隨如之行이 有其八種이로대 經有九句하니 前七은 各一이오 後二는 爲一이라 八中에 前二는 是起行心이니 一은 自利願이니 卽修菩提心이오 二는 利他慈니 卽不疲倦心이라 後六은 是行이니 謂三은 得善根力이오 四는 不捨衆行이오 五는 善巧修行이오 六은 無厭足故로 照明上上이오 七은 得他勝力이오 八은 自得勝力이라 此有二句하니 初句에 具三慧라 念은 是聞思요 智는 卽修慧라 後句는 勝進究竟이라 上六行中에 前三은 自分이오 後三은 勝進이라 各有初中後하니 思之니라

■ (ㄷ) 개별로 밝힘 중에 위에서 진여에 따르는 행법이 여덟 종류가 있지만 경문에는 '아홉 구절이 있다'고 밝혔다. 앞의 일곱 구절은 각기 하나이고, 뒤의 두 구절은 하나로 삼은 것이다. 여덟 구절 중에 앞의

두 구절[願力所持故, 於一切衆生慈愍不捨故]은 행법을 일으키는 마음이니 (1) 첫째는 자리행의 서원이니 곧 보리심을 닦는 마음이요, (2) 둘째는 이타행의 자비이니 곧 피곤해하거나 게으르지 않은 마음이다. 뒤의 여섯 구절은 행법이니 말하자면 (3) 셋째[積集福智助道故]는 선근의 힘을 얻는 행법이요, (4) 넷째[精勤修習不息故]는 중생을 버리지 않는 행법이요, (5) 다섯째[出生善巧方便故]는 뛰어난 방편으로 수행함이요, (6) 여섯째[觀察照明上上地故]는 만족함이 없는 연고로 상상지를 비추어 밝히는 행법이요, (7) 일곱째[受如來護念故]는 다른 이의 뛰어난 힘을 얻으려는 행법이요, (8) 여덟째[念智力所持故]는 스스로 뛰어난 힘을 얻는 행법이다. 여기에 두 구절이 있으니, 앞 구절에 세 가지 슬기[三慧]를 갖춘다. 념(念)은 문혜(聞慧)와 사혜(思慧)이고, 지(智)는 수혜(修慧)에 해당한다. 뒤 구절[得不退轉心]은 승진행의 끝이다. 위의 여섯 가지 행법 중에서 앞의 셋은 자분행이요, 뒤의 셋은 승진행이다. 각기 처음과 중간과 나중이 있으니 생각해 보라.

後, 別明者는 問이라 八皆事行이어늘 何名如行고 答有二意하니 一, 此八이 助顯眞如觀故요 二, 如中에 起行호대 俱無所着일새 方顯隨如라 別行은 可知니라 但第七句는 念智力으로 所持故로 疏順經釋이라 論經에 云, 得念意與[217]智力故라하니 卽以意로 爲思慧니라 遠公이 云, 念은 是聞慧니 念持敎故요 意는 是思慧니 思求[218]義故요 智는 是修慧니 以能離障으로 上勝進故라하니 此之三句를 同名智力이어니와 今經에는 無意與言일새 故以念으로 當二慧하고 智當於修니라

---

217) 與는 論經作去, 論云去者 修慧觀無障礙義故.
218) 思求는 甲本作伺思, 南續金本作伺求思.

● (ㄷ) 개별로 밝힘에서 묻는다. "여덟 구절이 모두 현상적인 행법인데 어째서 진여의 도행이라 이름하였는가?" 대답함에 두 가지 의미가 있다. 1) 이 여덟 구절이 진여의 관법을 도와서 드러내는 까닭이요, 2) 진여법에서 행법을 일으키지만 모두 집착함이 없으므로 비로소 진여를 따른다고 밝힌 것이다. 개별적인 행법에 대해서는 알 수 있으리라. 다만 (7)은 기억과 지혜의 힘으로 부지하는 연고로 소가가 경문을 따라 해석하였다. 논경에서는 "뜻을 생각하여 제거하는 지혜의 힘을 얻고"라 하였으니 곧 의미로 사혜(思慧)를 삼은 것이다. 혜원법사가 이르되, "념(念)은 문혜(聞慧)이니 교법을 생각하여 가지는 까닭이요, 의(意)는 사혜(思慧)이니 생각하여 의미를 구하는 까닭이요, 지(智)는 수혜(修慧)이니 능히 장애를 여읨으로 위로 승진하는 까닭이다"라고 하였다. 이 세 구절을 모두 지혜의 힘이라 칭하였지만 본경에서는 '생각으로 제거한다[意去]'는 말이 없으므로 념(念)으로 두 가지 슬기에 배대하고 지(智)로 수혜(修慧)에 배대하였다.

나) 머물지 않는 도의 행법이 뛰어나다[不住道行勝] 2.

(가) 총합하여 과목 나누다[總判] (第二 16上3)

佛子여 此菩薩摩訶薩이 如實知此是苦聖諦와 此是苦集聖諦와 此是苦滅聖諦와 此是苦滅道聖諦하며
"불자여, 보살마하살이 이것은 고라고 하는 성인의 참된 이치며, 이것은 고를 모아 이룬다는 성인의 참된 이치며, 이것은 고가 멸한다는 성인의 참된 이치며, 이것은 고를 멸하는

길이라는 성인의 참된 이치임을 실상대로 아나니,

❖ 제6회 십지품 제5 難勝地 (科圖 26-58; 巨字卷)

나) 不住道行勝二 ─┬─ 1. 總判
　　　　　　　　 └─ 2. 別釋二

　1. 所知法中智淸淨勝二 ─┬─ 1. 分科
　　　　　　　　　　　　 └─ 2. 隨釋二

　　┌ 1. 明四諦實法分別　　　　　　　　　　┬ 1. 明其制立
　　└ 2. 復就此四明十觀門化生差別四 ──────┼ 2. 正明開合
　　　　　　　　　　　　　　　　　　　　　├ 3. 對實法辨
　　　　　　　　　　　　　　　　　　　　　└ 4. 正釋本文二

　　┌ 1. 列十名　　　　　　　　　　　　　　┬ 1. 爲根未熟衆生
　　└ 2. 次第釋二 ─┬ 1. 依瑜伽釋　　　　　├ 2. 爲根熟衆生
　　　　　　　　　 └ 2. 依本論釋七 ───────┼ 3. 爲疑惑衆生
　　　　　　　　　　　　　　　　　　　　　├ 4. 爲謬解衆生
　2. 利益衆生勤方便勝二 ──┐　　　　　　　├ 5. 爲離正念衆生
　　　　　　　　　　　　　 │　　　　　　　├ 6. 爲正見衆生
　　　　　　　　　　　　　 │　　　　　　　└ 7. 爲大乘衆生

　┌ 1. 總起悲觀
　└ 2. 別起悲觀二

　┌ 1. 分科　　　　　┌ 1. 明化生願　　　　┌ 1. 總科
　└ 2. 隨釋二 ───────┴ 2. 明化他心二 ─────┴ 2. 隨釋二

　┌ 1. 明大悲觀二 ─┬ 1. 如實觀苦
　│　　　　　　　　└ 2. 觀深重苦二 ─┬ 1. 總標可愍
　│　　　　　　　　　　　　　　　　 └ 2. 可愍所由有
　└ 2. 明大慈觀二 ─┬ 1. 親境興慈
　　　　　　　　　　└ 2. 廣願饒益

[疏] 第二, 不住道行勝이라 有二種觀하니 一, 所知法中에 智淸淨勝이오 二, 佛子로 至得如是諸諦下는 利益衆生勤方便勝이라 初는 卽自利니 護煩惱行일새 故不住世間이오 後는 卽利他니 護小乘行일새 不住涅槃이라 同時相導를 名不住道라

■ 나) 머물지 않는 도의 행법이 뛰어남이다. 두 종류의 관법이 있으니 ㄱ. 알아야 할 법에서 지혜가 청정한 뛰어남이요, ㄴ. 佛子至得如是諸諦 아래는 중생을 이롭게 함에 부지런한 방편이 뛰어남이다. ㄱ.은 곧 자리행(自利行)이니 번뇌를 막는 행법이므로 세간에 머물지 않으며 ㄴ.은 곧 이타행(利他行)이니 소승을 막는 행법이므로 열반에 머물지도 않는다. 동시적으로 서로 인도하는 것을 머물지 않는 도라 이름한다.

(나) 개별로 해석하다[別釋] 2.

ㄱ. 알아야 할 법에서 지혜가 청정한 뛰어남[所知法中智淸淨勝] 2.

ㄱ) 과목 나누다[分科] (今初 16上6)

[疏] 今初智勝을 分二니 先, 明四諦實法分別이오 後, 善知俗下는 復就此四하야 明十觀門으로 化生差別이라 此乃十種으로 觀於四諦요 非謂觀十四諦也라 故로 瑜伽住品에 云, 此地가 於四聖諦에 由十行相하야 如實了知라하니라

■ ㄱ. 지혜가 청정한 뛰어남을 둘로 나누었으니 (ㄱ) 사성제의 실법을 밝혀 분별함이요 (ㄴ) 善知俗 아래는 다시 이 사성제에 입각하여 열 가지 관법의 문으로 중생을 교화함이 다른 것을 밝힘이다. 여기에서 비로소 열 종류로 사성제를 관찰하는 것이지 14가지 이치를 관찰한다고 말하는 것은 아니다. 그러므로『유가사지론』보살지(菩薩地) 주품(住品)에서는, "이와 같이 (보살은 이 혜주(慧住) 안에 머무르면서 거의 지혜의 수승한 성품을 바라고 구하며,) 사성제에서는 열 가지 행상으로 인해 온갖

문장과 언사[文辭]를 사실대로 분명히 깨달아 안다"고 하였다.

ㄴ) 과목에 따라 해석하다[隨釋] 2.
(ㄱ) 사성제의 실법을 밝혀 분별하다[明四諦實法分別] (今初 16上10)

[疏] 今初에 言實法者는 有佛과 無佛에 苦集二諦는 體是妄想이니 雜染因果요 滅道二諦는 體是出世니 淸淨因果라 此約諦實義釋이어니와 若約審諦釋者인대 前二는 無佛이면 不能知此是苦是集이어니 寧有後二滅道因果[219]아 餘如本品하니라

■ 지금은 (ㄱ)에서 실법이라 말한 것은 불법이 있고 불법이 없어도 고성제와 집성제는 체성이 망상이니 잡염법의 인과이고, 멸성제와 도성제는 체성이 출세간이니 청정법의 인과이다. 이것은 사성제의 참된 이치에 의지한 해석이지만, 만일 사성제를 살핌에 의지하여 해석한다면 앞의 둘[苦와 集]은 불법이 없을 때에는 능히 이것이 고성제인지 집성제인지 알지 못할 텐데 어찌 뒤의 둘이 멸성제와 도성제의 원인과 결과가 되겠는가? 나머지는 본품과 같다.

[鈔] 第二不住道라 所知法中智淸淨者는 諦是所知之法이니 智於其中에 照見離垢일새 故名淸淨이라 慈悲攝物일새 名利益衆生이오 無惰을 稱勤이오 善巧가 爲方便이니라 瑜伽住品者는 卽四十八論에 云,[220] 如是菩薩이 住此住中하야 多分希求智殊勝性하야 於四聖諦에 由十

---

219) 因果는 南本作果因, 續金本作果因.
220) 인용문은 『瑜伽師地論』本地分中菩薩地 제15 持隨法瑜伽處住品 제4의 ②의 내용이다. (대정장 권30권 p.558c~) 무엇이 보살의 모든 진리와 상응하는 증상혜주에서 이미 열 가지의 평등하고 청정한 의요[平等淸淨意樂]를 얻었으며, 그 평등하고 청정한 의요로 인해서 상품을 이루었기 때문에 지극히 원만하여졌으므로 첫 번째의 증상혜주를 뛰어나서 두 번째의 증상혜주에 증득하여 든다. 열 가지 평등하고 청정한 의요에 관한 온

行相하야 如實了知라하니라

言實法者는 然有二義하니 一은 約眞實名實이니 已如疏文이오 二는 約對下十門하야 隨機異名이니 故名實法이니라

- 나) 머물지 않는 도의 행법이 뛰어남이다. ㄱ. 알아야 할 법 중에서 '지혜가 청정하다'는 것은 사성제가 알아야 할 법이라는 뜻이니, 지혜는 그 가운데 번뇌를 여의었음을 비추어 보는 까닭에 '청정하다'고 한다. 자비로 중생을 섭수하므로 '중생을 이익되게 한다'고 하고, 나태하지 않음을 '부지런하다'고 하며, 선하고 교묘하므로 '방편'이라 한다. '유가론의 주품(住品)'이란 곧 제48권을 가리킨다. 『유가사지론』에 이르되, "이와 같이 보살은 이 혜주(慧住) 안에 머무르면서 거의 지혜의 수승한 성품을 바라고 구하며, 사성제에서는 열 가지 행상으로 인해 온갖 문장과 언사를 사실대로 분명히 깨달아 안다"고 하였다. 실법(實法)이라 말한 것은 거기에 두 가지 의미가 있으니 1) 진실법에 의지하여 실법이라 하였으니 소의 문장과 같고, 2) 아래의 열 가지 문을 상대하여 중생의 근기를 따라 명칭이 다르므로 실법이라 하였다.

(ㄴ) 다시 사성제에 입각하여 열 가지 관법의 문으로 중생을 교화함이 다름을 밝히다[復就此四明十觀門化生差別] 4.

a. 열 가지 관법을 건립함에 대한 설명[明其制立] (後十 16下10)

[疏] 後, 十觀中에 略啓四門이니 一, 制立이니 謂四諦가 義含法界라 菩薩

> 갖 文辭는 계경에서 설명한 바와 같으므로 그의 모양을 알아야 한다. 이를테면 견줄 데 없는 깨달음[無等覺]과 모든 깨달음 등과 그 밖의 모든 유정의 경계를 뛰어나며, 그리고 모든 법은 그것이 평등함과 같은 것이니, 이것이 열 가지의 평등하고 청정한 의요로서 간략하게 설명하는 바의 뜻이라고 하는 줄 알아야 한다. 이와 같이 보살은 이 慧住 안에 머무르면서 거의 지혜의 수승한 성품을 바라고 구하며, 네 가지 거룩한 진리에서는 열 가지 행상으로 인해 온갖 文辭를 사실대로 분명히 깨달아 아나니, 계경에서 말씀한 바와 같다.]

이 窮照無遺하야 隨智異說難窮일새 略擧十明無盡호리라 然十이 皆菩薩自智니 智相을 難明일새 故論約化生하야 以明其異하니 以此通名所知法中의 智淸淨也니라

- (ㄴ)의 열 가지 관법 중에 간략히 네 문을 열었으니 a. 건립함이니 사성제가 이치로는 법계를 포함한다는 뜻이다. 보살이 남김없이 끝까지 비추어서 지혜를 따라 다르게 설함이 궁구하기 어려우므로 대략 열 문을 거론하여 다함없음을 밝히리라. 그런데 열 가지 관법의 문이 모두 보살 자신의 지혜이니, 지혜의 모양은 밝히기 어려우므로 유가론에서 중생 교화의 방면에 의지해서 그 차이점을 설명하였다. 이런 까닭으로 '알아야 할 법 중에서 지혜가 청정함'이라고 통틀어 이름하였다.

b. 열고 합함에 대해 바로 설명하다[正明開合] (二明 17上4)

[疏] 二, 明開合이니 此十이 總唯是一化生分別이라 若隨所化인대 大小를 分二니 前九는 化小요 後一은 化大故라 若隨化所起인대 則分爲三이니 前五는 生解요 次四는 起行이오 後一은 令證故라 約人不同하야 離以爲七이니 初爲根未熟이요 乃至七爲大乘可化故라 至文當知니라

- b. 열고 합함에 대해 바로 설명함이니, 이 열 가지 관법이 총합적으로 오로지 한결같이 중생 교화의 방면으로만 분별한 내용이다. 만일 교화할 대상에 따른다면 대승과 소승을 둘로 나누어야 하나니 앞의 아홉 문은 소승을 교화함이요, 뒤의 한 문은 대승을 교화함이다. 만일 교화를 일으킬 법에 따른다면 셋으로 나누어야 하나니, 앞의 다섯 문은 이해를 냄[生解]이요, 다음의 네 문은 행법을 시작함[起行]이요, 뒤

의 한 문은 증득하게 함[슈證]인 까닭이다. 사람이 같지 않음에 의지하여 분리하면 일곱 문이 되나니, 첫째는 근기가 성숙되지 않은 중생이요, 나아가 일곱째는 대승법으로 교화할 중생인 까닭이다. 문장에 가서 알게 되리라.

[鈔] 二明開合者는 疏文有四하니 初一은 是合이오 後三은 是開라 三中에 一은 約所化法分別이오 二는 約所益分別이오 三은 約化類分別이라
- b. 열고 합함에 대해 바로 설명함에 소의 문장이 넷이니 a) 처음 한 문은 합함이요, b) 뒤의 세 문은 전개함이다. 세 문 중에 (a) 교화할 법에 의지해 분별함이요, (b) 이익받을 대상에 의지해 분별함이요, (c) 교화받을 종류에 의지해 분별함이다.

c. 실법에 상대하여 밝히다[對實法辨] (三對 17下1)

[疏] 三, 對實法하야 以明通別이니 此十을 望前四諦에 前五는 通觀四諦라 謂一, 世俗者는 觀四諦法相이오 二, 觀其性空이오 三, 通觀性相無礙요 四, 觀性相各異요 五, 觀此四의 緣起集成이라 次四는 別觀四諦니 謂六과 七과 八과 九를 如次觀苦集滅道라 後一은 但觀滅道니 菩薩地因으로 證佛智故라 遠公은 後五도 亦通觀四諦니 謂迷於四諦일새 故爲苦集이오 悟其四諦일새 故成滅道라 後一은 窮四諦緣起實性인 淸淨法界하야 成大乘道라하니 亦有此理로다
- c. 실법에 상대하여 총상과 별상을 밝힘이니 이 열 가지 문을 앞의 사성제와 비교한다면 앞의 5문은 통틀어 사성제를 관찰함이다. 말하자면 (1) 세속이란 사성제의 법의 모양을 관찰함이요, (2) [善知第一義

諦]는 그 체성이 공함을 관찰함이요, (3) [善知相諦]은 체성과 모양이 걸림 없음을 관찰함이요, (4) [善知差別諦]는 체성과 모양이 각기 다름을 관찰함이요, (5) [善知成立諦]는 이 사성제가 연기법이 모여 이루어진 것임을 관찰함이다. 말하자면 (6) [善知事諦]과 (7) [善知生諦]과 (8) [善知盡無生諦]과 (9) [善知入道智諦]를 고·집·멸·도의 순서대로 관찰한 것이다. 뒤의 한 문[(10) 善知一切菩薩地次第成就諦 乃至善知如來智成就諦]은 단지 멸(滅)성제와 도(道)성제만 관찰한 것이니 보살지의 인행으로 부처님의 지혜를 증득하기 때문이다. 혜원법사는 "뒤의 다섯 문은 또한 사성제를 총상으로 관찰한 내용이다. 말하자면 사성제에 미혹하므로 고(苦)와 집(集)이 되었고, 그 사성제를 깨달았으므로 멸(滅)성제와 도(道)성제가 되었다. 뒤의 한 문은 사성제와 연기법의 참다운 성품인 청정한 법계를 궁구하여 대승의 도(道)성제를 이룬 것이다"라고 하였으니 또한 이런 이치도 있다.

[鈔] 三對實法者는 六과 七과 八과 九인 此四는 唯別이니 但各一故라 第十門을 望前五門에 則名爲別이니 但觀滅道之二諦故라 望六至九에 唯觀一諦니 則亦名通이라 遠公後五者는 何名通別고 所觀이 通四나 所成은 唯一이니 亦得稱別이니라

- c. 실법에 상대하여 밝힘이란 (6) (7) (8) (9)의 네 문은 별상뿐이니, 단지 각기 하나만인 까닭이다. (10) 문을 앞의 다섯 문과 비교하면 별상이라 이름하나니, 단지 멸성제와 도성제만 관찰한 까닭이다. (10)문을 (6)문에서 (9)문까지와 비교하면 오직 한 성제만 관찰한 내용이니 역시 총상이라 한다. '혜원법사는 뒤의 다섯 문'이라 한 것은 어째서 총상과 별상이라 이름하는가? 관찰할 대상이 네 문과 통하더

라도 성취할 대상은 오직 하나뿐이므로 역시 별상이라 칭해야 한다.

d. 바로 경문을 해석하다[正釋本文] 2.
a) 열 가지 관법의 명칭을 나열하다[列十名] (四正 18上6)

善知俗諦하며 善知第一義諦하며 善知相諦하며 善知差別諦하며 善知成立諦하며 善知事諦하며 善知生諦하며 善知盡無生諦하며 善知入道智諦하며 善知一切菩薩地次第成就諦하며 乃至善知如來智成就諦하나니라
(1) 세속의 이치를 잘 알고, (2) 제일가는 뜻이란 이치를 잘 알고, (3) 형상의 이치를 잘 알고, (4) 차별한 이치를 잘 알고, (5) 성립하는 이치를 잘 알고, (6) 사물의 이치를 잘 알고, (7) 생기는 이치를 잘 알고, (8) 다하여 생기지 않는 이치를 잘 알고, (9) 도에 들어가는 지혜의 이치를 잘 알고, (10) 모든 보살의 지위가 차례로 성숙하는 이치를 잘 알고, (11) 내지 여래의 지혜가 성취하는 이치를 잘 아느니라."

[疏] 四, 正釋文이라 文分爲二니 初는 列十名이라
- d. 바로 경문을 해석함이다. 경문을 둘로 나누리니 a) 열 가지 관법의 명칭을 나열함이요,

b) 차례대로 해석하다[次第釋] 2.
(a) 유가론에 의지한 해석[依瑜伽釋] (後此 18下5)

此菩薩이 隨衆生心樂하여 令歡喜故로 知俗諦하며 通達一實相故로 知第一義諦하며 覺法自相共相故로 知相諦하며 了諸法分位差別故로 知差別諦하며 善分別蘊界處故로 知成立諦하며 覺身心苦惱故로 知事諦하며 覺諸趣生相續故로 知生諦하며 一切熱惱가 畢竟滅故로 知盡無生智諦하며 出生無二故로 知入道智諦하며 正覺一切行相故로 善知一切菩薩地次第相續成就와 乃至如來智成就諦니 以信解智力으로 知언정 非以究竟智力으로 知니라

"이 보살이 (1) 중생의 좋아하는 뜻을 따라서 환희케 하려고 세속의 이치를 알며, (2) 한결같은 실상을 통달하려고 제일가는 뜻이란 이치를 알며, (3) 법의 제 모양과 공통한 모양을 깨달으므로 형상의 이치를 알며, (4) 여러 법의 신분과 지위의 차별을 앎므로 차별한 이치를 알며, (5) 온과 계와 처를 잘 분별하므로 성립하는 이치를 알며, (6) 몸과 마음의 괴로움을 깨달으므로 사물의 이치를 알며, (7) 여러 갈래와 태어나는 것이 서로 계속함을 깨달으므로 생기는 이치를 알며, (8) 모든 뜨겁던 번뇌가 필경에 멸하므로 다하여 생기지 않는 지혜의 이치를 알며, (9) 둘이 없는 것을 내므로 도에 들어가는 지혜의 이치를 알며, (10) 모든 행상을 바로 깨달으므로 모든 보살의 지위가 차례로 성숙하는 이치와 내지 여래의 지혜가 성취하는 이치를 아나니, (11) 믿고 이해하는 지혜의 힘을 아는 것이고, 끝까지 이른 지혜의 힘으로 아는 것은 아니니라."

[疏] 後, 此菩薩下는 次第解釋이라 於中에 略爲二解²²¹)니 一은 依瑜伽요 二는 依本論이라 今初니 瑜伽十句는 不顯文辭하고 而略所說義며 闕其第十의 知菩薩地라 而亦有十句니라 文有三節하니 初三은 名爲此說이니 謂是所爲故라 一, 依曉悟他故로 知俗諦요 二, 依自內智하야 知第一義요 三, 依俱處所일새 故知相諦라 謂自相은 是俗이오 共相은 是眞이오 二體를 不分일새 故名俱處라 次, 今經의 兩句가 彼應有三하니 名由此說이라 謂由三藏教之所說故니 故云依於契經과 調伏과 本母라 名由此說이라하니 經中의 分位差別은 應是調伏이오 知蘊界處는 義當本母오 此中의 第十은 義當契經이라 三, 有四句는 名如此說이니 謂如四諦相하야 各別知故니 卽依於現在衆苦自性하야 故知事諦요 依於未來苦生因性과 依於因盡彼盡無生性과 依於修習彼斷方便性을 如次可知니라

■ b) 此菩薩 아래는 차례대로 해석함이다. 그중에 대략 두 가지 해석이 있으니 (a) 유가론에 의지한 해석이요, (b) 십지론에 의지한 해석이다. 지금은 (a)이니『유가사지론』의 열 구절에는 문장이나 말은 드러내지 않고 설명할 이치를 생략하였으니, 열 번째 보살의 지위를 아는 것은 빠져 있다. 그러나 또한 열 구절이 있다. 경문에 세 문단이 있으니 ㊀ 처음 세 구절은 '이를 위하여 설한다'고 말하나니 이것이 해야 할 일임을 말한 까닭이다. (1) 밝음에 의지해 남을 깨닫게 하는 연고로 세속 이치를 알고, (2) 자신의 내부적인 지혜에 의지하여 제일가는 이치의 뜻을 알며, (3) 모든 이치의 의지처에 의지한 연고로 형상의 이치를 안다. 말하자면 자체적인 모양은 세속이요, 함께하는 모양은 진여이며, 두 가지 체성을 나누지 못하므로 모든 이치의 의지처라 이

---
221) 解는 南續金本作初.

름한다. ㈡ 다음은 본경의 두 구절[4. 了諸法分位差別故 知差別諦, 5. 善分別蘊界處故 知成立諦]이 저기는 응당히 셋으로 되었으니 '이로 인해 설한다'고 하였다. 말하자면 삼장교(三藏敎)에서 설한 내용으로 말미암은 것이니, 그래서 계경과 조복계와 근본 자모에 의지한 것을 이름하여 '이로 인해 설한다'고 하였다. 본경에서 지위의 다름을 구분한 것은 응당히 조복계이고, 오온·12처·18계를 아는 것은 이치가 근본 자모에 해당되고 이 가운데 열 번째 지보살지(知菩薩地)는 이치가 계경에 해당된다. ㈢ 네 구절[6. 覺身心苦惱故 知事諦 7. 覺諸趣生相續故 知生諦 8. 一切熱惱畢竟滅故 知盡無生智諦 9. 出生無二故 知入道智諦]은 '이와 같이 설한다'고 이름한다. 말하자면 사성제의 모양과 같아서 각기 따로 아는 까닭이니 곧 현재의 여러 고통의 자체적인 성품에 의지한 연고로 사물의 이치를 아는 것이요, 미래의 고통이 생기는 원인의 성품을 의지한 것과 원인이 다한 곳에서 저 무생을 다한 성품을 의지한 것과 수습하는 곳에서 저 방편을 끊은 성품에 의지한 것을 차례대로 알 수 있으리라.

[鈔] 今初瑜伽者는 卽上의 住品이니 論에 云, 一切文辭가 如契經說이라하야 但取經義하니 其所立義가 似今論釋이나 但有小異일새 故別出之니라

文有三節者는 彼에 先具列三節之名하나니 一, 爲此說이오 二, 由此說이오 三, 如此說이니 下疏에 具辨하니라 如次可知者는 如次는 苦集滅道四諦次第니 卽是今經의 六七八九니라

● 지금은 (a) 유가론에 의지한 해석이란 곧 위의 주품(住品)이니 유가론에서 "모든 문장과 언사가 계경에서 설한 것과 같다"고 하여 단지 경

문의 이치만 취하였다. 그 건립한 이치가 논경에서 해석한 것과 비슷하지만 단지 조금 다른 점이 있으므로 따로 내보였다.

'경문에 세 문단이 있으니'란 저기서는 먼저 세 문단의 명칭을 나열하였으니 (1) 이를 위하여 설함이요, (2) 이로 인해 설함이요, (3) 이와 같이 설함이니 아래 소에서 구체적으로 밝힐 것이다. '차례대로 알 수 있다는 것'에서 '차례대로'는 고(苦)·집(集)·멸(滅)·도(道)의 사성제의 순서이니, 바로 본경의 (6) (7) (8) (9)의 순서를 뜻한다.

(b) 십지경에 의지한 해석[依本論釋] 7.
㊀ 근기가 성숙되지 않은 중생을 위한 관법[爲根未熟衆生] (二依 19下3)

[疏] 二, 依本論者는 攝十爲七이니 初一은 爲根未熟衆生이니 謂未堪入大에 爲說四諦十六行等하니 名知世諦니 卽四重二諦中의 第三重內俗也라 不同瑜伽의 通於大小와 及根生熟이니라

■ (b)『십지론』에 의지한 해석은 열 구절을 일곱 구절로 묶었으니 ㊀ 처음 한 구절은 근기가 성숙되지 않은 중생을 위한 관법이다. 말하자면 대승법을 감당하여 들어가지 못한 이를 위하여 사성제의 16가지 행상[222] 따위를 설하므로 "세속의 이치를 안다"고 하였다. 곧 네 겹의 이제(二諦) 중의 셋째 겹의 세속을 뜻한다. 유가론에서 대승과 소승에 통함과 근기가 미숙함과 성숙함에 통함과는 같지 않다.

[鈔] 爲說四諦等者는 謂苦下에 有四하니 卽苦과 空과 無常과 無我요 集

---

222) 四諦十六行相: 有部敎學의 修證論에서는 우선 四善根位에서 四諦의 하나를 관하는데 4종의 行相이 있으므로 합하여 十六行相을 가지고 四諦를 관한다. ① 苦諦에서 非常·苦·空·無我의 4행상 ② 集諦에서 因·集·生·緣 ③ 滅諦는 滅·靜·妙·離 ④ 道諦에는 道·如·行·出의 4행상을 말한다. (불교학대사전 p.689-)

下에 有四하니 集과 因과 生과 緣이오 滅下에 有四하니 滅과 靜과 妙와 離요 道亦有四하니 道와 如와 行과 出이라 故是俗諦니라 卽四重者는 一은 假實二諦요 二는 事理二諦요 三은 四諦勝義二諦요 四는 安立과 非安立二諦니 廣如玄中하니라

今是第三重中俗者는 以四諦로 爲俗故라 遠公이 亦說三種二諦하니 一, 就相分別이니 情想之有를 名爲世諦요 無相之空을 名第一義라 二, 相實相對니 妄想之法은 情有理無일새 名爲世諦니 卽此[223]經中의 空如來藏이오 眞實之法은 相寂體有일새 名第一義니 卽不空如來藏也라 三, 就實分別이니 不空藏中에 體는 名眞諦요 用은 名世諦라 今諸諦가 第一이니 就第二門이라하니 似非得意니라 不同瑜伽等者는 瑜伽에 但云依曉悟他라하니 是以로 通也니라

● '사성제의 16가지 행상 따위를 설한다' 등은 이를테면 고(苦)성제 아래에 넷이 있으니 곧 괴로움과 〈공〉과 무상함과 〈나〉 없음을 말한다. 집(集)성제에 넷이 있으니 집착의 원인과 모임과 생김과 간접원인이 있고, 멸(滅)성제에 넷이 있으니 번뇌를 없애고 가라앉혀[靜] 뛰어난 경지에 이르러 재앙을 여읨이요, 도(道)성제에도 넷이 있으니 바른 도와 진여와 행법으로 초월하여 벗어나게 된다. 그래서 세속의 이치인 것이다. 다시 말하면 네 겹이란 ① 가법과 실법의 두 가지 이치 ② 현상과 이치의 두 가지 이치 ③ 사성제의 뛰어난 뜻의 두 가지 이치 ④ 안립제와 비안립제의 두 가지 이치이니, 자세한 것은 현담(玄談)에서 밝힌 내용[224]과 같다.

지금은 '셋째 겹의 세속'이란 사성제로 세속 이치를 삼은 것을 가리킨

---

223) 此經의 此字恐諸字也.(『三家本私記』遺忘記 p. 233-)
224) 玄談 제5권의 3. 立敎開宗 부분에서 3. 終敎의 9개 과목 중 6. 二諦空有卽離別 과목에서 설명한 적이 있다.(字字卷; 眞俗 54上4)

다. 혜원법사도 세 종류의 두 가지 이치를 말하였으니 "1) 모양에 입각하여 구분함이니 마음으로 생각함이 있는 것을 세속 이치라 이름하나니, 모양 없는 허공을 제일가는 이치라 칭한다. 2) 모양과 실법이 상대하여 구분함이니 망상의 법은 생각으로는 있지만 이치로는 없으므로[情有理無] 세속 이치라 이름하나니 곧 일반적으로 말하는 〈공〉 여래장을 뜻하고, 진실한 법은 모양은 고요하지만 본체로 있는 것을 '제일가는 이치'라 칭하나니 곧 〈불공〉 여래장을 뜻한다. 3) 실법에 입각하여 구분함이니 〈불공〉 여래장 중에 본체는 진실한 이치이고 작용은 세속 이치라 칭한다. 지금 세속 이치를 첫째로 하였으니 둘째 문에 의지한 구분이다"라고 하였는데, 의미가 맞지 않은 것 같다. '유가론과 같지 않다'라고 말한 등은 『유가사지론』에는 단지 "밝음에 의지해 남을 깨닫게 한다"고만 말하였으니, 이런 까닭에 통하는 것이다.

㊁ 근기가 성숙된 중생을 위한 관법[爲根熟衆生] (二爲 20上8)

[疏] 二, 爲根熟이니 堪入大故로 爲說法空第一義諦니라
- ㊁ 근기가 성숙된 중생을 위하여 대승에 감당하여 들어가는 중생을 위하여 법이 〈공〉한 제일가는 이치를 설한다.

[鈔] 爲說法空等者는 卽四重中의 第三重內勝義니 與前第一四諦之俗으로 共爲第三重二諦也니라
- '법이 공한 따위를 설한다'고 말한 것은 네 겹 가운데 셋째 겹[四諦勝義二諦]의 승의의 이치를 뜻하나니, 앞의 첫째 겹의 세속 이치와 함께 셋

째 겹의 두 가지 이치가 된다.

㈢ 의혹이 많은 중생을 위한 관법[爲疑惑衆生] (三爲 20下1)

[疏] 三, 爲疑惑衆生하야 故知相諦니 謂有聞第一義諦하야도 猶豫不決하야 若是空耶아하면 則無因果요 若是有耶아하면 云何言空이리오 今明 卽俗自相이 是空이오 共相은 俱處無違일새 故名相諦니라

- ㈢ 의혹이 많은 중생을 위하여 형상의 이치를 안다. 말하자면 제일가는 이치를 들은 적이 있더라도 머뭇거리고 결정하지 못하여 만일 이것이 〈공〉인가 하면 인과가 없는 것이요, 〈유〉인가 하면 어째서 〈공〉이라 하였는가? 지금은 세속 이치에 합치한 자체 모양이 〈공〉한 것이요, 함께하는 모양이 모두 위배되지 않는 곳에 있으므로 형상의 이치라 이름한다.

㈣ 잘못 이해하는 중생을 위한 관법[爲謬解衆生] (四爲 20下4)

[疏] 四, 爲謬解迷惑深法衆生하야 故知差別이니 謂前緣二境일새 故名爲疑요 今聞俱處하야 便謂是一일새 名爲謬解라 今明體雖不異나 性相分位가 歷然差別이니라

- ㈣ 심오한 법에 대해 잘못 이해하여 미혹한 중생을 위하여 차별한 이치를 아는 것이다. 이를테면 앞에서는 두 경계를 반연하였으므로 의심하는 이를 위한 것이고, 지금은 모든 곳에서 듣고서 문득 하나라고 하므로 잘못 알게 된다. 지금은 체성이 비록 다르지 않지만 체성과 모양으로 나눈 지위가 뚜렷하게 차별된다.

[鈔] 三之與四는 明上二諦가 非一異義니 三은 卽非異요 四는 卽非一이니라 又 三은 卽二而不二니 故로 經에 云 覺自共相이라하고 論에 云 俱處라하니라 四는 卽不二而二니 論疑是一은 由不二故요 經了差別은 由而二故라 又 四는 卽於諦에 常自二요 三은 卽於解에 常自一이니라

- ㉢과 ㉣는 위의 두 가지 이치가 하나이거나 다른 의미가 아니니, ㉢은 다르지 않음이요, ㉣는 하나가 아님이다. 또 ㉢은 두 가지 이치에 합치하면서도 둘이 아니다. 그러므로 본경에서는 "자상(自相)과 공상(共相)을 깨닫는다"고 하였고, 논경에는 '모든 곳에서'라고 하였다. ㉣는 둘이 아님에 합치하지만 둘인 것이니, 논경에서 하나인 줄 의심한 것은 둘이 아닌 연고요, 본경에서 '차별한 이치를 안다'는 것은 하지만 둘인 까닭이다. 또 ㉣는 이치에 대해 항상 자상(自相)이 둘이요, ㉢은 이해함에 항상 자상(自相)이 하나이다.

㊄ 바른 생각을 여읜 중생을 위한 관법[爲離正念衆生] (五爲 21上1)

[疏] 五, 爲離正念衆生일새 故知成立諦니 謂旣聞差別에 謂皆有體하니 名離正念이오 今明差別이 但是緣成이오 無有自性일새 故云成立이라 隨言顯示일새 故로 論經에 名說成諦니라

- ㊄ 바른 생각을 여읜 중생을 위하여 성립하는 이치를 안다. 이를테면 이미 차별한 이치를 들을 적에 모두 체성이 있다고 말하나니 '바른 생각을 여읜다'는 뜻이고, 지금은 차별한 이치가 단지 반연으로만 성취됨을 밝힌 것이요, 자체적 성품이 있지 않으므로 '성립한다'고 말하였다. 말을 따라 드러내 보이므로 논경에서 '말이 성립하는 이치'라고 이름하였다.

[鈔] 五는 卽總了二諦緣起相性이니 卽仁王에 云, 通達此無二하야 眞入第一義라하니라

● ⑤는 총합적으로 이제(二諦)의 연기하는 모양과 체성을 깨닫는 것이니, 『인왕반야경(仁王般若經)』에서는, "이 둘이 없는 이치를 통달하여 진실로 제일가는 이치에 들어간다"고 하였다.

㈅ 바른 소견을 가진 중생을 위한 관법[爲正見衆生] (六爲 21上6)

[疏] 六, 爲正見衆生하야 知事等四諦니 由無前疑執일새 故名正見이오 可令知苦斷集이며 證滅修道라 事는 卽苦諦요 生은 卽集因이오 無生은 是滅이오 因亡曰盡이니 卽盡智也요 後果不起를 名爲無生이니 卽無生智也니라 若小乘說인대 現在惑亡을 說名爲盡이오 利根之人이 保彼煩惱하야 當更不起를 名曰無生이니 此盡無生이 是其滅體라 無學之智가 如是而知니 意在取滅일새 故爲滅諦니라 道言無二者는 論下에 重釋호대 云一行故라하니 謂稱滅而知일새 故云一行이라 前列實法四諦는 明其所觀이오 此中四諦는 明當如是觀이니라

■ ㈅ 바른 소견을 가진 중생을 위하여 사물 따위의 네 가지 이치[225]를 아나니 앞의 의심과 집착이 없어짐으로 인해 '바른 소견'이라 하였고, 고통을 알고 고통의 모임을 끊을 수 있게 하며[知苦斷集] 열반을 증득하려고 도를 닦는다[證滅修道]. 사물은 곧 고(苦)성제요, 생김은 집성제의 원인이요, 생기지 않음은 멸(滅)성제이고, 원인이 없어지는 것을 '다한다'고 하나니 바로 '다함의 지혜[盡智]'를 말하고, 뒤의 결과가 일어나지 않음을 생기지 않음이라 하나니 곧 '생김이 없는 지혜[無生智]'

---

225) 네 가지 이치는 6. 覺身心苦惱故 知事諦 7. 覺諸趣生相續故 知生諦 8. 一切熱惱畢竟滅故 知盡無生智諦 9. 出生無二故 知入道智諦의 넷을 가리킨다. (譯者註)

를 뜻한다. 만일 소승법으로 설하면 현재의 미혹이 없어짐을 '다한
다'고 하고, 근기가 날카로운 사람이 저 번뇌를 막아서 미래에 다시
일어나지 않는 것을 '생김이 없다'고 하나니, 이렇게 '모두 다 생김이
없음[盡無生]'이 열반의 체성이다. 무학(無學)의 지혜가 이와 같이 아는
것이니 의미는 열반을 취함에 있으므로 멸(滅)성제라 한다. '도(道)성
제는 둘이 없음을 말한다'고 한 것은 논경의 아래에 거듭 해석하기를
'한결같이 행하는 까닭이다'라고 하였다. 말하자면 멸(滅)성제에 칭
합하여 아는 연고로 '한결같이 행한다'고 하였다. 앞에 나열한 실법
의 사성제는 그 관찰할 대상을 밝힌 것이요, 이 가운데 사성제는 마
땅히 이처럼 관할 것을 밝힌 내용이다.

[鈔] 六爲正見者는 前中에 三疑와 四謬와 五離正念이 並非正見이니 今無
此非일새 方爲正見이라 故可明示四諦差別이니 則不隨事執하야 不
謂空無요 可令知苦斷集證滅修道矣니라 事는 謂苦事니 所有受가
皆苦故오 集能生苦니라 無學之智者는 是釋經智字며 爲答外問이니
滅是滅理어늘 何得言智오할새 故此釋云호대 意在取滅이니라
道言無二者는 略牒經文이니 具云하면 出生無二故라 論經에 云起不
二行故라하니라 旣稱滅知²²⁶⁾일새 故로 不生二行이니라
前列實法下는 應有問言호대 此之四諦가 與前實法으로 俱列四諦하
니 有何別耶아 答意는 可知로다 若準遠公의 上釋인대 則前은 實法이
니 四門이 各別이오 今則一一皆迷前四니 故有不同이라하니 亦是一
理니라

● ㊅ '바른 소견을 가진 중생을 위하여'란 앞에서 ㊂ 의심하고 ㊃ 잘못

---

226) 知는 南續金本作智誤.

이해하고 ㉤ 바른 생각을 여윈 것이 모두 바른 소견이 아니니, 지금은 이런 잘못이 없으므로 비로소 바른 소견이 된 것이다. 그러므로 사성제의 차별됨을 분명하게 볼 수 있는 것이니, 다시 말하면 사물에 대한 집착을 따르지 않아서 <공>하여 없다고 하지 않고, 고통을 알고 고통의 모임을 끊게 하거나 열반을 증득하려고 도를 닦게 할 수 있다. 사물은 고통스러운 현상법을 말하나니 가지고 있는 느낌이 모두 고통인 까닭이요, 모임으로 인해 능히 고통이 생겨난다. '무학의 지혜'란 경문의 지 자(智字)를 해석한 내용이며 외도의 질문에 대답하기 위함이니 멸(滅)은 멸성제의 이치인데 어째서 지혜라고 말하는가? 그래서 여기서 해석하기를 "의미는 열반을 취함에 있다"고 하였다.

'도(道)성제는 둘이 없음을 말한다'라고 한 것은 간략히 경문을 따온 것이다. 갖추어 말하면 '둘이 없음에서 나온 까닭이다'라 한 부분인데, 논경에서는 "둘이 아닌 행법을 일으킨 까닭이다"라고 하였다. 이미 멸성제에 칭합하게 아는 연고로 두 가지 행법이 생겨나지 않는다. 前列實法 아래는 응당히 어떤 이가 묻기를 "여기의 사성제가 앞의 실법과 함께 사성제를 나열하였으니 무슨 차이가 있는가?" 대답한 의미는 알 수 있으리라. 만일 혜원법사의 위의 해석에 준해 본다면 "앞은 실법이니 네 문이 각기 다르고 지금은 낱낱이 모두 앞의 네 문에 미혹한 것이니 그래서 같지 않다"고 하였으니, 또한 일리가 있는 견해이다.

㉷ 대승법으로 교화할 중생을 위한 관법[爲大乘衆生] (七爲 22上5)

[疏] 七, 爲大乘可化衆生일새 故知菩薩地이며 乃至如來智諦니 謂先住

大乘을 化令進故라 言正覺一切相者는 大乘은 要須於五明處에 善巧知故로 菩薩地가 是因이라 言次第相續者는 如從初地하야 入二地하며 乃至十地에 入佛地大果也니라 以信解等者는 爲釋外疑니 六地已上으로 乃至佛智라도 未曾證入이어니 彼云何知오할새 故로 此釋云호대 信解는 鏡像觀智力知요 非成就智라하니 鏡像은 卽影像觀이니 未得本質故니라

■ ㉷ 대승법으로 교화할 중생을 위한 연고로 보살지를 알며 나아가 여래 지혜의 이치를 안다. 말하자면 먼저 대승에 머문 중생을 교화하여 정진하게 한다는 뜻이다. '모든 행법의 모양을 바로 깨닫는다'고 말한 것은 대승은 모름지기 오명(五明)에 대해 교묘하게 알아야 하는 까닭에 보살지가 원인인 것이다. '차례로 상속한다'고 말한 것은 초지에서부터 2지에 들어가며 나아가 제10지에 이르러 부처님 지위의 큰 과덕에 들어가는 순서와 같다. '믿고 이해하는 따위'는 외도의 의심을 해석하기 위함이니, "제6지 이상에서부터 부처님 지혜에 이르더라도 아직 증득해 들어가지 못하는데 저들이[제5지] 어떻게 알겠는가?"라고 하는 까닭에 여기서 해석하되 "믿고 이해함은 거울 속 영상처럼 관하는 지혜의 힘[鏡像觀智力]으로 아는 것이요, 관하는 지혜를 완전히 성취한 것은 아니다"라고 하였다. 거울 속 영상은 영상처럼 관함이니 근본 바탕을 얻은 것은 아니기 때문이다.

[鈔] 未得本質者는 本質이 有二하니 一, 約未證佛智인댄 則佛智가 爲本質이오 二, 旣未證於如來之智인댄 於一切智所知之法이 卽[227]是本質이며 亦影像知인대 一切所證이 未親證故니라

---

227) 卽은 金本作旣誤.

- '근본 바탕을 얻은 것은 아니다'라고 말한 것은 근본 바탕이 둘이니 1) 아직 불지(佛地)를 증득하지 못함에 의지한다면 불지(佛地)가 근본 바탕이 되고 2) 이미 불지(佛地)를 증득하지 못했다면 모든 지혜로 아는 바 법이 바로 근본 바탕일 것이며, 또한 영상처럼 안다면 모든 증득한 것이 직접 증득한 것은 아니기 때문이다.

ㄴ. 중생을 이익되게 함에 부지런한 방편이 뛰어나다
[利益衆生勤方便勝] 2.

ㄱ) 총합하여 대비의 관법을 일으키다[總起悲觀] 3.
(ㄱ) 앞을 결론하다[結前] (第二 22下6)

佛子여 此菩薩摩訶薩이 得如是諸諦智已에
"불자여, 이 보살마하살이 이와 같은 여러 가지 이치를 아는 지혜를 얻고는

[疏] 第二, 利益衆生勤方便中에 二니 先, 總起悲觀이요 二, 佛子下는 別起悲觀이라 總中에 三이니 初, 結前이오 次, 如實下는 觀過요 後, 菩薩下는 起悲라
- ㄴ. 중생을 이익되게 함에 부지런한 방편이 뛰어남 중에 ㄱ) 총합하여 대비의 관법을 일으킴이요, ㄴ) 佛子 아래는 개별로 대비의 관법을 일으킴이다. ㄱ) 총상 중에 셋이니 (ㄱ) 앞을 결론함이요, (ㄴ) 如實 아래는 허물을 관함이요, (ㄷ) 菩薩 아래는 대비의 관법을 시작함이다.

[鈔] 第二利益衆生者는 既爲利益인대 觀有爲等이어늘 何偏明悲요 對上觀諦智淸淨故라 其中에 雖有諸行이나 悲爲主故니라

- ㄴ. 중생을 이익되게 함에서 이미 이익이 되었다면 하염 있는 법[有爲法] 따위를 관할 것인데 어째서 치우쳐 대비만 밝혔는가? 위의 이치의 지혜가 청정함을 관하기 때문이다. 그중에 비록 여러 행법이 있지만 대비(大悲)가 주가 되기 때문이다.

(ㄴ) 바로 허물을 관하다[正觀過] 2.
a. 진실이 아님을 바로 밝히다[正明非眞] 2.
a) 허망함에 대한 설명[釋虛妄] (觀過 23上2)

如實知一切有爲法이 虛妄詐僞하여 誑惑愚夫하고
모든 하염 있는 법이 허망하고 거짓으로 어리석은 사람을
속이는 줄을 실상대로 아나니

[疏] 觀過中에 先, 明非眞이오 後, 誑惑下는 對人彰過라 今初, 虛妄二字는 觀內五蘊이니 謂妄想常等이 不相似無일새 故虛니 此明所取가 非眞이니 理無가 不同情有일새 故云不相似無也니라 常作我想慢事일새 故妄이니 此辨能取가 不實이니 非有에 計有라 常樂我淨을 皆名我想이오 非唯我見이니 我爲本故로 獨云我想也니라

- (ㄴ) 바로 허물을 관함 중에 a. 진실이 아님을 밝힘이요, b. 誑惑 아래는 사람에 상대하여 허물을 밝힘이다. 지금은 a.이니 허망(虛妄)이란 두 글자는 내부의 오온을 관함이다. 말하자면 항상하다고 허망하게 생각하는 따위가 이치로는 없음[理無]과는 같지 않으므로 허망

[虛]하나니, 이것은 취할 대상이 진실이 아님을 밝힌 것으로 이무(理無)가 생각으로는 있음[情有]과 같지 않은 연고로 '이무(理無)와 같지 않다'고 말하였다. 항상 〈나〉라는 생각으로 거만한 일을 지으므로 망녕[妄]되나니, 이것은 취하는 주체가 실답지 않음을 밝힌 것으로 〈유〉가 아님에 대해 〈유〉라고 계탁한다. 항상하고 즐겁고 〈나〉와 조촐함을 모두 '〈나〉라는 생각[我想]'이라 칭하고, 오로지 〈나〉라는 견해만이 아니니 〈나〉를 근본으로 삼은 연고로 유독 아상(我想)이라고만 하였다.

[鈔] 虛妄二字者는 是疏標擧요 謂妄想下는 論釋이오 從此明下는 疏釋論이라 常作我想慢事故妄者는 論釋이오 從此辨下는 疏釋이라

● '허망(虛妄)이란 두 글자'는 소에서 표방하여 거론함이요, 謂妄想 아래는 논경의 해석이요, 此明부터 아래는 소가가 논경을 해석한 내용이다. '항상 〈나〉라는 생각으로 거만한 일을 지으므로 허망하다'라고 한 것은 논경의 해석이요, 此辨부터 아래는 소가의 해석이다.

b) 거짓됨에 대한 해석[釋詐僞] (詐僞 23上10)

[疏] 詐僞二字는 觀外六塵이니 世法이 牽取愚夫일새 故詐이니 此顯能取迷眞이니 謂由妄取하야 令彼世法으로 隱虛詐實하야 使其貪取也라 世法이 盡壞일새 故僞니 此明所取不實이니 世法이 相似相續하야 似有義利나 而實速滅無利일새 故僞니라

■ 사위(詐僞)란 두 글자는 외부적인 육진(六塵) 경계를 관함이니, 어리석은 사람이 세간법에 이끌려 취하므로 거짓되나니, 이것은 취하는 주

체가 진리에 미혹함을 드러낸 내용이다. 말하자면 허망하게 취함으로 인해 저 세간법으로 하여금 허망함을 감추고 진실을 속여서 그가 탐내어 취하게 하는 것을 뜻한다. 세간법은 끝내 무너지는 연고로 거짓되나니, 이것은 취할 대상이 진실이 아님을 밝힌 내용이다. 세간법이 상속하는 것 같아서 이치와 공익이 있는 것처럼 보이지만 실제로는 빨리 없어지고 공익이 없으므로 거짓됨을 밝혔다.

[鈔] 詐僞二字者는 是疏標擧요 世法이 牽取愚夫故詐는 是論이오 此顯下는 疏釋論이라 其世法盡壞故僞는 是論이오 此明下는 疏釋論이라
- '詐僞란 두 글자'는 소가가 표방하여 거론함이요, '세간법이 어리석은 사람을 끌어들여 취하므로 거짓'이라 말한 것은 논경의 문장이요, 此顯 아래는 소가가 논경을 해석한 내용이다. 그 '세간법이 끝내 무너지는 연고로 거짓'이라 한 것은 논경의 문장이요, 此明 아래는 소가가 논경을 해석한 내용이다.

b. 사람에 상대하여 허물을 밝히다[對人彰過] 3.
a) 속임과 미혹함에 대해 바로 해석하다[正釋誑惑] (後對 23下6)

[疏] 後, 對人彰過者는 上虛僞二境이 引心을 總名爲誑이오 妄詐二心이 迷境을 皆名爲惑이라
- b. 사람에 상대하여 허물을 밝힘이란 위의 헛되고 거짓됨의 두 가지 경계가 마음을 끌어들이는 것을 총합하여 '속임[誑]'이라 칭하고, 망녕됨과 속임의 두 가지 마음이 경계에 미혹한 것을 모두 '미혹[惑]'이라 이름한다.

[鈔] 上虛僞二境者는 虛는 是內境이오 僞는 是外境이니 皆能引心일새 合皆名誑이라 妄은 是內心이오 詐는 是外心이니 皆能迷境일새 故合名惑이니라

- '위의 헛되고 거짓됨의 두 가지 경계'에서 헛됨은 내부적인 경계이고 거짓은 외부적인 경계이니 모두 능히 마음을 끌어들이므로 합하여 속임이라 이름한다. 망녕됨은 내부적인 마음이요, 속임은 외부로 드러난 마음이니, 모두 능히 경계를 미혹하게 하므로 합하여 미혹이라 하였다.

b) 논경을 인용하여 증명하고 해석하다[引論證釋] (論云 23下10)

[疏] 論에 云, 常等이 相無어늘 非有似有故로 虛事中에 意正取者는 此解虛是誑義니 謂令意正取가 故是誑也니라 又云, 我想과 慢事로 正取故로 妄事가 是患이라하니 此解妄是惑義요 世法利盡[228)]故로 誑事牽心이라하니 此解僞是誑義요 世法愚癡凡夫가 牽取故로 詐事相現이라하니 此解詐是惑義라

- 논경에 이르되, "항상함 따위가 모양은 없는데 〈유〉가 아니면서 〈유〉와 비슷한 연고로 헛된 일[虛事]에서 의미를 옳다고 여기는 것이니, 이것은 헛됨을 속임의 뜻으로 해석한 부분이다." 말하자면 의미로 하여금 옳다고 여기게 하였으므로 속임인 것이다. 또 이르되, "아상과 거만한 일을 옳다고 여기는 연고로 망녕된 일이 병통이 된다"고 하였으니 이것은 망녕됨을 미혹의 뜻으로 해석한 부분이요, "세간법이 쉽게 다하는 연고로 속이는 일이 마음을 이끈다"라고 하였으니 이것

---

228) 利盡은 南續金本作盡利, 論原本作利盡.

은 거짓됨을 곧 속임의 뜻으로 해석한 부분이요, "어리석은 사람들이 세간법에 이끌려 취하는 연고로 속이는 일이 모양으로 나타난다"고 하였으니 이것은 속임을 바로 미혹의 뜻으로 해석한 부분이다.

[鈔] 論云常等下는 向來에 疏文을 合於二境二心하야 以配誑惑이어니와 論中에는 內外와 能所를 別明호대 先明於內하고 先所取하고 後能取라 後, 世法盡利下는 明外能所니 亦先明所取하고 後明能取라 細尋하면 易了니라

● 論云常等 아래는 앞에서부터 소의 문장을 두 가지 경계와 두 가지 마음으로 합쳐서 속임과 미혹으로 배대했지만 논경에는 안·밖과 주체·대상을 따로 설명하기를, ① 먼저 안을 설명하였고 취할 대상을 먼저로 하고 취하는 주체를 나중으로 삼는다. ② 世法利盡 아래는 외부적인 주체와 대상에 대한 설명이니 또한 먼저 취할 대상을 설명하고 나중에 취하는 주체를 설명하였다. 자세히 살펴보면 알 수 있으리라.

c) 어리석은 범부로 결론하다[結歸愚夫] (愚夫 24上8)

[疏] 愚夫는 卽是依彼하야 正取我慢之人이니라

■ 어리석은 범부는 바로 저들에 의지하여 옳다고 여기는 아만(我慢)을 가진 사람이라 말한다.

[鈔] 愚夫等者는 上釋誑惑이오 下釋愚夫라 前有兩對나 今唯[229]就前五

---

229) 唯는 甲續金本作雖誤.

蘊能所하야 以明愚夫니 五陰이 是人也니라
● 어리석은 범부 등이란 위는 속임에 대한 해석이요, 아래는 어리석은 범부에 대한 해석이다. 앞에는 두 가지 대구(對句)가 있었지만 지금은 오로지 앞의 오온의 주체와 대상에 입각하여 어리석은 범부를 설명하였으니 오음(五陰)은 바로 사람을 가리킨다.

(ㄷ) 대자와 대비를 총합하여 일으키다[總起慈悲] (三起 24下2)

菩薩이 爾時에 於諸衆生에 轉增大悲하여 生大慈光明이니라
보살이 이때에 중생들에게 대비심이 점점 더하여 대자의 광명을 내느니라.

[疏] 三, 起慈悲者는 憐愍故로 悲요 勝利益故로 慈라 不住道行勝故로 云轉增이라 皆言大者는 勝前地故요 云光明者는 救生方便智成故라 轉增과 光明이 俱通慈悲니 文有影略이라 轉前慈愍하야 分同諸佛일새 故名爲生이니라

■ (ㄷ) '대자와 대비를 일으킨다'는 것은 불쌍히 여기는 연고로 대비이고, 더욱 이익되는 연고로 대자이다. 머물지 않는 도의 행법이 뛰어난 연고로 '더욱 더한다'고 말하였다. 모두에 '크다'고 말한 것은 앞의 지보다 뛰어난 까닭이요, '광명'이라 말한 것은 중생을 구제하는 방편의 지혜를 성취한 까닭이다. 더욱 더함과 광명이 모두 대자와 대비에 통하나니 경문은 비추어 생략함이 있다. 앞의 대자와 연민을 바꾸어서 부분적으로 부처님과 같아진 까닭에 (광명을) 낸다고 말하였다.

ㄴ) 대비의 관법을 개별로 일으키다[別起悲觀] 2.
(ㄱ) 과목 나누기[分科] (第二 24下8)
(ㄴ) 과목에 따라 해석하다[隨釋] 2.

a. 중생 교화의 서원을 밝히다[明化生願] (今初)

佛子여 此菩薩摩訶薩이 得如是智力에 不捨一切衆生하고 常求佛智하여
불자여, 이 보살마하살이 이러한 지혜의 힘을 얻고는 일체중생을 버리지 아니하고 부처님 지혜를 항상 구하여,

[疏] 第二, 別起悲觀中에 二니 先, 明化生願이오 二, 如實觀下는 明化他心이라 今初니 先은 牒前이니 得是智力이란 近牒觀有爲요 遠牒觀諸諦라 不捨衆生은 牒前慈悲라 後, 常求佛智는 正明起願이니 願救衆生義故니라

■ ㄴ) 개별로 대비의 관법을 일으킴 중에 둘이니 a. 중생 교화의 서원을 밝힘이요, b. 如實觀 아래는 남을 교화할 마음에 대한 설명이다. 지금은 a.이니 a) 앞을 따옴이니 '지혜의 힘을 얻었다'는 것은 가까이서 유위법을 관함을 따온 부분이요, 멀게는 모든 이치를 관함을 따온 부분이다. '중생을 버리지 않는 것'은 앞의 대자(大慈)와 대비(大悲)를 따온 부분이다. b) 항상 부처님 지혜를 구함은 서원 일으킴에 대해 바로 밝힘이니 중생을 구제하기를 원하는 뜻이기 때문이다.

[鈔] 第二, 別起悲觀이라 正明起願者는 經에 云求佛智를 而云救生하니

正同三地의 欲求衆生호대 不離佛智니라
- ㄴ) 개별적으로 대비의 관법을 일으킴이다. b) '서원 일으킴에 대해 바로 밝힌다'는 것은 본경에서 '부처님 지혜를 항상 구한다'고 한 것을 논경에서는 '중생을 구제한다'고 하였으니, 제3지에서 중생을 구하려 하면서 부처님 지혜를 여의지 않은 것과 완전히 같다.

b. 남을 교화하려는 마음에 대한 설명[明化他心] 2.
a) 총합하여 과목 나누다[總科] (二化 25上5)

**如實觀一切有爲行의 前際後際하여
모든 하염 있는 법의 지난 적과 오는 적을 실상대로 관찰하나니**

[疏] 二, 化心中에 二니 先, 明大悲觀이오 後, 佛子菩薩摩訶薩復作是念此諸衆生下는 明大慈觀이라 前中에 悲有二相하니 一, 如實觀苦니 因緣集故로 卽知苦體性이라 二, 佛子로 至復作是念此諸凡夫下는 觀深重苦니 久而多故니 卽就人彰過라 前中에 四니 初, 總標二際요 二, 知從下는 順觀二際요 三, 虛妄下는 逆觀二際요 四, 若有下는 結如實知라

- b. 남을 교화하려는 마음 중에 둘이니 (a) 대비의 관법에 대한 설명이요, (b) 佛子菩薩摩訶薩復作是念 아래는 대자(大慈)의 관법에 대한 설명이다. (a) 중에 대비(大悲)에 두 가지 모양이 있으니 ㊀ 사실대로 고통을 관함이니 원인과 간접 원인이 모인 연고로 바로 고통의 체성을 안다는 뜻이다. ㊁ 佛子至復作是念此諸凡夫 아래는 깊고 무

거운 고통을 관함이니 오래이고 많은 까닭이니, 사람에 입각하여 허물을 밝힌 내용이다. ㉡에서 넷이니 ① 두 시절을 총합하여 표방함이요, ② 知從 아래는 두 시절을 수순하여 관함이요, ③ 虛妄 아래는 두 시절을 거꾸로 관함이요, ④ 若有 아래는 사실대로 아는 것으로 결론함이다.

b) 과목에 따라 해석하다[隨釋] 2.
(a) 대비의 관법[明大悲觀] 2.

㉠ 사실대로 고통을 관하다[如實觀苦] 4.
① 두 시절을 총합하여 표방하다[總標二際] (今初 25上10)

[疏] 今初니 前은 卽過去요 後는 卽未來니 顯無始終히 流轉相故니라
■ 지금은 ①이니 앞은 과거요, 뒤는 미래이니 시작과 끝이 없이 유전하는 모습을 밝힌 까닭이다.

② 두 시절을 수순하여 관하다[順觀二際] 2.
㉮ 과거를 바로 밝히다[正明前際] 2.
㉠ 반연이 모여 고통의 무더기가 되다[顯緣集苦聚] (二順 25下3)

知從前際無明有愛故로 生하여 生死流轉하며 於諸蘊宅에 不能動出하며 增長苦聚함이며
지난 적의 무명으로부터 사랑함이 있으므로 나는 일이 있으며 생사에 헤매면서 오온이란 집에서 헤어나지 못하고 고

통 무더기가 증장하며

[疏] 二, 順觀中에 二니 先, 明前際요 後, 如前下는 類顯後際라 前中에 復二니 先, 顯緣集苦聚요 後, 無我下는 顯二空無我라 今初에 無明有愛는 顯流轉因이니 能發能潤하야 此二爲本이라 故生은 卽是果故라 涅槃에 云,[230] 生死本際가 凡有二種하니 一者는 無明이오 二者는 有愛라 是二中間에 有生老死라하니라 今菩薩이 觀此而起大悲하나니 亦同淨名[231]이나 從癡有愛하야 卽我病生矣니라 然이나 生果에 有三하니 一은 欲求衆生이니 故流轉生死하나니 欲貪이 卽是受身本故라 二는 妄梵行求衆生이니 故於蘊宅에 不能動出이라 外道는 計我常住其中故니라 三은 有求衆生이니 故增長苦聚니 三有가 皆苦故라

■ ② 두 시절을 수순하여 관함 중에 둘이니 ㉮ 과거에 대한 설명이요, ㉯ 如前 아래는 유례하여 미래를 밝힘이다. ㉮ 중에 또 둘이니 ㉠ 반연이 모여 고통의 무더기가 됨이요, ㉡ 無我 아래는 두 가지 〈공〉에 〈내〉가 없음을 밝힘이다. 지금은 ㉠에 무명과 유애(有愛)주지는 유전의 원인임을 밝힌 부분이니 능히 시작하고 능히 윤택하여 이 둘

---

230) 인용문은 『大般涅槃經』제27권 師子吼菩薩品 제11의 ①의 내용이다. (대정장 권12권 p.768a-) [또 선남자여, 생사의 본 시제[本際]가 두 가지가 있으니 하나는 무명이요 하나는 유애(有愛)이다. 이 두 가지 중간에 나고 늙고 병들고 죽는 고통이 있나니 이것을 중도라 하느니라. 이와 같은 중도가 생사를 깨뜨리므로 중도라 하며, 이런 뜻으로 중도의 법을 부처성품이라 이름하며, 그러므로 부처성품은 항상하고 즐겁고 〈나〉이고 깨끗하건마는, 모든 중생들이 보지 못하므로, 무상하고 즐겁지 않고 〈나〉가 없고 깨끗하지 않다 하거니와, 부처성품은 진실로 무상하고 즐겁지 않고 〈나〉가 없고 깨끗하지 않은 것이 아니니라. 선남자여, 마치 가난한 집에 숨은 보배[寶藏]가 있지마는, 이 사람이 보지 못하는 연고로 무상하고 즐겁지 않고 〈나〉가 없고 깨끗하지 못하다가 어떤 선지식이 말하기를 '그대의 집에 숨은 보배가 있거늘, 어찌하여 이렇게 빈궁하고 곤고하여 무상하고 즐겁지 않고 〈나〉가 없고 깨끗하지 아니한가?' 하면서 방편으로 보게 하거든, 이 사람이 보았으므로 곧 항상하고 즐겁고 〈나〉이고 깨끗하게 되느니라. 부처성품도 그와 같아서 중생들이 보지 못하며 보지 못하므로 무상하고 즐겁지 않고 〈나〉가 없고 깨끗하지 않거니와, 선지식인 부처님이나 보살들이 방편으로써 가지가지로 가르쳐 보게 하면, 보았으므로 중생이 곧 항상하고 즐겁고 〈나〉이고 깨끗함을 얻느니라.]

231) 인용문은 『維摩經』 중권 文殊師利問疾品 제5의 내용이다. (대정장 권14 p.544 b12-)

이 근본이 된다. '그러므로 난다'는 것은 바로 결과이다. 『열반경』에서는, "생사의 본 시절[本際]이 대개 두 가지가 있으니 하나는 무명이요, 하나는 유애(有愛)이다. 이 두 가지 중간에 나고 늙고 (병들고) 죽는 고통이 있다"고 말하였다. 지금 보살이 이런 도리를 관하여 대비를 일으킨 것이니, 또한 『유마경』에서 "어리석음과 탐심으로부터 나의 병은 생겼다"라고 말한 것과 같은 뜻이다. 그러나 생긴 결과에 셋이 있으니 (1) 구하려는 중생 때문에 생사에 유전하게 되나니 욕구와 탐냄이 바로 몸의 바탕으로 받은 까닭이다. (2) 잘못된 범행을 구하는 중생 때문에 오온의 집에서 능히 나오지 못한다. 외도는 〈내〉가 항상 속에 머무는 것으로 계탁하는 까닭이다. (3) 구함이 있는 중생이니 그래서 고통의 무더기를 늘어나게 하므로 삼계(三界)가 모두 고통인 까닭이다.

[鈔] 今初無明有愛是流轉因[232]者는 義至於此요 從故生下는 皆屬果攝이라 若取經句인대 應至故生하야 以爲句終이니라

- '지금은 ㉠에 무명과 유애주지는 유전하는 원인이다'라고 말한 것은 의미가 여기까지 미친다. 故生부터 아래는 모두 결과에 속함으로 본다. 만일 경문 구절을 취한다면 마땅히 고생(故生)에까지 이르러서 구절의 끝으로 삼아야 한다.

㉡ 두 가지 〈공〉에 〈내〉가 없다[顯二空無我] (後顯 26上7)

無我無壽者하며 無養育者하며 無更數取後趣身者하여

---

[232] 上八字는 南金本作文.

離我我所하나니 如前際하여 後際도 亦如是하여 皆無所
有라
나도 없고 오래 사는 이도 없고 길러 주는 이도 없으며, 다
시 뒤 갈래의 몸을 자주자주 받을 이도 없어, 나와 내 것을
여읜 줄을 아나니, 지난 적과 같이 오는 적도 그와 같아서
아무 것도 없으며,

[疏] 後는 顯空無我며
- ㉡ 두 가지 <공>에 <내>가 없음을 밝혔으며

㉯ 유례하여 미래를 밝히다[類顯後際] (及類 26上7)

[疏] 及類顯後際니 並顯可知로다
- ㉯ 유례하여 미래를 밝힘이니 함께하여 밝히면 알 수 있으리라.

③ 두 시절을 거꾸로 관하다[逆觀二際] (三逆 26上9)
④ 사실대로 앎으로 결론하다[結如實知] (四結)

虛妄貪着을 斷盡出離하여 若有若無를 皆如實知니라
허망하게 탐하고 집착함을 끊어 버리면 벗어나게 되어, 있
거나 없거나를 모두 사실대로 아느니라.

[疏] 三, 逆觀中에 順은 卽苦集이오 逆은 卽道滅이라 虛妄斷盡이 卽是滅
也요 出離가 是道니라 四, 結如實知니 卽雙結二際라 逆順과 有無가

三義니 一은 約凡夫인대 但有苦集而無滅道요 二는 約菩薩인대 順有逆無요 三은 雙約凡聖인대 眞滅은 本有며 道亦符之요 妄苦는 本空이며 集亦同爾라 凡夫는 迷故로 不覺不知요 菩薩正了일새 名知如實이니라

■ ③ 두 시절을 거꾸로 관함에서 순관(順觀)은 고통과 고통의 모임의 순서요, 역관(逆觀)은 고통을 없애는 길과 고통이 사라짐의 순서이다. 허망이 모두 끊어진 것이 곧 멸제이고, 고통에서 벗어남이 바로 도제이다. ④ 사실대로 앎으로 결론함이니 두 시절을 함께 결론한 내용이다. 역관(逆觀)과 순관(順觀), 있고 없음에 세 가지 뜻이 있으니 (1) 범부에 의지한다면 단지 고통과 고통의 모임은 있어도 고통이 사라짐과 고통을 없애는 길은 없을 것이요, (2) 보살에 의지한다면 순관은 있고 역관은 없으며, (3) 범부와 성인을 함께 의지한다면 참된 멸제는 본래로 있던 것이며 도제도 그와 부합하고 허망한 고통은 본래는 〈공〉한 것이며 집제도 마찬가지이다. 범부는 미혹하므로 깨닫거나 알지 못하며 보살은 바로 깨달으므로 '사실대로 안다'고 말하였다.

㊂ 깊고 무거운 고통을 관하다[觀深重苦] 2.
① 연민으로 총합하여 표방하다[總標可愍] (第二 26下8)
② 연민하게 된 이유[可愍所由] 2.
㉮ 깊은 고통을 알지 못하므로 딱함을 밝히다[明深苦不知故爲可愍]

(二有)

佛子여 此菩薩摩訶薩이 復作是念하되 此諸凡夫가 愚癡

無智하니 甚爲可愍이로다 有無數身하여 已滅今滅當滅이니

불자여, 이 보살마하살이 또 이렇게 생각하기를, '이 범부들이 어리석고 지혜가 없으니 매우 딱하도다. 무수한 몸이 이미 없어졌고, 지금 없어지고, 장차 없어질 것이며,

[疏] 第二, 觀深重苦者는 無始隨逐故로 深이요 種種苦事故로 重이라 文中에 二니 初는 總標可愍이니 不知本空일새 故名愚癡요 不知厭離일새 故云無智요 亦可俱通일새 故爲可愍이니라 二, 有無數下는 釋可愍所由니 由迷二苦故라 初는 明深苦不知일새 故爲可愍이니라

㋻ 깊고 무거운 고통을 관함은 시작함이 없이 쫓아오는 연고로 깊은 것이요, 갖가지 고통의 일인 연고로 무거운 것이다. 경문에 둘이니 ① 연민으로 총합하여 표방함이니 본래로 〈공〉한 줄 알지 못하므로 '어리석다'고 하였고, 싫어하여 여읠 줄 알지 못하므로 '지혜가 없다'고 하였으며, 또한 모두 통달할 수 있으므로 '딱하다'고 말하였다. ② 有無數 아래는 연민하게 된 이유이니 두 가지 고통을 미혹하기 때문이다. ② 중에 ㉮ 깊은 고통을 알지 못하므로 딱함을 밝힘이다.

㉯ 무거운 고통을 알지 못하므로 딱함을 밝히다[明重苦不知故爲可愍] 2.
㉠ 앞을 따와서 뒤를 나무라다[牒前呵後] (後如 27上4)

如是盡滅이어늘 不能於身에 而生厭想하고
이렇게 끝까지 없어지건마는 몸에 대하여 싫증을 내지 않고,

[疏] 後, 如是盡下는 明重苦不知故로 爲可愍이라 於中에 二니 初는 牒前訶後요
- ⑭ 如是盡 아래는 무거운 고통을 알지 못하므로 딱함을 밝힘이다. 그중에 또 둘이니 ㉠ 앞을 따라서 뒤를 나무람이요,

[鈔] 初, 牒前訶後者는 牒前深苦하야 訶後重苦라
- ㉠ '앞을 따라서 뒤를 나무란다'는 것은 앞의 깊은 고통을 따와서 뒤의 무거운 고통을 나무란다는 뜻이다.

㉡ 무거운 고통에 대해 바로 설명하다[正明重苦] 3.
ⓐ 태어나는 고통을 바로 관하다[正觀生苦] (二轉 27上9)

轉更增長機關苦事하여 隨生死流하여 不能還返하며 於諸蘊宅에 不求出離하며
기계적으로 받는 고통만 더욱 증장하여 생사에 헤매면서 돌아올 줄을 모르고, 오온의 굴택에서 벗어나기를 구하지 아니하며,

[疏] 二, 轉更下는 正明重苦라 於中에 三이니 初는 觀生苦니 機關苦事는 卽是生苦라 言機關者는 顯無我故로 抽之則動이오 息手便無라 若造業因에 生生不息이라 隨生死下는 明有集愛요 於諸蘊下는 明離滅道라
- ㉡ 轉更 아래는 무거운 고통에 대해 바로 설명함이다. 그중에 셋이니
ⓐ 태어나는 고통을 관함이니 '기계적으로 일어난다'고 말한 것은

〈내〉가 없음을 드러내는 연고로 당기면 움직이고 손을 놓으면 바로 없어진다. 만일 업의 원인을 지으면 태어나는 생마다 쉬지 않게 된다. 隨生死 아래는 〈유〉가 사랑을 모음에 대한 설명이고, 於諸蘊 아래는 여의고 없애는 길에 대한 설명이다.

[鈔] 機關苦事者는 遠公이 釋云호대 容物動處를 名之爲機요 於中에 轉者를 說以爲關이라 因名爲機요 苦果隨轉을 說之爲關이라하니라 今疏意는 亦爾호대 不別配二字니라

● '기계적으로 받는 고통스러운 일'이란 혜원법사가 해석하되, "사물이 움직이는 범위를 용납함을 '기계적'이라 말하고, 그중에 '더욱'이란 말을 하여 중심 축[關]을 삼는다. 그로 인해 기계적이라 칭하였고, 고통의 결과가 따라 구르는 것을 관(關)이라 한다"고 말하였다. 지금의 소의 의미는 마찬가지이지만 두 글자를 따로 배대하지는 않았다.

ⓑ 늙고 병들고 죽음을 관하다[觀老病死] (二不 27下8)

不知憂畏四大毒蛇하며 不能拔出諸慢見箭하며 不能息滅貪恚癡火하며 不能破壞無明黑闇하며 不能乾竭愛欲大海하며 不求十力大聖導師하고 入魔意稠林하여
네 마리 독사가 무서운 줄을 알지 못하고, 교만과 잘못된 소견의 화살을 뽑지 못하며, 삼독의 불을 끄지 못하고, 무명의 어둠을 깨뜨리지 못하고, 애욕의 바다를 말리지 못하고, 열 가지 힘을 가진 대도사를 구할 줄 모르고, 마군 같은 생각의 숲속에 들어가서

[疏] 二, 不知下는 觀老病死라 四大毒蛇는 是不知病苦요 不能拔下는 明具彼集이라 文有四句하니 一, 妄梵行求衆生이 不能拔出諸慢見箭이니 外道가 多起故라 二, 欲求衆生受欲者는 不能息三毒火요 三, 欲求衆生惡行者가 不破無明이니 以見少利하고 行大惡行하야 後受大苦일새 故云黑暗이라 四, 有求衆生이 不竭愛欲大海니 三有之愛가 廣無邊故라 觀如實中에 說彼三求하야 以爲苦果어니와 今爲集者는 三求가 皆能爲集因而受果故니 二文을 互擧라 次, 不求十力大聖導師는 明遠彼滅이니 不向滅者故라 入魔意下는 明遠彼道니 順怨道故라

ⓑ 不知 아래는 늙고 병들고 죽음을 觀함이다. ㉮ 사대(四大)의 독사는 병드는 고통을 알지 못하고, 不能拔 아래는 그것을 구비하여 모임을 밝힌 내용이다. 경문에 네 구절이 있으니 ① 잘못된 범행을 구하는 중생 때문에 능히 모든 거만한 소견의 화살을 빼내지 못하나니 외도가 자주 일으키기 때문이다. ② 구하려는 중생의 타고난 욕구 때문에 능히 삼독의 불을 끄지 못하는 것이요, ③ 구하려는 중생의 악한 행위 때문에 무명을 타파하지 못하나니, 적은 이익을 보고 큰 악행을 저질러서 나중에 큰 고통을 받기 때문에 '깜깜한 어둠'이라 하였다. ④ 구함이 있는 중생 때문에 애정과 욕망의 큰 바다를 고갈시키지 못하나니, 세 가지 존재[欲愛, 色愛, 有愛]의 애정이 넓고 끝이 없는 까닭이다. ㉯ 사실대로 고통을 觀함 중에 저 세 가지 구함[① 妄梵行求 ② 欲求 ③ 有求]을 고통의 결과가 된다고 말하였지만 지금 모임이 된 것은 세 가지 구함이 모두 능히 원인을 모아서 결과를 받는 까닭이니 두 문장을 번갈아 거론한 내용이다. ㉰ '열 가지 힘을 가진 대도사를 구할 줄 모른다'고 말한 것은 ㉱ 저 멸제와 먼 것을 밝힘이니 멸

제로 향하지 않는 까닭이다. ㉘ 入魔意 아래는 저 도제와 먼 것을 밝힘이니 원수의 도를 따르기 때문이다.

[鈔] 二, 欲求者는 欲求를 開二니 一, 縱情五欲하야 不懼當報니 是造惡行者요 二, 但耽五欲하고 未必造惡이라 今是此人이 順境에 生貪하고 違則生瞋하고 癡迷上二라 不言習善行者는 善行은 多在有求之中이며 亦以過輕일새 故略不說이어니와 亦得含在受欲之中이니라

觀如實中下는 對前料揀이니 可知로다 明遠彼滅者233)는 論에 云, 趣無畏處하야 不求十力大聖道師라하니 意云, 欲趣無畏之滅이나 不求證滅之者耳니라 順怨道者는 煩惱結使를 名爲稠林이라 是魔所行일새 故名怨道니 旣趣怨道가 卽遠眞道니라

● ② 욕구에서 욕구를 둘로 전개하였으니 1) 생각을 오욕(五欲)에 방종하여 당래의 과보를 두려워하지 않음이니 악행을 짓는 것이요, 2) 단지 오욕을 탐닉하기만 하나니 반드시 악행을 저지르지는 않는다. 지금은 이런 사람이 경계를 따르면 탐욕을 내고 경계를 어기면 성냄을 일으키고 어리석어서 위의 두 경계를 미혹하게 된다. 선행을 익힘에 대해 말하지 않은 것은 선한 행위는 대부분 ③ 구함이 있는 중생에게 있으며 또한 너무 가벼우므로 생략하고 말하지 않았지만 타고난 욕구 속에 포함되어 있기도 하다.

觀如實中 아래는 앞과 상대하여 구분함이니 알 수 있으리라. '저 멸제(滅諦)와 먼 것을 밝힌다'는 것은 논경에 이르되 "두려움 없는 곳에 취향하여 열 가지 힘을 가진 대도사를 구할 줄 모른다"고 하였다. 의미로는 두려움 없는 멸제에 취향하려 하지만 멸제를 증득함을 구하

---

233) 者下에 南續金本有故字.

지 않았을 뿐임을 말하였다. '원수의 도를 따른다'는 것은 번뇌의 속박을 빽빽한 숲[稠林]이라 이름하며, 이것은 마군의 소행이므로 원수의 도라 칭하였으니, 이미 원수의 도로 취향하였으므로 참된 도와는 멀어진 것을 뜻한다.

ⓒ 허물과 병통을 총합하여 결론하다[總結過患] (三於 28下6)

**於生死海中에 爲覺觀波濤之所漂溺이니라
나고 죽는 바다에서 깨닫고 관찰하는 파도에 휩쓸리는구나.**

[疏] 三, 於生死下는 總結過患이니 擧生死海하야 總顯於苦라 覺觀波濤[234]는 總明有集이니 此中에 兼顯死苦之義라 略不明老하니라
■ ⓒ 於生死 아래는 허물과 병통을 총합하여 결론함이니, 나고 죽는 바다를 거론하여 고통에 대해 총상으로 밝힌 내용이다. '깨닫고 관찰하는 파도'는 유애(有愛)의 모임을 총합하여 밝힌 내용이니, 이 가운데 죽음의 고통의 뜻을 겸하여 밝혔지만 늙음의 고통은 생략하고 밝히지 않았다.

[鈔] 略不明老者는 上依論인대 觀生老病死니 生苦는 在初요 病可卒加하야 通於老少일새 故經明之니라 今生死言은 卽兼死苦라 老言이 不顯일새 故云略無니 亦合有이니라
● '늙음의 고통은 생략하고 밝히지 않았다'고 말한 것은 위는 논경에 의지한다면 태어나고 늙고 병들고 죽음을 관하였으니, 태어남의 고통

---

234) 濤는 南續金本作下.

은 첫 부분에 있고 병드는 고통은 갑자기 더해져서 늙고 젊음에 통할 수 있으므로 본경에서 설명한 것이다. 지금의 '나고 죽는 고통'이란 말에 죽음의 고통을 겸한다는 뜻이다. 늙는다는 말에 표현되지 않았으므로 '생략하여 없다'고 말하였으니 또한 합쳐져 있다는 뜻이다.

(b) 대자의 관법[明大慈觀] 2.
㊀ 경계를 만나면 대자를 일으키다[覿境興慈] 2.

① 경계를 만나다[覿境] 2.
㉮ 총상에 대한 설명[釋總] (二大 29上4)

佛子여 此菩薩摩訶薩이 復作是念하되 此諸衆生이 受如是苦하여 孤窮困迫하여 無救無依하며 無洲無舍하며 無導無目하며 無明覆翳하고 黑闇纏裏하니

불자여, 이 보살마하살이 또 생각하기를 "이 중생들이 이런 고통을 받으며 고독하고 곤궁하지마는 구할 이도 없고 의지할 데도 없고 섬도 없고 집도 없고 인도할 이도 없고 눈도 없어서, 무명에 덮이고 어둠에 싸였으니,

[疏] 二, 大慈觀中에 二니 初, 覿境興慈요 後, 佛子下는 廣願饒益이라 前中에 二니 先, 覿境이오 後, 我今下는 興慈라 今初니 卽覿前衆生이 受深重苦하야 以爲慈境이라 文中에 先은 總이오 無救下는 別이라 總中에 無父曰孤니 明前無所怙요 途盡曰窮이니 明後無所依라 任重無替曰困이니 常受生死故며 强力所逼曰迫이니 業惑所陵故라

■ (b) 대자의 관법을 밝힘 중에 둘이니 ㉠ 경계를 만나면 대자를 일으 킴이요, ㉡ 佛子 아래는 서원의 이익을 자세히 밝힘이다. ㉠ 중에 둘이니 ① 경계를 만남이요, ② 我今 아래는 큰 자비를 일으킴이다. 지금은 ①이니 말하자면 앞의 중생이 깊고 무거운 고통을 받는 것을 보고서 대자의 경계로 삼는 것이다. 경문에서 ㉮ 총상이요, ㉯ 無救 아래는 별상이다. ㉮ 총상에서 아버지가 안 계신 것을 '고독하다[孤]'고 하나니 앞으로는 조상이 없음을 밝힌 부분이요, 길이 다한 것을 '곤궁하다[窮]'고 하나니 뒤로는 후손이 없음을 밝힌 부분이다. 무거운 데로 맡겨놓아 바꿀 것이 없음을 '고단하다[困]'고 하나니 항상 생사의 고통을 받게 되며, 힘센 이로부터 핍박받는 것을 '핍박받는다[迫]'라고 하나니, 업에 미혹됨으로 인하여 업신여김을 당하기 때문이다.

[鈔] 總中에 無父者下는 別之中에 經有八事하야 具釋四字하니 前之四事는 明其有苦요 後之四事는 明其有惡이니 各用二事하야 釋前之一이니라

● ㉮ 총상에서 無父者 아래는 분별한 중에 경문에는 여덟 가지 일이 있어서 네 글자씩 해석하였다. 앞의 네 가지 일[孤窮, 困迫, 無救, 無依]은 고통이 있음을 밝혔고, 뒤의 네 가지 일[無洲, 無舍, 無導, 無目]은 악행이 있음을 밝혔으니, 각기 두 가지 일을 사용하여 앞의 하나를 설명한 내용이다.

㉯ 별상에 대한 설명[釋別] (後別 29下2)

[疏] 後는 別中에 無救無依는 釋上孤義니 論에 云, 謂現報를 已受하야 不

可救脫이오 當報因招하야 無善爲依라하니라 次, 無洲無舍는 釋上窮義니 溺於覺觀波濤하야 不聞正法智洲爲對治故요 在於生死曠野하야 不爲善友慈舍庇故라 次, 無導無目은 釋上困義니 離於寂靜正念思惟인 究竟前導故며 離於正見之明目故로 旣無導無目하니 非困如何요 次, 無明下는 釋上迫義라 無明者는 無明住地의 舊煩惱故요 黑暗者는 四住客塵故니 常起邪念故로 爲其覆翳요 不聞正法故로 爲彼纏裏니라

- ㈏ 별상 중에 ㉠ '구할 이도 없고 의지할 데도 없다'고 말한 것은 위의 고독함에 대한 뜻풀이다. 논경에서는 "말하자면 현재의 과보를 이미 받아서 구제하여 벗어날 수 없으며, 미래의 과보를 초래함으로 인하여 어떤 선함도 의지할 데가 없다"고 하였다. ㉡ '섬도 없고 집도 없다'고 말한 것은 위의 곤궁함에 대한 해석이니, 깨닫고 관찰하는 파도에 빠져 정법의 지혜의 섬이 있음을 듣지 않은 까닭에 이미 인도할 이도 없고 눈도 없는 것이니 고단하지 않고 어찌하리오! ㉢ 無明 아래는 위의 핍박받음에 대한 해석이니 무명이란 무명주지의 근본 번뇌이며, 어둠이란 네 가지 주지의 객진(客塵)번뇌이다. 항상 삿된 생각을 일으키는 연고로 그에 덮이게 됨이요, 정법을 듣지 않은 연고로 저에 휩싸이게 된다.

[鈔] 常起邪念者는 依無明住地하야 起妄想心을 名爲邪念이오 流注相續일새 故曰常起니 不同四住의 善惡이 間生이니라 不聞正法者는 四住之惑은 容有善間하니 間則不纏이어니와 不聞善間일새 故爲纏裏니라

- '항상 삿된 생각을 일으킨다'는 것은 무명주지에 의지하여 망상을 일으키는 것을 '삿된 생각'이라 칭하고, 번뇌의 흐름이 상속하는 연고로

'항상 일으킨다'고 칭하나니 네 가지 주지가 선함과 악함 사이사이에 생겨남과는 같지 않다. '정법을 듣지 못한다'고 말한 것은 네 가지 주지의 미혹은 선함이 사이에 있음을 용납한다는 뜻이니, 사이에 선함이 있으면 얽히지 않겠지만 (정법을) 듣지 않으면 선함이 뜨게[間] 되므로 얽히게 된다는 뜻이다.

② 대자를 일으키다[興慈] (二興 30上7)

我今爲彼一切衆生하여 修行福智助道之法하여 獨一發心하고 不求伴侶하여 以是功德으로 令諸衆生으로 畢竟淸淨하며 乃至獲得如來十力無礙智慧케하리라하느니라
내가 저 일체 중생을 위하여 복과 지혜로 도를 돕는 법을 수행하되, 혼자서 발심하고 동무를 구하지 아니할 것이며, 여러 중생으로 하여금 이 공덕을 의지하여 필경까지 청정하며, 내지 여래의 열 가지 힘과 걸림 없는 지혜를 얻게 하리라' 하느니라."

[疏] 二, 興慈中에 獨拔修善하야 令物得菩提涅槃之樂이니라
■ ② 대자를 일으킴 중에 우뚝 홀로 선법을 닦아 중생으로 하여금 보리와 열반의 즐거움을 얻게 하는 것이다.

[鈔] 二, 興慈中에 經有三節하니 一, 初爲物修因이오 二, 獨一下는 孤標大志요 三, 以是下는 以善益物이라 初는 令淨障이 爲涅槃因이라 言[235] 畢竟淸淨은 亦涅槃果라 後, 乃至下는 令得菩提果니라 今疏에

雖[236]總釋이나 義亦已圓[237]이니라

● ② 대자를 일으킴 중에 경문에 세 문단이 있으니 ㉠ 처음에 중생을 위하여 인행을 닦음이요, ㉡ 獨一 아래는 홀로 큰 의지를 표방함이요, ㉢ 以是 아래는 선법으로 중생을 이익되게 함이다. 그중에 ㉠ 처음에 하여금 장애를 깨끗이 함이 열반의 원인이 되고, '끝까지 청정하다'고 말한 것은 열반의 결과이다. ㉡ 乃至 아래는 보리의 결과를 얻게 함이다. 지금 소에서 비록 총상으로만 해석하였지만 의미는 이미 원만하여졌다.

㈡ 서원의 이익에 대한 설명[廣願饒益] 2.
① 앞을 따와서 총합하여 밝히다[牒前總明] (第二 30下7)

佛子여 此菩薩摩訶薩이 以如是智慧觀察로 所修善根은 皆爲求護一切衆生하며 利益一切衆生하며 安樂一切衆生하며 哀愍一切衆生하며 成就一切衆生하며 解脫一切衆生하며 攝受一切衆生하며 令一切衆生으로 離諸苦惱하며 令一切衆生으로 普得淸淨하며 令一切衆生으로 悉皆調伏하며 令一切衆生으로 入般涅槃이니라

"불자여, 이 보살마하살이 이런 지혜로 관찰하며, 닦는 선근은 모두 일체 중생을 구호하며, 일체 중생을 이익하며, 일체 중생을 안락하게 하며, 일체 중생을 불쌍히 여기며, 일체 중생을 성취하며, 일체 중생을 해탈케 하며, 일체 중생을 거

---

235) 言은 南續金本作及.
236) 上九字는 甲南續金本作下疏.
237) 圓은 南續金本作周圓.

두어 주기 위한 것이며, 일체 중생으로 하여금 시끄러운 괴
로움을 여의게 하며, 일체중생으로 하여금 청정함을 얻게
하며, 일체 중생으로 하여금 모두 조복하게 하며, 일체 중생
으로 하여금 반열반에 들게 하려는 것이니라."

[疏] 第二, 廣願饒益이니 亦彰慈所爲라 文中에 二니 先은 牒前總明이니
上來修善이 皆爲救護니 卽是慈相이라
- ㈡ 서원의 이익을 넓힘이니 또한 대자의 역할을 밝힌 내용이다. 경문
  에 둘이니 ① 앞을 따와서 총합하여 밝힘이다. 여기까지 선근을 닦
  음이 모두 구제하고 보호하기 위함이니 바로 대자(大慈)의 모양이다.

[鈔] 先, 牒前者는 略擧修善이나 實則兼前智慧觀察이라 見生有苦有惡
하고 無治無救일새 故修善根而爲饒益이 皆慈相也니 以善智慧로 能
饒益故니라
- ① 앞을 따와서 밝힘이란 간략히 선근 닦음에 대해 거론하였지만 실
  제로는 앞의 지혜로 관찰함을 겸한 내용이다. 태어남에 고통도 있고
  악함도 있음을 보고 다스리지도 않고 구제하지도 않았으므로 선근
  을 닦아서 이익되게 함이 모두 대자의 모양이니, 선근의 지혜로 능히
  이익되게 하는 까닭이다.

② 구호함에 대해 따로 밝히다[別顯救護] (後利 31上2)

[疏] 後, 利益下는 別顯救護라 有十種相하니 前二는 爲救未來요 後八은
通於現未라 一, 住不善衆生으로 令住善法利益이오 二, 住善法衆生

으로 令得安樂果이니 謂成彼善故라 三, 愍貧乏者하야 與資生具요 四, 修行多障者로 令其成就니 上二는 救順緣不足苦라 五, 世間繫 閉者로 令得解脫이니라 下有五種은 令諸外道로 信解正法이니 謂六 은 未信을 攝令正信이오 七, 令離無利勤苦요 八, 疑惑衆生을 疑除 解淨이오 九, 已住決定을 勸[238)]修三學하야 以調三業이오 十, 已住三 學을 令得涅槃이라 上三은 卽解行證이라 論意가 皆爲外道나 理實後 三이 兼通餘類라 上來에 不住道行勝은 竟하다

- ② 利益 아래는 구호함에 대해 따로 밝힘이다. 열 종류의 모양이 있으니 ㉮ 앞의 둘은 미래를 구호하기 위함이요, ㉯ 뒤의 여덟 가지는 현재와 미래에 통한다. (1) 불선법에 머물던 중생은 선법의 이익에 살게 함이요, (2) 선법에 머물던 중생은 안락한 과보를 얻게 함이니 저 선법을 이루기 위한다는 뜻이다. (3) 빈궁한 중생을 불쌍히 여겨 생활도구를 주는 것이요, (4) 수행에 장애가 많은 중생은 수행을 성취하게 함이니 위의 둘[(3) (4)]은 반연에 따라 부족한 고통을 구제함이다. (5) 세간에 많이 얽혀 있는 중생은 해탈을 얻게 함이다. 아래의 다섯 종류는 모든 외도로 하여금 정법을 믿고 이해하게 함이다. 말하자면 (6) 믿지 않는 중생을 거두어 바로 알게 함이요, (7) 이익 없는 부지런함의 고통을 여의게 함이요, (8) 의혹하는 중생은 의심을 없애고 이해를 깨끗하게 함이요, (9) 이미 확고하게 믿음을 가진 중생은 삼학을 닦도록 권유해서 삼업을 조화롭게 함이요, (10) 이미 삼학(三學)에 머무는 중생은 열반을 얻게 함이다. 위의 셋[(8) (9) (10)]은 이해하고 수행하고 증득함에 해당한다. 논경의 의미는 모두 외도를 위한 것이지만 이치의 실법으로 뒤의 셋은 남은 종류에 겸하여 통한

---

238) 勸은 金本作勤誤, 論原南續本作勸.

다. 여기까지 ㄴ. 머물지 않는 도의 행법이 뛰어남은 마친다.

[鈔] 前二爲救者는 令住善因하야 得於樂果가 屬未來故니 卽利樂義라 頻見上文하니라 上句는 未住를 令住요 下句는 先住微善을 後令增長이니 故得樂果라 亦是上令捨惡이요 後令增善이니라 下有五種者는 前五는 世樂이요 下五는 出世라 五中에 一은 起信이요 二는 去邪요 三은 正解요 四는 起行이요 五는 得果니라

- '앞의 둘은 미래를 구호하기 위한다'고 말한 것은 선법의 인행에 머물러 즐거운 과보를 얻게 하는 것이 미래에 속하는 까닭이니 곧 이롭고 즐겁다는 의미이다. 위의 문장에서 자주 본 내용이다. 위 구절은 머물지 못한 중생을 머물게 함이요, 아래 구절은 적은 선법에 머문 중생을 뒤에서 더욱 늘어나게 한 내용이니, 그래서 즐거운 과보를 얻는다는 뜻이다. 또한 위에서 악함을 버리게 하고 뒤에서 선법을 늘어나게 한다는 뜻이다. '아래의 다섯 종류'라고 말한 것은 앞의 다섯 가지는 세간적인 즐거움이요, 아래의 다섯 가지는 출세간의 즐거움이다. 다섯 가지 중에 (6) 믿음을 일으킴이요, (7) 삿됨을 제거함이요, (8) 바로 이해함이요, (9) 수행을 시작함이요, (10) 결과를 얻음이다.

다) 저 결과가 뛰어나다[彼果勝] 2.

(가) 총합하여 과목 나누다[總科] 2.
ㄱ. 경문을 가리키며 명칭을 나열하다[指文列名] (自下 31下9)

佛子여 菩薩摩訶薩이 住此第五難勝地에 名爲念者니

不忘諸法故며 名爲智者니 能善決了故며 名爲有趣者니
知經意趣次第連合故며

"불자여, 보살마하살이 이 제5 난승지에 머물면, (1) 생각하는 이라 이름하나니 모든 법을 잊지 않는 연고며, (2) 지혜 있는 이라 하나니 잘 결정하는 연고며, (3) 지취가 있는 이라 하나니 경의 이치를 알아서 차례로 연합하는 연고며,

❖ 제6회 십지품 제5 難勝地 (科圖 26-56; 巨字卷)

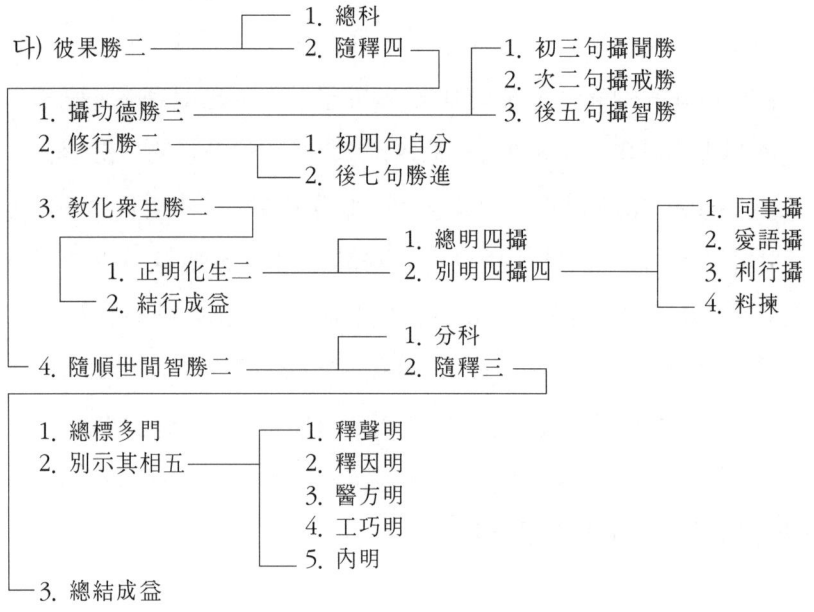

[疏] 自下大文의 第三, 明彼果勝이니 卽不住道行勝之果라 有四勝果하니 一, 攝功德勝이오 二, 名爲無厭足下는 修行勝이요 三, 佛子菩薩摩訶薩如是勤修下는 敎化衆生勝이요 四, 佛子菩薩摩訶薩爲利益下

는 起隨順世間智勝이라

■ 여기부터 큰 문단으로 다) 저 결과가 뛰어남을 밝힘이니, 머물지 않는 도행이 뛰어남의 결과이다. 네 가지 뛰어남의 결과가 있으니 ㄱ. 공덕을 포섭한 뛰어남이요, ㄴ. 名爲無厭足 아래는 수행이 뛰어남이요, ㄷ. 佛子菩薩摩訶薩如是勤修 아래는 중생을 교화함이 뛰어남이요, ㄹ. 佛子菩薩摩訶薩爲利益 아래는 세간에 수순하는 지혜를 일으킴이 뛰어남이다.

ㄴ. 그 차이점을 해석하다[釋其差別] (四中 32上2)

[疏] 四中에 初二는 自利니 卽所知法中智淸淨果라 初는 自分이오 後는 勝進이라 後二는 卽利他勤方便果니 前은 化他行이오 後는 化他智니라

■ 네 가지 뛰어남 중에 처음의 둘은 자리행이니 곧 알아야 할 법 중에 지혜가 깨끗한 과보이다. 앞은 자분행이요, 뒤는 승진행이다. 뒤의 둘[敎化衆生勝, 起隨順世間智勝]은 이타행에 부지런한 방편의 결과이니 앞은 남을 교화하는 행법이요, 뒤는 남을 교화하는 지혜이다.

[鈔] 自下大文第三이라 有四勝果下는 文이 二니 先, 指文列名이오 後, 四中下는 釋其差別이라 前中[239]에 一, 攝功德勝者는 聞等功德修成을 名攝이라 二, 修行勝者는 勝進所行을 善修習故라 三과 四는 利他中에 三, 利他行이오 四, 利他智니라

● 여기부터 큰 문단으로 다) 저 결과가 뛰어남이다. 有四勝果 아래는 경문에 둘이니 ㄱ. 경문을 가리키며 명칭을 나열함이요, ㄴ. 四中 아

---

239) 中은 南續金本作列名中.

래는 그 차이점을 해석함이다. (나) 중에 ㄱ. 공덕을 포섭함이 뛰어남이란 듣는 따위의 공덕을 수행하여 성취하는 것을 '포섭한다'고 말하였다. ㄴ. 수행이 뛰어남이란 승진행으로 성취할 바를 잘 닦아 익히는 까닭이다. ㄷ. 중생을 교화함이 뛰어남과 ㄹ. 세간에 수순하는 지혜를 일으킴이 뛰어남은 이타행 중에 ㄷ.은 이타의 행법이요, ㄹ.은 이타의 지혜이다.

(나) 과목에 따라 해석하다[隨釋] 4.

ㄱ. 공덕을 포섭함이 뛰어나다[攝功德勝] 3.

ㄱ) 세 구절은 들음을 포섭함이 뛰어나다[初三句攝聞勝] (今初 32上9)

[疏] 今初에 攝功德中에 十句니 初三은 攝聞勝이라 然有二義하니 一은 卽三慧니 如次配聞思修요 二는 顯二持니 念은 卽聞持요 智와 及有趣는 卽是義持라 義有多種하니 略說二種善巧니 謂智는 卽法智勝이오 有趣는 卽義智勝이라 然이나 二釋이 皆聞在初일새 故論名攝聞勝이니라

■ 지금은 ㄱ. 공덕을 포섭함이 뛰어남 중에 열 구절이니 ㄱ) 처음 세 구절은 들음을 포섭함이 뛰어남이다. 그런데 두 가지 이치가 있으니 첫째 구절[(1) 名爲念者니 不忘一]은 세 가지 슬기이니 차례대로 문혜·사혜·수혜에 배대하고, 둘째 구절[名爲智者 能善一]은 두 가지 간직함을 드러내었으니 (1) 생각[念]은 들어 간직함[聞持]이요, (2) 지혜와 지취가 있음[有趣]은 이치를 간직함[義持]이 된다. (2) 이치에 여러 종류가 있으니 간략히 두 가지 뛰어난 이치라 말한다. 이를테면 지혜는 곧 법의 지혜가 뛰어남이요, 지취 있음은 이치의 지혜가 뛰어남이다. 하지

만 두 가지 해석이 모두 들음이 처음에 있는 까닭에 논경에서 "들음을 포섭함이 뛰어나다"고 이름하였다.

ㄴ) 두 구절은 계법을 포섭함이 뛰어나다[次二句攝戒勝] (次二 32下5)

名爲慚愧者니 自護護他故며 名爲堅固者니 不捨戒行故며
(4) 부끄러움을 아는 이라 하나니 스스로 보호하고 남을 보호하는 연고며, (5) 굳은 이라 하나니 계행을 버리지 않는 연고며,

[疏] 次二는 攝戒勝이니 一, 忍辱柔和勝이니 卽戒因成 也니 謂內懷慚愧하야 不誑幽明하고 自護七支하야 不招譏毀일새 故能持戒라 二, 戒無缺勝이니 卽戒體成 也라 乃至命難이라도 不捨戒故니라

■ ㄴ) 다음의 두 구절은 계법을 포섭함이 뛰어남이다. 첫 구절[(4) 名爲慚愧者 自護—]은 참고 부드럽게 화합함이 뛰어남이니 계법으로 인해 성취된 것이다. 말하자면 안으로 부끄러운 마음을 품어서 어둡고 밝음을 속이지 않고 스스로 일곱 갈래를 보호하여 나무라고 헐뜯음을 초래하지 않으므로 능히 계법을 지닌다. 둘째 구절[(5) 名爲堅固者 不捨—]은 계법에 모자람 없는 뛰어남이니 계법의 체성을 성취한 것이다. 나아가 목숨이 위태로움에 처하더라도 계법을 버리지 않기 때문이다.

[鈔] 一忍辱者는 能忍他惱를 名爲忍辱이오 能將護他를 說爲柔和니 以柔忍故로 緣不能動이라 二皆拒惡일새 故名爲愧요 唯崇戒善일새 故稱爲慚이라 謂內懷下는 釋慚愧相이니 慚者는 羞天일새 故不誑幽요

愧者는 羞人일새 故不詃明이라 不招譏毁는 卽護他也니라 乃至命難
者는 釋堅固言이니 鵝珠와 草繫가 卽命難240)也니라

● '첫 구절은 참고 부드럽게 화합함'이라는 것은 다른 이의 괴롭힘을 잘
참아 내는 것을 '인욕'이라 하고, 능히 인욕을 가져서 저를 보호하는
것을 '부드럽게 화합함'이라 하였으니, 부드럽게 참아 내는 연고로 반
연에도 동요하지 않는다. 이런 둘이 악함을 물리치는 연고로 괴(愧)
라 하고, 오로지 계법의 선행만을 숭상하므로 참(慚)이라 한다. 謂內
懷 아래는 부끄러워하는 모양을 해석한 내용이니, 참(慚)이란 하늘에
부끄러워하므로 어둠을 속이지 않는다. '나무라고 헐뜯음을 초래하
지 않는다'는 것은 남을 보호하는 것이다. '나아가 목숨이 위태함에
처한다'는 것은 '견고함'을 해석한 말이다. 거위의 구슬[鵝珠]과 초계
(草繫) 비구가 곧 목숨이 위태함에 해당한다.

ㄷ) 다섯 구절은 지혜를 포섭함이 뛰어나다[後五句攝智勝] (後五 33上6)

名爲覺者니 能觀是處非處故며 名爲隨智者니 不隨於他
故며 名爲隨慧者니 善知義非義句差別故며 名爲神通者
니 善修禪定故며 名爲方便善巧者니 能隨世行故니라
(6) 깨달은 이라 하나니 옳은 곳·그른 곳을 관찰하는 연고
며, (7) 슬기를 따르는 이라 하나니 다른 것을 따르지 않는
연고며, (8) 지혜를 따르는 이라 하나니 이치에 맞고 맞지
않는 말을 잘 아는 연고며, (9) 신통 있는 이라 하나니 선정

---

240) 鵝珠와 草繫에 대한 것은 제2 離垢地 7. 釋文 1. 明地相의 2. 堪能부분에 보이는 내용이다. ((岡字卷 6上10)
『大莊嚴論經』제11권에 관련 내용이 있다. (대정장 권4 p. 319~) 또 草繫비구에 관한 내용도 제3권에 있다. (대
정장 권4 p. 268 c~)

을 닦는 연고며, (10) 교묘한 방편이 있는 이라 하나니 세상을 따라 행하는 연고이니라.

[疏] 後五는 攝智勝이니 一者, 因緣集智니 此知法相智라 無因과 倒因을 名爲非處요 正因緣集을 名之爲處라 知處로 治於非處일새 故名覺者라 二者, 證智니 知魔事對治라 隨識分別이 皆魔事故니라 三, 知妄說智니 異說對治가 卽知敎智라 正說이 爲義句요 邪說이 爲非義句라 邪正이 交雜에 揀邪得正을 名善分別이라 四, 神力起用智니 依定起通하야 治邪依故라 五, 化衆生智니 折伏攝受하야 隨世宜故라 上五中에 前三은 自利요 後二는 利他니라

ㄷ) 뒤의 다섯 구절은 지혜를 포섭함이 뛰어남이다. 첫 구절[(6) 名爲 覺者 能觀—]은 인연을 모으는 지혜이니 이것은 법의 모양을 아는 지혜이다. 인연이 없음과 뒤바뀐 인연을 '그릇된 곳[非處]'이라 이름하고, 바른 인연을 모은 것을 '옳은 곳[是處]'이라 이름한다. 옳은 곳을 아는 것으로 그릇된 곳을 다스리므로 '깨달은 이'라 이름한다. 둘째 구절 [(7) 名爲隨智者 不隨—]은 중도의 지혜이니 마군의 일을 알고 다스리는 내용이다. 의식을 따라 분별함이 모두 마군의 일인 까닭이다. 셋째 구절[(8) 名爲隨慧者 善知—]은 잘못된 설법임을 아는 지혜이니 다르게 설함을 다스리는 것이 곧 교법을 아는 지혜이다. 바르게 설함이 이치에 맞는 구절이 되고 삿되게 설함이 이치에 맞지 않은 구절이 된다. 삿되고 바른 것이 서로 섞여 있을 적에 삿됨을 가려내고 올바른 것을 얻는 것을 '잘 분별함'이라 한다. 넷째 구절[(9) 名爲神通者 善修—]은 신통력으로 작용을 일으키는 지혜이니 선정에 의지해 신통을 일으켜 삿되게 의지하는 중생을 다스리는 까닭이다. 다섯째 구절[(10) 名爲方便

善巧者 能隨―]은 중생을 교화하는 지혜이니 꺾어서 항복받거나 거두어 받아들여서 세상의 마땅함을 따르는 까닭이다. 위의 다섯 구절 중에 앞의 세 구절은 자리행이요, 뒤의 두 구절은 이타행이다.

ㄴ. 수행이 뛰어나다[修行勝] 2.

ㄱ) 네 구절은 자분행[初四句自分] (第二 33下7)

名爲無厭足者니 善集福德故며 名爲不休息者니 常求智慧故며 名爲不疲倦者니 集大慈悲故며 名爲爲他勤修者니 欲令一切衆生으로 入涅槃故며

(1) 만족함이 없는 이라 하나니 복덕을 잘 모으는 연고며, (2) 쉬지 않는 이라 하나니 항상 지혜를 구하는 연고며, (3) 고달프지 않는 이라 하나니 대자비를 모으는 연고며, (4) 남을 위하여 부지런히 수행하는 이라 하나니 일체 중생을 열반에 들게 하려는 연고며,

[疏] 第二, 修行勝이니 有十一句라 前四는 自分이요 一, 增長因行이니 集五度福故요 二, 依止因行이니 慧爲所依故라 此自利福智對라 三, 化生不疲行이오 四, 令物證滅行이니 此二는 利他因果對니라

■ ㄴ. 수행이 뛰어남이니 11구절이 있다. 그중에 앞의 네 구절은 자분행이니 (1) 인연을 증장시키는 행법이니 다섯 가지 바라밀의 복덕을 모으는 까닭이요, (2) 인연에 의지한 행법이니 슬기가 의지처가 되기 때문이다. 이것은 자리행의 복덕과 지혜가 상대한 구분이다. (3) 중

생 교화에 피곤해 하지 않는 행법이요, (4) 중생들이 열반을 증득하
게 하는 행법이니 이 둘은 이타행의 원인과 결과가 상대한 구분이다.

[鈔] 一增長者는 福能生智일새 故名爲因이라 二依止因行은 依慧生福일
새 名依止因이니라
- (1) '증장시킨다'는 것은 복덕이 능히 지혜를 생기게 하므로 인연이라
  이름한다. (2) '인연에 의지한 행법'이란 슬기에 의지하여 복덕이 생겨
  나므로 '인연에 의지한다'고 말하였다.

ㄴ) 일곱 구절은 승진행[後七句勝進] (後七 34上8)

名爲勤求不懈者니 求如來力無畏不共法故며 名爲發意
能行者니 成就莊嚴佛土故며 名爲勤修種種善業者니 能
具足相好故며 名爲常勤修習者니 求莊嚴佛身語意故며
名爲大尊重恭敬法者니 於一切菩薩法師處에 如敎而行
故며 名爲心無障礙者니 以大方便으로 常行世間故며 名
爲日夜遠離餘心者니 常樂敎化一切衆生故니라

(5) 부지런히 구하고 게으르지 않는 이라 하나니 여래의 힘
과 두려움 없음과 함께하지 않는 법을 구하는 연고며, (6)
뜻을 내고 능히 행하는 이라 하나니 부처님 세계를 장엄함
을 성취하는 연고며, (7) 여러 가지 선한 업을 부지런히 닦
는 이라 하나니 상호를 구족하는 연고며, (8) 항상 수행하
는 이라 하나니 부처님의 몸과 말과 뜻을 장엄하기를 구하
는 연고며, (9) 법을 크게 존중하고 존경하는 이라 하나니

일체 보살과 법사에게서 가르치는 대로 행하는 연고며, (10) 마음에 장애가 없는 이라 하나니 큰 방편으로 세간에 항상 다니는 연고며, (11) 다른 마음을 밤낮으로 여의는 이라 하나니 일체 중생을 교화하기를 항상 좋아하는 연고이니라."

[疏] 後七은 勝進이니 五, 起佛法行이오 六, 起淨土行이라 此는 依正一對라 七, 依佛法身起行이니 相好法身故요 八, 依佛所作起行이니 顯三密用故라 此二는 外相內密對니 上四는 皆起菩提라 九, 敬重法行이니 進依勝己故라 上五는 自利요 後二는 利他라 十, 願取有行이오 十一, 離小乘行이니 卽顯是揀非對니라

■ ㄴ) 뒤의 일곱 구절은 승진행이니 (5) 불법을 일으키는 행법이요, (6) 정토를 일으키는 행법이다. 이것은 의보와 정보가 상대한 구분이다. (7) 부처님의 법신에 의지해 일으키는 행법이니 상호를 구족한 법신인 까닭이요, (8) 부처님이 짓는 업에 의지해 일으키는 행법이니 부처님의 세 가지 비밀한 작용을 밝히기 때문이다. 또 위의 네 구절은 모두 깨달음을 일으키는 행법이다. (9) 중요한 법에 대해 공경하는 행법이니 정진에 의지해 자기보다 뛰어난 까닭이다. 위의 다섯 구절은 자리행이요, 뒤의 두 구절은 이타행이다. (10) 〈유〉를 취하기를 원하는 행법이요, (11) 소승을 여의는 행법이니 옳음을 드러내고 그른 것을 가려냄으로 상대한 구분이다.

[鈔] 六起淨土行者는 論에 重釋云호대 云何莊嚴고 無煩惱染하고 得堅固智慧衆生이 住在其中이며 及佛法莊嚴故者는 意云호대 淨土가 有三種淨하니 一은 相淨이니 七珍嚴等이라 易故로 不明이오 二는 住處衆

生淨이오 三은 法門流布淨이니 後二는 難故로 論重出之니라 旣發意能成하니 卽具三淨之因이라 廣如初地淨土願中하니라
七依佛法身者는 依彼相好法身[241]하야 起行求故라 下依義도 皆然하니라 九敬重法行者는 上來行德이 依法成故니라

- (6) '정토를 일으키는 행법'이란 논경에 거듭하여 해석하되, "어떻게 장엄하는가? 번뇌에 물듦이 없이 견고한 지혜를 얻은 중생이 그 가운데 머물면서 불법을 장엄하기 때문이다"라고 하였다. 의미로 말하면 정토에 세 종류의 깨끗함이 있으니 1) 모양이 깨끗함이니 일곱 가지 보배로 장엄하는 등이니 쉽기 때문에 설명하지 않았다. 2) 중생이 사는 곳이 깨끗함이요, 3) 법문을 유포함이 깨끗함이다. 뒤의 둘은 어려운 까닭에 논경에서 거듭 내보였다. 이미 의미를 발하여 능히 성취하였으니 세 가지 깨끗함을 구족한 원인이란 뜻이다. 자세한 것은 초지의 ㈇ 정토를 이루려는 서원에서 밝힌 내용과 같다.

'일곱째, 부처님의 법신에 의지한다'는 것은 저 상호를 구족한 법신에 의지하여 행법을 일으켜 구하는 까닭이다. 아래의 의지함의 이치도 모두 그러하다. '(9) 중요한 법을 공경하는 행법'이란 여기까지의 수행 공덕이 법에 의지해 성취되기 때문이다.

ㄷ. 중생을 교화함이 뛰어나다[教化衆生勝] 2.

ㄱ) 중생 교화에 대해 바로 밝히다[正明化生] 2.
(ㄱ) 사섭법에 대해 총합하여 설명하다[總明四攝] (第三 34上2)

---

241) 法身은 甲南續金本無, 原本及探玄記有.

佛子여 菩薩摩訶薩이 如是勤修行時에 以布施로 敎化
衆生하며 以愛語利行同事로 敎化衆生하나니
"불자여, 보살마하살이 이렇게 부지런히 행할 때에 (1) 보
시함으로 중생을 교화하며, (2) 좋은 말과 이익한 행과 일을
함께 함으로써 중생을 교화하며,

[疏] 第三, 敎化衆生勝中에 二니 初, 正明化生이오 後, 佛子下는 結行成
益이라 今初를 分二니 初는 總以四攝으로 攝生이오
- ㄷ. 중생을 교화함이 뛰어남 중에 둘이니 ㄱ) 중생 교화에 대해 바로
밝힘이요, ㄴ) 佛子 아래는 행법을 결론하여 이익을 성취함이다. 지
금은 ㄱ)을 둘로 나누리니 (ㄱ) 사섭법으로 중생을 섭수함에 대해 총
합하여 설명함이요,

(ㄴ) 사섭법에 대해 따로 밝히다[別明四攝] 4.
a. 일을 함께함으로 섭수하다[同事攝] (後示 35上8)

示現色身하여 敎化衆生하며 演說諸法하여 敎化衆生하
며 開示菩薩行하여 敎化衆生하며 顯示如來大威力하여
敎化衆生하며 示生死過患하여 敎化衆生하며 稱讚如來
智慧利益하여 敎化衆生하며 現大神通力하여 敎化衆生
하며 以種種方便行으로 敎化衆生이니라
(3) 색신을 나타내어 중생을 교화하며, (4) 법을 연설하
여 중생을 교화하며, (5) 보살의 행을 보여서 중생을 교
화하며, (6) 여래의 큰 위력을 나타내 보여서 중생을 교

화하며 (7) 나고 죽는 허물을 보여서 중생을 교화하며, (8)여래의 지혜와 이익을 칭찬하여 중생을 교화하며, (9)큰 신통력을 나타내어 중생을 교화하며, (10)여러 가지 방편의 행으로 중생을 교화하느니라.

[疏] 後, 示現色身下는 別明四攝이라 文有八句하니 一, 示色身이 是同事攝이니 隨順衆生하야 應化自衆故라

- (ㄴ) 示現色身 아래는 사섭법(四攝法)에 대해 따로 밝힘이다. 경문에 여덟 구절이 있으니 a. 색신을 나타냄이 바로 동사섭(同事攝)이니 중생을 수순해서 자신의 무리를 응하여 교화하기 때문이다.

[鈔] 第三敎化衆生이라 應化自衆者는 隨彼衆類하야 以身同故니 卽八地 中에 身同事也니라

- ㄷ. 중생을 교화함이 뛰어남이다. '자신의 무리를 응하여 교화한다'는 것은 저 무리들에 따라 몸을 함께하는 까닭이니 제8지 중에 몸으로 일을 함께함을 가리킨다.

b. 사랑스러운 말로 섭수하다[愛語攝] (二演 35下1)

[疏] 二, 演說法이 卽愛語攝이니 諦語와 法語가 爲愛語性이라 一切種愛語 中에 多約開演이니 論에 云爲疑惑衆生하야 卽一切門中之語也라하니라

- b. 법을 연설함이 곧 사랑스러운 말로 섭수함[愛語攝]이니, 이치다운 말과 법다운 말이 사랑스러운 말의 체성이다. 온갖 종류의 사랑스러운 말 중에 대부분 열어서 연설함에 의지하였으니, 논경에서는 "의심

하고 미혹한 중생을 위하여 모든 부문의 말에 합치한다"고 하였다.

[鈔] 一切種者는 一切愛語가 皆有三種하니 一은 慰喩愛語요 二는 慶悅愛語요 三은 勝益愛語니
● '온갖 종류'라 말한 것은 모든 사랑스러운 말이 모두 세 종류가 있으니 1) 비유로 위로하는 사랑스러운 말이요, 2) 반갑고 기뻐하는 사랑스러운 말이요, 3) 뛰어난 이익을 주는 사랑스러운 말이다.

c. 이익되는 행위로 섭수하다[利行攝] (三開 35下5)

[疏] 三, 開示下는 皆利行攝이라 此句는 爲於菩提無方便衆生하야 示菩薩行이니 卽利行自性이니라 四, 於大乘疲倦衆生에 示佛威力이니 卽一切利行이 未成을 令成故라 五, 爲樂世間衆生이 着財位故로 示其過患이니 明位大에 憂大며 財多에 禍多라 六, 爲不信大乘하고 先未行勝善하야 讚如來智라 七, 爲無智外道하야 示以神通이라 上三은 卽難行利行이니라 八, 總顯一切門一切種利行이니 故云種種方便이라
■ c. 開示 아래는 이익되는 행위로 섭수함이다. 이 구절은 깨달음에 방편이 없는 중생을 위하여 보살행을 보인 부분이니 이익되는 행위의 자체 성품이다. 4) 대승법에 권태를 느끼는 중생에게 부처님의 위신력을 보이는 부분이다. 다시 말하면 온갖 이익되는 행위가 성취되지 못한 것을 성취되도록 하는 까닭이다. 5) 세간을 즐거워하는 중생이 재물이나 지위에 집착하는 연고로 그 허물과 병통을 보여 주나니, 지위가 커지면 근심도 커지고 재물이 많아지면 재앙도 많음을 밝혔다. 6) 대승법을 믿지 않고 앞에서 뛰어난 선행을 하지 않는 중생을 위하여

부처님의 지혜를 찬탄한다. 7) 지혜가 없는 외도를 위하여 신통력을 보여 준다. 위의 셋[5) 6) 7)]은 곧 행하기 어려운 이익되는 행법이다. 8) 온갖 부문과 온갖 종류의 이익되는 행법을 총합적으로 밝히나니, 그래서 갖가지 방편이라 하였다.

[鈔] 三皆開示因果之益等이라 卽利行自性者는 卽九門之一이니 唯有一也니라 卽一切利行者는 一切가 亦三이니 此是其一이라 言有三者는 一, 現法利行이오 二, 後法利行이오 三, 現法後法利行이니 以勸離欲하야 令成就故니라 上三卽難行者는 難行이 唯三故니라

八總顯一切門者는 一切門有四하니 一, 不信令信이오 二, 犯戒令戒滿이오 三, 惡慧令慧滿이오 四, 慳吝令捨滿이라 言一切種者는 或六이며 或七이니 如淨行品하니라

● c. (이익되는 행위로 섭수함)은 모두 인과의 이익 따위를 열어 보인 것이다. '이익되는 행위의 자체 성품'이라 말한 것은 아홉 부문의 하나이니 오로지 하나뿐이다. '온갖 이익되는 행위'에서 온갖은 셋이니 이것은 그중 하나이다. '셋이 있다'고 말한 것은 (1) 현재의 이익되는 행법이요, (2) 미래의 이익되는 행법이요, (3) 현재와 미래의 이익되는 행법이니, 욕심을 떠나 성취하도록 권하기 때문이다. '위의 셋은 행하기 어렵다'고 말한 것은 행하기 어려움이 오직 셋뿐이기 때문이다.

'8) 온갖 부문을 총합적으로 밝힌다'고 말한 것은 온갖 부분이 넷이니 1) 믿지 못하는 중생을 믿게 함이요, 2) 계율을 범한 중생에게 계법을 만족히 가지게 함이요, 3) 악한 슬기를 가진 중생에게 바른 슬기를 만족하게 가지게 함이요, 4) 인색한 중생을 기쁘게 버려서 만족하게 하는 내용이다. '온갖 종류'라 말한 것은 혹 여섯 가지나 혹 일

곱 가지이니 정행품(淨行品)의 내용과 같다.

d. 구분하다[料揀] (然利 36下1)

[疏] 然이나 利行과 愛語를 亦可參用이니 由彼愛語하야 示其所學이 卽爲 利行故라 次下는 廣明布施니 故로 別中에 略無니라 四攝廣義는 如 瑜伽四十三에 辨242)하니라

- 하지만 이익되는 행위로 섭수함와 사랑스러운 말로 섭수함을 섞어서 사용할 수도 있으니, 저 사랑스러운 말로 인하여 그 배울 내용을 보여 주는 것이 곧 이익되는 행위가 되기 때문이다. 다음 아래는 보시로 섭 수함에 대해 자세히 밝혔으니 그러므로 별상에는 생략되어 없다. 사섭 법에 대한 자세한 이치는 『유가사지론』 제43권에 밝힌 내용과 같다.

[鈔] 利行愛語等者는 示其所學호대 約令行邊은 卽是利行이오 約其示邊 인대 卽是愛語니라 如瑜伽者는 卽指其源이라 瑜伽九門은 淨行品에 已引[243)하니라

- '이익되는 행위와 사랑스러운 말' 따위라 한 것은 그 배울 내용을 보 여주되 하여금 행하게 하는 쪽에 의지하면 바로 이익되는 행법이 되 고, 그 보여 주는 쪽에 의지하면 사랑스러운 말이 된다. 『유가사지

---

242) 인용문은 『瑜伽師地論』 제43권 菩薩地 제15 初持瑜伽處攝事品 제15의 내용이다. 論云, "云何菩薩四種攝 事. 嗢拕南曰《自性一切難 一切門善士 一切種逢求 二世樂淸淨 / 如是九種相 名略說攝事》謂九種相 事. 名爲菩薩四種攝事. 一者自性攝事. 二者一切攝事. 三者難行攝事. 四者一切門攝事. 五者善士攝事. 六者一切種攝事. 七者遂求攝事. 八者此世他世樂攝事. 九者淸淨攝事. 云何菩薩愛語自性. 謂諸菩薩於 諸有情. 常樂宣說悅可意語諦法語引攝義語. 當知是名略說菩薩愛語自性 ―." (대정장 권30 p.p. 529 c- 533a)

243) 淨行品 鈔文에 보면 鈔云, "然準瑜伽 六度四攝 各有九門 頌云《自性一切難 一切門善士 一切種逢求 二世 樂淸淨》自性皆一 一切或二或三 難行皆三 一切門皆四 善士皆五 一切種皆六 逢求皆七皆八 二世樂皆九 淸淨皆十 四攝卽當四十三卷 至十行品 更說其相." (藏字卷 50上3-)

론』과 같다'고 말한 것은 그 근원을 지적한 부분이다.『유가론』의 아홉 문은 정행품(淨行品)에서 이미 인용한 내용이다.

ㄴ) 행법을 결론하여 이익을 성취하다[結行成益] (第二 36下7)

佛子여 此菩薩摩訶薩이 能如是勤方便으로 敎化衆生하여 心恒相續하며 趣佛智慧하며 所作善根이 無有退轉하며 常勤修學殊勝行法이니라
불자여, 이 보살마하살이 이와 같이 부지런한 방편으로 중생을 교화하는데, 마음이 서로 계속하여 부처님의 지혜에 나아가며, 짓는 선근이 퇴전하지 아니하며, 수승하게 행하는 법을 부지런히 배우느니라."

[疏] 第二, 結行成益中에 初, 結前이요 心恒下는 成益이라 趣佛智者는 爲化衆生하야 更求勝力이라 餘文은 已作을 不退며 未作을 增修니라
- ㄴ) 행법을 결론하여 이익을 성취함에서 (ㄱ) 앞을 결론함이요, (ㄴ) 心恒 아래는 이익을 성취함이다. '부처님 지혜로 나아간다'는 말은 중생을 교화하기 위해 다시 뛰어난 힘을 구한다는 뜻이다. 나머지 경문은 (선근을) 이미 짓는 이는 물러나지 않게 하고, 짓지 않은 이는 더욱 닦게 한다는 뜻이다.

[鈔] 第二結行成益者는 亦名勝進行也니라
- ㄴ) '행법을 결론하여 이익을 성취한다'는 것은 또한 승진행이라고도 이름할 수 있다.

ㄹ. 세간에 수순하는 지혜 일으킴이 뛰어나다[起隨順世間智勝] 2.

ㄱ) 과목 나누기[分科] (第四 37上2)

佛子여 此菩薩摩訶薩이 爲利益衆生故로 世間技藝를 靡不該習하나니
"불자여, 이 보살마하살이 중생을 이익하게 하기 위하여 세간의 기예를 모두 익히나니,

[疏] 第四, 隨順世智勝者는 明染障對治니 染은 卽煩惱요 障은 卽所知라
- ㄹ. '세간에 수순하는 지혜를 일으킴이 뛰어나다'는 것은 오염된 장애를 다스린다는 뜻이니 오염은 번뇌장을, 장애는 소지장을 가리킨다.

[鈔] 第四隨順世智勝者는 明染卽煩惱니 是第五內明으로 爲治라 障은 卽所知니 是前四明으로 爲治니라
- ㄹ. 세간에 수순하는 지혜를 일으킴이 뛰어남에서 오염이 곧 번뇌임을 밝혔다. 5) 내전에 밝음[內明]으로 다스리기 위함이다. 장애는 곧 소지장을 뜻하나니, 앞의 네 가지 밝음으로 다스리기 위함이다.

ㄴ) 과목에 따라 해석하다[隨釋] 3.
(ㄱ) 여러 부문을 총합하여 표방하다[總標多門] (文分 37上5)
(ㄴ) 그 모양을 개별로 보이다[別示其相] 5.
a. 음성의 학문[釋聲明] (二所)

所謂文字算數와
(1) 이른바 글과 산수와

[疏] 文分爲三이니 初, 總標多門이라 244)二, 所謂下는 別示其相이오 三, 及餘下는 總結成益이라 二中에 顯五明相이니 故로 大般若에 云, 五地菩薩이 學五明故라하니라 卽分爲五니 一, 文字算數는 是其聲明이니 通治懦智障이라 言文字者는 名句文身이니 卽聲論中의 法施設建立故라 算數는 卽數建立故라 又治取與生疑障이니라

- 경문을 셋으로 나누니 (ㄱ) 여러 부문을 총합하여 표방함이다. (ㄴ) 所謂 아래는 그 모양을 개별로 보임이요, (ㄷ) 及餘 아래는 성취된 이익을 총합하여 결론함이다. (ㄴ) 중에 다섯 가지 밝음의 모양을 밝혔으니 그래서 『대반야경(大般若經)』에서는, "제5지의 보살이 다섯 가지 밝음을 배운다"고 하였다. 바로 다섯 가지로 나누면 a. 문장과 산수는 음성의 학문245)이니 통틀어 나약한 지적인 장애를 다스린다. 글자라 말한 것은 명칭과 구절과 문자와 문장이니 곧 성론(聲論)246) 중의 법으로 시설하여 건립한 까닭이다. 산수는 곧 숫자로 건립한 까닭이다. 또 취(取)와 생(生)의 갈래에 대해 의심하는 장애를 다스리는 내용이다.

---

244) 此下十六字은 金本移於總標多門下誤; 玆從據經文改正.
245) 聲明: 범어 śbda-vidyā의 번역. 인도에서 다섯 가지 학술의 하나[곧 五明]로 언어·문자·음운·문법에 관한 학문.(불교학대사전 p.846-)
246) 聲論 : 또는 聲論明記論이라 한다. 舊譯에는 毘伽羅論이라 하고, 五明 가운데 聲明의 記論이다. 여기에 五經과 四論이 있다.(위의 책 p.845-) *아울러 聲論派는 소리가 항상 주한다고 주장하는 인도 外道의 하나로 두 종류가 있다. ① 毘陀論; 세상의 온갖 소리의 상주를 인정치 않고 오직 비타론(바라문교의 성전 Veda)의 소리가 상주한다고 주장하는 외도, ② 聲顯·聲生만을 聲論이라 주장한다. 이 가운데 聲顯論은 소리는 地·水·火·風의 四大가 서로 부딪치는 緣에 의해서 나타나는 것이지만, 그 본체는 상주하는 것으로 과거와 미래를 통틀어 존재한다고 한다(無始無終論). 또 聲生論은 소리가 최초에 생길 적에는 어떤 緣을 기다리지만, 일단 생긴 다음에는 상주한다고 주장한다(有始無終論).(위의 책 p.845-)

[鈔] 然瑜伽十三中에 列五次第云호대 一은 內明이요 二는 醫方明이요 三 은 因明이요 四는 聲明이요 五는 工巧明이라하니라 今染在前하니 正順 彼論이니라 算數卽數建立者는 第十五中에 說聲明하니 論에 云,[247] 云何聲明고 當知此處에 略有六相이니 一, 法施設建立相이요 二, 義 施設建立相이요 三, 補特伽羅施設建立相이요 四, 時施設建立相이 요 五, 數施設建立相이요 六, 處所根栽施設建立相이라 一法施設建 立相者는 謂名句文身과 及五德相應聲이니 一은 不鄙陋이요 二는 不 輕易이요 三은 雄朗이요 四는 相應이요 五는 義善이니라

第二의 義施設建立에 略有十種하니 一, 根建立이니 謂見聞等이요 二, 大種建立이니 謂依持洗潤等이요 三, 業建立이니 謂往來宣說思 念等이요 四, 尋求建立이니 謂追訪等이요 五, 非法建立이니 謂殺盜 等이요 六, 法建立이니 謂施戒等이요 七, 興盛建立이니 謂證得喜悅 等이요 八, 衰損建立이니 謂破壞怖畏等이요 九, 受用建立이니 謂飮 食覆障等이요 十, 守護建立이니 謂育養盛滿等이니라

● 그런데 『유가사지론』 제13권에 다섯 가지를 차례로 나열하되 "내명 처(內明處; 불교)와 의방명처(醫方明處; 의술, 약학)와 인명처(因明處; 변론 학)와 성명처(聲明處; 文典, 文學)와 공업명처(工業明處; 공예, 미술)이다" 라고 하였다. 지금은 잡염이 앞에 있으니 바로 저 논에 따른 내용이 다. '산수는 곧 숫자를 건립한 것'이란 제15권에 음성의 학문[聲明]에 대해 설명하였다. 『유가론』에 이르되, "이 성명처에는 대략 육상(六相) 이 있는 줄 알아야 하나니, (1) 법을 시설하여 세우는 모양이요, (2) 뜻을 시설하여 세우는 모양이요, (3) 푸드갈라를 시설하여 세우는

---

247) 인용문은 『瑜伽師地論』 제15권 문소성지(聞所成地) 제10의 ③의 내용이다. 論云, "已說因明處. 云何聲明 處. 當知. 此處略有六相. 一法施設建立相. 二義施設建立相. 三補特伽羅施設建立相. 四時施設建立相. 五數施設建立相. 六處所根栽施設建立相. 嗢拕南曰《法義數取趣 時數與處所 若根栽所依 是略聲明相》 云何法施設建立. 謂名身句身文身. —." (대정장 권30 p.360c-)

모양이요, (4) 때를 시설하여 세우는 모양이요, (5) 수를 시설하여 세우는 모양이요, (6) 처소와 밑둥을 시설하여 세우는 모양[處所根栽施設建立相]이다. (1) 어떻게 법을 시설하여 세운다고 하는가? 명신(名身)과 구신(句身)과 문신(文身) 및 다섯 가지 덕이 서로 응하는 소리[五德相應聲]이니, ① 비루하지 않으며, ② 알기 쉬우며, ③ 웅장하고 명랑하며, ④ 서로 응하며 ⑤ 옳고 좋다는 뜻이다.

(2) 어떻게 뜻을 시설하여 세운다고 하는가? 간략하게 열 가지가 있는 줄 알아야 하나니, 1) 감관을 세움[根建立]이니 보고 들음이요, 2) 원소를 세움[大種建立]이니 의지하여 지님[依持]과 물로 씻어서 윤기 있음[洗潤] 등이요, 3) 업을 세움이니 가고 옴[往來]과 널리 말함[宣說]과 사유[思]·기억[念]이요, 4) 찾고 구함을 세움[尋求建立]이니 뒤따라가 찾음[追訪] 등이요, 5) 그릇된 법을 세움[非法建立]이니 죽임과 도둑질 등이요, 6) 법을 세움[法建立]이니 보시와 지계 등이요, 7) 흥성함의 세움[興盛建立]이니 증득함과 기쁨 등이요, 8) 쇠망함의 세움[衰損]이니 파괴함과 두려움과 조심 등이요, 9) 수용함의 세움[受用建立]이니 음식과 덮어 막음 등이요, 10) 수호함의 세움[守護建立]이니 수호함과 양육함과 가득히 채움 등을 말한다.

第三의 補特伽羅施設建立者는 謂男女와 非男女聲相의 差別이니라 第四, 時施設建立者는 謂過現未來의 三時聲相差別等이니라 第五, 數施設建立은 謂三數聲相差別이니 一者는 一數요 二者는 二數요 三者는 多數니라 第六, 處所根栽施設建立者는 略有五相하니 一은 相續이요 二는 名號요 三은 總略이요 四는 彼益이요 五는 宣說이라 若頌等을 名爲根栽요 如是二種은 總名處所와 根栽建立이라하니라 釋曰,

今當第五라 又數以記數요 算以記位니 謂一縱十橫等이라 瑜伽中 意가 略已具矣니라

- (3) 어떻게 푸드갈라를 시설하여 세운다고 하는가? 남자 · 여자 · 남자도 여자도 아닌[非男非女] 소리 모양의 차별을 세우는 것이며, 혹은 또 처음 · 중간 · 위의 선비인 소리 모양[聲相]의 차별을 세우기도 한다. (4) 어떻게 때를 시설하여 세운다고 하는가? 세 가지 시간에 관한 소리 모양의 차별이 있다. 첫째는 지나간 세상과 아주 먼 지나간 세상[過去殊勝]이요, 둘째는 장차 오는 세상과 아주 먼 장차 올 세상[未來殊勝]이요, 셋째는 현재 세상과 찰나 동안이 현재 세상[現在殊勝]이다. (5) 어떻게 수를 시설하여 세운다고 하는가? 세 가지 수[三數]에 관한 소리 모양의 차별이 있다. 1) 한 개의 수요, 2) 두 개의 수요, 3) 많은 수이다. (6) 어떻게 처소와 밑둥을 시설하여 세운다고 하는가? 처소에는 간략하게 다섯 가지 모양이 있는 줄 알아야 하리니, 1) 상속(相續)이요, 2) 명호(名號)요, 3) 총략(總略)이요, 4) 피익(彼益)이요, 5) 선설(宣說)이다. 또 게송 등을 밑둥이라고 하나니 이와 같은 두 가지를 통틀어서 처소와 밑둥을 세움이라고 한다"라고 하였다. 해석하자면 지금 5) 선설(宣說)에 해당한다. 또 수(數)로 수를 헤아리고 산수(算數)로 지위를 기록하나니 하나는 세로로, 열은 가로로 하는 따위이다. 『유가론』의 의미가 대략 구족하여졌다.

b. 인명의 학문[釋因明] 2.
a) 여섯 가지 일에 대해 바로 해석하다[正釋六事] (二圖 38下4)

圖書印璽와 地水火風과 種種諸論을 咸所通達이며

(2) 그림과 서적과 인장과 지대 · 수대 · 화대 · 풍대와 가지
가지 언론을 모두 통달하며,

[疏] 二, 圖書로 至咸通達은 即當因明이라 咸通達者는 正是明義라 種種
論者는 言論과 尙論과 諍論과 毁謗論과 順正論과 敎道論等이 類非
一故라 地水火風은 即是諍論中攝이니 謂諸邪見의 計不同故라 順世
外道는 唯地爲因하니 一切가 皆以微塵으로 成故라 水風二仙外道는
以風水로 爲因하니 世界가 水成故며 風輪이 持故라 事火外道는 以
火로 爲因하니 火成熟故니라

■ b. '그림과 서적에서 모두 통달함에 이르기'까지는 인명의 학문에 해
당한다. '모두 통달한다'고 말한 것은 바로 밝음의 의미이다. '갖가
지 언론'이란 (1) 말로써 하는 이론[言論]이요, (2) 숭상하는 이론[尙
論]이요, (3) 다투는 이론[諍論]이요, (4) 헐뜯는 이론[毁謗論]이요, (5)
바른 것을 따르는 이론[順正論]이요, (6) 가르쳐 인도하는 이론[敎導
論] 등이 유례하면 하나가 아닌 까닭이다. '지대 · 수대 · 화대 · 풍대'
는 바로 (3) 다투는 이론에 속하나니, 말하자면 모든 삿된 소견의 헤
아림이 같지 않기 때문이다. 순세(順世)외도[248]는 오로지 땅으로만 원
인을 삼나니 모든 것이 다 작은 티끌로 이루어진 까닭이다. 수대(水
大)와 풍대(風大)의 두 신선외도는 바람과 물로 원인을 삼았으니, 세
계가 물로 이루어진 까닭이며 풍륜이 지탱하기 때문이다. 불을 섬기
는 외도[事火외도]는 불로 원인을 삼나니 불로 성숙하기 때문이다.

[鈔] 咸善通達者는 釋其總名也라 言種種諸論者는 即七例中의 論體也

---

248) 順世外道: 범어 Lokāyata의 번역. 로가야타(路迦耶陀)라 음역한다. 도덕과 일체의 정신을 부정하는 극단
의 물질적 쾌락주의.

라 七例는 如初地疏鈔에 具引²⁴⁹⁾하니 卽六論이 爲體라 等은 卽等上이니 亦等其類라 六中에 隨一하야 容有多故라 從地水火下는 略示六論之二라 於一諍論에 自有其四니라

- '모두 잘 통달한다'는 것은 그 총합적인 명칭을 해석한 내용이다. '가지가지 이론'이라 말한 것은 곧 일곱 가지 사례²⁵⁰⁾ 중 1) 이론의 체성을 말한다. 일곱 가지 사례는 초지의 소문과 초문에 구비하여 인용한 것과 같나니, 곧 여섯 가지 이론이 체성이 된다는 뜻이다. 등이란 곧 위와 같다는 뜻이니 또한 그 종류와 같다는 말이다. 여섯 가지 중에 하나를 따라 여럿이 있음을 용납한 까닭이다. 地水火로부터 아래는 여섯 가지 이론 중의 둘을 대략 보인 것이다. (3) 다투는 이론 하나에 자연히 넷이 있다.

b) 두 가지 일을 따로 해석하다[別釋二事] (圖書 39上4)

[疏] 圖書印璽는 卽尙論이니 隨世所聞故라 又此圖書는 亦正敎量이니 卽治所用事中忘障이라 論에 云取與寄付는 卽事中障이오 聞法思義는 解中障이오 作不作과 已作未作과 應作不應作은 皆業中障이요 印璽는 亦是現量이라 又治所取物不守護障이라 璽는 卽玉印이니라

- '그림과 서적과 인장'은 (2) 숭상하는 이론이니 세간에서 들은 바를 따르기 때문이다. 또 이 그림과 서적은 바른 교법의 헤아림[正敎量]²⁵¹⁾

---

249) 如初地具引이란 2. 後十句依利他 a) 能破邪論障始終의 鈔文이다. (水字卷 16下7)
250) 일곱 가지 사례는 因明處에 속하는 일곱 가지를 말하는데, 『유가론』에 의하면 (1) 이론의 체성[論體]과 (2) 이론의 처소[論處所]와 (3) 이론의 근거[論據]와 (4) 이론의 장엄[論莊嚴]이며 (5) 이론에서 짐[論負]과 (6) 이론에서 벗어남[論出離]과 (7) 이론에서 짓는 바의 많은 법[論多所作法]이니라. *인용문은 『瑜伽師地論』 제13권 聞所成地 제10의 ③의 내용이다. (대정장 권30 p.356-)
251) 正敎量은 이론의 의지할 바[論據]에 속하는 열 가지 중의 하나이다. 여기서 據는 곧 依의 뜻이니 '의지할 바[所依]'가 열 가지가 있다. 성립될 대상의 이치[所成立義]에 두 가지가 있으니 ① 自性이요 ② 差別이다. 自性이란

이기도 하나니, 일을 하다가 잊어버리는 장애[事中障]를 다스린다. 논경에서 '주고 받고 기부하고 설법을 듣고 뜻을 생각하는 것'이라 말한 것은 지식적인 장애[解中障]요, 하거나 하지 않거나, 이미 했거나 아직 하지 않은 일이나, 응당 해야 하거나 하지 않아야 할 일 등은 모두 일의 응용적인 장애[業中障]요, 인장은 현량이기도 하다. 또한 받은 물건을 지켜내지 못하는 장애[不守護障]를 다스린다. 옥새는 곧 옥으로 된 인장을 뜻한다.

[鈔] 圖書印下는 卽六中之第二論也라 隨世所聞은 卽釋尙義니 出所宗尙故니라 又此圖書下는 重釋이니 卽因明中의 論所據也라 所據有十이니 謂所成立에 有二니 卽自性과 差別이오 能成立에 有八하니 謂宗과 因과 喩와 同異類와 現과 比敎量이라 今此出敎量이오 下兼現量이니라

卽治所用事者는 卽是本論故라 論中에는 但有書字가 爲所用事中忘障이라 取與下는 卽論釋此障이니 論에 但通云호대 取與寄付와 聞法思義와 作不作事와 已作未作事와 應作不應作事니 此對治故書라하니라 釋曰, 今²⁵²⁾以義로 節²⁵³⁾論文하면 於此一障에 自爲三節하니 謂一은 事中障이요 二는 解中障이요 三은 業中障이니 便以疏로 解意니라

言作不作者는 但作者는 書之言作이요 不作者는 書之言不作이니 未

있다고 주장하면[立] 있고 없다고 주장하면 없다는 말이요, 差別이란 常이 있음과 常이 없음 등을 말한다. 성립의 주체가 주장한 법[能成立法]에 여덟 가지가 있으니, ① 주장을 세움[立宗]이요, ② 원인을 구별함[辨因]이요, ③ 비유를 인용함[引喩]이요, ④ 같은 종류요, ⑤ 다른 종류요, ⑥ 現量이요, ⑦ 比量이요, ⑧ 正敎量이다.

252) 今下에 南續金本有但字.
253) 節은 甲南續金本作節略.

必惡不作而善作也라 下二도 準之니라 印璽等者는 論中에 有印而無於璽라 今以加璽일새 故云亦是現量이니 顯現可見故니라 又治所取物不守護障은 卽是論釋印字니 如鹽米等을 以印으로 印之에 則無强取니라

● 圖書印 아래는 여섯 가지 중의 (2) 숭상하는 이론[尙論]이다. '세간에서 들은 바를 따른다'는 것은 '숭상한다'는 뜻을 해석한 부분이니, 종지로 숭상할 바의 진리에서 나온 까닭이다. 又此圖書 아래는 거듭 해석함이니 인명학 중 (3) 이론의 근거[論所據]이다. 의거함이 열 가지가 있으니 말하자면 성립될 바의 이치[所成立義]에 두 가지가 있으니 ① 자성(自性)이요, ② 차별(差別)이다. 성립의 주체로 건립한 법[能成立法]에 여덟 가지가 있으니, ③ 주장을 세움[立宗]이요, ④ 원인을 밝힘[辨因]이요, ⑤ 비유를 인용함[引喩]이요, ⑥ 같은 종류요, ⑦ 다른 종류요, ⑧ 현량(現量)이요, ⑨ 비량(比量)이요, ⑩ 정교량(正敎量)이다. 지금 이것은 ⑩ 정교량에서 나온 것이요, 아래는 ⑧ 현량을 겸한다.

'일을 하다가 잊어버리는 장애를 다스린다'고 말한 것은 그대로 논경의 문장인 까닭이다. 논경에 단지 서 자(書字)만 있는 것이 '일을 하다가 잊어버리는 장애'가 된다. 取與 아래는 논경에서 이 장애를 해석한 내용이다. 논경에서 단지 통틀어 말하되, "주고 받고 기부하고 설법을 듣고 뜻을 생각하는 것과 하거나 하지 않거나 이미 했거나 아직 하지 않은 일이나 응당 해야 하거나 하지 않아야 할 일이니 이것을 다스리기 위해 글로 쓴다"고 하였다. 해석하자면 지금 의미로 논문을 분단하여 보면 이 한 가지 장애에 자연히 세 가지가 있다. 말하자면 1) 일을 하다가 잊어버리는 장애[事中障]요, 2) 지식적인 장애[解中障]요, 3) 일의 응용적인 장애[業中障]이니 문득 소가가 의미로 풀이한

내용이다.

'이미 했거나 하지 않은 것'이라 말한 것에서 '짓는다'고만 한 것은 글로 쓴 것을 '짓는다'고 하고, '짓지 않는다'고 한 것은 글로 써서 '짓지 않았다'고 말하였으니, 반드시 악한 것은 짓지 않고 선한 것은 짓는다는 뜻이 아니다. 아래의 둘[應作 不應作]도 여기에 준한다. 인장 등이란 논경에는 인장은 있는데 옥새는 없다. 지금은 옥새를 더하였으므로 현량도 되는 것이니, 뚜렷이 나타나서 볼 수 있기 때문이다. 또 취한 물건을 간수하지 못하는 장애를 다스리는 것은 그대로 논경의 인 자(印字)를 해석한 내용이니, 마치 소금이나 쌀 등을 인장으로 찍어 두면 억지로 가져갈 수 없는 것과 같다.

c. 의약에 관한 학문[醫方明] 3.
a) 유가론에 의지해 배대하여 해석하다[依瑜伽配釋] (三又 40上4)

又善方藥하여 療治諸病하되 顚狂乾消254)와 鬼魅蠱毒을 悉能除斷하니라
(3) 약과 방문을 잘 알아서 여러 가지 병과 간질과 미친 증세와 소갈병들을 치료하며, 귀신에 집히고 도깨비에 놀라고 모든 방자와 저주를 능히 제멸하니라.

[疏] 三, 又善下는 卽醫方明이니 卽四大不調와 衆生의 毒相病障을 對治故라
■ c. 又善 아래는 의약에 관한 학문이니 사대(四大)가 조화롭지 않고

---

254) 消는 徑合鼓纂本等作痟, 卍合本作瘠誤라 하다.

중생이 중독된 모양과 병든 장애를 다스리기 때문이다.

[鈔] 三, 又善下는 然이나 瑜伽醫方明에 有四하니 一은 病相善巧요 二는 病因善巧요 三은 於已生病永滅善巧요 四는 已斷病不復更生善巧라하나니 今文에 具之니라 卽四大不調下는 卽本論文이오
- c. 又善 아래는 그러나 『유가사지론』의 의약에 관한 학문에 넷이 있으니 "1) 병든 상태를 잘 아는 것이요, 2) 병들게 된 원인을 잘 아는 것이요, 3) 이미 생긴 병을 길이 없애는 것을 잘함이요, 4) 이미 치료된 병이 다시 생겨나지 않도록 잘하는 것이다"라고 하였다. 지금 소의 문장에 구비되어 있다. 卽四大不調 아래는 논경의 문장이다.

b) 소가가 논경에 배대하여 해석하다[疏以論配釋] (善療 40上9)

[疏] 善療能斷이 皆除斷方便이니 斷已不生일새 故名爲善이라
- 잘 치료하고 능히 단절함이 모두 병을 없애고 단절한 방편이니 끊고 나서는 생겨나지 않는 연고로 '잘한다'고 하였다.

[鈔] 從善療下는 疏以瑜伽四義로 解釋이니 一, 卽第三除斷方便이요 二, 卽第四斷已不生이라 故로 涅槃에 云,[255] 世醫所療治는 雖差還復生이어니와 如來所治者는 畢竟不復發이라하니라 其療治除斷은 卽是第三이요 其一善字는 卽當第四니라
- 善療 아래는 소가가 『유가론』의 네 가지 의미로 해석하였으니 1)과 3)은 이미 생긴 병을 끊어 없애는 방편이요, 2)와 4)는 이미 치료된 병

---

255) 인용문은 『大般涅槃經』 제16권의 梵行品 제20의 3의 내용이다. (대정장 권12 p. 708c-)

이 다시 생겨나지 않는 것이다. 그러므로 『열반경』에서는 "세상의 의원들이 고친 병들은 나았다가 또다시 도지거니와 여래께서 고치신 우리의 병은 끝까지 다시 발병 않나니"라 하였다. 그 치료하여 고친다는 것은 곧 3)이고, 그 선(善) 한 글자는 4)에 해당된다.

c) 처음 두 구절을 따로 해석하다[別釋初二] (轉至 40下4)

[疏] 顚으로 至蠱毒은 病相과 病因이라 於中에 顚等은 內四大요 鬼等은 外衆生이요 蠱毒은 通二니 有草毒과 蛇等毒故라 論經에 說呪藥等이니 卽病因과 死因을 對治니 卽善方藥攝이니라

■ 간질로부터 소갈병까지는 병든 모양과 병든 원인이다. 그중에 간질 따위는 내부적인 사대(四大)가 원인이고, 미친 따위는 외부의 중생이 원인이다. 소갈병은 둘 다 통하나니 풀의 독과 독사 따위에 중독된 까닭이다. 논경에 '주술과 약을 말한다'고 하였으니, 곧 병의 원인과 죽음의 원인을 다스린 부분으로 교묘한 처방과 약에 섭속된다.

[鈔] 從顚至蠱下는 辨初二義니 先, 總指經이요 後, 於中下는 別屬이라 顚等內四大下는 皆本論釋이라 然이나 顚狂乾消는 正明病相이니 四大不調故라 沈重은 地病相이요 冷은 水病相이요 黃熱은 火病相이요 風相은 多端이라 其顚狂二事는 亦是病因이니 由顚狂故로 應食不食하고 食不應食하고 作不應作等이니 故生諸病이라
鬼魅蠱毒은 正是病因이니 因鬼魅等하야 而生病故라 亦是病相이니 鬼等이 病故라 從論經下는 疏會論經이니 今經에는 無呪라 故로 論以藥呪로 爲能治하니 卽是今經의 善方藥攝이라 病因과 死因은 卽是所

治니 以呪藥力으로 應死不死니라
- 顛至蠱毒 아래는 1)과 2)의 의미를 밝힌 부분이니 ① 총상으로 경문을 지적함이요, ② 於中 아래는 별상으로 속하게 함이다. 顛等內四大 아래는 모두 논경의 해석이다. 하지만 간질과 소갈병은 병든 모양을 바로 밝힌 내용이니 사대가 조화롭지 않은 까닭이다. 몸이 까라지고 무거운 것은 지대(地大)의 병든 모양이요, 몸이 냉한 것은 수대(水大)의 병든 모양이요, 누렇고 열나는 것은 화대(火大)의 병든 모양이요, 풍대(風大)의 병든 모양은 여러 가지이다. 그 간질과 미친 두 가지 일은 병의 원인이기도 하나니, 간질과 미친 증세로 인하여 응당히 먹을 것을 먹지 못하고, 먹지 못할 것을 먹고, 짓지 못할 것을 짓는 따위이다. 그러므로 여러 가지 병이 생기게 된다.

'귀신이 지피고 도깨비에 놀라는 것'은 바로 병든 원인이니, 귀신이 지피는 따위로 인하여 병이 생기기 때문이다. 이것도 또한 병든 모양이니, 귀신 따위로 병든 까닭이다. 論經부터 아래는 소가가 논경과 본경을 회통한 부분이니 본경에는 주술이 없다. 그러므로 논경에서 "약과 주술로 능히 다스린다"고 하였으니, 바로 본경의 좋은 처방과 약에 포섭한 내용이다. 병든 원인과 죽음의 원인은 바로 다스릴 대상이니 주술과 약의 힘으로 죽을 사람이 죽지 않는 것이다.

d. 공예와 미술에 관한 학문[工巧明] 6.
a) 서적과 산수의 공업[書算工業] (四文 41下1)

文筆讚詠과 歌舞妓樂과 戲笑談說을 悉善其事하며 國城村邑과 宮宅園苑과 泉流陂池와 草樹華藥의 凡所布列을

咸得其宜하며 金銀摩尼와 眞珠瑠璃와 螺貝璧玉과 珊瑚
等藏을 悉知其處하여 出以示人하며 日月星宿와 鳥鳴地
震과 夜夢吉凶과 身相休咎를 咸善觀察하여 一無錯謬하며
(4) 문장과 글씨와 시와 노래와 춤과 풍악과 연예와 웃음거
리와 고담과 재담 따위를 모두 잘하며, 도성과 성시와 촌락
과 가옥과 원림과 샘과 못과 내와 풀과 나무와 꽃과 약초들
을 계획하고 가꾸는 데 모두 묘리가 있고, 금·은·마니·
진주·유리·보패·옥·보석·산호 등의 있는 데를 다 알
고 파내어 사람들께 보이며, 일월성신이나, 새가 울고 천둥
치고 지진나고 길하고 흉한 것이나, 상과 신수가 좋고 나쁜
것을 잘 관찰하여 조금도 틀리지 아니하느니라.

[疏] 四, 文筆下는 工巧明이라 文筆讚詠은 卽書算計度數印工業中書의
所攝故라 韻屬曰文이오 對辭曰筆이오 顯德이 爲讚이오 寄情曰詠이라
■ d. 文筆 아래는 공예와 미술에 관한 학문이다. 문장과 글씨와 시와
노래는 서적과 산수로 수를 계탁하는 공업과 인장을 만드는 공예 중
에서 서적에 섭속되기 때문이다. 운율이 속하는 것은 문장이라 하고,
상대하여 말하는 것을 글씨라 하며, 공덕을 드러내는 것이 칭찬[讚]이
되고, 정서에 의탁한 것을 노래[詠]라 한다.

[鈔] 四文筆下는 瑜伽工巧에 有十二種이라 今略有六하니 一은 書算計度
數印工業이라 而文筆讚詠은 但屬書攝이오 其算數와 計度는 通其二
明이니 前疏之中에 已配聲明일새 故此不說[256]이니라

---

256) 說은 金本作攝.

● d. 文筆 아래는 『유가사지론』의 공교명(工巧明)에 12가지가 있다. 지금은 줄여서 여섯 가지로 하였으니 ㊀ 서적과 산수로 수를 계탁하는 공업과 인장을 만드는 공예이다. 그런데 문장과 글씨와 시와 노래는 단지 서적에만 섭속되고, 그 산수와 계탁하는 공업은 그 두 가지 학문에 통한다. 앞의 소의 문장에서 이미 음성의 학문에 배대하였으므로 여기서는 말하지 않았다.

b) 음악에 관한 공예[音樂工業] (次歌 41下8)

[疏] 次, 歌로 至談說은 卽音樂工業이라 悉善其事는 通上二文이니 皆憂惱障對治라
■ b) '노래로부터 웃음거리'까지는 음악에 관한 공예에 속한다. '모두 잘한다'는 것은 위의 두 문장에 통하나니 모두 근심하고 괴롭게 하는 장애를 다스린 내용이다.

[鈔] 二音樂工業이라 皆憂惱者는 卽是本論이니 凡言對治는 皆是本論이라 絃과 竹이 娛耳하니 故除憂惱니라
● b) 음악에 관한 공예이다. '모두 근심하고 괴로워한다'는 것은 바로 논경의 문장이며, 대개 '다스린다'고 말한 것도 모두 논경의 문장이다. 거문고[絃]와 피리[竹]가 귀를 즐겁게 하나니, 그러므로 근심과 괴로움을 덜어 주는 것이다.

c) 건축과 토목공업[營造工業] (國城 41下10)

[疏] 國城으로 至其宜는 卽營造工業이요
- c) '도성과 성시로부터 모두 묘리가 있고'까지는 건축과 토목공업에 해당된다.

[鈔] 三은 營造工業이요
- c) 건축과 토목공업이다.

d) 농업과 어업[營農工業] (草樹 42上1)

[疏] 草樹華果는 亦兼營農工業이니 此卽不喜樂障을 對治니라
- d) 풀과 나무·꽃·과실은 또한 농사짓는 공업을 겸하나니, 이것은 기뻐하고 즐거워하지 않는 장애를 다스린다.

[鈔] 四는 營農工業이라 而言亦者는 草樹와 華果가 有兩向故니 布列宮苑은 卽是營造요 樹之園圃는 卽是營農이니라 此卽等者는 峻宇彫牆과 朱軒玉砌가 居然悅情이라 況池塘에 生春草하고 園柳에 變鳴禽이라 洪波에 躍淵魚하고 淸風이 吹落華라 縱意林流間에 歡愛彌日夕[257]이어니 豈能憂哉아
- d) 농업과 어업이다. 하지만 '또한'이라 말한 것은 풀과 나무·꽃과 과실이 양쪽으로 향함이 있는 까닭이다. 궁전과 정원을 늘어놓은 것은 건축과 토목에 해당되고, 나무를 정원에 심는 것은 농사짓는 업에 해당된다. '이것은' 등이란 담장을 꾸미고 예쁜 계단과 붉은 처마가 편안하고 기쁘게 한다. 하물며 못가에 봄풀이 움트고, 정원의 버들에

---
257) 夕은 金本作月.

는 새들이 노래하며, 넘실대는 물결에 물고기가 뛰놀고, 시원한 바람이 불어 꽃잎이 흩날린다. 마음대로 늘어선 숲에서 기쁨이 저녁노을에 넘치는데 어찌 근심이 있겠는가?

e) 금광 캐는 공업[生成工業] (金至 42上7)

[疏] 金으로 至示人은 卽生成工業이니 繫閉障對治라
- e) '금·은으로부터 사람들께 보이며'까지는 금광 캐는 공업이니, 얽히고 막힌 장애를 다스린 부분이다.

[鈔] 五는 生成工業이니 能作能成故라 言繫閉等者는 家有千金에 不死於市어니 何能閉哉아
- e) 금광 캐는 공업이니 만들기도 하고 캐내기도 하는 까닭이다. '얽히고 막힌' 등이라 말한 것은 집안에 금이 천 개 있으면 저자에서 죽지 않을 것인데 어찌 능히 막겠는가?

f) 점성가 공업[察三才工業] (日月 42上10)

[疏] 日月로 至無錯謬는 卽占相工業이니 是所得報分過에 作[258]惡因障對治라 謂皆由前世惡因하야 感此凶吉等故라 日月과 五星이 以爲七曜라 及二十八宿가 並上知天文이요 地震은 卽下知地理요 夜夢으로 至休咎는 卽中知人情이요 鳥鳴은 卽察鳥情이니 亦是人情所感이라 咸善無謬는 總究上三才니라

---

258) 作은 南續金本無, 論原本有.

■ f) '해와 달로부터 조금도 틀리지 않는다'까지는 점성가 공업이니 얻은 과보가 부분으로 지나갈 적에 악한 원인을 지은 장애를 다스린다. 말하자면 모두 전생의 악한 원인으로 인해서 이 길흉 따위를 감득하는 까닭이다. 해와 달과 다섯 별자리로 일곱 가지가 빛나게 한다. 나아가 28가지 별자리[259]는 함께 위로 천문(天文)을 알아보고, 땅이 진동하는 것은 아래로 지리(地理)를 아는 것이요, '밤의 꿈으로부터 신수가 좋고 나쁜 것'까지는 중간으로 사람의 생각을 아는 것이요, '새가 우는 것'은 새의 생각을 살피나니 또한 사람의 정서를 느낀 것이다. '모두 잘 관찰하여 틀리지 않는다'는 것은 총합적으로 위의 삼재(三才)를 궁구하는 것이다.

[鈔] 六[260]占相者는 先은 擧論이요 謂皆由下는 是疏釋論이라 不知過去[261]에 作業因感하고 便取外相하야 爲吉凶源하며 乃造惡業하야 排凶招吉하니 安可得耶아 今示因招하야 使修德業하야 排凶招吉이 卽爲能治니라 日月五星者는 東方歲星은 主春이며 主木이요 西方太白은 主金이며 主秋요 南方熒惑은 主火며 主夏요 北方辰星은 主水며 主冬이요 中央[262]鎭星은 以主於土하고 通主四季라 星者는 散也니 列位布散이라 漢書에 云, 星者는 金之散氣니 與人相應이라 凡物之精이 上爲列星也라하니라

● f) 점성가 공업이란 ① 논경을 거론함이요, ② 謂皆由 아래는 소가가

---

259) 二十八宿: 천문학에서 하늘을 사궁(四宮)·사신(四神)으로 나누고 다시 각 궁(宮)마다 일곱 성수(星宿)로 나눈 것의 일컬음. 四宮은 東 西 南 北으로 나눈 것이요, 四神이란 東靑龍·西白虎·南朱雀·北玄武를 말한다. 청룡에는 角·亢·氐·房·心·尾·箕가 속하고, 백호에는 奎·婁·胃·昴·畢·觜·參이 속하고, 주작에는 井·鬼·柳·星·張·翼·軫이 속하고, 玄武에는 斗·牛·女·虛·危·室·壁이 속한다.
260) 六은 南續金本作卽.
261) 去下에 甲南續金本有所字.
262) 央은 南續金本作方.

논경을 해석함이다. 과거에 업을 짓는 원인을 감득함을 알지 못하고 문득 외부적인 모양을 취하여 길흉의 근원으로 삼았으며, 악한 업을 지어서 흉함을 배척하고 길함을 초래하였으니 어찌 얻을 수 있겠는가? 지금은 원인을 초래하여 덕업을 닦게 하여 흉함을 배척하고 길함을 초래함이 곧 다스리는 주체가 됨을 보였다. '해와 달과 다섯 별자리'는, 동쪽의 목성[歲星]은 봄을 주관하며 (5행의) 나무[木]를 주관한다. 서쪽의 금성[太白]은 쇠[金]를 주관하며 가을을 주관한다. 남쪽의 화성[熒惑]은 불[火]을 주관하며 여름을 주관한다. 북쪽의 수성[辰星]은 물[水]을 주관하며 겨울을 주관한다. 중앙의 토성[鎭星]은 흙[土]을 주관하며 통틀어 사철을 주관한다. 별[星]이란 '흩어진다'는 뜻이니 지위로 나열해서 흩어져 분포한다는 뜻이다.『한서(漢書)』[263]에 이르되, "별이란 금이 기운을 흩나니 사람과 상응하게 된다. 대개 사물의 정기가 올라가서 별로 늘어서게 된다"고 하였다.

言二十八宿者는 謂角亢氐房心尾箕와 斗牛女虛危室壁과 奎婁胃昴畢觜參과 井鬼柳星張翼軫이니 廣如大集四十中이라 經에 云,[264] 娑婆世界主大梵天王과 釋提桓因과 四天王等이 而白佛言호대 過去天仙이 分布安置諸宿辰曜하야 攝護國土하야 養育衆生호대 於四方中에 各有所主하니 東方七宿은 一者, 角宿이니 主於衆鳥요 二者, 亢宿이니 主於出家求聖道者요 三者, 氐宿니 主水出衆生이요 四者, 房宿이니 主行車求利요 五者, 心宿니 主洲渚衆生이요 六者, 尾宿이요 七者, 箕宿니 主於國師라 南方七宿는 一者, 井宿니 主於金師요

---

263) 漢書: 전한 12세 240년간의 기전체 사서. 후한의 반표(班彪)가 착수하고 그의 아들 반고(班固 32-92)가 대성하였다. 총 120권.
264) 인용문은『大方等大集經』제56권 月藏分 제12 星宿攝受品 제18의 내용이다. (대정장 권13 p. 371a14-)

二者, 鬼宿니 主於一切國王大臣이요 三者, 柳宿니 主雪山龍이요 四者, 星宿니 主巨富者요 五者, 張宿니 主於盜賊이요 六者, 翼宿니 主於貴人이요 七者, 軫宿니 主須羅吒國이라 西方七宿는 一者, 奎宿니 主行船人이요 二者, 婁宿니 主於商人이요 三者, 胃宿니 主婆樓迦國이요 四者, 昴宿니 主於水牛요 五者, 畢宿니 主於一切衆生이요 六者, 觜宿니 主鞞提訶國이요 七者, 參宿니 主於刹利라 北方七宿는 一者, 斗宿니 主堯部沙國이요 二者, 牛宿니 主於刹利와 及安鉢竭國이요 三者, 女宿니 主鴦伽摩陀國이요 四者, 虛宿니 主般遮羅國이요 五者, 危宿니 主着花冠者요 六者, 室宿니 主乾陀羅國과 輸虛那國과 及諸龍蛇腹265)行之類요 七者, 壁宿니 主乾闥婆善音樂者니다 大德婆伽婆시여 過去天仙이 如是布置四方諸宿하야 攝護國土하야 養育衆生이라하니라 釋曰, 此皆西域之事니 此方의 所主分野等이 又有差殊어니와 經文에 有之일새 略知去就니라 未窮玄象이 非我之怨이라 難勝聖人은 不習而利니라 然이나 天垂象이어늘 聖人이 則之하나니 故로 繫辭에 云, 辭也者는 各指其所之라하며 易이 與天地準이니 故로 能彌綸天地之道라 仰以觀於天文하고 俯以察於地理라 是故로 知幽明之故하야 原始反終이라 故知生死之說이라하니라 釋曰, 其知幽明은 卽中知人情이니라 瑜伽之中에 餘六工業者266)는 一은 和合工業267)이요 二, 呪術工業이요 三, 商賈工業이요 四, 成就工業이요 五, 防邪工業이요 六, 事王工業이니 廣如彼釋이니라

- '28가지 별자리'라 말한 것은 말하자면 (四神으로 나누면) 동쪽의 청룡에는 각(角)·항(亢)·저(氐)·방(房)·심(心)·미(尾)·기(箕)가 속하

---

265) 腹은 甲南續金本蝮誤.
266) 인용문은 『瑜伽師地論』제15권의 내용이다. (대정장 권30 p. 361b-)
267) 工業은 甲南續金本無, 下皆同.

고, 서쪽의 백호에는 규(奎)・루(婁)・위(胃)・묘(昴)・필(畢)・자(觜)・삼(參)이 속하고, 남쪽의 주작에는 정(井)・귀(鬼)・류(柳)・성(星)・장(張)・익(翼)・진(軫)이 속하고, 북쪽의 현무에는 두(斗)・우(牛)・여(女)・허(虛)・위(危)・실(室)・벽(壁)이 속한다. 자세한 것은 『대집경』제44권에 밝힌 내용과 같다. 경에 이르되, "(그때에 세존께서 사바세계의 대범천왕과 제석천왕과 사천왕에게 말씀하시었다.) 과거의 천선은 어떠한 방편으로 모든 수(宿)・요(曜)・신(辰)의 별을 나누어 안치하여 국토를 옹호하고 중생을 길러 내었던가." 사바세계의 대범천왕과 제석천왕과 사천왕은 함께 사뢰었다. "과거의 천신은 모든 수・요・신의 별을 늘어 두되 각기 사방을 맡겨 주어서 국토를 옹호하고 중생을 길러 내었나이다. 동방의 일곱 별 중에 첫, 각(角)의 별은 뭇 새를 맡고, 둘째, 항(亢)의 별은 출가하여 성인의 도[聖道] 구하는 이를 맡고, 셋째, 저(氐)의 별은 물에 사는 중생을 맡고, 넷째, 방(房)의 별은 수레[車]를 굴려 이끝 구하는 이를 맡고, 다섯째, 심(心)의 별은 여자를 맡고, 여섯째, 미(尾)의 별은 섬[洲諸]에 사는 중생을 맡고, 일곱째, 기(箕)의 별은 질그릇 만드는 사람[陶師]을 맡는다. 남방의 일곱 별 중에 첫째, 정(井)의 별은 금 다루는 사람[金師]을 맡고, 둘째, 귀(鬼)의 별은 국왕과 대신을 맡고, 셋째, 류(柳)의 별은 설산의 용[雪山龍]을 맡고, 넷째, 성(星)의 별은 큰 부자를 맡고, 다섯째, 장(張)의 별은 도적을 맡고, 여섯째, 익(翼)의 별은 장사하는 사람[商人]을 맡고, 일곱째, 진(軫)의 별은 수라타(修羅吒) 나라를 맡는다. 서방의 일곱 별 중에 첫째, 규(奎)의 별은 배 타는 사람을 맡고, 둘째, 루(婁)의 별은 장사하는 사람을 맡고, 셋째, 위(胃)의 별은 바루가(婆樓迦) 나라를 맡고, 넷째, 묘(昴)의 별은 물소[水牛]를 맡고, 다섯째, 필(畢)의 별은 모든 중생을 맡고, 여섯째, 자(觜)의 별은 비제하(鞞提訶) 나라를 맡고, 일곱째, 삼(參)의 별은 찰제리[刹利]를 맡는다. 북방의 일곱 별 중에 첫째, 두(斗)의 별은 요부사(澆部沙) 나라를 맡고, 둘째, 우(牛)의 별은 찰제리와 안다발갈나(安多鉢竭那) 나라를 맡고, 셋째, 여(女)의 별은 앙가마가다(鴦伽摩伽陀) 나라를 맡고, 넷째, 허(虛)의 별은 반차라(般遮羅) 나라를 맡고, 다섯째, 위(危)의 별은 화관을 쓴 사람들을 맡고, 여섯째, 실(室)의 별은 건다라(乾陀羅)·수로나(輸盧那) 나라와 그 밖의 배[腹]로 다니는 모든 용·배암 따위를 맡고, 일곱째, 벽(壁)의 별은 음악에 능한 건달바들을 맡았나이다. 거룩하신 바가바시여, 과거의 천선은 이와 같이 모든 별을 사방에 분포하여 국토를 옹호하고 중생을 길러내었나이다"라고 하였다. 해석하자면 이것은 모두 서역의 일이니 중국의 주관할 분야 등이 또 차이점이 있지만 경문에 있는 것이므로 간략히 거취를 알게 된다. 현묘한 형상을 궁구하지 않은 것이 나의 허물이 아니라 난승지(難勝地)의 성인은 익히지 않아도 이익이 된다. 그러나 하늘이 괘상(卦象)을 드리웠는데 성인이 그에 합치하나니 그러므로 『주역(周易)』 계사(繫辭)에서는, "말이란 것은 각각 그 가는 곳을 가리킨다"라고 하였고, "역은 천지와 비준(比準)한다. 그러므로 천지의 도를 두루 감싸고[彌縫] 섭리(攝理)할 수 있다. 우러러 천문(天文)을 관찰하고 굽어서는 지리(地理)를 고찰한다. 이러므로 어둠과 밝음의 까닭을 알 수 있고, 처음을 근원으로 하여 나중으로 돌아온다. 그러므로 살고 죽는 설을 안다"고 하였다. 해석하자면 어두움과 밝음을 아는 것은 곧 중간의 사람의 정서를 아는 것을 뜻한다. 『유가사지론』에서 "1) 화해시키는 공업이요, 2) 주문과 방술하는 공업이요, 3) 장사하는 공업이요, 4) 음식 만드는 공업이요, 5) 삿된 소견을 방지하는 공업이요, 6) 임금 섬기는 공업이니 자세한 것은 저 논의 해석과 같다.

e. 내전에 관한 학문[內明] 3.
a) 내전에 관한 학문을 바로 해석하다[正釋內明] (五持 44下2)

持戒入禪과 神通無量과 四無色等과
(5) 계행을 가지고 선정에 들고, 신통의 도술과 네 가지 무량심과 네 가지 무색정과

[疏] 五, 持戒下는 內明이라 治五種染이니 一, 持戒는 治破戒染이오 二, 入禪은 治貪欲染이요 三, 神通은 治邪歸依染이오 四, 無量은 治妄行功德染이니 謂治殺生祀祠하야 求梵福故라 五, 四無色定은 治妄修解脫染이니라

■ e. 持戒 아래는 내전에 관한 학문이다. 다섯 종류의 더러움을 다스리나니 (1) 계법을 가짐은 범계의 더러움을 다스림이요, (2) 선정에 드는 것은 탐욕의 더러움을 다스림이요, (3) 신통은 삿된 법에 귀의하는 더러움을 다스림이요, (4) 사무량심은 망녕되게 공덕을 지으려는 더러움을 다스리나니, 말하자면 생명을 죽여 제사 지내어 범천의 복을 구하는 것을 다스리기 위함이다. (5) 네 가지 무색계의 선정은 망녕되게 해탈법을 닦으려는 더러움을 다스리는 내용이다.

[鈔] 謂治殺生者는 即智論과 百論에 皆說外道가 殺馬祀梵天하야 祈生梵世하니 今以慈悲喜捨인 四無量心으로 能生梵天하야 治其邪見이니라 五, 四無色定者는 外道가 以彼로 爲涅槃하니 故今能入之하야 示

其謬計라 此經論中에 唯說世間하야 爲內明者는 經明隨順世間智故니라
- '말하자면 생명을 죽여 제사 지내어'란 『대지도론』과 『백론(百論)』에서 모두 외도들이 말을 희생하여 범천에 제사 지내고 범천에 태어나기를 기도함을 말하였으니, 지금은 자(慈)·비(悲)·희(喜)·사(捨)의 사무량심으로 능히 범천에 태어나 그 삿된 소견을 다스릴 수 있다. '(5) 네 가지 무색계의 선정'이란 외도가 저것을 열반으로 삼았으니, 그러므로 지금 능히 들어가서 그 잘못된 생각임을 보여 주는 것이다. 이 본경과 논경 가운데는 오로지 세간법만 설하여 내전의 학문으로 삼은 것은 경문에서 세간에 수순하는 지혜에 대해 밝힌 까닭이다.

b) 지적하여 따로 해석하다[指別釋] (上來 44下10)

[疏] 上來所釋이 多依本論과 及瑜伽十三과 四와 五라 其中에 更有別理나 恐厭繁文하노라
- 여기까지 해석한 것은 대부분 논경과 『유가사지론』제13권과 제14권·제15권에 의지하였다. 그 가운데 다시 특별한 이치가 있지만 문장이 번거로울까 하여 생략하였다.

[鈔] 上來所釋等者는 本論에 亦不全屬五明하고 但有治障治染之別이오 瑜伽之中에는 廣顯五明이 與此로 相應일새 故로 雙用之니라
- 上來所釋 등이란 『십지경론』에도 완전히 다섯 가지 학문에 속하고 단지 장애를 다스리고 더러움을 다스리는 차이점만 있었고, 『유가론』중에는 널리 다섯 가지 학문이 이것과 상응함을 밝혔으므로 동

시에 사용하였다.

c) 의미로 옛사람과 구분하다[意揀古人] (又論 45上5)

[疏] 又論이 與經으로 有不次者는 但可以論으로 就經이오 不可廻經從論이니라
- 또 논경이 경문과 차례가 다른 것은 단지 논경으로 경문에 참고할 수는 있어도, 경문을 돌려 논경에 따를 수는 없다.

[鈔] 又論與經下는 意揀古人이니 今疏는 以論就經之次라 古人은 依論하야 次第가 異經하니 刊定記中에는 全寫探玄하고 亦不對會二經之殊온 況辨論釋이 與經之異아 恐尋論者가 及見古疏에 怪其不同일새 故로 結示耳니라
- c) 又論與經 아래는 의미로 옛사람과 구분함이니 지금 소는 논경으로 경문에 참고한 차례이다. 옛사람은 논경에 의지하여 차례가 경문과 다르니『간정기(刊定記)』에서는 완전히『탐현기(探玄記)』를 옮겨 적었고, 또한 두 경문이 다른 점은 모아서 대조하지 않았을 텐데 하물며 논경의 해석이 경문과 다른 부분이겠는가? 아마도 논경을 찾은 사람이 옛사람의 소문에서 그 다른 점을 이상하게 생각한 연고로 결론하여 보였을 뿐이다.

(ㄷ) 이익을 성취함으로 결론하다[總結成益] (第三 45下1)

及餘一切世間之事를 但於衆生에 不爲損惱하고 爲利益

故로 咸悉開示하여 漸令安住無上佛法이니라

그 외의 여러 가지 세간 일로서 중생을 해롭히지 않고 이익하는 일이면 모두 일러 보이어 위없는 불법에 머물게 하느니라.

[疏] 第三, 總結成益者는 此起世智가 具四種相하니 一, 異障中에 無障이니 故云但於衆生에 不爲損惱라 事中에 不知를 名之爲障이오 損惱生事는 復是事中異障이라 今無此捕獵等之異障이니라 二, 與無過樂이니 卽爲利益故라 謂雖不惱라도 令其染着을 亦不爲之라 三, 發起淸淨이니 卽咸悉開示니 謂能起助道之事라 四, 所用淸淨이니 卽漸令安住無上佛法이니 謂用此得淨故니라

■ (ㄷ) 이익을 성취함으로 결론함이란 여기서 세간에 수순하는 지혜를 일으킴이 네 종류의 모양을 구비하였다. (1) 다른 장애 가운데 장애가 없는 것이다. 그러므로 단지 중생에게 손해나게 하거나 괴롭히지 않을 뿐만 아니라 일하는 가운데 알지 못하는 것을 장애된다고 이름하며, 중생에게 손해나게 하거나 괴롭힌 일은 다시 일 가운데 다른 장애라고 말한다. 지금은 이런 생명을 사로잡는 따위의 다른 장애가 없다. (2) 허물없는 즐거움을 주는 것이니 곧 중생에게 이익되기 때문이다. 말하자면 비록 괴롭히지는 않더라도 그로 하여금 잡염에 집착하게 하지도 못하게 한다. (3) 시작이 청정함이니 곧 모두 일러 보인 것을 뜻한다. 말하자면 보리분법의 일을 잘 시작하는 것이다. (4) 사용한 사람이 청정함이니 곧 점차 위없는 불법에 편안히 머물게 한다는 뜻이다. 이것을 사용하여 청정함을 얻었기 때문이다.

[鈔] 但於衆生者는 賢首品에 云,[268] 若見世界가 始成立에 衆生이 未有

資身具어든 是時에 菩薩이 爲工匠하야 爲之示現種種業호대 不作逼
惱衆生物하고 但作利益世間事라하나니 卽其義也니라 而論에 但云
異障中無障故라 餘皆如疏釋이니라 三, 發起淸淨은 論經에 云憐愍
衆生故出者는 出은 卽今經의 咸悉開示耳니라

- 但於衆生이란 현수품(賢首品)에 이르되, "만일 세계가 처음으로 이룩
될 때 중생의 자신구(資身具)가 없음을 보거든 이때 보살이 공장(工匠)
이 되어서 그를 위해 가지가지 업을 나타내 보이나니라. 중생을 핍박
하여 괴롭히는 물건을 만들지 않고 단지 세간을 이익하게 하는 일만
말한다"라고 하였으니 바로 그 뜻이다. 그러나 논경에는 "단지 다른
장애 가운데 장애가 없다"고만 하였으며, 나머지는 모두 소가의 해석
이다. '(3) 시작이 청정함'이란 논경에서 "중생을 불쌍히 여기는 마음
으로 중생들에게 내어 보인다"고 한 중에 '내어 보인다[出]'고 한 것은
본경에서는 "모두 일러 보인다"고 하였다.

나. 제5지의 과덕을 밝히다[辨位果] 2.

가) 과목 나누기[分科] (第二 46下2)

[疏] 第二, 位果라 亦有三果하니 初, 調柔果라 亦四니 一은 調柔行이오 二
는 敎智淨이오 三은 別地行相이오 四는 結說地相이라 前中에 有法과
喩와 合이니

---

268) 인용문은 賢首品의 世間三昧行에 해당하는 경문이다. 具云하면, "若見世界始成立에 衆生未有資身具어든
是時菩薩爲工匠하야 爲之示現種種業이니라 / 不作逼惱衆生物하고 但說利益世間事호대 呪術藥草等衆
論의 如是所有皆能說이니라."(화엄경교재 제1권 p.362-)

■ 나. 제5지의 과덕을 밝힘이다. 역시 세 가지 과덕이 있으니 (가) 부드럽고 조화로운 결과이다. 그중에 또 넷이니 ㄱ. 부드럽고 조화로운 행법이요, ㄴ. 교도의 지혜가 청정함이요, ㄷ. 제5지의 행상을 구분함이요, ㄹ. 제5지의 행상을 총합하여 결론함이다. ㄱ. 중에 ㄱ) 법으로 설함과 ㄴ) 비유로 밝힘과 ㄷ) 법과 비유를 합함이 있다.

나) 과목에 따라 해석하다[隨釋] 3.
(가) 부드럽고 조화로운 결과[調柔果] 4.

ㄱ. 부드럽고 조화로운 행법[調柔行] 3.
ㄱ) 법으로 설하다[法] (法中 46下4)

佛子여 菩薩이 住是難勝地에 以願力故로 得見多佛하나니 所謂見多百佛하며 見多千佛하며 見多百千佛하며 乃至見多百千億那由他佛하여 悉皆恭敬尊重하고 承事供養하되 衣服飮食과 臥具湯藥과 一切資生을 悉以奉施하며 亦以供養一切衆僧하여 以此善根으로 廻向阿耨多羅三藐三菩提하며 於諸佛所에 恭敬聽法하고 聞已受持하여 隨力修行하며 復於彼諸佛法中에 而得出家하여 旣出家已에 又更聞法하고 得陀羅尼하여 爲聞持法師하여 住此地中하여 經於百劫하며 經於千劫과 乃至無量百千億那由他劫하여 所有善根이 轉更明淨하나니라

불자여, 보살이 이 난승지에 머물고는 서원하는 힘으로 많은 부처님을 보게 되나니, 이른바 여러 백 부처님을 보며,

여러 천 부처님을 보며, 여러 백천 부처님을 보며, 내지 여러 백천억 나유타 부처님을 보는데, 모두 공경하고 존중하고 받들어 섬기고 공양하며, 의복과 음식과 좌복과 탕약과 모든 필수품을 받들어 이바지하며, 모든 스님네에게도 공양하고, 이 선근으로 아뇩다라삼먁삼보리에 회향하며, 그 부처님 계신 데서 공경하여 법을 듣고 받아 지니며 힘을 따라 수행하고, 다시 저 부처님의 법에서 출가하느니라. 출가하고는 또 법을 듣고 다라니를 얻어서 듣고 지니는 법사가 되어, 이 지에 있으면서 백겁을 지내고, 천겁을 지내고, 내지 한량없는 백천억 나유타 겁 동안에 닦은 선근이 점점 더 밝고 청정하니라.

[疏] 法中에 正起行內라 又更聞法得陀羅尼者는 論에 云非得義持者는 對勝顯劣이니 般若未現前故라 所以得聞持者는 得二難故니 一은 地初의 十平等心을 難得能得故요 二는 地中의 樂出世間智와 現世間智인 此不住道를 難得能得故라 此之二難은 對劣顯勝이니 故得聞持가 不同三地의 唯世間聞持니라

■ ㄱ) 법으로 설함 가운데 내부적으로 행법을 일으킴이다. '또 다시 법을 듣고 다라니를 얻는다'고 말한 것을 논경에서 '이치를 간직함[義持]'을 얻었다고 하지 않은 것은 뛰어남에 상대하여 열등함을 밝힘이니, 반야가 아직 나타나지 않은 까닭이다. '들어 간직함[聞持]'을 얻은 이유는 두 가지 어려움을 성취한 까닭이다. (1) 제5지의 첫 부분에서 얻기 어려운 열 가지 평등한 마음을 능히 얻었기 때문이요, (2) 제5지 중간에 출세간을 좋아하는 지혜와 세간에 나타나는 지혜인 이 머물

지 않는 도행이 얻기 어려운 것을 능히 얻은 까닭이다. 이 두 가지 어려움은 열등함에 상대하여 뛰어남을 밝힌 내용이니, 그래서 (제5지의) 문지(聞持)를 얻은 것이 제3지의 세간만의 들어 간직함과는 다르다.

ㄴ) 비유로 밝히다[喩] (喩中 47上1)

佛子여 譬如眞金이 以硨磲磨瑩에 轉更明淨인달하니라
불자여, 마치 진금을 자거로써 갈고 닦으면 더욱 밝고 깨끗하여지나니라.

[疏] 喩中에 眞金을 硨磲로 磨瑩者는 證智契如事가 爲眞金이오 敎智光明으로 能示現如事가 猶彼硨磲니라
- ㄴ) 비유로 밝힘 중에 진금을 자거로 갈고 닦는 것을 증도의 지혜가 진여에 계합한 일이 진금이 되고, 교도의 지혜광명으로 능히 진여를 시현한 일이 저 자거 보석과 같다는 뜻이다.

[鈔] 第二位果中에 證智契如者는 論에 云, 此地는 智光明으로 眞如事를 示現이니 如經의 諸佛子譬如眞金等이라하니라 釋曰, 證智가 爲眞金이오 如[269]爲所契之理요 智爲能契之事니 事合於如일새 故云如事라 敎智[270]가 能顯上之如事일새 故如硨磲니라
- 나. 제5지의 과덕을 밝힘 중에 '증도의 지혜가 진여에 계합한다'는 것은 논경에서 "이 5지는 지혜광명으로 진여의 일을 나타내 보이나니 경문의 여러 불자들이여, 마치 진금을 따위"라 한 부분과 같다. 해석

---

269) 如下에 甲南績金本有如字.
270) 智는 金本作習誤.

하자면 중도의 지혜가 진금이 되고, 진여가 계합할 대상의 이치가 되며, 지혜는 계합하는 주체의 현상이 되나니, 현상이 진여에 합하므로 진여의 현상이라 한 것이다. 교도의 지혜가 능히 위의 진여의 현상을 드러내기 때문에 자거(硨磲)와 같다는 뜻이다.

ㄷ) 법과 비유를 합하다[合] (經/此地 47上7)

此地菩薩의 所有善根도 亦復如是하여 以方便慧로 思惟觀察에 轉更明淨이니라
이 제5지에 있는 보살의 선근도 그와 같아서 방편과 지혜로 생각하고 관찰하므로 더욱 밝고 깨끗하여지느니라.

ㄴ. 교도의 지혜가 청정하다[敎智淨] (二佛 47下4)

佛子여 菩薩이 住此難勝地하여 以方便智로 成就功德에 下地善根의 所不能及이니 佛子여 如日月星宿宮殿光明이 風力所持로 不可沮壞며 亦非餘風의 所能傾動인달하여 此地菩薩의 所有善根도 亦復如是하여 以方便智로 隨逐觀察에 不可沮壞며 亦非一切聲聞獨覺世間善根의 所能傾動이니라
불자여, 보살이 이 난승지에 있으면서 방편과 지혜로 성취한 공덕은 아래 지의 선근으로는 미칠 수 없느니라. 불자여, 마치 해나 달이나 별들의 궁전의 광명은 바람의 힘으로 유지되는 것이어서 저해할 수 없으며, 다른 바람으로도 동요

할 수 없는 것처럼, 이 보살이 가진 선근도 그와 같아서 방편과 지혜로 따르면서 관찰하는 것이므로 저해할 수 없으며, 모든 성문이나 독각이나 세간의 선근으로는 움직일 수 없느니라."

[疏] 二, 佛子菩薩住此難勝下는 教智淨이라 中日月等者는 論에 云, 依阿含하야 增長智慧光明이 勝前地智故는 謂勝前地珠光이라 餘文은 如前하니라

■ ㄴ. 佛子菩薩住此難勝 아래는 교도의 지혜가 청정함이다. '중간의 해나 달' 등이란 논경에서 "아함도에 의지해서 지혜광명이 증장하는 것이 앞 지의 지혜보다 뛰어난 까닭은 앞 지의 구슬의 광명보다 뛰어남을 뜻한다." 나머지 경문은 앞과 같다.

[鈔] 日月等光者는 遠公이 云, 梵本에 唯以星光으로 喻於此地하니 意云 六地라야 方用月光喻故라하니 理應合然이라 餘如前釋이니라

● 해와 달 등의 광명이란 혜원법사가 이르되, "범본에 오로지 별빛으로만 이 지를 비유하였다. 의미로 말하면 6지가 되어야만 비로소 달빛의 비유를 쓸 수 있기 때문이다"라고 하였으니, 이치로 응당 합함은 그러하다. 나머지는 앞의 해석과 같다.

ㄷ. 제5지의 행상을 구분하다[別地行相] (經/此菩 47上9)
ㄹ. 제5지의 행상을 총합하여 결론하다[結說地相] (經/佛子)

此菩薩이 十波羅蜜中에 禪波羅蜜이 偏多하니 餘非不修

로되 但隨力隨分이니라 佛子여 是名略說菩薩摩訶薩의 第五難勝地니라

"이 보살이 십바라밀다 중에는 선정바라밀다가 치우쳐 많으니, 다른 것을 닦지 아니함은 아니지마는 힘을 따르고 분한을 따를 뿐이니라. 불자여, 이것이 보살마하살의 제5 난승지를 간략하게 설한 것이니라."

(나) 보답으로 거둔 결과[攝報果] (經/菩薩 48上1)

菩薩이 住此地에 多作兜率陀天王하여 於諸衆生에 所作自在하여 摧伏一切外道邪見하고 能令衆生으로 住實諦中하며 布施愛語利行同事하나니 如是一切諸所作業이 皆不離念佛하며 不離念法하며 不離念僧하며 乃至不離念具足一切種과 一切智智니라

復作是念하되 我當於衆生中에 爲首며 爲勝이며 爲殊勝이며 爲妙며 爲微妙며 爲上이며 爲無上이며 乃至爲一切智智依止者라하나니 此菩薩이 若發勤精進하면 於一念頃에 得千億三昧하여 見千億佛하고 知千億佛神力하여 能動千億佛世界하며 乃至示現千億身하되 一一身에 示千億菩薩로 以爲眷屬이니라

"보살이 이 5지에 머물러서는 흔히 도솔타천왕이 되며, 중생들에게 하는 일이 자재하여 모든 외도들의 삿된 소견을 굴복하고, 중생들로 하여금 진실한 이치에 머물게 하며, 보시하고 좋은 말을 하고 이익한 행을 하고 일을 함께 하나니,

이렇게 하는 일들이 모두 부처님을 생각하고 법을 생각하고 스님네를 생각함을 떠나지 아니하며, 내지 갖가지 지혜와 온갖 지혜의 지혜를 구족하려는 생각을 떠나지 아니하느니라.

또 생각하기를 '내가 중생들 가운데 머리가 되고 나은 이가 되고 썩 나은 이가 되고, 묘하고 미묘하고, 위가 되고, 위없는 이가 되고, 내지 온갖 지혜와 지혜의 의지함이 되리라' 하느니라. 이 보살이 부지런히 정진하면 잠깐 동안에 천억 삼매를 얻고, 천억 부처님을 보고, 천억 부처님의 신통력을 알고, 천억 부처님의 세계를 진동하며, 내지 천억 몸을 나타내고, 몸마다 천억 보살로 권속을 삼느니라.

(다) 서원과 지혜의 결과[願智果] (經/若以 48上10)

若以菩薩殊勝願力으로 自在示現인댄 過於此數하여 百劫千劫과 乃至百千億那由他劫에도 不能數知니라
만일 보살의 훌륭한 원력으로 자재하게 나타내면 이보다 지나가서, 백겁 천겁으로 내지 백천억 나유타 겁에도 세어서 알 수 없느니라."

3) 거듭 노래하는 부분[重頌分] 2.

(1) 게송으로 설하는 광경[說偈儀] (經/爾時 48下2)

爾時에 金剛藏菩薩이 欲重宣其義하여 而說頌曰,
그때 금강장보살이 이 뜻을 다시 펴려고 게송으로 말하
였다.

(2) 바로 게송을 설하다[正說偈] 3.
가. 17개 게송은 제5지의 행상을 노래하다[初十七偈頌位行] 3.

가) 다섯 게송과 세 구절은 뛰어나다는 거만함을 다스림에 대해 노래하다
　　[初五偈三句頌勝慢對治] 2.
(가) 네 게송은 열 가지 평등심을 노래하다[初四偈頌十平等]
　　　　　　　　　　　　　　　　　(第三 49上1)

菩薩四地已淸淨에　　　　　　思惟三世佛平等과
戒心除疑道非道하여　　　　　如是觀察入五地로다
보살의 제4지가 청정했으면
삼세 불법 평등함과 계와 마음과
의심 덜고 도와 비도 생각하나니
이렇게 관찰하여 5지에 들고

念處爲弓根利箭과　　　　　　正勤爲馬神足車와
五力堅鎧破怨敵하고　　　　　勇健不退入五地로다
사념처 활이 되고 근은 살 되고
사정근은 말이 되고 신족은 수레
오력의 갑옷으로 대적 파하며

용맹하게 안 물러가 5지에 들며

慚愧爲衣覺分鬘과　　　淨戒爲香禪塗香과
智慧方便妙莊嚴으로　　入總持林三昧苑하며
부끄럼은 옷이요, 각분은 화만
선정은 바르는 향, 계도 향 되고
지혜와 방편으로 묘하게 장엄
총지 숲과 삼매 동산 들어가도다.

如意爲足正念頸과　　　慈悲爲眼智慧牙와
人中師子無我吼로　　　破煩惱怨入五地로다
여의는 발이 되고 정념의 목에
자비로 눈을 삼고 지혜는 치아
인간의 사자로서 무아의 사자후로
번뇌 원수 깨뜨리고 5지에 든다.

[疏] 第三, 重頌이라 二十二頌을 分三이니 初十七偈는 頌地行이오 次四는 頌地果요 後一은 結說이라 初中에 又三이니 初, 五偈三句는 頌勝慢對治라 於中에 初四偈는 頌十平等이오

■ 3) 거듭 노래하는 부분이다. 22개의 게송을 셋으로 나누었으니 가. 처음 17개의 게송은 제5지의 행상을 노래함이요, 나. 다음의 네 게송은 제5지의 과덕을 노래함이요, 다. 뒤의 한 게송은 결론하여 말함을 노래함이다. 가. 중에 또 셋이니 가) 다섯 게송과 세 구절은 뛰어나다는 거만함을 다스림에 대해 노래함이다. 그중에 (가) 처음의 네 게송은 열 가지 평등심을 노래함이요,

(나) 한 게송과 세 구절은 진여의 도행을 노래하다[後一偈三句頌如道行]

(餘二 49上9)

菩薩住此第五地에　　　　　轉修勝上清淨道하여
志求佛法不退轉하고　　　　思念慈悲無厭倦이로다
보살이 제5지에 머물러서는
매우 높고 청정한 도 더욱 닦으며
불법을 구하느라 퇴전하지 않고
자비를 생각하여 게으름 없어

積集福智勝功德하여　　　　精勤方便觀上地하나니
佛力所加具念慧로다
복과 지혜 좋은 공덕 쌓아 모으며
부지런과 방편으로 윗자리 보고
부처님의 가피로 지혜를 구족

[疏] 餘二頌은 頌如道行이니라
- (나) 나머지 두 게송은 진여의 도행을 노래함이다.

나) 여섯 게송과 세 구절은 머물지 않는 도행이 뛰어남을 노래하다
　　[次六偈三句頌不住道行] 2.
(가) 두 게송과 한 구절은 지혜가 청정함을 노래하다
　　[初兩偈一句頌智清淨] (第二 49下4)

了知四諦皆如實하며　　善知世諦勝義諦와
相諦差別成立諦와　　　事諦生盡及道諦와
실상대로 사제를 분명히 알고
세속 이치 참된 이치
형상의 이치 차별하고 성립하고
사물의 이치 생기는 법, 다하는 법, 도에 드는 법

乃至如來無礙諦하나니　　如是觀諦雖微妙나
未得無礙勝解脫이라　　　以此能生大功德일새
是故超過世智慧로다
여래의 걸림 없는 이치를 알며
이런 이치 관찰함이 비록 묘하나
걸림 없는 좋은 해탈 못 얻지마는
이것이 큰 공덕을 능히 내므로
세간의 모든 지혜 뛰어넘나니

[疏] 第二, 了知下의 六偈三句는 頌不住道라 於中에 初兩偈一句는 頌所知法中의 智淸淨이라

■ 나) 了知 아래의 여섯 게송과 세 구절은 머물지 않는 도행이 뛰어남을 노래함이다. 그중에 (가) 처음의 두 게송과 한 구절은 알아야 할 법 가운데 지혜가 청정함을 노래함이다.

(나) 네 개 반의 게송은 부지런한 방편이 뛰어남을 노래하다

[後四偈半頌勤方便勝] (後旣 50上5)

旣觀諦已知有爲의　　　　　體性虛僞無堅實하고
得佛慈愍光明分하여　　　　爲利衆生求佛智로다
이치를 관찰하니 하염 있는 법
허망하여 견실하지 못함을 알고
부처님의 자비한 광명을 얻어
중생을 이익하려 지혜 구하며

觀諸有爲先後際에　　　　　無明黑闇愛纏縛하여
流轉遲廻苦聚中이나　　　　無我無人無壽命이로다
하염 있는 모든 법 앞뒤를 보니
무명과 어두움과 애욕에 속박
고통 바다 헤매면서 오고 또 가고
나도 없고 사람도 수명도 없어

愛取爲因受來苦여　　　　　欲求邊際不可得이라
迷妄漂流無返期하니　　　　此等可愍我應度로다
애정과 취하므로 고통받나니
끝 간 데를 구하여도 찾을 수 없고
떠내려가 돌아올 기약 없으매
불쌍한 이런 이를 제도하리라.

蘊宅界蛇諸見箭이여　　　　心火猛熾癡闇重하며
愛河漂轉不暇觀하며　　　　苦海淪胥關明導로다
오온 집과 사대 독사 소견은 화살

타는 마음 맹렬하고 우치도 겹겹
애욕 강에 휩쓸려서 볼 겨를 없고
고통 바다 헤매는데 길잡이 없어

如是知已勤精進하니　　所作皆爲度衆生이라
이렇게 알고 나서 늘 정진하며
짓는 일이 중생을 건지려 하매

[疏] 後, 旣觀諦下는 四偈半은 頌敎化衆生勤方便이라 於中에 初一偈는 頌總觀有爲虛僞하야 起慈悲二心이오 次一偈半은 頌悲觀中의 觀緣集苦요 次一頌半은 頌觀深271)重苦이오 後半은 頌大悲觀이니라

■ (나) 旣觀諦 아래 네 개 반의 게송은 중생을 교화하는 부지런한 방편이 뛰어남을 노래함이다. 그중에 ㄱ. 처음 한 게송은 유위법이 거짓임을 관찰하고 대자와 대비의 두 가지 마음을 일으킴을 노래하였고, ㄴ. 다음의 한 개 반의 게송은 대비의 관법 중에 인연을 관찰하고 고통을 모음을 노래하였고, ㄷ. 다음의 한 개 반의 게송은 깊고 무거운 고통을 관찰함을 노래하였고, ㄹ. 뒤의 반 개의 게송은 대비의 관법을 노래함이다.

다) 네 개 반의 게송은 저 결과가 뛰어남을 노래하다

[後四偈半頌頌彼果勝] (第三 50下8)

名爲有念有慧者며　　乃至覺解方便者로다

---

271) 深은 續金本作身誤.

이름하여 생각 있는 이 지혜 있는 이
깨달은 이 방편 있는 이라 하더라.

習行福智無厭足하며　　　恭敬多聞不疲倦하며
國土相好皆莊嚴하니　　　如是一切爲衆生이로다
복과 지혜 닦아서 만족 모르며
공경하고 많이 알아 피곤하지 않고
국토거나 상호를 모두 장엄해
이러한 모든 것이 중생 위하며

爲欲敎化諸世間하여　　　善知書數印等法하며
亦復善解諸方藥하여　　　療治衆病悉令愈로다
세간의 모든 사람 교화하려고
글씨와 인장들과 사수를 알며
방문과 여러 약을 모두 잘 알아
모든 병을 치료하여 쾌차케 하며

文辭歌舞皆巧妙하며　　　宮宅園池悉安隱하며
寶藏非一咸示人하니　　　利益無量衆生故로다
글 잘하고 노래하고 춤도 잘 추고
집 짓는 일 공원 설계 모두 잘하며
땅에 묻힌 보배도 내어 보여서
한량없는 중생을 이익하게 하며

```
日月星宿地震動과            乃至身相亦觀察하며
四禪無色及神通을            爲益世間皆顯示로다
```
일월성신 천문 보고 지진도 알고
상을 보아 길흉 알고 사선정들과
무색계의 선정이며 모든 신통을
세간을 이익하려 모두 말한다.

[疏] 第三, 名爲下四偈半은 頌彼果勝이라 中에 初半偈는 頌攝功德勝이오 次一은 頌修行勝이라 於中에 如是一切爲衆生句는 兼頌敎化衆生勝이오 後三은 頌起世智勝이라

■ 다) 名爲 아래는 저 결과가 뛰어남을 노래함이다. 그중에 (가) 반 개의 게송은 공덕을 포섭함이 뛰어남을 노래함이요, (나) 한 게송은 수행이 뛰어남을 노래함이다. 그중에 '이러한 모든 것이 중생 위하며'라고 한 구절은 중생을 교화함이 뛰어남을 겸하여 노래함이다. (다) 세 게송은 세간에 수순하는 지혜를 일으킴이 뛰어남을 노래함이다.

나. 네 게송은 제5지의 과덕을 노래하다[次四偈頌位果] (經/智者 51上1)

```
智者住此難勝地에            供那由佛亦聽法하니
如是妙寶磨眞金하여          所有善根轉明淨이로다
```
난승지에 머무른 지혜 있는 이
무량불께 공양하며 법을 듣나니
보배로써 진금을 마찰하는 듯

모든 선근 점점 더 밝고 깨끗해

譬如星宿在虛空에　　　風力所持無損動하며
亦如蓮華不着水하여　　如是大士行於世로다
비유하면 별들이 허공에 있어
바람으로 유지되고 변동 없는 듯
연꽃에 물방울이 묻지 않듯이
보살이 이와 같이 세상에 살고

住此多作兜率王하여　　能摧異道諸邪見하고
所修諸善爲佛智라　　　願得十力救衆生이로다
흔하게는 도솔천왕이 되어
외도들의 나쁜 소견 꺾어 버리고
부처 지혜 위하여 선을 닦으며
열 가지 힘을 얻어 중생을 구호

彼復修行大精進하면　　卽時供養千億佛하며
得定動刹亦復然이어니와　願力所作過於是로다
저는 또 수행하며 크게 정진해
천억 부처 뵈옵고 공양하오며
얻은 삼매 세계 진동, 모두가 천억
원력으로 지을 적엔 이보다 많아

[疏] 頌位果272)라 三果는 可知로다

■ 나. 다음의 네 게송은 제5지의 과덕을 노래함이다. 세 가지 과덕은 알 수 있으리라.

다. 결론적인 말씀을 노래하다[後一偈頌結說] (經/如是 51上10)

如是第五難勝地의   人中最上眞實道를
我以種種方便力으로   爲諸佛子宣說竟이로다
이러한 다섯째의 난승지보살
인간에서 가장 높은 진실한 도를
내가 지금 여러 가지 방편으로써
불자를 위하여서 말하였노라.

[疏] 五地는 竟273)하다
■ 제5절 가장 뛰어난 지는 마친다.

제5절 난승지(難勝地) 終

---

272) 位果는 金本作果位誤.
273) 疏文의 다음 부분에 '四十四葉十七行 治其邪見四字從補'의 15자가 있다.

화엄경청량소 제19권

| 초판 1쇄 발행_ 2019년 10월 28일

| 저_ 청량징관
| 역주_ 석반산

| 펴낸이_ 오세룡
| 편집_ 손미숙 박성화 김정은 이연희 김영미
| 기획_ 최은영 곽은영
| 디자인_ 김효선 고혜정 장혜정
| 홍보 마케팅_ 이주하
| 펴낸곳_ 담앤북스
　　　　서울특별시 종로구 새문안로3길 23 경희궁의 아침 4단지 805호
　　　　대표전화 02)765-1251 전송 02)764-1251 전자우편 damnbooks@hanmail.net
　　　　출판등록 제300-2011-115호
| ISBN 979-11-6201-194-2 04220

정가 30,000원